NEW VISION

新 视 界

始于未知　去往浩瀚

迈向产业强国

TOWARDS AN INDUSTRIAL POWER

中国产业高质量发展战略与政策

魏际刚 ◎ 著

上海人民出版社　　上海远东出版社

图书在版编目(CIP)数据

迈向产业强国：中国产业高质量发展战略与政策 / 魏际刚著. —上海：
上海远东出版社，2023
(高质量发展与强国建设论丛)
ISBN 978 - 7 - 5476 - 1912 - 4

Ⅰ.①迈… Ⅱ.①魏… Ⅲ.①产业经济—经济发展战略—研究—中国
Ⅳ.①F269.2

中国国家版本馆 CIP 数据核字(2023)第 084471 号

出 品 人 曹　建
责任编辑 陈占宏
封面设计 叶青峰

本书入选"十四五"国家重点出版物出版规划项目

高质量发展与强国建设论丛
迈向产业强国：中国产业高质量发展战略与政策

魏际刚　著

出　　版 上海远东出版社
　　　　　(201101　上海市闵行区号景路 159 弄 C 座)
发　　行 上海人民出版社发行中心
印　　刷 上海信老印刷厂
开　　本 710×1000　　　1/16
印　　张 24.25
插　　页 1
字　　数 368,000
版　　次 2023 年 6 月第 1 版
印　　次 2023 年 8 月第 2 次印刷
ISBN　978 - 7 - 5476 - 1912 - 4/F·714
定　　价 98.00 元

与天地同心，

与日月同辉。

与大道同行，

与圣德同彰。

未来一二十年,全球经济发展格局将面临重大调整,全球经济秩序将面临重大变革,全球科技创新将有重大突破,国际分工和产业布局将面临重大变化,国际间的产业、科技、供应链、模式竞争将更趋激烈。

　　纵观大势,中国产业发展仍将拥有战略机遇,但也面临短期性问题与长期性问题叠加、国内因素与国外因素交织、外部风险与不确定性增加的重大挑战。

　　如何在全球变局中加速产业强国建设步伐,推进产业高质量发展,是实现中华民族伟大复兴这一战略全局问题中的战略性课题。

中国成为强国,是中华民族伟大复兴的内在要求,是世界秩序重构的客观要求,是时代发展的历史必然。迈向产业强国需要市场力量与政府力量的有机结合,产业政策就是实现这种结合的重要工具。产业政策具有多重属性、多种功能,它不仅用以消除市场失灵,也是实现国家战略、形成竞争优势、保障国家安全、推动全球发展的手段。

序
产业强国建设的内涵、战略与政策

    党的二十大报告指出,和平、发展、合作、共赢的历史潮流不可阻挡。21世纪风雷激荡、大潮滚涌,竞争与变革无处不在、无时不有,有些竞争激烈万分,有些变革冲击尤剧。无论风云如何变幻,唯有强者,才能顺应潮流,引领变革、超越竞争,不断革故鼎新,立于不败之地。

0.1　产业强国的内涵与逻辑

    何谓"强"？维度不同,认识不同。《周易》有言:"天行健,君子以自强不息。"《四书集注》亦云:"闻道有蚤莫,行道有难易,然能自强不息,则其至一也。"表明一个人、一个企业、一个行业、一个国家、一个民族,均要效法于天,自强不息。《道德经》说:"胜人者有力,自胜者强。"《墨子》言:"志不强者智不达。"《商君书》云:"能胜强敌者,先自胜者也。"这些都表明强的内涵不但在于力量的外观外比,更外延至意志与思想的内视内省,意志坚定是强的重要特性。《道德经》常论及"强""弱"之关联,如"柔弱胜刚强""天下之至柔,驰骋天下之至坚""见小曰明,守弱曰强"。《淮南子》也有"弱而能强,柔而能刚"的相似观点。表明包容、顺势的重要性,柔弱中隐含着潜在的刚强,柔弱不是弱小、真弱,而是一种能够容强、避强、化强、胜强的智慧方式,"强""弱"不是对立的两极,而是相互转化、相生相克的。《中庸》谓:"国有道,不变塞焉,强哉矫。国无道,至死不变,强哉矫。"表明一个国家无论处于什么状况,意志始终坚守中正之道,就能体现出强的性质。《孙子兵法》提出:"知己知彼,百战不殆。"这是在战争、竞争中先"知"而后"行",了解事态、人我之全貌,继而采取正确的行动来达到"强"的目的。《孙子兵法》还谈到,"强弱,形也",表明强弱是实力与形势的对比。《淮南子》曰:"众之所助,虽弱必强;众之所去,虽大必亡。"表明得人心是事业强大的关键。《道德经》言:"知其雄,守其雌。"《孙子兵法》亦道:"故善战者,立于不败之地,而不失敌之败也。是故胜兵先胜而后求战,败兵先战而后求胜。"说明强者没有致命的弱点,或能防守住其弱项,即守住安全的底线。从上述各家论断可知,不能在狭义、片面、静止、术的层面去理解"强",而要从广博、全面、动态、道的层面去领悟"强"。"强"是(有形与无形)力量、意志、韧性、智慧、境界、格局、关系等多方面综合的体现。

基于上述对"强"的认识,强国可以理解为那些兼具硬实力、软实力、韧性能力的国家。产业强国的内涵可概括为:其重要、关键、核心产业在全球范围内拥有领先的硬实力、软实力、韧性能力。其中,硬实力包括制造能力、科技能力、创新能力、资源配置能力、市场反应能力等;软实力包括思想力、知识力、影响力、规则制定能力等;韧性能力包括抗冲击能力、抗风险能力、快速恢复能力等。

产业如何变强?产业形形种种、千行百业,不同产业属性不同、定位不同、变化不同,发展阶段不同、面临的形势不同。不同类型的产业变强,无疑是一项艰巨、复杂的中长期系统工程。因此制定正确的战略显得十分重要,需要智慧之光照亮产业前进的方向。具体而言,五个方面对产业强国建设影响深远,即"见性、因势、循道、厚德、得法"。

(1)"见性"。产业发展首要的任务是认识自身,明晰产业的本质属性,清楚产业存在与发展的价值与意义。农业有农业的本质属性与价值,制造业有制造业的本质属性与价值,商业有商业的本质属性与价值,交通运输、物流、金融、信息、能源、医药卫生等各行业亦然。"见性"就是明白"我是谁、我为谁、我与谁,从哪来,往哪去"。千行百业,各具特征,各得其所,各显其能,各尽其用。例如,制造业与交通运输业是两个不同的行业,制造业是通过原材料、中间品的加工处理提供实体产品的行业,涉及原材料、中间品的供应、研发设计、生产加工、上市流通、售后服务等环节；交通运输则是提供空间位移这一无形产品的服务行业，涉及交通基础设施、交通运输装备、交通运输服务等共同协作。"见性"就是要清晰行业的属性、功能、结构与总体，深刻理解行业的内涵、外延与特征，从而知产业的本质。不偏离本性，才能定位正确，不失根本，坚守发展的初心与宗旨使命。一个产业的本质属性决定了其有别于另一个产业的本质属性与技术经济特征，也决定了产业间的关联程度。产业来自社会、归于社会，这种属性决定了其是为大众提供所需的产品与服务，为民众之幸福提供支撑，即不仅考虑"利"，也要考虑"义"。产业发展离不开自然生态环境，产业发展能够与自然生态环境互促共生，这是体现产业的自然观、天地观。"鱼不可脱于渊"，鱼脱离水而去陆地生存，其结果可想而知。现实中，不能正确认识产业自身，偏离本性，定位不准、格局狭小的现象比比皆是。若南辕北辙，缘木求鱼，终不可得。

（2）"因势"。产业发展不仅要认识自身，还要认识现实、认识世界，把握"时势、位势、态势、趋势"，清楚产业处于生命周期什么时段，面临什么样的经济、社会、科技、生态环境、自然地理条件，在全球产业格局中处于什么地位，面对什么样的竞争态势，未来发展可能的趋势等。识时务者，观天下大势，必审时度势，识势通变，因势利导，顺势而为。识势者更进一步谋势、用势乃至造势，为产业发展主动助推有利环境。不同产业的起点、基础、禀赋、实力、潜力不同，所处的时代形势、地域空间、问题症结、机遇挑战各异，因此产业发展需要因时因地因势制宜，具体问题具体分析。当今世界格局正发生深刻调整，如何全面认识变化及变化中的利与害，如何在变局中趋利避害、平衡好安全与效率、竞争与合作是因势的核心内容。切不可盲目照搬照抄某一国的发展理论或经验，机械地受理论与经验的局限与束缚。世界上不存在定于一尊的产业发展模式，也不存在"放之四海而皆准"的发展标准。例如，西方经济发展理论、国外的工业化理论等有其特定的历史条件背景，简单地运用于中国的发展实践，就会犯刻舟求剑、教条主义的错误。中国产业的发展要因自己独特国情与时代背景这个"势"，走中国式的产业发展道路。

（3）"循道"。产业发展要遵循产业之道。"色类自有道""道也者，不可须臾离也"。产业形形种种，各有其性，各行其道。产业发展之道，意味着产业需要遵循发展规律,掌握规律、运用规律,走合乎规律的道路。充分认识和运用供需规律、竞争规律、生命周期规律、变化规律、创新规律,以及事物普遍联系、相互作用、相生相克规律,知本末、终始、先后、动静、虚实之理。产业发展战略制定要"抱一为天下式",有全局观、整体观、系统观,总揽全局、高瞻远瞩、兼收并蓄、系统辩证,尽可能洞悉一切,考虑到方方面面的因素,包括天时地利人和、利益相关主体、上中下游、有利不利、机遇挑战、短期长期、直接间接、国内国际等因素。产业发展战略制定需进行成本效益计算,合理配置要素资源。国家在谋划产业发展时,不仅要寻求某一产业发展最优,更要从经济体系视角,促进不同产业之间协同,实现各类产业发展的总体最优。不仅考虑本国产业发展,也关注他国产业发展,保障全球产业链供应链稳定、开放、有序运行。

(4)"厚德"。产业实现长远发展最终要基于"德",正如《素书》所指出的:"德足以怀远。"厚德以载物,产品与服务的功能、作用、质量等要能够满足用户需求,符合人类发展需要和人类文明进程,推动全球发展,"适乎世界之潮流,合乎人群之需要"。产品与服务从设计构思到最终供给,要体现善念、善品、善行、善举,"善始善终,上善若水"。根据需求、形势、趋势、要素条件等变化,产品与服务要能够持续迭代、精进不懈、精益求精,不断提质升级,兼具创新发展、绿色发展,以期止于至善,如《系辞》所言:"日新之谓盛德。"产业是人类社会、国际社会的重要组成部分,要体现自身、行业、社会责任,秉持自律、诚信、包容、开放原则,不采取不正当竞争方式,不损害消费者利益。否则,德不配位、德不配财,不能造福于民,最终难以持续发展。

(5)"得法"。产业发展需要适宜的体制机制与政策环境。《素书》道:"地薄者大物不产,水浅者大鱼不游,树秃者大禽不栖,林疏者大兽不居。"说明只有厚植良好的环境,才能让产业做大做强做优。《道德经》言:"天之道,利而不害。"《淮南子》曰:"治国有常,而利民为本。"即政府要形成有利于产业发展的体制机制、法律法规、政策标准、文化舆论等。不同产业、市场主体的发展情形不同,但均需市场力量与政府力量的有机结合,引导、规范、促进产业健康持续发展,激励市场主体释放活力、保障企业高效生产经营、促进企业积极进取。现实中,存在不少束缚市场主体活力、增加交易成本、遏制创新、阻碍资源配置效率改进、干扰企业正常生产经营的体制机制与政策障碍，这种状况将影响产业强国建设步伐，必须着力革除，着力培植适宜产业生长、发展的土壤。"顺乎天而应乎人。"从某种意义上讲，形成有利于促进产业发展的适宜"土壤"，是建设产业强国的基础前提。

"见性、因势、循道、厚德、得法"，此五位一体也。见性是建设产业强国的起点，因势是建设产业强国的条件，见性与因势是循道的基础，循道是产业强国建设的关键，厚德是循道的结果，是产业强国建设的体现，而得法是产业强国建设的保障。

0.2　产业强国的使命与战略

中华人民共和国成立以来，特别是改革开放 40 多年来的持续快速发展，中国已经成为经济、科技、农业、工业、交通、物流、金融、网络、数字、能源等方面的大国。不少产业在数量与规模上实现了对发达国家的追赶和超越。但中国还不是产业强国，在质量、效率、竞争力、创新、品牌、前沿技术等方面尚需"二次追赶"。

未来一二十年，全球经济发展格局将面临重大调整，全球经济秩序将面临重大变革，全球科技创新将有重大突破，国际分工和产业布局将面临重大变化，国际间的产业、科技、供应链、模式竞争将更趋激烈。纵观大势，中国产业发展仍将拥有战略机遇，但也面临短期性问题与长期性问题叠加、国内因素与国外因素交织、外部风险与不确定性增加的重大挑战。如何在全球变局中加速产业强国建设步伐，推进产业高质量发展，是实现中华民族伟大复兴这一战略全局问题中的战略性课题。

"行百里者半九十"，中国产业强国建设进入关键时期，更须高度重视。中国作为崛起中的负责任大国，站在新的历史起点，产业发展的定位、面临的形势、承担的责任，决定了其发展应统筹人民、国家与世界，推动人类文明进程，以"造福于民、强大国家、繁荣世界"为使命，实施"需求导向、多元驱动、协调发展、灵活变化、植根世界"的战略。中国将满足需求作为产业发展的出发点和落脚点，以创新、质量、效率等作为满足需求、由大变强的关键手段，通过协调来校正发展的不平衡，用灵活变化来提升发展的应变性，从全球范围谋划产业战略布局。

（1）需求导向。需求是产业发展的原动力。产业发展要以需求为导向，从体系、结构、布局、品种、数量、品质、价格、服务等方面满足不同层次、不同维度的需求，使产业体系与需求体系相吻合，产业结构与需求结构相匹配，产业发展与需求条件相适应，产业能力与需求能力相符合。针对不同的需求提供不同的产品、服务和解决方案，以持续提升的价值来适应、引导和创造需求。

（2）多元驱动。构建由要素、投资、创新等有机组合的多元驱动方式，既要充分发挥劳动力和资源较为丰富以及加工基础较好的比较优势，又要逐步实现从低科技含量向高科技含量、从低附加值向高附加值、从低生产率向高生产率的转变。特别是，"苟日新，日日新，又日新"，将创新作为应对挑战的必要准备，作为满足需求、解决突出问题的重要手段，作为提升质量、效率和生产力、提高资源综合利用率的中心措施，作为改变核心技术受制于人、实现从"依附跟进"到"跨越发展"、从"中国制造"到"中国质造、中国创造、中国智造"的关键举措。

（3）协调发展。从国家发展最佳效率和效果的角度，完善和优化产业体系与结构，协调产业内、产业间、产业体系与外部的关联因素。从产业各自分散发展向多产业联动转变，实现工业、农业和服务业协调发展。产业发展要统筹国内和国际、城市和农村、民用与军工、基础和应用、实体与虚拟、重点与非重点、短期与长期；统筹产业与生态、环境、社会、贸易、宏观经济的关系；统筹传统、新兴和未来产业发展；统筹陆地、海洋和空天产业发展；统筹高增长、中增长和低增长产业发展；统筹劳动密集、资本密集、技术密集和知识密集型产业发展；统筹上下游、大中小企业发展。

（4）灵活变化。产业发展不能墨守成规、机械教条、一成不变，而要以灵活、混合、变化的方式去适应时代变迁和应对可能的不确定性。不同地区、不同行业的企业要根据实际差别化发展。竞争力强的产业和企业实施"大规模作战"，竞争力弱的产业和企业进行"游击战"，做到"攻守兼备、内外兼顾、形式多样、灵活自如、游刃有余"。

（5）植根世界。"根深才能叶茂"，中国产业要深植于世界的资源、生产、研发、设计、创新、贸易、流通、金融、运输、物流、营销、信息和知识等体系。加强国际合作交流，以高度开放和对外连接的国内市场，交汇全球资源和要素，兼收并蓄，多元融合。构建多元化国际市场，稳定扩大传统市场，积极开拓新兴市场，努力发展潜力市场。根据国际化能力、目标市场和可能的风险，分产业确定国际化战略和策略，既反映国内需要，又顺应世界潮流，"利他共生、共创共享、互利共赢、文化融合"，形成"中国与世界共同成长，中国与世界良性互动，中国与各国互利共赢，推进构建人类命运共同体"的格局。

0.3　产业强国与产业政策

中国成为强国，是中华民族伟大复兴的内在要求，是世界秩序重构的客观要求，是时代发展的历史必然。迈向产业强国需要市场力量与政府力量的有机结合，产业政策就是实现这种结合的重要工具。产业政策具有多重属性、多种功能，它不仅用以消除市场失灵，也是实现国家战略、形成竞争优势、保障国家安全、推动全球发展的手段。

从世界范围看，各国根据国情制定相应的产业政策是一种普遍做法。即使是最发达的市场经济国家，产业政策也从未退出历史舞台。美、欧等以法律、科技、财政、税收、贸易、反垄断等多种形式体现产业政策。追赶型经济体通过学习先行发达国家的经验，利用产业政策实现重点产业的追赶，同时保护幼稚产业、助推产业升级。转型经济体因市场体系和市场机制正在构建和完善，政府于是通过产业政策来弥补市场机制的不足。无论是 17 世纪以后英国的崛起，还是后来成功复制英国工业革命的国家，比如法国、德国、美国、日本以及二战后转型的新加坡、韩国，其发展都与政府采纳了正确的产业政策密不可分。

中国是世界上最广泛且深度运用产业政策的国家之一。计划经济时期，中国建立起了全面的集中计划经济体制，生产流通什么、谁来生产流通、生产流通多少，主要由政府计划确定。为了尽快摆脱工业落后的状况，中国学习苏联的经验,实施了政府主导下的工业化战略、不平衡发展模式,运用计划全方位配置要素资源,集中全国、全民的力量,调动各种资源与要素向重点工业、重点企业倾斜,基本建立起了完整的工业体系,以实现追赶目标。

改革开放后,随着社会主义市场经济体制的逐步建立和不断完善,市场在资源配置中的范围不断扩大,市场机制的作用不断增强。与此同时,中国政府充分发挥产业政策在结构调整、规模扩张、产业升级、国际化等方面的重要促进作用。产业政策逐步从以计划为主转向以规划为主,从直接干预转向间接干预,综合运用经济、法律、必要的行政等多种手段。四十多年来的产业发展成就表明,从战略层面看,产业政策的目标基本达到。但从战术层面看,还存在政策体系不健全、政府干预不当、部门利益固化、政策寻租空间大、未能有效协调地方间的分工等突出问题,资源配置效率低下、重复建设严重等症结也一直未能有效解决。此外,产业政策在促进结构优化与升级方面发挥的作用还不尽如人意,产业政策与相关政策也缺乏协调。这些状况引发了人们对产业政策的质疑,甚至少数国家指责中国的产业政策有损公平与竞争。

因此,对产业政策的认识需系统与辩证,不能因产业政策的成效而否定市场机制,也不能因实践中的问题而否定产业政策。恰恰相反,这正是新时期改进和完善产业政策的逻辑起点。

新时期产业政策应以建设产业强国为目标,以改善营商环境为核心,结合对特定产业、领域、对象的结构性安排,削弱产业发展中的制约因素,增强产业创新能力、国际竞争力和可持续发展能力,促进资源配置效率和社会福利水平的提升。

产业政策调整的原则。产业政策调整应遵循以下原则。

(1)围绕国家发展战略。产业政策要以建设现代化经济体系、推动产业由大变强、实现高质量发展等战略目标为指引。

(2)弥补市场缺陷。产业政策要弥补市场失灵,对冲市场机制运行的负面效应,培育与完善市场功能,实现与市场力量的有机结合。

(3)强化功能性产业政策。营造产业发展的良好环境,激励创新创业,提升产业发展的要素与公共服务的支撑,规范市场主体行为等。

(4)优化选择性产业政策。减少政府对特定产业的直接干预,将产业政策的作用严格限定在亟待重点发展或解决问题的产业与领域。

（5）兼顾政策协调性。对不同政策统筹兼顾,促进产业政策与宏观政策、开放政策、区域政策、社会政策、生态环境政策等协调。

（6）致力共赢国际化。将国内产业升级与全球产业格局调整结合起来。把握国际产业发展的趋势,在全球范围内配置资源,促进国际产业分工与合作。根据中国产业在全球价值链中的地位确立升级战略与对策。

新时期产业政策的关注点。 主要有以下关注点。

（1）未来必争的战略产业,如国防工业、尖端制造、下一代信息网络、纳米、生物技术、人工智能等;

（2）国际竞争力弱的领域,如幼稚性产业和需要实现进口替代的产业,如数字机床、高端医疗器械、创新医药、航空物流、国际快递、国际供应链以及产业标准、国际品牌等;

（3）传统支柱产业转型升级,如钢铁、煤炭、有色金属、船舶等;

（4）基础产业中的国计民生领域,如战略性资源、重大基础设施等;

（5）产业发展的薄弱环节,如"六基"（核心基础零部件、先进基础工艺、关键基础材料、基础软件、基础研究和产业技术基础）;

（6）供应链安全;

（7）市场失灵领域,如节能环保、安全、应急、公共研发平台、共性技术平台、公共工程中心、公共检测平台、公共信息平台等;

（8）衰退产业转移或退出;

（9）产业融合、合作、协同、集聚;

（10）创新中某些关键环节,如成果转化、新技术扩散等;

（11）基于国土开发目标的产业;

（12）欠发达地区产业发展;

（13）县、乡、村产业发展;

（14）中小微企业发展;

（15）要素升级与优化配置等。同时,要随着形势变化,做好产业政策的评估与动态调整工作,清理不合时宜的产业政策,制定出更合时宜和未来需要的产业政策。

引导各方资源向重点领域集聚。这一过程应侧重反映创新绩效、附加价值、核心竞争力、可持续发展等维度，综合运用负面清单、准许清单、政府权力清单和企业信用清单和行业能效限额标准、产业污染物排放标准、产品（服务）质量标准等工具。

（1）加强产业政策与宏观政策的协调。宏观政策应符合产业中长期发展需要，为产业发展创造良好的宏观环境。合理确定企业宏观税负水平，着力形成有利于产业转型升级、创新、竞争力提升、国际化和可持续发展的税收结构。

（2）加强产业政策与开放政策的协调。积极参与全球和区域治理，提高在国际经济与贸易规则制定中的话语权。推进中国与重要区域和贸易伙伴经贸一体化，加快推进自贸区建设，推动贸易便利化，减少进入与投资限制。重视双边战略对话、政策协调机制建设，推动双边产业与贸易合作共赢。

（3）加强产业政策与区域政策的协调。产业政策要考虑区域发展战略、区域发展基础和潜力、地区经济差异、城乡一体化程度，明确不同地区的产业定位，充分发挥各地区比较优势，形成地区间的专业化分工，避免地区间过度重复建设。区域战略、规划与政策要考虑产业集聚、产业配套、产业链、供应链和价值链等现代产业发展特点，主动融入全国乃至全球生产流通消费网络，引导和促进有本地特色和竞争力的产业集聚发展、开放发展、链式发展。

（4）加强产业政策与社会政策、生态环境政策的协调。社会政策、生态环境政策要考虑产业发展阶段、产业战略目标以及发展实际；产业政策要考虑社会接受度、生态环境承载力。根据经济、社会、生态统筹发展的要求，建立产业政策与社会政策、生态环境政策的有效协调机制。

目 录

下篇　政　策　篇

上篇

战略篇

　　战略是思想与实践、目标与行动、时间与空间、整体与局部、广大与精微的结合。

新时期产业政策应以建设产业强国为目标，以改善营商环境为核心，结合对特定产业、领域、对象的结构性安排，削弱产业发展中的制约因素，增强产业创新能力、国际竞争力和可持续发展能力，促进资源配置效率和社会福利水平的提升。

第1章
中国产业中长期发展战略

1.1　新产业革命与全球产业变局

新产业革命是人类历史上一次全方位、多层次、内涵丰富、持续演进的经济社会系统变革。数字化、网络化、智能化、绿色化、生物科技等正在突破人类自身局限与资源环境瓶颈,大大增强了可持续发展的能力。大量新的思想、技术、工艺、产品、服务、要素、设施、组织、模式、市场应运而生,不仅对各次产业、资源配置、生产流通、生活消费、工作学习、文化思维等带来重大影响,也深刻地改变着人与人、人与物、物与物的关系,改变着世界的格局;同时,它们对各国的比较优势、生产流通组织方式、产业结构、国际贸易、竞争优势等诸多方面产生重大影响,赋予国际产业分工和竞争以新的内涵。新产业革命叠加日益凸显的地缘政治因素,进一步推动各国产业发展的战略演变。

1.1.1　发达经济体着力推动新产业革命

发达经济体着眼于新增长动力、竞争力与未来发展制高点,对前沿科技、新兴产业发展作出各自的战略部署。

美国作为全球性大国、制造强国、创新强国,产业优势主要集中于高科技、互联网、航天航空、半导体、页岩气、软件、智能化增值服务、创新、可持续人才资源等方面。新产业革命让美国认识到，要赢得未来竞争，必须在人工智能、微电子、生物技术、量子计算、5G、机器人和自动化系统、增材制造和储能技术等领域领先世界。与之相应，美国出台了一系列行政命令、政策与法案，不断升级国家战略版本。特别是针对中国在高科技产业方面的迅速发展，美国认为，必须要赢得对中国的竞争，并采取专门针对中国的遏制措施。

德国作为工业 4.0 倡导国，其工业品以品质优良、技术领先、做工精细在世界享有盛誉。德国优势产业涉及钢铁、化工、设备和机械制造、汽车、光学、医学仪器、环保技术、航空航天、增材制造等，拥有一大批隐形冠军企业。德国制造业在追求创新与质量的阶段遭遇到互联网时代的挑战，生产效率、研发速度与生产制造的灵活性成了其面临的难题。德国充分感受到来自美国高科技领域的高水平竞争与亚洲竞争对手追赶的压力。新形势下，德国正发挥其作为世界领先制造设备供应商以及在嵌入式系统领域显示的长处，广泛地将物联网和服务应用于制造领域，以实现在第四次工业革命的道路上起到引领作用的目标，通过技术和经济融合占领工程高地。

日本是经济总量排第三的发达经济体，其优势产业包括：汽车制造、半导体、高端精密仪器、数控机床、工业机器人、动漫产业、电子产业、钢铁制造、新材料产业、军事工业、机械制造、精密光电业、精细化工业、显示设备、乐器产业、游戏产业和旅游业等。日本在以往精益生产、精细服务的基础上，加快数字化、智能化、绿色化、健康、新材料等发展，对武器、飞机、核能、航天太空、可用于军事的通用零部件制造、网络安全、电力、燃气、通信、上下水道、铁路和石油等核心技术进行全面管理，采取"知""育""守""用"措施，即掌握核心技术分布，集中资源培育核心技术，防止核心技术流出，推进核心技术商业应用。

韩国是全球第十大经济体、新兴工业化国家，在汽车、造船、钢铁、电子电器、石化、通用机械、机器人、电力、铁路、航空航天、轻纺服装、有色金属、网络通信、生物技术、旅游等产业方面有其优势。在新产业革命浪潮下，韩国着力打造未来增长动力产业，提出在尖端技术领域达到全球领先和建设制造强国的愿景，出台了一系列政策扶持培育大容量电池、半导体、汽车及汽车零部件、航空、稀有金属、白色生物等支柱产业,做大优势产业,强化尖端技术产业竞争力。

1.1.2　新产业革命改变国际分工

随着科技迅猛发展以及国际产业分工不断调整,不同国家开始根据自身比较优势,选择特定领域进行专业化生产。发达国家重点聚焦于全球价值链高端领域,转而将劳动密集型、附加值低的环节大规模转向发展中国家,发展中国家则通过承接产业转移实现了中低技术产业的增长。

新产业革命推动了国际产业分工变化。数字化、网络化和智能化制造使劳动力成本对产业竞争力的影响下降,发达国家通过大量采用高效、数字化及智能化的技术与装备,不仅使生产环节的劳动力需求减少,制造成本降低,而且大大缩短了生产工序和流程。随着设计、消费与制造更加密切的结合,发达国家原先向发展中国家大规模转移的生产活动有所回流,传统"雁形模式"所预言的后发国家赶超路径在某些产业领域可能被封堵。

新产业革命对跨国公司和中小微企业未来角色带来影响。跨国公司作为参与国际分工的重要力量,更关注知识密集、高附加值的业务,而将低附加值业务环节外包。中小微企业可以充分利用数字化连接来参与全球研发设计、个性化生产配套、跨境贸易及相关业务,在某些特定领域形成独特优势。

新产业革命给发展中国家依赖大规模出口的产业体系带来挑战。数字化制造将使个性化定制、分散生产成为更有竞争力的选择。为快速响应市场需求,企业通过制造数字化实现消费地生产。

1.1.3　新产业革命带来国际产业结构调整

新产业革命的一个重要特点是:数字化、智能化推动制造环节劳动力减少的同时,也推动了现代服务业的快速成长,先进制造业与现代服务业将增进融合,制造服务化与服务型制造趋势更为明显,服务在整个价值链中将占据更大份额,服务业在全球产业结构中的比重也将进一步上升。

新产业革命会使新兴产业在世界范围内涌现并得以发展。基于不同的国情和创新基础，一些国家在重点产业领域和技术研发方面实现了不同方向的突破。现代生物技术正步入产业化加速发展阶段，以基因工程、干细胞、生物育种、生物医药等为标志的现代生物技术体系正在形成。新能源、新能源汽车、节能环保产业步入高速成长期，新材料和高端装备制造产业也在全球范围内蓬勃发展。数字经济已经成为世界经济体系的重要组成部分，数字技术持续创新和深度应用将继续广泛渗透到经济社会的各个方面，移动互联网、物联网、区块链、大数据、5G、新一代计算、人工智能等技术发展，也将进一步推动数字产业化与产业数字化。

发达经济体基于其雄厚的技术基础、领先的人才优势、强大的研究开发能力、成熟的市场机制与法律制度，将有可能率先在下一代信息技术、智能制造、新能源、生物、新材料、节能环保等方面取得突破，为其经济增长注入新的活力，助推其结构调整和增长方式的转变，在国际竞争中占领制高点。出于战略考量，发达国家将会更加重视研发和创新，重视新兴产业、前沿科技的发展，加大科技创新投入和政策支持力度，以优化产业结构，增强持续发展动力。

新兴经济体一直努力提升产业层次与水平，推动新兴产业发展，在更高层次参与全球竞争，实现产业和科技的追赶。由于新产业革命所需的大量新技术尚处于初期阶段，科技知识大多处于实验室阶段，因此所有国家"几乎处于同一起跑线上"。新兴经济体若能抓住新技术带来的机遇，以更快的速度构筑新技术体系，就能在某些领域实现跨越。但不可否认的现实是，新兴经济体依然面临着技术、市场、制度等多方约束。技术层面，新兴产业尚处于起步阶段，存在多种技术路线的选择与竞争；市场层面，新技术产业化机制不完善，新产品价格偏高，实际市场启动的容量有限；制度层面，准入、标准、质量、检测、监管、法律法规等建设也有待完善。

1.1.4 新产业革命推动国际贸易方式变化

新产业革命是在全球格局深刻变化下产生和发展的，与以往的产业革命有着很大差异。各类创新要素在全球范围内配置，科技资源配置呈现出全球性竞争与不平衡流动特征,新产品新服务也在全球范围内寻找目标市场。随着全球产业结构调整和国际产业分工的变化,未来国际贸易结构和贸易方式也会发生较大变化。

发达国家、跨国企业布局新兴经济体的同时,为赢得战略竞争,着手构建由其主导的有韧性的供应链体系,构建新产业、新技术的国际市场规则。新兴经济体利用新技术推动出口结构升级,与发达国家的关系从依附跟随为主逐步转向更多的正面竞争,如果新的经济和贸易秩序不能体现公平公正,发达国家与新兴经济体在高技术产业的贸易摩擦会增多,如在新能源、平台经济、人工智能、5G 等领域的激烈竞争将引发更多的贸易和知识产权纠纷。

1.1.5　新产业革命推动生产经营组织变革

新产业革命使得大规模个性化定制、社会化生产、平台型企业、网络化组织、开放式创新和产业生态等更加流行,生产者与消费者的互动更为紧密,其对市场需求的快速响应更加重要。"大规模定制"和"批量个性化"融合,产品设计和制造的方式将更加多元,产品的竞争优势也来自灵活、个性、经济的新制造。跨国企业通过全球网络将产品价值链分解到不同地点,产品生产过程由全球范围内多个企业高效、快速合作完成,而企业间以网络方式跨越边界与环境紧密联系。

数字技术将改变传统的产业组织模式,使产品研发设计、生产作业、控制管理等整个制造系统发生改变。能否把市场多样化的需求快速反映到产品的设计中来以满足多样化需求,将成为企业核心竞争力之所在。以往将研发、设计、生产、销售等价值链环节在空间上分离开来的传统产业组织模式不再具有竞争优势,取而代之的是将以上各价值链环节在时空上集聚的产业组织模式。新工艺为小批量、个性化生产创造了前提条件,生产基地更加靠近消费市场,设计人员能够和生产线更为紧密合作,更能贴近客户并迅速响应需求。

1.1.6　新产业革命提升知识性生产要素地位

新产业革命的顺利推进，很大程度上基于知识性生产要素，未来各国在人才、技术、数据、品牌等要素资源的争夺上将更加白热化。

人力资本将成为最重要的创新要素，知识型员工将成为核心竞争资源。低技能的生产工人对产业发展重要性下降，高技能专业服务提供者的重要性将进一步增强。

新技术的发展和吸收对产业发展方式至关重要，技术的转换会成为全球价值链中日益重要的一部分，产品的技术含量将影响着全球生态系统布局。

数据成为新的生产要素。随着数据呈现爆发增长、海量集聚，其对经济发展、社会治理、国家管理、人民生活等各方面都产生了重大影响，数据已经成为经济社会发展的新生产要素与特殊资产。无论是传统产业改造升级还是新兴产业培育发展，无论是扩大内需、促进消费、繁荣商贸流通，还是宏观调控、解决民生问题、扶贫开发、促进可持续发展等，数据都是其中不可或缺的核心要素，发挥着重要的作用，创造着重要的价值。各行各业、各类企业和机构也纷纷利用大数据来提高资源配置效率，促进供需匹配与创新，减少浪费、降低成本、增加透明度，提高企业和公共部门的生产率和竞争力，提高消费者与公众福利等。

品牌将更加成为消费者在纷繁复杂的信息中甄别、选择产品的重要依据。网络化销售将使供求信息成倍增长，消费者的个性化需求将对产品更为挑剔。标准制定、市场规则、知识产权等领域会成为未来竞争的焦点，商业模式创新的作用也将更加突出。面对稍纵即逝的市场机会和日益增加的市场风险，如何创新商业模式，更好地识别产业价值、更高效地创造价值、更迅速地实现价值，增强快速反应能力，有效规避风险，将成为产业持续发展的关键。

1.1.7　新产业革命对中国而言机遇大于挑战

中国正处在由大变强、增长方式转变和结构调整的关键时期，同时迎接着全球新产业革命的大潮,面临着更加激烈的国际竞争环境,多重因素与趋势的叠加,使中国未来产业发展的机遇与挑战并存。超大规模的国内市场是中国最大的优势之一,但发挥好这一优势需要构建开放、包容、公平、规范的市场竞争秩序;相对雄厚的产业基础是中国抓住发展机遇的优势所在,但需要妥善应对产业分工体系变革带来的影响,构建更具韧性的供应链体系;中国人才素质的提升和"科技人口红利"提供了智力基础,但人才总体质量不高、结构不合理的问题愈发突出;中国既有集中力量办大事的社会主义制度优越性,但也存在不少不合时宜的体制机制、法律法规、政策和观念束缚着创新发展和新技术的应用。面对奔涌而来的新产业革命,中国应增强机遇意识、忧患意识和时代紧迫感,着眼长远,把握机遇,系统部署,以更好的制度和政策推动产业升级,抢占国际竞争的战略制高点,通过一二十年的奋斗与努力,加快成为现代化产业强国。

1.2　解码中国的新产业革命

中国是世界性大国,具有完整的工业体系,实现了对发达国家在数量上的追赶,但远未实现质量、技术、效率、创新、竞争力和知识等的追赶。实践表明,大国崛起的进程,很大程度上是一部产业革命引领史。中国要构建现代化经济体系,建成现代化强国,必须深度参与甚至引领一次新的产业革命。当前,新产业革命与中华民族伟大复兴历史性地交汇,如何牢牢把握时代之机,研究制定新产业革命战略,全面引领产业变革,是当代中国的一项重大课题。

1.2.1　中国新产业革命的战略定位与战略目标

1. 战略定位

从新产业革命在中国发展进程中的定位看,新产业革命是中国实现富强民主文明和谐美丽的社会主义现代化强国的战略基石。

从中国在全球新产业革命中的定位看，中国是全球新产业革命的重要推动者、深度参与者、主要践行者、重大领域引领者。

2. 战略目标

（1）总体目标

中国成为世界领先的产业强国，形成完善、发达、强大的现代化经济体系。

（2）阶段性目标

近中期目标：从 2022 年到 2025 年，通过几年的奋斗与努力，融现代农业、现代制造业、新兴产业、现代服务业为一体的现代化产业体系建设取得较大进展。集约发展、质量发展、智慧发展、创新发展、开放发展、共享发展、绿色发展取得重大进展。关键技术、装备与核心部件自主化取得实质性突破。新兴产业大规模发展，传统产业改造升级与新基础设施体系建设取得显著进展。新生产要素瓶颈制约基本消除。

中长期目标：从 2026 年到 2035 年，通过约 10 年努力，基本形成现代化产业体系。各次产业全面实现数字化改造，形成基于传统生产要素与新生产要素有机结合的新竞争优势。制造业整体步入世界强国行列，拥有一大批在新经济领域的世界级企业集团。新技术体系全面形成，自动化、数字化、智能化、柔性化生产方式大规模应用与普及。新基础设施体系全面建成。新生产要素供给充分。

远期目标：从 2036 年到 2050 年，再通过约 15 年的努力，形成完善、强大、智能、绿色的现代化产业体系。产业结构合理，产业发展方式高效、集约、智慧、绿色、安全。中国成为世界领先的制造强国、服务强国、全球最大的创新发源地、全球新经济的领跑者。各次产业实现高质量发展。新技术体系、新基础设施体系完善、发达。新生产要素高质供给高效配置。

1.2.2 中国新产业革命的战略思路

牢牢把握时代发展潮流，紧紧扣住国情和实际，从国家战略、市场需求、国际分工与产业演化规律来明确发展方向，从现有基础和优劣势来决定突破领域，从长远未来部署前沿技术、前沿产业，以数字化、网络化、智能化、绿色化为主线，通过营造优质发展环境，激发各类主体活力，推进"质量革命、成本革命、数字革命、网络革命、智慧革命、制造革命、服务革命、能源革命、交通革命、生物革命、材料革命、绿色革命"，走出一条具有中国特色的新产业革命道路。实施"一主多翼、统筹兼顾；创新引领、混合驱动；共利共享、跨界融合；安全可控、生态绿色；以我为主、包容并蓄"的发展战略（如图 1-1）。

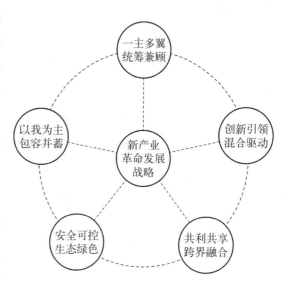

图 1-1　中国新产业革命的发展战略
资料来源：作者自绘

（1）"一主多翼、统筹兼顾"。这是新产业革命推进方向的战略。推进新产业革命要紧紧围绕"数字化、网络化、智能化"这一主攻方向，大力发展下一代信息网络技术、高端制造、新材料、生物、新能源、节能环保产业。处理好新兴产业与传统产业、虚拟经济与实体经济、生产与流通、技术与商业、生产与生活、经济与社会、产业与城市、产业与金融、海（洋经济）陆（地经济）空（天经济）、近期与远期的关系。以新带旧，化旧为新。统筹不同企业发展，大企业带动中小企业，中小企业为大企业做好配套。统筹不同地区发展，发达地区与欠发达地区有效分工合作。

（2）"创新引领、混合驱动"。这是新产业革命动力方面的战略。新产业革命的本质特征在于"新"，要以新的理念、技术、产品、服务、模式来予以推进。同时考虑到不同地区、不同产业、不同企业多种生产力水平与多种发展阶段并存的实际，需综合运用要素、投资、创新及结构调整等多种动力，实施"创新＋要素＋投资＋结构调整"的混合驱动。需要创新驱动的一定要创新驱动，需要要素与投资驱动的就实施高效的要素与投资驱动，需要结构调整的就进行结构调整。创新驱动，也要认真分析创新层次、类型和水平，找到切实可行的创新路径。

（3）"共利共享、跨界融合"。这是新产业革命资源配置方面的战略。推动企业、资源、要素在共利基础上的互联互通与共享；推动基础设施互联互通，物物相联，服务相联，人、物、服务相联；推动下一代信息网络技术与制造融合，推动数字世界与物理世界融合；推动要素、科学、知识的跨界融合；推动技术创新与商业模式创新的融合；推动企业之间联动发展，产业链、产业间的互联发展，构建产业生态体系。

（4）"安全可控、生态绿色"。这是新产业革命推动中国安全发展、绿色发展方面的战略。树立大安全理念，确保产业安全与供应链安全，确保核心技术关键部件自主可控。确保生态安全、环境安全。将生态和环境标准作为产业发展的引导性、约束性指标，并贯穿于产业发展全过程。

（5）"以我为主、包容并蓄"。这是新产业革命从国际科技与产业竞争的现实角度考虑的战略。中国现在和将来仍会面临西方国家不同层面、不同领域的遏制，推动新产业革命主要依靠中国自身，汇聚人民的智慧，但一定要在开放中进步和发展，虚心学习世界各国先进的知识、技术与经验，海纳百川、博采众长。

1.2.3 中国新产业革命的战略路径与推进步骤

1. 战略路径

推进新产业革命既非单一的技术路径，也非单一的创新路径或质量提升路径，而是综合组合"产业、效率、创新、质量、空间、支撑"等多条路径。

路径 1：新产品、新服务、新技术、新商业模式为导向的新产业发展路径。围绕着产业升级、消费升级、贸易升级需求，推动高品质、高性能、高科技含量、高附加值、有竞争力、有良好体验、有市场前景、绿色低碳的新产品、新服务、新技术发展。推动以平台化、共享化、供应链化、生态体系构建为特征的新商业模式发展。

路径 2：数字化、网络化、智能化赋能的效率变革路径。围绕着"降低成本、提高效率、增强市场反应能力"的要求，通过数字化、网络化、智能化手段对价值链不同环节、生产体系与组织方式、产业链条、企业与产业间合作等进行全方位赋能，推动产业效率变革、组织变革。

路径 3：标准化、精益化与管理优化相结合的质量提升路径。围绕产品与服务质量不高的突出问题，完善传统产业与新产业的标准、计量、认证认可、检验检测体系。推动企业精心设计、精益生产、精细服务。健全企业质量管理体系，提高全面质量管理水平。

路径 4：不同类型、层级、领域创新系统建设的创新路径。围绕国家战略、市场需求、未来方向等，推动企业、产业结合自身情况，开展仿制创新、集成创新、原始创新和颠覆式创新，推动企业创新体系、产业创新体系、国家创新系统构建，推动政产学研用金有机结合的创新生态体系建设。

路径 5：地区、国内、国际产业分工深化的空间优化路径。按照"有所为、有所不为""充分发挥比较优势与后发优势""形成自身独特竞争优势"的思路，推动各地区找准定位，选择好主导产业和主攻方向，深化地区间分工合作，融入国内与国际分工体系，形成地区特色、中国特色。

路径 6：新人才、新知识、新基础设施增加供给的支撑路径。围绕人才瓶颈、知识短板和数字化基础设施薄弱等突出问题，从教育体系、培训体系、学科体系、知识体系、数字化基础设施体系等方面增强有效供给，为新产业革命夯实要素支撑基础。

2. 推进步骤

推进新产业革命要"因势利导、因势而变、顺势而为、因地因产因企制宜"。可分三步走：

近中期（2023—2025）：应着力弥补"产业链、供应链、创新链、质量链、人才链"方面的短板，夯实发展基础。集中优势要素，选择比较成熟的关键技术与装备予以重点突破。着力解决产业发展质量不高、创新体制机制不完善、人力资源结构不合理等问题，建立促进新产业革命的长效机制。

中长期（2026—2035）：应全面推动创新，实现科技追赶，实现核心技术与关键部件自主，在多个重点领域推进关键技术的突破和产业化。将经济实力全面转化为科技实力，将新产业革命与中国现代化有机契合，努力实现与发达国家全面并跑，部分领域实现超越。

远期（2036—2050）：是中国对发达国家从并跑向领跑转变、实现超越的关键时期，也是建设世界一流强国的决战期。该阶段应更加聚焦于创新引领、人力资本、知识资产、标准、软件等，实现"卓越质量、创新引领、全面超越"。

1.2.4 推进新产业革命的若干重点领域

1. 产业与技术方面

大力发展新产业。瞄准国家重大战略需求、国际前沿技术与关键领域，大力发展下一代信息技术（如集成电路及专用设备、核心通信信息设备、操作系统及工业软件）、高端制造（如高档数控机床与机器人、航天装备、民用航空装备、先进轨道交通装备、海洋工程装备、高技术船舶、电力装备、节能与新能源汽车、电动汽车等、智能网联汽车、先进农业装备等）、新材料（如先进基础材料、关键战略材料、前沿新材料）、新能源及储能、分布式能源、智慧能源、生物医药及高性能医疗器械、节能环保等战略性新兴产业。

构建新型产业技术体系。围绕智能制造技术、网络化制造技术、增材制造技术、绿色制造技术、人工智能技术、生物技术、新材料技术、新能源技术、节能环保技术、智能服务技术、智能供应链技术等，构建新型产业技术体系。

推动信息技术与制造、材料、能源、生物的交叉融合。推动制造业与现代服务业融合发展，工业文明与生态文明深度融合。推动产业互联网、产业智联网发展，推动电子商务、高效物流、智慧供应链发展。推动制造业与设计、文化融合发展。推动制造业服务化。

推动传统产业广泛应用新技术、新工艺、新装备和新商业模式，提高生产流通与服务效率，降低生产流通及服务成本，增强市场反应力。支持中小企业应用新技术、新工艺。针对多数制造企业数字化程度较低的状况，推动其完成数字化"补课"。推动"互联网＋生产""互联网＋流通""互联网＋交通"

"互联网 + 物流""互联网 + 能源""互联网 + 服务""互联网 + 传统产业""互联网 + 中小企业"等发展。针对资源能源密集型产业,在继续削减过剩产能的同时,加强数字化改造和绿色技术的应用,推动其数字化与绿色化转型。

2. 创新方面

加强创新能力建设,着力发展核心技术、高技术和颠覆性技术,加强共性技术和关键技术研究。攻关薄弱环节和重点领域,加强对基础科学、应用基础科学、成果转化等支持。实施大科学计划。建设一批政产学研用相结合的协同创新中心,推动企业、高校、科研机构、中介组织、金融机构、政府等形成更加紧密的创新网络。

完善国家创新系统、创新生态系统建设。构建由"企业创新系统、产业创新系统、区域创新系统"等有机结合的高效、共享的国家创新系统。有效整合科技资源,提高原始创新、集成创新和引进消化吸收再创新能力,注重协同创新和产业共性技术研发,在优势领域加速创新模式从跟随向并行、再向引领转变。发挥举国体制优势,整合各研发创新资源进行攻关,着力在未来全球技术创新和竞争焦点方面取得突破。将北京、上海、广州、深圳等建成世界级科创中心,将国内其他一些发达城市建设成为区域科创中心。

3. 质量方面

建设新型标准体系,实施标准引领,推动质量全面跃升。提高计量测试能力与质量溯源能力。以多元共治为基础,建立科学、高效的质量治理体系。建立与新技术新产品相适应的检测与评定体系,提高对重要领域、产品、零部件性能检测能力及可靠性、安全性能评价能力。加强基础共性标准、关键技术标准和重点应用标准的研究制定。针对重点行业,组织攻克长期困扰产品质量提升的关键共性质量技术,加强可靠性设计、试验与验证技术开发应用,推广采用先进成型和加工方法、在线检测装置、智能化生产和物流系统及检测设备等,使重点产品实物的性能稳定性、质量可靠性、环境适应性、使用寿命等指标达到国际同类产品先进水平。推动全社会树立"质量第一"的理念,倡导"执着专注、精益求精、一丝不苟、追求卓越"的工匠精神,并将其转化为从业人员甚至公众的行为准则。

4. 基础设施与要素方面

建设新型基础设施体系。加强互联网与移动互联网、大数据中心、云计算、物联网、区块链、5G、城际高速铁路与城际轨道交通、磁悬浮铁路、下一代航空系统、智能交通基础设施、储能设施、新能源汽车充电桩、智能电网、特高压电网等方面的建设。建设符合长远未来的现代化教育、知识和人力资源发展体系。突出培养造就创新型科技人才，围绕提高自主创新能力、建设创新型国家，以高层次创新型科技人才为重点，造就一批世界水平的科学家、科技领军人才、工程师和高水平创新团队，大力培养一线创新人才和青年科技人才，建设宏大的创新型科技人才队伍，打造全球最大规模、独具匠心的工匠队伍。实施全球人才引进战略，择天下英才而用之。

5. 绿色发展方面

推进绿色、循环、低碳发展。将绿色理念贯穿到产业规划、设计、制造、建设、运营、维护、管理、保养、使用等各环节，推动全寿命周期绿色化。开发高效率、低消耗、低排放的绿色供应链流程，降低供应链能源消耗总量；严格能耗、物耗准入门槛，加快淘汰落后生产能力，提高能源资源利用效率；推行清洁生产、绿色交通、绿色物流及绿色建筑，推进再制造工程，促进污染末端治理向源头预防、过程控制并重转变。促进能源消费清洁化与清洁能源生产方式，提升新能源与清洁能源供应比重。

6. 地区发展方面

做好地区规划布局，深化地区间分工与协作。在发达地区布局世界级的新兴产业集群与中国的"硅谷"。中西部地区根据本地情况，布局重点特色高技术产业。避免重复建设、重复投资，形成产业空间合理分布、地区协同、城乡互动、东中西联动的格局。培育特色鲜明、专业化程度高、配套完善、大中小企业分工协作、优势明显的产业集群。

7. 国际合作方面

有效识别各国对中国新产业革命的作用,分类实施多层次、多渠道、多领域的国际合作战略。将中国与世界的生产网络、创新网络、知识网络、贸易网络紧密联系在一起,合理布局支撑新产业革命的全球网络,构建推进新产业革命的全球体系。培育与打造一批具有世界影响力的企业集团,造就具有产品出口、服务出口、资本输出和技术输出及重大工程承包能力的大型综合型企业,加快培养国际细分市场领域竞争力强的"专精特"中小企业群体。

第2章
中国产业高质量发展战略

产业兴则国兴,产业强则国强。产业是支撑经济增长、推进现代化、保障国家安全的核心力量,是大国竞争的根基所在。经过改革开放40多年来的持续快速发展,中国已经成为制造大国、交通大国、物流大国、网络大国、科技大国、能源大国等。诸多产业已实现了对发达国家在数量与规模上的追赶和超越。但中国还不是产业强国,在质量、效率、竞争力、品牌、前沿技术等方面尚需"二次追赶"。未来一二十年,新产业革命将会深入推进,国际间的产业、科技竞争更加激烈,产业分工和贸易环境会出现许多新的重大变化。纵观国内外大势,中国产业发展仍将拥有战略机遇,但也将面临短期性问题与长期性问题叠加、国内因素与国外因素交织、外部风险与不确定性增加的重大挑战。如何在全球变革中加速产业强国建设步伐,推进产业高质量发展,是实现中华民族伟大复兴的战略抉择。

推进产业高质量发展是一项系统性、战略性、复杂性、长期性工程,需要系统、全面、协调、创新、智慧、开放、包容、绿色、集约、充满活力地推进。既要立足国情、实事求是,又要放眼全球、着眼长远;要坚持持续动态优化、需求导向、市场与政府有机结合、遵循产业自身发展规律。产业高质量发展由产业发展战略高质量、产业发展过程高质量与产业发展结果高质量三方面构成,如图2-1所示。

这三方面是一个整体,彼此环环相扣、相互作用、相互影响,统一于产业高质量发展。发展战略高质量为发展过程高质量指明了目标与方向,发展过

程高质量是发展战略高质量的具体实施
与路径选择，发展结果高质量是发展战
略与发展过程高质量的具体体现。同
样，发展结果又被反馈到发展战略、发展
过程中。产业发展过程连接、影响着产
业发展战略目标与产业发展结果。

　　实践中，人们对产业发展目标或期
望的结果设定予以更多关注，提出了构
建现代化产业体系、形成合理的产业结
构、高品质产品与服务、强大的创新能力

图 2-1　产业高质量发展基本逻辑
资料来源：作者自绘

与竞争力、良好的经济效益、可持续发展、实现新产业革命与各次产业现代化
等各类目标。然而需要明白：结果或目标不等同于战略、路径。产业发展结
果的高质量如何实现？这就需要产业发展战略高质量来指引，产业发展过程
高质量来保障。

2.1　产业发展战略的高质量

　　未来很长一段时间，全球产业格局将进入深度调整期，国际产业竞争将
加剧。中国产业发展战略制定应遵循发展规律、竞争规律，灵活应对世界发
展变化，牢牢把握时代发展之机，着力化解发展中的问题与风险。总体上可
采取以下战略方针。

　　(1)"扬长补短，攻守兼备"。面对日益激烈的全球竞争，中国要充分发挥
产业优势领域所长，着力弥补发展中的短板，消除产业发展的瓶颈。有竞争
力的产业在全球布局，缺乏竞争力的产业如幼稚性产业、对外依赖性产业、产
业链薄弱环节要加强防御能力，增强供应链弹性，确保产业链供应链安全。

　　(2)"稳中求进，重点突破"。要保持传统产业的稳定发展，圆满完成工业
2.0 与工业 3.0 的任务。同时依托传统产业优势，加快发展新兴产业，超前部
署未来产业，有序推进工业 4.0 等各项战略任务。产业高质量发展不是"胡子

眉毛一把抓"，要重点突破关乎国家安全与战略能力的关键产业、关键技术、关键部件、关键基础设施的瓶颈，占据未来战略竞争制高点。

（3）"虚实互动，软硬一体"。推动农业、工业、服务业等实体经济与金融良性互动，推动农业、工业与服务业联动发展，推动农业、工业、服务业与信息网络深入融合，推动硬件、物理基础设施与软件、数字化基础设施等一体化发展。

（4）"上下互济，时空优化"。推动产业链上中下游、供应链中的供方需方、创新链中研发设计与商业化产业化等协同发展，提升产业生态、创新生态的共生性、复杂性、韧性与灵活性。分产业有步骤有计划地推进升级，统筹短期与长期发展。完善地区间分工协作网络，持续优化产业空间布局。

（5）"互利共赢，内外统筹"。要着眼于人类文明进程、构建人类命运共同体，实现中国与世界的共同发展。大力增强中国的全球连接能力与流动能力，积极参与全球经济治理，维护全球供应链安全稳定开放，将中国与世界多数国家的生产网络、贸易网络、创新网络、物流网络、资源网络等紧密联系在一起，合理布局支撑中国发展的全球网络，构建中国的全球生产贸易体系。

2.2 产业发展过程的高质量

产业发展过程高质量以优化发展模式、动力与路径为主线，通过"六大导向""八大协调""十大路径"，根本上改变产业粗放式发展、不可持续发展、不包容发展状况，走出一条集约发展、质量发展、智慧发展、创新发展、开放发展、共享发展、绿色发展之路。

1. "六大导向"

（1）目标导向。以构建现代产业新体系与实现产业强国目标为指引，推进新产业革命与产业现代化进程，加速做强战略性产业与关键产业。

（2）问题导向。必须着力解决各次产业发展中的各类问题与短板，特别是重大结构性、体制性问题。消除发展中的薄弱环节，夯实产业发展基础。

（3）需求导向。人民第一，以人为本。产业发展要紧紧围绕人民的需要，充分考虑各类人群诉求。产业的体系、结构、布局以及产品品种、数量、品质、价格等，要满足不同层次、不同维度的需求，使产业体系与各类需求相吻合，产业结构与需求结构相匹配，产业发展与国内需求条件相适应。针对日益细分的市场，提供更加精细的产品、服务，更加系统全面的解决方案，以更多价值创造来适应、引导、释放需求。

（4）质量导向。质量问题影响人类的全部活动。质量是产业持续发展最基本的决定因素。质量问题是产业发展的中心问题之一，是社会各界所关心的一个共性问题。产品的质量水平决定着产业发展的水平。中国产业必须从提升质量上下功夫，从数量时代迈向质量时代。坚持"质量为先"，将质量突破作为中国产业由大变强的关键予以重点推进，引导产业把转型升级的立足点真正转到提高质量和效益上来。

（5）创新导向。产业未来的竞争力取决于创新能力。为了赢得未来竞争，各次产业必须在创新、研发、关键技术方面有重大突破，逐步占据世界领先地位。以创新驱动产业升级与竞争力的提升，充分激发产业界、科技界、教育界的创新活力，促进人民创造力与想象力的发挥。要以新科技新理念新模式推动产品、工艺、流程、商业模式、管理、制度、服务、营销、组织、品牌等多维度多层次多领域的创新，使中国从创新追随者向创新领导者转变。

（6）竞争力导向。以形成国家竞争优势、优势产业、优势企业、优势领域，提高国际竞争力与影响力为导向，构建有利于提升竞争力的要素与环境条件，持续提升生产率水平，提高资源配置效率，提高中国产业在全球价值链中的地位。

2. "八大协调"

（1）产业数量（规模）与产业质量相协调。尽管联合国人口司估测，中国将次于印度，成为全球第二人口大国，但中国内需规模巨大，这就要求国内产业具有服务超大规模市场的能力。没有量变的积累（足够的规模）就谈不上质的飞跃。要做到量中有质，质中有量，量质互动。

（2）产业与生态环境相协调。产业发展以不破坏生态环境为前提，加强节能减排技术的应用；生态环境保护要有利于产业升级，将绿色理念导入产业链条全过程，推进产业绿色化发展，构建绿色产业体系。

（3）工业与农业、服务业相协调。以新型工业化推动农村现代化，以农村现代化支撑新型工业化与新型城镇化。推动工业与服务业融合发展，通过发展生产性服务业来支撑工业竞争力提升，引导和支持制造企业做强生产制造环节的同时，更多引入服务元素，使得制造与服务彼此嵌入、交叉、渗透与赋能。

（4）产业与社会相协调。产业发展要有利于促进社会发展，如就业增加、就业人员收入水平提高，收入分配更加合理，承担相应社会责任等。社会发展能够为产业发展提供合理的人力资源规模、优化的人力资源结构、高效的人力流动、安全的社会保障体系等。

（5）国内产业与国际产业相协调。中国产业规模巨大，外溢效应明显，国际影响力强。中国应将国内产业升级与全球产业格局调整结合起来。把握全球产业格局变动趋势，在全球范围内配置资源，促进国际经济大循环。根据中国产业在全球价值链中的地位、东道国的需求确立升级战略与对策。

（6）国内各地区产业相协调。一方面，要激发地区发展活力，充分调动地方在产业发展方面的积极性与创造力；另一方面，要保障各种要素在国土空间上自由流动和优化配置，形成地区间产业优势互补、合理分工、协同发展的格局。

（7）军事产业与民用产业相协调。强国必须强军，强军依靠强国。履行新的历史使命，军事产业需要有新的要求和更高的标准，需要从党和国家建设的全局，以及现代化建设的高起点上，谋划军事产业现代化建设，提高打赢未来战争的能力。必须推动军事产业升级与民用产业升级相耦合，以民促军，寓军于民，军民融合，通力合作。

（8）传统动力与新兴动力相协调。中国产业类型的多样性、多种生产力水平、多种发展阶段以及不同层次的需求，决定产业发展需要"混合动力"，不能仅靠单一的要素驱动、投资驱动或者创新驱动，不能仅靠传统产业或新兴产业，而是多种动力机制的混合。中国既要大力发展传统产业，充分发挥初级劳动力和自然资源较为丰富以及初级加工基础好的比较优势，又要大力发展新兴产业,加快实现从低科技含量向高科技含量、从低增加值向高增加值、从低生产率向高生产率的转变。

3. "十大路径"

(1) 形成需求与供给良性互动的动力结构优化路径。产业发展是多种因素多重动力综合作用的结果,但需求与供给相互作用是最基础性的动力。中国产业发展要紧紧围绕人民的需要,充分考虑各类人群诉求。产业体系、结构、布局以及产品品种、数量、品质、价格等,要满足不同层次、不同维度的需求,使产业体系与各类需求相吻合,产业结构与需求结构相匹配,产业发展与国内外需求条件相适应。针对日益细分的市场,提供更加精细的产品、服务,更加系统全面的解决方案,以更多价值创造来适应、引导、释放需求。在国际需求不确定性加大的形势下,坚持扩大内需这个战略基点,加快培育完整内需体系,把实施扩大内需战略同深化供给侧结构性改革有机结合起来,以高质量供给引领和创造新需求。畅通国内大循环,促进国内国际双循环,全面促进消费,拓展投资空间。提高居民收入,增加内生需求,加快形成合理的收入分配,挖掘新需求,鼓励绿色消费,促进消费结构升级,提高居民消费水平;缩小贫富差距,改善居民生活,构筑社会安全网以增强消费信心,提升隐性需求。

(2) 质量为先、标准化、精益化、管理优化相结合的质量提升路径。质量问题影响人类的全部活动。质量是产业持续发展最基本的决定因素。质量问题是产业发展的中心问题之一,是社会各界所关心的一个共性问题。产品与服务的质量水平决定着经济发展的水平。中国产业必须从提升质量上下功夫,从数量时代转向质量时代。坚持"质量为先",将质量突破作为产业由大变强的关键予以重点推进,引导产业把转型升级的立足点真正转到提高质量和效益上来。强化标准引领,形成"底线标准、消费者满意标准、战略性标准、国家安全标准、未来标准"相统一的产业标准体系。形成以质量为导向的资源配置方式,构建质量与价格的科学联动、反应机制。推动企业精心设计、精益生产、精细服务。健全企业质量管理体系,提高全面质量管理水平。推动企业社会责任制度、诚信体系建设,完善产品召回制度。

（3）围绕科技自立自强、增强国际竞争力的创新发展路径。创新既是满足需求的重要手段，又是解决问题、应对挑战、提升效率和生产力、提高资源综合利用率、改变核心技术受制于人、实现从"依附跟进"到"跨越发展"、从"中国制造"到"中国创造"、抢占未来竞争制高点的关键举措。坚持创新在现代化建设全局中的核心地位，把科技自立自强作为国家发展的战略支撑，面向世界科技前沿、面向经济主战场、面向国家重大需求、面向人民生命健康，深入实施科教兴国战略、人才强国战略、创新驱动发展战略，完善国家创新体系，加快建设科技强国。强化国家战略科技力量，提升企业技术创新能力，激发人才创新活力，完善科技创新体制机制。支持大中小企业和各类主体融通创新，推动科技成果转化和产业化。构建由技术创新、商业模式创新、管理创新、制度创新、产品创新、服务创新、流程创新、营销创新、组织创新、品牌创新、原始创新、集成创新、仿制创新、微创新、市场开拓等组合的全方位创新体系。

（4）新产业、新产品、新服务、新技术、新业态为特征的新产业成长路径。大力发展下一代信息网络（如物联网、产业互联网、大数据、新计算、5G、人工智能、区块链等）、高端装备（如大飞机、新能源汽车、无人自动驾驶汽车、磁悬浮铁路等）、生物（如基因产业、生命科学、生物疫苗等）、新材料、新能源（如太阳能、风能、氢能等）、特高压、节能环保等战略性新兴产业。改变企业单打独斗、单一"产业"思维，转向"体系"思维，促进跨界融合，构筑产业、资金、市场、人才、平台、技术等诸多要素协同的产业与市场高效对接的新商业模式。围绕着降本增效、供需对接的要求，推动数字化进程。加强应用数字化、网络化、智能化技术，对供应链不同环节、生产体系与组织方式、产业链条、企业与产业间合作等进行全方位赋能。加快运用信息网络技术，促进企业内的人、物、服务以及企业间、企业与用户间互联互通、线上线下融合、资源与要素协同。

（5）地区、城乡、国内、国际分工深化的空间优化路径。按照"有所为、有所不为""充分发挥比较优势与后发优势""形成自身独特竞争优势""畅通国内外循环"等思路，推动各地区从全球分工体系与国家发展战略角度精准定位，选择好主导产业、支柱产业与优势产业，培育特色鲜明、专业化程度高、配套完善的产业集群。发达城市群着力打造世界级产业集群。加快城市化进程,促进农村人口合理转移,将城市发展与产业结构布局调整结合起来,建立规模优化的城市经济,发挥城镇化在经济增长、转移劳动力、资源合理高效配置方面的重要作用。优先发展农村,全面实施乡村振兴战略,走中国特色社会主义乡村振兴道路,强化以工补农、以城带乡,推动形成工农互促、城乡互补、协调发展、共同繁荣的新型工农城乡关系,加快农村现代化。

(6) 将绿色、循环、低碳理念导入产业体系的可持续发展路径。坚持"绿水青山就是金山银山"理念,坚持尊重自然、顺应自然、保护自然,坚持节约优先、保护优先、自然恢复为主,守住自然生态安全边界。在产业发展的规划、设计、生产、流通、交通、物流、消费、投资、运维、评价、治理、供应链等各方面体现资源节约、环境友好的目标,推动绿色化转型与绿色产业发展,统筹推动绿色产品、绿色工厂、绿色园区和绿色供应链发展,促使企业提供清洁环保的产品和服务,实现降低能源资源的消耗、减小废弃污染物和温室气体的排放强度,同时保持产业平稳健康发展的目标。

(7) 更高水平开放的全球资源配置路径。以全球视野和战略思维,经略周边,布局全球。坚持实施更大范围、更宽领域、更深层次对外开放,依托国内大市场优势,促进国际合作,实现互利共赢。推动贸易和投资自由化便利化,推进贸易创新发展,推动共建"一带一路"高质量发展,积极参与全球经济治理体系改革。将中国产业深植于世界的资源、生产、研发、设计、创新、贸易、流通、金融、运输、物流、营销、信息和知识等体系,从世界汲取能量。加强国际合作交流,营造国际一流营商环境,以高度开放和对外连接的国内市场,集结全球资源和要素。构建多元化国际市场,稳定扩大传统市场,积极开拓新兴市场,努力发展潜力市场。形成"中国与世界共同成长,中国与世界良好互动、中国发展更好惠及世界"的国内国际双循环相互促进的新发展格局。

(8) 要素供给升级来提高经济发展潜力的支撑路径。产业高质量发展离不开相关要素支撑。包括:符合时代技能要求与知识结构的丰富人力资源,先进适宜的技术装备,强大、智能、安全、绿色的物理基础设施、数字化基础设施、创新基础设施与社会基础设施,规模适度的多层次多渠道资本体系,相对充足的土地、矿产、能源等资源,富有效率的经济组织、科研组织等。

（9）体制机制有效保障路径。全面深化改革,构建高水平社会主义市场经济体制。坚持和完善社会主义基本经济制度,充分发挥市场在资源配置中的决定性作用,更好发挥政府作用,推动有效市场和有为政府更好结合。激发各类市场主体活力,完善宏观经济治理,建立现代财税金融体制,建设高标准市场体系,加快转变政府职能。健全和完善市场机制,建立统一的国内大市场;进一步完善法律法规,制定负面清单、行业准许清单、政府权力清单和企业失信清单。企业"非禁即入",政府"非准不可为"。转变政府职能,提高政府工作的质量和效率。减少政府行政干预,更好地发挥宏观调控作用;改善企业发展环境,降低交易成本,激发民营企业、中小微企业的发展活力,全面发挥民营经济对增长的贡献作用;完善产业政策,从倾斜式产业政策向普适性和倾斜式有机结合转变;完善社会保障体系,提供积极的公共和社会化服务,营造良好社会环境;深化教育制度改革,放宽教育服务的准入,提高劳动者素质,建立面向产业的教育、培训和人才制度。

（10）优秀文化赋能产业发展的软实力提升路径。中国产业增长能力很大程度上取决于国民的价值观。中国产业需要内在的文化动力。繁荣发展文化事业和文化产业,提高国家文化软实力。促进满足人民文化需求和增强人民精神力量相统一。在全社会倡导和树立"以人为本""开放创新""开拓进取""平等尊重""包容责任""诚信合作""绿色生态"等社会观、伦理观和价值观。

中篇

产业篇

　　未来5—10年是中国经济转型升级需取得重大突破与全球格局重大调整交汇的时期。面对错综复杂的国际形势与激烈的国际竞争，中国要在新的历史起点上，着眼构建新发展格局，谋划新的发展方位，充分发挥中国市场规模大、体系相对完整、集成能力强、人力资源丰富、集中力量办大事等优势，进一步提升产业强基的战略地位，密切跟踪前沿科技与产业基础能力竞争动态，统筹部署、系统推进整机牵引和基础支撑协调互动，夯实产业发展基础，促进产业竞争力提升，推动产业链供应链现代化，着力建设一个面向未来、面向全球、更具韧性、更富竞争力、蕴含持续发展能力的现代化产业新体系。

经过 70 余年的持续发展，中国已经成为全球基础设施大国，基础设施规模庞大、技术水平不断提升、综合效益不断显现，部分领域有较强竞争力，长期存在的供需矛盾得到缓解，许多领域的瓶颈制约得到消除。

第 3 章
夯实产业发展基础

3.1 促进产业基础能力提升

根深方能叶茂,强国必先强基。产业基础能力是强国建设不可或缺的重要组成部分,关乎产业安全、国家安全、竞争力和综合国力。中国是全球有影响力的产业大国,但还不是产业强国,重要的一个原因就是:核心零部件、先进基础工艺、关键基础材料、共性基础技术、基础软件、基础研究等产业基础能力存在突出短板。在全球基础研究、前沿科技、战略产业、综合国力竞争加剧的形势下,加快产业基础能力现代化步伐,成为中国一项重大的战略抉择。

3.1.1 产业基础能力短板是强国建设的严重制约

中国是工业大国、农业大国、流通大国、交通大国、物流大国、科技大国、贸易大国。工业不仅规模大,而且门类齐全、体系完整,具有全球唯一性。在世界 500 种主要工业品中,220 种产品产量位居全球第一位。产业发展已经从过去的跟踪模仿、技术引进向吸收再创新转变,部分重点领域成为主要国家的竞争者、产业技术的引领者,少数行业进入世界前列。但要看到,在从大国向强国迈进过程中,发展不平衡不充分等结构性问题凸显。主机、整机的快速发展并没有带动零部件、材料、工艺的同步发展，基础工业明显落后。例如：高铁装备是中国具有明显竞争优势的领域，但装备所需的轴承、制动装备及强度螺栓零部件/元器件却有 80% 以上需要进口；工程机械是中国具有国际竞争优势的又一个领域，但大型工程机械所需要的 30 MPa 以上高压泵、阀、马达及控制系统发动机几乎全部进口；刀具是工作母机的牙齿，而目前中国一年进口刀具约为 200 亿元，超过国内市场的三分之一；大型装载机等工程机械进口核心基础零件占整机价值量的 50%—60%，利润的绝大部分也被外商所吞噬；核心基础零部件（元器件）的质量不高影响了主机质量，如国产涡喷、涡扇发动机主轴轴承寿命仅为国外先进水平的 1/10；国产通用机械零部件、液压、气动、密封件的寿命只有国外的 1/3—2/3；军用飞机传动齿轮寿命 800 h，民用飞机传动齿轮寿命 600 h，仅为美国的 13% 和 6%；中国每年集成电路进口额占全国外贸进口的 10% 左右，基础软件 90% 以上依赖国外企业。

据中国工程院《工业强基战略研究报告》分析，中国关键基础材料、核心基础零部件（元器件）、先进基础工艺、产业技术基础等对外依存度仍在 50% 以上。《科技日报》曾整理出 35 项"卡脖子"技术，包括用于集成电路生产的光刻机、芯片，用于显示屏生产的真空蒸镀机和光刻胶，用于工业机器人的触觉传感器，用于大飞机生产的航空发动机、航空钢材、航空设计软件，用于新能源设备的燃料电池关键材料和锂电池隔膜，用于高精度机床的铣刀和高端轴承钢，用于高精度测量设备的扫描电镜、透射式电镜，以及操作系统、核心工业软件、医学影像设备等均高度依赖进口。

主机和成套设备、电子整机产品等陷入"空壳化"的困境，使产业的自主性和控制力较低，严重威胁着中国产业安全、经济安全和国防安全。产业基础能力薄弱的原因，是多方面造成的，但重要的一个原因是，国内许多行业在发展初期，为解决"有无"问题，对美、日、欧等世界先进国家和地区开展跟踪仿制研究，优先采用集成创新和引进模仿创新为主的技术路线，并形成了路径依赖。而在上游的关键零部件、关键材料等基础领域以引进为主，投入不够，对原始创新重视不够、支持不足，导致基础能力薄弱。

3.1.2 产业基础能力的国际竞争与发展呈现一些新特点

发达经济体清醒地认识到,基础能力是影响国家产业竞争力的关键,也是国家间展开竞争的焦点,需作出重大战略部署,推动本国产业基础能力提升、保持领先或进行战略遏制。由于中国与美国、德国、日本等国家在产业分工的边界越来越模糊,与发达国家在高端产业方面的竞争力差距不断缩小,发达国家为垄断高科技的源头、封锁核心技术,增加了对中国在前沿技术、关键产品的封锁,越来越多的贸易摩擦将围绕着基础能力展开。例如,近年美国在发动贸易摩擦的同时,加大了对华科技企业的进出口限制,通过重新激活《瓦森纳协定》,扩大禁运的实体清单,联合盟友遏制中国高技术企业对外拓展市场等方式,对中国科技领域进行打压。

除了竞争的加剧,产业基础能力发展也呈现一些新的特征:

(1)新一轮科技革命加速基础能力迭代升级,创新的复杂度不断加大。创新载体开始由单一主体向跨领域多主体的创新网络转变,产学研协同的创新生态系统不断优化升级。产学研合作已经成为推动全球技术创新和产业发展的重要模式。美、德、日等制造强国通过产学研协同弥补技术创新与产业发展之间的断层,促进实验室技术向实际产品转移转化,促进以产业、学术、人才和国家实验室为主所构成的全面创新生态系统建设。

(2)数据成为基础能力发展的新型基础要素。随着数字经济的全面展开,数字产业化与产业数字化进程提速。农业、工业、服务业等各个领域的创新需要互联网、物联网、大数据、新计算、人工智能、5G 等新技术赋能,新一代信息技术驱动产业生产效率提高、创新进程加快,创新体系向网络化、平台化、开放化方向发展。例如,美国通用电气创新模式已经转向全面的数据驱动模式,利用安装在飞机上的上万个传感器接收温度、应力等基础数据,在基础研究方面积累了大量原始数据,为自主创新奠定了良好基础。

(3)隐形冠军企业成为基础能力的重要实施主体。德、美、日等制造强国拥有一大批隐形冠军企业。国际经验表明,掌握关键零部件(元器件)、关键基础材料和工业软件领域核心技术的隐形冠军企业是制造强国的真正幕后控制者。根据赫尔曼·西蒙的统计，符合标准的全球隐形冠军企业共 2 734 家，其中德国有 1 307 家，几乎占了一半；美国有 366 家，日本有 220 家；中国只有 68 家，远远少于德、美、日三国。从每百万居民的隐形冠军企业数量看，德国为 16 家，中国仅为 0.1 家，差距极大。这与中国是世界制造大国，全球第二大经济体的地位极不相称。

3.1.3　以强国目标为引领，推动产业基础能力跃升

未来 5—10 年是中国经济转型升级需取得重大突破与全球格局重大调整交汇的时期。面对错综复杂的国际形势与激烈的国际竞争，中国要在新的历史起点上，着眼构建新发展格局，谋划新的发展方位，充分发挥中国市场规模大、体系相对完整、集成能力强、人力资源丰富、集中力量办大事等优势，进一步提升产业强基的战略地位，密切跟踪前沿科技与产业基础能力竞争动态，统筹部署、系统推进整机牵引和基础支撑协调互动，夯实产业发展基础，促进产业竞争力提升，推动产业链供应链现代化，着力建设一个面向未来、面向全球、更具韧性、更富竞争力、蕴含持续发展能力的现代化产业新体系。

一是围绕重点基础产品、技术、工艺、材料、软件等，统筹关键技术研发、产品设计、专用材料开发、先进工艺开发应用、公共试验平台建设、批量生产、示范推广等领域的建设与发展，促进整机（系统）和基础技术互动发展，协同研制计量标准，建立上中下游互融共生、分工合作、利益共享的一体化组织新模式，推进产业链供应链创新链协作。鼓励整机和系统开发初期制定基础需求计划，吸收基础企业参与；鼓励基础企业围绕整机和系统需求，不断开发和完善产品和技术。鼓励整机和系统企业不断提高基础产品质量、培育品牌，满足市场需求。提升先进基础工艺的普及率，提升生产技术和管理水平，促进高端化、智能化、绿色化、服务化转型。

二是强化基础研究，支撑全产业链创新。在基础研究、交叉基础研究领域，建设综合性国家科学中心、国家实验室，优化国家重点实验室。综合性国家科学中心侧重于营造创新环境，将全产业链各创新主体有效集聚在一起。国家实验室侧重以政府推动模式集聚该领域资源加强基础研究。国家重点

实验室侧重政府与市场结合模式,加强基础研究与应用研究阶段的试验技术研发。同时采取市场机制、企业主体的方式,培育新型产业技术研究院。

三是深化科技体制改革,加大对基础研究的投入,健全鼓励支持基础研究、原始创新的体制机制,加快科技成果转化应用,加快提升企业技术创新能力。加大知识产权保护。加大知识产权保护的执法力度,完善知识产权服务体系,推进知识产权创造、防御及获取的战略谋划布局,引导和支持重点领域形成基础性专利,建立能够维护中国重点产业技术创新目标实现的专利池和知识产权支撑系统,完善国内重大产业技术创新成果扩散转移机制。优化人才评价机制,对基础研究人才的评价,注重基础研究成果的潜在价值。

四是加强质量基础设施建设。国家质量基础设施(NQI)是支撑产业基础能力的重要技术基础,也是增强互联互通互认、建设开放型经济、创新驱动的前置条件,需要加强 NQI 集成建设的理论研究,对 NQI 进行全面布局;开展 NQI 效能研究,使 NQI 更充分地融入产业链、创新链、价值链中。建设生产全流程工艺、服役使用全生命周期和评价的 NQI 体系,使标准、计量、认证认可的技术能力和水平整体达到世界制造强国阵营中等水平,全面支撑产业高质量发展。

五是培育一大批优势市场主体。加强国际一流企业培育,集聚优质资源向优势企业集中,重点支持主业突出、机制良好、具有竞争优势、关系国计民生和经济发展的优势企业,特别是重点行业的优势企业。支持优势企业在全球范围内整合原料资源、布局生产制造能力、打造全球供应链。支持创新型中小企业聚焦细分领域,实施"专精特深"战略,通过更好的价值创造,更快更灵活的市场反应力,力争成为某一领域的单项冠军。

3.2　统筹推进基础设施现代化

基础设施是国民经济基础性、先导性、战略性、引领性产业。建设结构优化、集约高效、经济适用、智能绿色、安全可靠的现代化基础设施体系具有重大意义,不仅有利于促进经济增长、拉动投资、扩大内需、促进产业升级、形成新动能,也有利于提升公共服务水平,增加就业,增强可持续发展、安全发展的能力,更是关乎中国的现代化进程与强国建设。

3.2.1　中国是基础设施大国

经过 70 余年的持续发展,中国已经成为全球基础设施大国,基础设施规模庞大、技术水平不断提升、综合效益不断显现,部分领域有较强竞争力,长期存在的供需矛盾得到缓解,许多领域的瓶颈制约得到消除。

"十纵十横"综合运输大通道基本贯通,"八纵八横"为主骨架的高铁网络加快推进,形成了"首都连接省会、省会彼此相通,连接主要地市、覆盖重要县市"的国家高速公路网络,"两横一纵两网十八线"为主体的内河航道体系,国家综合机场体系构建全面展开。高速公路、高速铁路里程均位居世界第一,高速铁路、高速公路基本实现了"县县通"。邮政行业基础网络实现"乡乡设所、村村通邮"。截至 2021 年底,全国公路总里程约 528 万千米,公路密度约 55 千米/百平方千米;铁路运营里程突破 15 万千米,其中高铁运营里程超 4 万千米,占世界高铁运营里程的 2/3 以上;内河航道通航里程达到 12.8 万千米;境内运输机场达到 248 个。

现代信息通信体系逐渐完备,实现"村村通电话、乡乡能上网",中国已经成为网络大国,网络规模和用户规模已经位居世界第一。截至 2021 年底,我国建成 142.5 万个 5G 基站,总量占全球 60% 以上,行政村、脱贫村通宽带率达 100%;IPv6 地址资源总量位居世界第一;算力规模全球排名第二。

能源领域已形成"四大油气战略通道"油气管网格局、区域性成品油管网和国内天然气骨干管网系统。基本形成煤、油、气、电、核、新能源和可再生能源多轮驱动的能源生产体系。

水利基础设施建设日趋完备。中国已成为全世界污水处理量最大的国家。

基础设施规模化、网络化的同时,服务能力与水平持续提升。铁路旅客周转量与货运量、公路客货运输量及周转量、水路货运量及周转量,全国港口完成货物吞吐量和集装箱吞吐量,快递年业务量均居世界第一,民航运输总周转量、旅客周转量、货邮周转量均居世界第二。水利设施防汛减灾作用日益凸显,供水保障能力显著提升,能源供给能力稳步提升,资源运输安全保障作用进一步强化。

基础设施技术水平不断提升。中国已具有完备、成套的铁路技术,形成了一大批具有自主知识产权的技术创新成果,成功实现了不同等级列车的混合运行、高速铁路与普速铁路的互联互通。信息通信业在程控交换等一批关键通信技术上取得重大突破。油气管道工业在管道设计、建设、运行、管理等领域取得了多项具有自主知识产权的核心成果。油气管道工程建设水平跨入世界先进行列。

部分基础设施领域发展水平跃居世界前列。高速铁路、既有线提速、高原铁路、高寒铁路、重载铁路等技术均达到世界先进水平。特大桥隧、离岸深水港、巨型河口航道整治及大型机场工程等建造技术迈入世界先进或领先行列。5G 实现技术、产业、应用全面领先,高性能计算保持优势,北斗导航卫星全球覆盖并规模应用;芯片自主研发能力稳步提升,国产操作系统性能大幅提升;人工智能、云计算、大数据、区块链、量子信息等新兴技术跻身全球第一梯队。2021 年,中国信息领域 PCT 国际专利申请数量超过 3 万件,全球占比超过三分之一。

3.2.2　多种因素重塑基础设施发展格局

中国基础设施发展成就巨大,但还不是基础设施强国,存在不少突出问题,面对不少挑战。作为全球最大的发展中国家,传统基础设施建设欠账还很多,新型基础设施建设任重道远,无论从量还是从质都存在很大差距。基础设施发展总体比较粗放,系统化不强,综合程度低,互联互通性差,各类基础设施之间尚未形成统一规划、分工衔接与功能互补的互动关系。结构不尽合理,过剩与短缺并存、重硬件轻软件、重干轻支、重客轻货。空间不平衡明显,中西部地区、农村地区和边远地区基础设施的可获得性和服务公平性有待加强。一些重要基础设施服务保障能力不足,功能有待提升。基础设施总体国际竞争力不强。

收入结构、人口结构推动着消费者多元化、个性化的服务需求不断增加。以数字化、网络化、智能化为主要特征的新产业革命势不可挡，万物互联化、数据泛在化、线上线下大融合。围绕产业互联网、人工智能、5G、大数据中心、云存储、新计算、区块链、超级高铁等新型基础设施竞争已经成为各国战略竞争的焦点之一。

中国基础设施发展正面临这些新的大趋势。随着中国特色社会主义建设进入新时代，经济社会发展主要矛盾发生深刻变化。中国正在推进人类历史上最大规模的工业化、城市化进程，构建全球人类命运共同体，推动东西方互动、陆海统筹的全球化，推动全球基础设施的互联互通。中国未来将成为全球第一大经济体、中产阶层人数最多的国家，成为全球贸易枢纽、供应链枢纽。

新挑战新形势新趋势的交汇，对基础设施发展提出了更高要求。中国必须进入统筹存量和增量、传统和新型，全面推进基础设施现代化的新阶段。

3.2.3　以人为本，以强国为目标，推进基础设施现代化

中国已站在新的历史起点，基础设施发展需牢牢把握时代要求，沉着应对各种挑战与风险，全面贯彻落实新发展理念，以建设现代化强国为目标，充分运用新科技、新模式，满足新需求，促进新消费，形成新动力，夯实基础，消除短板与瓶颈，完善体系，优化结构，提档升级，提质增效，以更大价值创造，为经济社会发展与中华民族伟大复兴做好战略支撑。

（1）以人为本，需求导向。坚持以人为本，充分发挥基础设施对生产生活的基础性支撑作用。基础设施的规划、设计、施工和运行紧紧围绕实际需求，充分考虑各类弱势群体的诉求。

（2）战略引领，适度超前。统筹增量和存量、传统和新型基础设施发展，优化基础设施空间布局、功能配置、规模结构，创新规划、设计、建设、运营、维护、更新等各环节发展模式。增强基础设施服务国家重大战略、满足人民日益增长的美好生活需要的支撑保障能力。

（3）完善体系，优化结构。科学规划、总体设计。统筹点线面网、城市农

村、东中西、沿海内地、发达地区与落后地区、国内与周边国家、国内与国际等。做好总体规划与专项规划的衔接。既避免重复建设导致经济结构失衡,又要补齐短板,提升发展质量效益。聚焦关键的领域和薄弱环节,着重提高基础设施的供给质量和效率,更好地发挥基础设施的协同效应。特别是加强运用新科技、满足新需求、促进新消费、创造新模式、形成新动能的新型基础设施建设。

(4)促进协同,融合发展。充分发挥新一代信息技术的牵引作用,推动新型基础设施与传统基础设施融合发展。正确处理基础设施间替代、互补、协调、制约关系,强化资源共享、空间共用、互联互通。加强面向服务对象的需求分析,以方便适用为导向,推进精细化管理,丰富优质服务供给,提升人性化服务水平。

(5)绿色智能,安全可靠。集约节约利用土地、廊道、岸线、地下空间等资源,加强生态环保技术应用。加强人工智能技术在基础设施领域的应用,加快形成适应智能经济和智能社会需要的基础设施体系。加强基础设施风险管控、安全评估和安全设施设备配套,提升基础设施保障国家战略安全、人民群众生命财产安全以及应对自然灾害等的能力。

(6)政府主导,市场主体。建立健全推动基础设施高质量发展的规划体系。构建以财税政策、金融政策、产业政策、科技政策、环保政策等组合的基础设施发展政策体系。基础设施的发展离不开社会资本的参与。国内外历史充分证明,基础设施投资的"市场失灵"论点并不成立。国际上大量的铁路是私人资本投资修建的。中国越来越多的民营企业已参与基础设施发展大潮中来。中国民营经济的力量已经十分雄厚,基础设施已经成为推动其发展的核心竞争力。但不管是公共资本还是民营资本投资基础设施,必须要考虑投入产出效果,长期忽略这一点,必将产生不良后果。为此,要健全中央与地方投资联动机制,优化政府投资安排方式。推动政府和社会资本合作。政府需要从市场的角度帮助投资主本减少相应的风险。

(7)深化改革,营造环境。着力解决制约基础设施发展的制度性瓶颈,畅通社会资本进入基础设施投资的渠道,形成基础设施高质量发展的强大动力。界定好基础设施的建设、投资、运营、维护等不同环节的属性,明晰政府与市场的边界。传统网络型物理基础设施如何实施自然垄断业务与竞争性业务的分离，新型数字化基础设施如何监管等均是亟待深入研究与破解的课题，这要求加快完善基础设施领域的法律框架以及监管体系，为相关市场主体营造公平、公正、开放、透明的良好商业环境。

第 4 章
推动工业高质量发展

4.1 提升制造业质量

　　质量是人类生产生活的重要保障。制造业质量是一国制造业综合实力和核心竞争力的集中体现,反映了制造业满足经济社会发展需要的程度。作为制造业大国,中国制造业质量水平近年来有明显进步,但总体水平仍有待提升,制造业大而不强、大而不优问题突出。随着全球制造业竞争格局变化、新产业革命深入发展、消费需求升级和中国经济转向高质量发展阶段,高品质产品与服务供给不足问题变得更加凸显。实践表明,在全球制造业竞争格局演变与重塑中,质量发挥着关键作用。提高质量不仅有助于增强国际国内消费者的认同,扩大市场占有率,还有助于激发新的消费需求,引领形成新的产业。加快提升质量水平,全面提升竞争力,实现从"中国制造"向"中国质造"的转变,让中国制造成为卓越品质的代名词,是亟须破解的一项重要课题。

4.1.1 中国制造业质量的总体状况

1. 部分制造产品达到或接近国际水平

经过 40 多年的快速发展,中国制造业不仅实现了由小到大的历史性转变,质量水平也有较大提升。全国制造业质量竞争力指数由 1999 年的 75.95 稳步提升到 2017 年的 84.47。根据 Brand Finance 发布的 2019 年全球最具价值品牌 500 排行榜显示,2019 年中国品牌入围世界 500 强的数量达到 77 家,品牌总价值高达 13 074 亿美元,占 500 强总价值的 19%。部分重大装备、消费类及高新技术类产品的质量达到国际先进水平,产生了一批具有较强质量竞争力、引领行业发展的制造企业;产生了一批以神舟十号载人飞船、"蛟龙"号载人潜水器、歼-15 战斗机、北斗卫星导航系统、超级计算机、高铁装备、高压输变电装备、百万千瓦级超临界火电机组、万米深海石油钻探装备为代表的先进重大装备。

2. 总体水平与高质量发展要求有较大差距

(1) 产品质量整体上与发达国家有差距。美、欧、日等制造强国的总体质量水平高,产品性能稳定性、质量可靠性、环境适应性、使用寿命等均处领先水平。中国制造业总体质量水平不高,与消费者期望及制造强国的地位差距很大。美、欧、日制造产品平均合格率达到了 4.5sigma(指合格率 99.999 32%),而中国仅为 2.5sigma(指合格率 98.76%)[1]。汽车、数控机床、工程机械、农用机械、特种设备等重要产品的质量稳定性、可靠性和使用效率均较低;钢铁、有色、化工等产品功能档次、质量一致性和稳定性有待提高;基础零部件、消费电子等产品的可靠性不高、使用寿命短;少数高附加值、高功能特性的产品仍依赖进口;部分食品、药品、婴童用品等涉及人身安全的产品尚未建立完善的全生命周期质量安全追溯体系[2]。

---

① 编辑部,"中国制造 质量为先",《中国电子报》,2015 年第 51 期。
② 工业和信息化部科技司,"中国制造需加强质量和品牌建设",《中国电子报》,2015 年 8 月 14 日。

（2）假冒伪劣产品屡禁不止。以电子制造领域为例,存在不少假冒伪劣:低质元器件外观重新打磨后涂上其他知名的器件标识,以次充好;将低性能芯片封装后打上高性能产品标识;在手机市场,黑手机约占全国正规销售渠道总销量的 1/4,劣质手机电池爆炸伤人事件时有所闻①。一段时间以来,"中国制造"不仅成了便宜、低端、质量差的代名词,还成为"隐形杀手"的代名词。

（3）缺乏世界级优质制造品牌。中国知名制造品牌数量及美誉度、知名度、信誉度与发达国家差距较大。170 万个自主制造品牌,大多存在市场认可度低、品牌附加值低、顾客美誉度低和忠诚度有待提高等问题。与制造业发展的速度和规模相比,品牌建设明显滞后。多数制造企业的战略管理和市场营销能力弱,缺乏国际竞争经验;部分企业以代工制造为主,没有建立自主的营销渠道和品牌;不少企业对品牌的认知还停留在形象和广告上,没有认识到品牌的价值内涵;很多企业品牌培育能力不足,难以把所具备的能力和优势转化为顾客感知的品牌价值②。据不完全统计,世界装备制造业中 90% 的知名商标所有权掌握在发达国家手中,中国出口的商品中 90% 以上是贴牌产品。

3. 制造业质量问题带来诸多不利影响

（1）削弱产业竞争力。制造业质量不高的问题若长期不能解决,将严重阻碍产业竞争力的提升,使中国制造业固化在全球价值链的低端。一些影响质量提升的关键、共性问题的存在,将极大地影响质量的进步速度。不少消费者更加青睐并且愿意多花精力、财力去购买国外商品。数据显示,2015 年中国居民海外消费高达 1.5 万亿元人民币,其中至少一半用于购物,所购商品也从以往的高档奢侈品转向了性价比较高的日用消费品。

（2）损害国家形象。近些年,制造业产品质量问题也成为西方媒体抨击中国的主要话题,中国出口到欧美等国的产品从食品、饲料到牙膏、玩具等,均遭遇了前所未有的质量挑战,并成为限制中国产品进口的重要理由。由于

---

① 谢少锋,"中国产品的质量就是中国制造的生命线",产通网,2015 年 7 月 20 日。
② 工业和信息化部科技司,"中国制造需加强质量和品牌建设",《中国电子报》,2015 年 8 月 14 日。

媒体对中国制造产品质量问题的大肆炒作,发达国家的很多消费者对中国制造的产品质量越来越多地抱有疑虑。

(3) 造成巨大经济社会成本。一些生产经营者诚信缺失,制售假冒伪劣产品破坏了市场秩序和社会公正,危害了人民群众生命健康和安全[1],降低了全社会的幸福感。据中消协统计,在众多投诉项目(质量、计量、公平交易、合同违约、安全生产、假冒伪劣等)中,质量投诉连续 10 年超过 50%。质量问题还造成了重大资源浪费和经济损失。据估算,中国制造业每年因质量问题造成的直接损失达 1 700 多亿元,间接损失超过 1 万亿元[2]。

4.1.2 中国制造业质量问题的深层次原因

制造业质量问题的深层次原因,可从政府、市场、企业和社会等层面探究。

1. 政府层面：思想观念、质量标准、监督监管等存在问题

(1) 思想观念方面。长期以来,由于处于赶超的经济发展阶段,政府特别是地方政府高度关注 GDP 增长、财政收入、招商引资、产业园区和企业规模等显性和短期内能够快速改变的指标,对需要经过长期努力才能见效的质量重视不够。

(2) 质量标准方面。相当多行业的技术标准水平低、适用性差;产品标准、检测方法跟不上新产品研发的速度;高新技术、高附加值产品的关键技术标准缺乏,难以满足质量品牌竞争发展的需要;相关公共服务能力不足且分布不均衡;对产品质量控制和技术评价能力重视不够,缺乏对企业质量提升的专业性支持[3]。

(3) 监督监管方面。质量监督监管体系不完善,机制不健全,监督监管的覆盖面不广、技术手段不强;企业在认证和检验检测环节找关系、托人脉的行

---

① 《质量发展纲要(2011—2020 年)》。

② "因质量问题 我国制造业年直接损失超 1 700 亿元",《工人日报》,2011 年 9 月 22 日。

③ 工业和信息化部科技司,"中国制造需加强质量和品牌建设",《中国电子报》,2015 年 8 月 14 日。

为未能得到有效遏制,假冒伪劣产品得不到应有的严厉惩处;地方保护主义和部门保护主义,加剧了区域性、行业性质量安全风险,甚至出现了"管理套利"行为。特别是,制造业质量有赖于健全有力的商标保护制度、严格的《产品质量法》、科学的产品安全评估制度和完备的产品召回法律等,而这方面的制度建设相对薄弱。

2. 市场层面：统一开放、竞争有序的市场体系尚未完全形成

（1）行业报酬结构失衡。房地产、金融成为资本、人才和企业追逐的"高地","虹吸效应"导致制造业在与虚拟经济的竞争中处于严重不利的境地。

（2）市场主体的责任意识、契约精神、诚信精神缺失。因缺乏品牌和定价能力,企业往往通过节约原材料、劳动力来缩减开支,即使是攸关生命与健康的食品药品,也不例外,从而埋下事故隐患。

（3）不公平竞争。地区分割、部门分割导致竞争不充分,为"优不胜,劣不汰"提供了土壤,甚至产生"劣币驱逐良币"效应。

（4）市场成熟度不高。市场对价格比较敏感,企业通过低质量、低价格产品能够获得可观的市场份额,而质量提升未必能带来效益,这反过来影响到企业质量改善和升级的意愿。

3. 企业层面：基础能力、工艺、质量管理体系等有待提升

（1）基础能力不足。以关键基础材料、核心基础零部件、先进基础工艺和产业技术基础为代表的"四基",一直以来都是制造业发展的"瓶颈"。调查显示,50%的机械关键零部件依赖进口;重大设备生产的母机、高端医疗仪器、高级精密仪器以及核心元器件等主要依靠进口。造成这些问题的关键原因是国内产品质量不稳定,精度保持性和可靠性低。

（2）企业质量体系管理不完善。不少企业对质量的重要性认识不够,致使质量管理流于形式,"说起来重要、做起来次要、忙起来不要";重规模轻质量、重设计轻工艺、重主机轻"四基"、重产品轻配件、重销售轻服务的"五轻五重"比较突出。多数企业特别是中小企业停留在"粗放式"质量管理阶段。

4. 社会层面：浮躁之风盛行，工匠精神缺失

中国历史上并不缺乏工匠精神，庖丁、鲁班等都曾经是中华民族的记忆。但当下，很多企业一味追求快收益、高利润，不想刻苦钻研"技术"，不肯认真研究"工艺"，不愿关注"决定成败的细节"。很多情况下，并不是"技术出了问题"，而是"态度有问题"。中国制造业亟待呼唤"工匠精神"的回归。

4.1.3 促进中国制造业质量提升的建议

制造业质量的根本性提升，需从文化建设、国家战略、法律法规、政府监管、市场环境、基础能力、主体责任、质量管理、国际合作等多层面、多维度入手，形成合力，坚持不懈，终会有成。

1. 加强以"重视品质、追求卓越"的工匠精神为核心的质量文化建设

推动全社会树立"质量就是生命，质量就是效益"的理念，倡导"重视品质、追求卓越"的工匠精神，并将其转化为企业从业人员甚至社会公众的行为准则。

（1）引导企业从业人员树立生产高质量的产品就是其"天职"的理念，专注品质、一丝不苟、精益求精、注重细节。

（2）经常性地开展质量安全进社区、进校园、进乡村活动，不断提高全民质量意识，倡导优质安全消费理念，通过"用脚投票"让假冒伪劣产品退出市场。要加大对生产假冒伪劣产品的企业或个人的负面曝光。

（3）充分利用各种媒体和宣传平台，广泛宣传质量文化，树立正面典型，形成政府重视质量、企业追求质量、社会崇尚质量、人人关心质量的氛围。

2. 从国家战略高度推动制造业质量强国建设

中国经济要再创奇迹，再创辉煌，必须在提升质量上下功夫，把经济社会从数量时代推向质量时代。要将建设质量强国上升为国家战略，坚持"质量为先"，将质量突破作为中国制造业由大变强的关键予以重点推进，引导制造

业把转型升级的立足点真正转到提高质量和效益上来。同时,深入推进质量强省、强市、强县活动。与质量强国战略相配套,要建立从国家到地方的各级质量奖励制度,对质量管理先进、成绩显著的企业、组织和个人给予表彰奖励。设立国家级"中国制造质量大奖",授予具有卓越品质的制造企业、产品和在质量管理理论、实践方面作出突出贡献的机构和个人。设立国家中小企业质量发展专项资金,支持中小企业产品研发、质量攻关和品牌建设。加大质量教育投入,加强质量研究机构和质量教育学科建设,形成分层级的质量人才培养格局。通过质量知识普及教育、职业教育和专业人才培养等措施,提升从业人员质量素养。鼓励有条件的高等学校设立质量管理相关专业,培养质量专业人才。重点加强对企业经营者的质量管理培训,加强对一线工人的工艺规程和操作技术培训,提高企业全员质量意识和质量技能。

3. 更好地发挥政府在质量领域的监管作用

(1)要牢固树立质量法治理念。尽快研究制定和完善产品安全、产品担保、产品责任等方面的法律法规,坚持运用法律手段解决质量发展中的突出矛盾和问题。研究制定质量促进法。加强执法体系建设,对产品的生产和流通环节进行严格执法。运用法律手段解决质量法治中的突出矛盾和问题。加快健全地方政府和相关部门质量法治监督机制,落实分级属地执法责任,切实做到有权必有责、用权受监督、侵权须赔偿、违法要追究。

(2)提升产品质量标准,完善标准、计量、认证认可、检验检测体系。加快制定和实施与国际先进水平接轨的制造业质量、安全、卫生、环保及节能标准。建立一批制造业发展急需的高准确度、高稳定性计量标准,提升与制造业相关的国家质量计量、检测溯源能力。建立质量管理宏观监测体系和发布制度。加快产品检测评价体系建设。加强面向产品全生命周期质量检测的实验室建设,完善检验检测技术保障体系,建设一批高水平的工业品质量控制和技术评价实验室、产品质量监督检验中心,建立专业检测技术联盟。

(3)完善政府质量监管体系,严格政府质量监管。建立健全地方政府负总责、监管部门各负其责、企业是第一责任人的质量监管责任体系。构建政府监管、市场调节、企业主体、行业自律、社会参与的质量管理格局。全面落实质量监管要求。建立健全缺陷产品召回制度。对不能满足准入条件、不能保证质量安全和整改后仍然达不到要求的企业，依法强制退出。加大对质量违法案件的曝光和对质量违法犯罪行为的执法司法打击力度。建立健全质量安全有奖举报制度，保护举报人的合法权益。

4. 加快形成统一开放、信息透明、竞争有序的市场体系

形成有利于质量发展的市场机制。深化垄断行业改革，打破地区封锁和部门分割，坚决防止不正当竞争。制定市场准入负面清单，全面清理和废止不利于全国统一市场建设的政策措施，形成公平竞争、信息透明、优胜劣汰的营商环境，形成社会资源和生产要素向优质产品、优秀品牌和优势企业集聚的良性机制。

加快构建全国统一的企业质量信用档案和产品质量信用记录平台。探索建立企业质量信用分类管理制度，将质量诚信建设与注册登记、行政许可、融资信贷等结合，针对不同的信用等级采取不同的监管措施。在企业注册登记、生产许可、强制性认证等工作中，将质量信用情况作为基本考核条件。完善进出口企业信用管理，构建规范化、制度化的信用管理机制。按照"守信便利、失信惩戒"原则，建立失信"黑名单"制度。

5. 以"六基"建设为抓手推动重点产业能力提升

加强制造业在基础研究、基础工艺、基础技术、基础软件、基础零部件、基础架构等"六基"方面的能力建设。强化基础研究，着力解决影响基础零部件（元器件）产品性能和稳定性的关键及共性技术。推动实施重大质量改进和技术改造项目，培育形成以技术、标准、品牌、服务为核心的质量新优势。支持制造业重点领域质量攻关。针对重点行业，组织攻克一批长期困扰产品质量提升的关键共性质量技术，加强可靠性设计、试验与验证技术开发应用，推广采用先进成型和加工方法、在线检测装置、智能化生产和物流系统及检测设备等，使重点产品实物的性能稳定性、质量可靠性、环境适应性、使用寿命等指标达到国际同类产品先进水平。在食品、药品、婴童用品、家电等领域实施覆盖产品全生命周期的质量管理、质量自我声明和质量追溯制度。大力提

高国防装备的质量可靠性,增强国防装备实战能力。

6. 强化企业质量主体责任

加快建立和推行质量首负责任、首席质量官、重大质量事故报告、缺陷产品召回等制度,全面落实产品生产、流通、销售等环节企业主体责任。建立生态环境损害责任终身追究制。严格实施企业岗位质量规范与质量考核制度,实行质量安全"一票否决"。企业要严格执行重大质量事故报告及应急处理制度,健全产品质量追溯体系,切实履行质量担保责任及缺陷产品召回等法定义务,依法承担质量损害赔偿责任。

推进制造企业健全质量管理体系,加强全面质量管理,严格按标准组织生产经营,严格质量控制、质量检验和计量检测。支持企业充分运用精益化、数字化、智能化制造技术提高质量在线监测、在线控制和产品全生命周期质量追溯能力。建立和有效利用产品质量数据库,实现科学、高效的管理。

7. 支持企业加强品牌体系建设

推动制造企业品牌管理体系建设。支持制造企业围绕研发创新、生产制造、质量管理和营销服务全过程,提升内在素质,夯实品牌发展基础。扶持一批品牌培育和运营专业服务机构,开展品牌管理咨询、市场推广等服务。

打造一批特色鲜明、竞争力强、市场信誉好的产业集群区域品牌。建设品牌文化,引导企业增强以质量和信誉为核心的品牌意识,提升品牌附加值和软实力。加速品牌价值评价国际化进程,充分发挥各类媒体作用,加大中国品牌宣传推广力度,树立中国制造品牌良好形象。

8. 深化质量监管的国际交流合作

鼓励企业积极参与主办、协办国际质量大会,交流质量管理和技术成果,开展务实合作。围绕国家重大产业、区域经济发展规划及检验检测技术、标准一致性,建立双边、多边质量合作磋商机制,参与质量相关国际和区域性标准、规则的制定,促进中国标准、计量、认证认可体系与国际接轨。积极应对国外技术性贸易措施,完善技术性贸易措施体系。鼓励国内企业、科研院所、大专院校、社会团体开展国际质量交流与合作,引进国外先进质量管理方法、技术和高端人才。

4.2　加强工匠精神与工匠队伍建设

工匠精神是从业者为追求产品、服务的高品质而具有的高度责任感、专注、热爱、持之以恒、精益求精、勇于创新等精神。中国具有厚实的工匠精神底蕴,工匠精神源远流长,为灿烂的中华文明作出了重大贡献,但近一百多年的经济社会变革,特别是在迈向市场化的过程中,工匠精神赖以存在的文化土壤正大量流失。与经济社会发展的要求相比,中国工匠队伍建设严重滞后,高技能人才严重缺乏,这不仅削弱了产业竞争力,也带来巨大的经济社会成本。要高度重视工匠精神与工匠队伍建设,建议实施质量驱动的"工匠中国战略",大幅度提高技能人才待遇和社会地位,构建完善的技能形成与提升体系,改进专业技术人才评价机制,营造崇尚工匠精神的社会氛围。

4.2.1　工匠精神的内涵

狭义地讲,工匠精神是指匠人在制造产品时追求高品质,一丝不苟,拥有耐心与恒心。传统手工业中,工匠精神体现在匠人"一针一线"的完美无缺,体现在匠人"一锤一击"的精准无误。广义的工匠精神则是指"精益求精的职业精神",是"从业人员的一种价值取向与行为表现,与其人生观和价值观紧密相连,是从业过程中对职业的态度和精神理念",它不仅追求工艺极致化,而且在工业化、机械化以及信息化的制造生产当中融入质量至上的职业操守、对生产过程中每一细节都给予重视的工作态度,体现一种不惜用血汗塑造产品质量的崇高精神。可以说,工匠精神是"从业者为追求产品、服务的高品质而具有的高度责任感、专注甚至痴迷、持之以恒、精益求精、勇于创新等精神",体现出"责任、热爱、敬业、专注、坚持、精益、创新、道技合一"等特征。

4.2.2　工匠精神促进了发达国家高质量发展

1. 工匠精神成就了德国的卓越制造

德国制造具有耐用、可靠、安全、精密等特性,这与德国百余年的"精致、专注、创新"工匠精神紧密相关。历史上,"德国制造"曾是劣质品代名词,英国 1887 年新《商标法》专门规定:从德国进口的商品须标注"德国制造",以与优质英国货相区别。知耻而后勇,德国不断改进制造品质。100 多年的工业化进程,某种程度上就是德国"精工制造"的进化过程。德国人在各个行业坚持不懈地发扬严谨的工作作风和精益求精的匠人精神,终于使"德国制造"成为高品质制造的代名词。进一步探究这种根本性转变的历史文化原因,那就是中世纪宗教改革时期劳动观念的转变、手工业行会制度的长期存在和技术的繁荣、严谨的民族性格、双元制的教育体系、严格的企业要求、专注精神(专注于一项产品领域)、标准主义(德国标准化学会的标准)、精确主义、美学主义(美学情怀)、程序主义(秩序主义)、厚实精神(责任、可靠、诚实)以及宗教影响等。

2. 工匠精神塑造了日本制造与服务

日本的工匠精神源于中国。从唐朝贞观年间开始,日本派出大量"遣唐使",全面学习中国的政治改革、教育制度、各类手工技艺。明治维新后,日本开始大量引进欧洲工业技术,国内出现不少街坊式私人小工厂,老板通常被称为"职人"。职人往往让孩子"子承父业",将技术传下去。20 世纪五六十年代的日本商品,价格低廉,质量欠佳,充斥仿冒品。但在加快学习欧美技术之后,日本将传统手工业者的匠人精神内化于工业制造,大大提升了制造的品质。日本政府 1955 年专门设立了"人间国宝"制度,用以保护匠人和中小型企业,持续倡导匠人精神。20 世纪 70 年代日本完成了向"日本制造"这个金字招牌的跃升。战后日本经济的成功起飞,很大程度上得益于日本制造迈向高品质的进程。

日本"工匠精神"呈现的是一种对工作执着、对所做事情和产品精益求精、精雕细琢的精神。"工匠精神"在企业领导人与员工之间形成了共同的价值观，并成为企业内生的动力。如今，工匠精神渗入日本各行各业。日本服务认真、精细、人性化的良好体验，也为世人称道。

3. 工匠精神孕育了美国创新

美国工匠是一群突破陈规，依靠纯粹的意志和拼搏，做出了改变世界的发明创新的人。像本杰明·富兰克林、托马斯·爱迪生、怀特兄弟、迪恩·卡门、乔布斯等就是杰出的工匠代表。富兰克林被认为是美国历史上第一位工匠，他诸多发明的事例被写入教科书。乔治·华盛顿既是一位杰出的政治家，也是一位卓越的工匠。美国工匠的共同特征是博学，充满好奇心，根据个人的兴趣来重建世界，而工匠精神则为美国成为世界创新强国奠定了重要的文化基础。

4.2.3 中国工匠精神传承不足，工匠队伍建设严重滞后

1. 中国具有厚实的工匠精神底蕴

工匠精神在中国源远流长，对中华文明影响深远。金缕玉衣、素纱襌衣等制造极品，就是工匠精神在中国古代制造中的杰出体现。《庄子·达生》中的梓庆呈现的匠人精神具有"专注走心、追求极致、宠辱不惊、忘名忘利、敬畏自然，追求天人合一的境界"。《礼记·大学》中同样弘扬了"如切如磋者，道学也；如琢如磨者，自修也"的工匠精神。

中国古代工匠精神分为"技""艺""道"三个层次。"技"，是匠人所拥有的基本能力；"艺"，是在"技"基础上的创造，蕴含了方法的凝练和智慧的展现；"道"，是对前两者的深刻体悟，是对天地规律的触类旁通和对万事万物的深刻洞见，"技可进乎道，艺可通乎神"。中国古代的"艺徒制度"，不仅讲究技术传承与掌握、传授技艺知识，而且重视师徒间互动和领悟，教会做事的方法、从业态度及做人道德。言传身教、师徒共学共研共进使师徒共同在实践中传

承和发扬工匠精神。

2. 工匠精神虽有传承，但孕育工匠精神的文化土壤正逐步流失

工匠精神的传承与发展需要文化土壤的孕育。中国虽有两千多年的工匠精神传承，但一百多年来的经济社会变革，特别是在迈向市场化的过程中，工匠精神赖以存在的文化土壤正大量流失。千百年形成的精益求精、质量至上的精神在挣快钱、快挣钱的时代被人们舍弃，逐利之心远胜过做出令人感动的产品。人们过度追求商业利益，"重数量，轻质量""顾眼前，忽长远"。企业与个人把"聪明劲"用在"灵活性"上，经常对应该遵守的程序和规则采取变通处理方法，甚至为了短期利益或非法利益进行伪造、偷工减料、损人利己。同时，这些行为因为政府监管体系的薄弱、市场竞争机制的不健全，未能得到应有的惩罚与遏制。

3. 以高技能人才为代表的工匠队伍建设滞后

与经济社会发展要求相比，中国高技能人才严重缺乏。2020 年 12 月 18 日，时任人力资源和社会保障部副部长汤涛在国新办发布会上介绍，中国就业人员约 7.5 亿人，技术工人约 2 亿人，其中高技能人才仅有 5 000 多万人，占整个就业人员的 6.6%。中国高级技工缺口达上千万人。而在日本，整个产业工人队伍中，高级技工占比 40%，德国则高达 50%。相关机构的研究还表明，中国技能越高的劳动力缺口越大。

高技能人才缺失，一是削弱了产业竞争力。中国制造在品质与品牌方面存在很大的短板。数据显示，2015 年中国居民海外消费高达 1.5 万亿元人民币，其中至少一半用于购物，所购商品也从以往的高档奢侈品转向了性价比较高的日用消费品。二是带来巨大经济社会成本。据中消协统计，在众多投诉项目（质量、计量、公平交易、合同违约、安全生产、假冒伪劣等）中，质量投诉连续 10 年超过 50%。质量问题带来重大资源浪费和经济损失。三是加重结构性失业问题。随着产业结构、产品结构迈向中高端，技术结构朝着自动化、数字化、智能化发展，就业结构对高技能人才的需求也更多，低质低效低技能的劳动力下岗失业的风险在加大。

4.2.4　中国工匠精神与工匠队伍建设不足的原因

1. 工匠社会地位不高，人们普遍认为的成功就是指升官发财

价值观是人们认定事物、辨别是非的一种深层次思维或价值取向。工匠精神的价值观是一种层次很高的文化形态，需要国家的引导与鼓励。当今中国，权力与金钱成了众人顶礼膜拜的对象，多数人以收入高低作为职业生涯是否成功的评价标准。人们视能赚大钱、能飞黄腾达者为"能人""成功人士"，而那些默默耕耘、诚实劳动的匠人以及身怀绝技、身手不凡的技工、"土专家"则淡出人们的视线，甚至被人看不起。现实中，工匠们付出很高的劳力、时间与精神成本，但实际回报并不高。工匠成为"苦行僧""傻子"的代名词。残酷的现实让工匠们面临着巨大的物质、精神与生存压力，深深影响到人们的价值取向以及择业敬业意向。

2. 一线职工，特别是技术技能人才发展通道不畅

工匠精神的建设，需要对一代代人进行正确的引导和教育。国内企业往往将更多的报酬分配到营销部门，追求市场规模的扩大和收入的增加，而忽视了对创造产品增加值的中间生产环节的激励。分配的不合理使高学历高创造力的人群流向企业的营销部门，而生产环节的工人得不到重视和应有的报酬，也就缺乏对产品精益求精的态度和改进生产技艺的动力。技能人才社会地位偏低，人们普遍认为技术工人职业发展渠道单一、上升空间和成长模式狭窄。在现行体制下，技工的出路几乎永远被定格在车间一线，繁重的劳作和无休止的加班往往会伴随其全部职业生涯。一个月薪几千元的"白领"岗位能吸引大学生哄抢，而工资上万元的技工岗位却少人问津。

3. 职业教育"低人一等"，重学历文凭、轻职业技能的观念未能根本扭转

一个国家需要多种多样的人才，既要有一流的思想家、发明家、科学家，

也要有高素质的工人、技师等技能人才。某种程度上,一个国家的技术实力取决于该国劳动者的技能水平。长期以来,我们大力发展高等教育,各大院校不断扩张以"大批量"产出高学历高文凭的学生,而摒弃了适才而育与劳动光荣的理念,一些高等专科学校被本科院校合并,而一些职业教育学校甚至招不到学生。

4. 专业技能人才的开发与教育体制不完善

(1)工程教育实践环节薄弱,产教融合不够深入。高等工程教育体系中的工程实践环节不太受重视。工程教育普遍重理论轻实践,偏重科学基础课,工程实践课偏少。产教融合模式单一,多数是基于校企合作的培养模式,采用顶岗实习或是单项技能的训练。学生没有得到充分的实践训练,缺少对工程设计及运用综合知识解决问题的理解,动手能力差,毕业后很难适应实际工作。

(2)企业在人才发展中的主体作用不充分。企业宁愿每年耗费大量财力送管理人员学 MBA,送工程技术人员去高校拿文凭,却不愿在技术工人培训上多投入。在投入压力大、人才流动性大、政府扶持力度不足的多重影响下,企业的人才培育能力和主动性都比较欠缺。许多企业缺乏内部培养技术骨干员工与行业人才的体制,而到了急需用人的时候大部分靠的是猎头,互挖"墙脚"。

4.2.5　加强工匠精神与工匠队伍建设的建议

1. 实施质量驱动的"工匠中国战略"

中央到地方各级政府要高度重视工匠精神的打造与工匠队伍的建设,实施质量驱动的"工匠中国战略"。以建设质量强国与构建 21 世纪高技能人才队伍为总目标,充分发挥政府引导作用、市场竞争作用、企业主体作用和职业院校基础作用,完善以培养、评价、使用、激励为重点环节的专业人才、技能人才工作机制,使高品质产品有好价格,专业人才与现代工匠成长有通道、发展有空间、社会有地位。把质量提升、高技能人才培养作为促进经济转型升级、高质量发展的优先内容。

2. 大幅度提高技能人才待遇和社会地位

深化企业收入分配制度改革，强化收入分配的技能价值激励导向。引导企业工资总额分配向高技能人才倾斜。制定企业技能要素和创新成果按贡献参与分配办法，持续提高高技能人才的收入水平。

企业引进紧缺急需的高技能人才，按引进高层次人才的标准享受相关待遇。对技能精湛、业绩突出的高技能人才，适当延长退休年龄。高级技师退休待遇与工程师等同。鼓励企业在关键岗位、核心技术领域建立技术带头人制度，设立"首席技师"，享受高层次人才待遇。鼓励相关部门与机构对高技能领军人才进行特殊奖励。鼓励企业在经营管理决策中吸纳高技能领军人才参与。

3. 构建完善的技能形成与提升体系

构建院校教育、毕业后教育、继续教育、师承教育有机结合，贯穿人才发展全过程的教育体系。建立和完善从中职、高职、应用型本科到专业学位研究生教育的技术技能人才培养体系，促进中等、高等、本科层次职业教育和应用型本科、硕士、博士之间的纵向衔接，促进普通教育与职业教育间的横向沟通以及终身教育的便捷通畅。提高大学本科高等院校招收职业院校毕业生、高等职业院校招收中等职业学校毕业生的比例，使职业学校与普通学校学生具有同等升学机会，构建学生多样化选择、多路径成才的"立交桥"。

完善产教融合、校企合作的现代技能人才培养模式。推动产教融合以社会、产业、行业的标准对学生进行培养。让学生有效地融入产业活动，把产业理念、技术、文化引入教学活动中。强化工学结合，形成学校人才培养与企业用工对接、学校教学内容与企业生产对接、学校评价标准与企业要求对接的机制，形成教、学、研、产一体化人才培养模式。

建立与现代工业文明相适应的现代学徒制。学徒制应坚持产业导向、突出专业、促进人的全面发展。根据人才成长规律和工作实际，研究制定人才培养方案、开发课程和教材、设计实施教学、组织考核评价,健全教学质量保障体系,提高人才培养质量。形成学校教师与企业师傅共担教学任务的"双导师"制,建立双导师的选拔、培养、考核、激励制度①。

4. 改进专业技术人才评价机制

根据专业技术人才的职业特点、成长规律,合理设置基层专业技术人才评价指标,确立以品德、业绩、能力、贡献为主的评价导向,克服唯学历、唯论文等倾向,提高履行岗位职责的实践能力、工作业绩、工作年限等评价权重。专业岗位中工作经验、教案、技术推广总结、工程项目方案、专利以及所创造的经济效益和社会效益等同于论文、科研等成果。评选劳动模范和先进工作者时,优先考虑有突出贡献的高技能人才。

5. 营造崇尚工匠精神的社会氛围

在全社会倡导"精益求精、止于至善、勇于创新"的精神,把培育工匠精神作为现代产业发展的思想基础。以工匠精神来感召各行各业的从业人员爱岗敬业、专注走心,努力实现"道技合一"。把工匠精神塑造作为企业文化建设的重要内容,将工匠精神的培育与思想政治教育、创业教育、专业教育、职业教育、创新激励等有机结合起来,深化各界对工匠精神的认知。

4.3　重视工业设计发展②

工业设计能力是国家软实力的重要组成部分,是迈向制造业中高端的重要途径。中国工业设计正处于快速发展期,产业规模显著增加、需求持续增

---

① 在德国,企业高度参与现代学徒制人才培养,500 人以上的大企业学徒制参与率高达 91%。在英国,现代学徒制成为实施国家技能战略的重要途径,并提出要让学徒制学习成为 16 岁以上青年的主流选择。欧盟中等教育层次共有学徒 370 万人,另有 570 万学生参加了企业培训。澳大利亚、美国、加拿大等也开展了各具特色的现代学徒制实践,形成了较为完善的法律制度和经费保障体系。

② 本节与李耀坤合作完成。

长、产业化格局初步形成,但仍然存在工业设计体系不完善、专业技术能力不强、企业应用意识不足、市场机制不健全、政策环境亟待改善等突出问题。应加快研究制定工业设计产业发展战略、完善现代工业设计体系、形成工业设计产业发展的良好环境,多方面降低工业设计产业发展的成本。

4.3.1 提升工业设计能力具有战略意义

工业设计是工业经济价值内核的策源环节,是对工业产品的功能、结构、流程、外观、原型等进行整合优化的创新活动,其重要性主要体现在四个方面:

(1) 创造产品差异化。工业设计创造产品的样式、功能、原型、质量、体验等方面的差异。

(2) 推进技术市场化。工业设计将"技术语言"转化为"产品语言"——设计者能够理解和应用的界面,从而使科研与技术成果转化进程大幅提速,这正是市场对于设计创新需求旺盛的原因所在,也使工业设计创新成为实现品牌化发展的关键环节。

(3) 提升产业附加值。工业设计使工业生产体系融入文化特性,引发消费者的情感共鸣,通过对技术、知识、工艺等生产性要素的整合创新,实现产业供给结构的调整、重组与再开发,推进以"价值创造"为核心的设计创新驱动,提升产业的文化价值含量。

(4) 优化和再造产业体系。深层次的设计创新落脚在对新兴生产与生活方式模型的构建,通过对供给结构的优化和再造,促进传统制造体系在原型结构、技术结构、功能结构、流程结构上的标准化提升,进而优化和再造传统制造体系。

自20世纪70年代至今,全球已有20余个国家将推进工业设计产业化发展纳入国家战略,认为工业设计是国家软实力的重要组成部分,并且形成了四类发展驱动路径:以英国为代表的文化创意驱动路径、以美国为代表的商业市场驱动路径、以德国与日本为代表的高端制造驱动路径和以韩国、北欧为代表的国家政策驱动路径,并助力上述国家占据国际制造分工链条上游的高附加值环节。

4.3.2　工业设计产业发展存在不少问题

中国工业设计产业近些年有较大发展,但在制造业的品种开发、原型培育、附加值提升以及制造流程优化等方面还存在若干突出问题。

1. 设计体系不完善,专业技术能力不强

(1)欠缺完备的工业设计技术体系。作为典型的智力密集型与技术密集型业态,工业设计的知识管理与技能管理在制造企业中还处于较低水平,现代工业设计的流程与方法还未在企业的产品研发、生产和服务过程中得到广泛运用,导致传统制造企业试图借助设计创新实现转型升级时,往往难以有效培育、开发、整合和应用设计创新要素,消费市场中的设计需求无法有效导入产品的实际开发过程,工业设计总体还处于制造企业产品开发过程的"体外循环"。

(2)缺少自主设计原型与生活方式模型研究的有效支撑。工业设计通过推进技术市场化、创造产品差异化、提升产品价值含量来促进制造业转型升级过程,对于自主设计原型与生活方式模型的研发与储备将在很大程度上决定设计创新的质量与深度。由于制造企业尚未广泛触及产品价值内核层面的构建,造成大量企业的工业设计创新长期停留在产品外观样式或服务表现形式等较浅层面,欠缺设计原型与生活方式模型对于产品功能结构与体验方式的深层次研发和创新,致使产品同质化的问题日趋严重。

2. 企业应用意识不足

(1)大量国内制造企业长期以来形成了"引进—消化"的思维惯性,在产品设计环节产生了严重的模仿与抄袭依赖,工业设计始终未能真正纳入产品研发的成本结构,尤其欠缺在品种开发、原型培育、用户体验、制造流程优化等深层次的研发与筹备,导致设计环节沦为仿制和简单改良。

(2)功能性消费形态下相对单一的技术指标及其营销反馈成为普遍性的产品评价标准,企业管理者并未真正认识到在服务与体验消费形态下设计创

新对于提高产品附加值、培育和创造新兴消费市场的重要作用。

（3）设计领域的行业领军企业与领军人才总体上匮乏，缺少设计驱动型制造企业以及提供一体式创新解决方案的品牌服务型企业，也缺少有全球影响力的设计巨匠。

3. 市场机制尚不健全

（1）工业设计相关的知识产权保护体系总体上还比较松散，现行的管理与评定办法未能有效遏制设计模仿与抄袭现象。以外观专利为例，尽管近年来中国外观专利年均增长率超过 30%，但由于专利条款设置上尚存在大量相对模糊的规则，如仅限定产品造型细节的视觉性雷同数量等，使得设计抄袭、品牌模仿等现象因侵权成本过低而成为常态，造成企业的产品设计研发投入难以在市场运行中得到有效的保护与增值，严重削弱了这些企业进行设计创新的积极性，也使得大量与设计体验密切相关的制造业领域陷入低质低价的恶性竞争。

（2）工业设计的统计体系尚不成熟，很多地区尚未明确工业设计的统计分类，针对设计从业人员也缺少规范的职业资格认证体系，导致其专业化上升空间严重受限，劳动报酬与相关行业相比处于较低水平，人才流失的现象严重。

4. 政策环境亟待改善

尽管有关部门和地方政府重视工业设计对于制造业转型升级的促进作用，但"技术驱动型制造企业"和"加工驱动型制造企业"仍普遍处于低附加值产品输出的旧有模式，未能找到实施工业设计创新与品牌化发展的有效路径，亟待加强针对设计技术体系与制造体系对接的政策部署。同时，由于工业设计属于工业与文化交叉领域，多头管理的问题比较突出，不同时期、阶段的政策缺乏系统性与连续性。此外，对大量中小微制造企业而言，导入工业设计创新仍需要借助有效的公共服务平台与金融平台来降低研发成本，现有政策体系对此部署不足。

4.3.3　促进工业设计产业发展的建议

1. 研究制定工业设计产业发展战略

在学习借鉴美国、日本、德国等工业设计强国经验的基础上，着力发挥中国的大国大市场以及制度优势，加快研究部署工业设计产业体系，明确总体任务与阶段性推进目标，借助已有产业规模基础，使工业设计的产业化发展能够从系统创新、集成创新的高度对接创新驱动与制造强国战略。在发展方略上，要以推进居民消费品领域、机械制造领域和装备制造领域的产品价值含量与品牌竞争力为先导，以技术驱动和加工驱动两类制造企业作为主要服务对象，进一步深化工业设计产业化发展顶层部署，实施跨领域、跨地域的设计产业发展联动与设计创新合作项目。依托国家品牌体系建设，将工业设计产业化发展与国家品牌工程紧密对接，为文化、科技、金融与工业设计的融合发展创造有利条件。

2. 完善现代工业设计产业体系

积极引导工业设计产业面向制造强国战略和"互联网＋"经济生态进行布局，针对高端制造、智能制造、服务型制造建立"设计＋"价值提升体系，使工业设计充分发挥价值撬动与价值增值功能。在此基础上，高度注重培育和打造具有国际竞争力的产品设计原型，从概念、研发、测试、制造、物流、营销等全流程建立工业设计集成创新机制，建立现代工业设计技术体系、产品体系、服务体系、管理体系与政策体系，使之能够为未来制造经济和服务经济提供创新支撑。为应对工业设计产业化初期的各类挑战，要加大对工业设计所需技术、资金、人才等方面的政策扶持力度，建立工业设计共性技术研发平台以服务企业设计过程。

3. 形成有利于工业设计产业发展的良好环境

要为制造领域特别是中小微制造企业营造实施工业设计创新的良性市

场环境,重点在知识产权、行业标准、企业合作、资格认定、信贷担保、投融资等环节加大法律与制度保障,明确各类市场参与主体的权责与行为规范,建立更具活力、更为公平有序的市场竞争机制,提升不同类型企业自主研发、采购和应用工业设计创新的积极性与主动性。重点扶持工业设计领军企业和品牌制造领军企业,重视其先导示范与引领带动作用。政府在工业设计领域聚焦战略的顶层设计、宏观调控与市场监管职能,将商业模式构建和创新模式搭建交由企业自行探索和建设。加快落实和规范工业设计从业人员职业资格认定工作,集中培养一批工业设计领域的高层次专业领军人才。

4. 多方面降低工业设计产业发展的成本

一是培育文化消费与品牌消费市场,强化市场要素配置,降低工业设计创新的市场配适成本。二是立足国情与地区发展特性,出台国家和区域性工业设计产业扶持政策,降低工业设计共性技术研发与产业培育成本。三是依托各地工业设计协会与社团组织,搭建工业设计创新供需对接与服务中介网络,促进各类型制造企业与专业工业设计公司开展定向性、长期性合作。完善国有企业购买专业设计服务的招投标工作规范,降低企业设计资源对接成本。四是降低企业决策咨询成本。引导企业管理者注重设计创新与设计应用,推动企业建立现代工业设计管理和技术体系,将工业设计深度应用于企业的概念研发、产品制造、质量控制、品牌构建、消费体验以及企业文化价值塑造的全流程、全生命周期之中。

4.4 重视工业技术改造

4.4.1 技术改造的作用与意义

技术改造是企业永恒的主题。技术改造是企业采用新技术、新工艺、新设备、新材料对现有装备、设施、工艺及生产服务等进行改造提升,淘汰落后产能,实现内涵式发展的投资活动,是实现技术进步、提高生产效率、推进节能减排、促进安全生产的重要途径。

国家及企业间的竞争实质上是技术的竞争。技术改造投资就是在企业固定资产更新中实现技术改造,缩短与先进国家及企业的差距。技术改造作为调节产业结构促进产业升级的重要抓手,对企业智能化、高端化、服务化、品质化、绿色化,对加快经济增长、提升自主创新能力、优化投资结构、增加有效供给、扩大消费需求、开发进口替代产品、促进节能减排、提高质量效益、推进新旧动能转换具有重要意义,是推进转变发展方式,实现高质量发展的重要举措。

4.4.2 技术改造状况及其效果[①]

1. 技术改造投资资金来源

技术改造投资也称"更新改造投资"。技术改造投资资金来源主要有:企、事业单位拥有的更新改造资金,企业主管部门集中的折旧基金和其他用于更新改造的资金,各级财政部门用于支持技术改造资金,银行提供的技术改造贷款,通过各种方式与途径利用的国外资金,社会筹措用于技术改造的资金。

2. 技术改造投资规模及地区分布

2011—2019 年中国规模以上工业企业技术改造经费支出如图 4-1 所示。

2019 年中国东部地区、中部地区、西部地区和东北地区规模以上工业企业技术改造经费支出比重如图 4-2 所示。

2019 年 31 个省、自治区、直辖市规模以上工业企业技术改造经费支出及具体数值如图 3 和表 4-1 所示。

---

① 本节与王亚丽共同完成。

单位：亿元

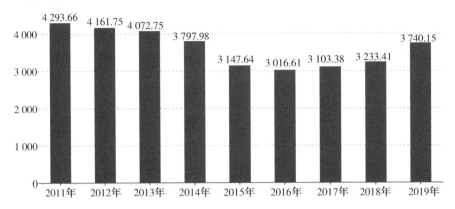

图 4-1　2011—2019 年规模以上工业企业技术改造经费支出

资料来源：国家统计局

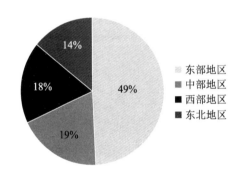

- 东部地区
- 中部地区
- 西部地区
- 东北地区

图 4-2　2019 年各地区规模以上工业企业技术改造经费支出

资料来源：国家统计局

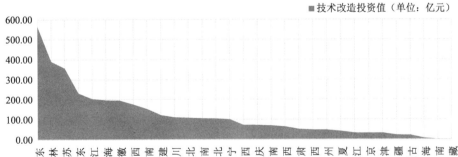

■技术改造投资值（单位：亿元）

图 4-3　2019 年各省规模以上工业企业技术改造经费支出

资料来源：国家统计局

表 4-1　2019 年各省规模以上工业企业技术改造经费支出　(单位：亿元)

地　区	技术改造投资值	地　区	技术改造投资值
北　京	32.67	湖　北	108.81
天　津	32.66	湖　南	152.69
河　北	104.81	广　东	564.63
山　西	64.70	广　西	174.88
内蒙古	21.78	海　南	1.67
辽　宁	101.20	重　庆	72.33
吉　林	389.73	四　川	111.12
黑龙江	32.98	贵　州	48.28
上　海	196.10	云　南	70.00
江　苏	356.28	西　藏	0.00
浙　江	203.32	陕　西	48.66
安　徽	195.21	甘　肃	51.88
福　建	122.10	青　海	7.01
江　西	72.52	宁　夏	41.70
山　东	231.60	新　疆	22.64
河　南	106.21	—	—

资料来源：作者整理

3. 技术改造的效果

近年来，中央、各地、各有关部门积极推动企业加大技术改造投资力度，有力地促进了企业技术水平的提高，增强了重点行业、重点企业、重点产品的竞争力，推进了产业集群的发展，为经济的持续快速发展发挥了重要作用。

"十三五"时期，中国技术改造投资逐年增加，推动了产业结构优化。高技术制造业增加值占规模以上工业比重提高至 14.4%。太阳能光伏、轨道交通装备、特高压输变电装备、核电装备等重点产业链优势明显，新能源汽车、工业机器人、人工智能、风电装备等发展迅速，加快向价值链中高端迈进。

但也要看到，中国多数企业技术创新能力仍十分薄弱，产业层次低的矛盾日益突出，资源环境和市场约束不断加剧，加快经济结构调整和产业升级势在必行。当前,中国经济发展内外部环境正在发生深刻变化,新时期、新形势对技术改造提出了更高的要求,企业技术改造工作尚存在认识有待深化、长效机制亟待建立、投资方向缺乏有效引导、管理体制需要进一步理顺等,必须采取切实措施,抓紧研究解决。通过大力实施技术改造,提升技术创新能力,着力突破影响经济发展的结构性和素质性矛盾制约,推进经济增长方式从粗放型向集约型转变,推动产业链、供应链现代化,是推动经济高质量发展的迫切要求。

4.4.3 技术改造促进产业链现代化的思路

1. 思路

在强国目标指引下,以经济高质量发展为主题,以供给侧结构性改革和需求侧管理为主线,按照存量提升、增量优化、集约发展、平稳增长的原则,坚持市场主导与政府引导相结合,技术创新与技术改造相结合,改造传统产业与发展新兴产业相结合,突出重点与全面提升相结合,着力发展高新技术产业与战略性新兴产业,着力运用高新技术和先进适用技术改造提升传统产业,着力加强重点行业、企业、产品的技术改造,着力推进关键、共性技术的产业化应用,促进产业结构优化升级和经济增长方式转变。编制重点技术改造升级项目导向计划,引导社会资金、资源等要素投向,采取产业投资基金等多种方式支持技术改造。针对不同领域,统筹采取多种模式,提升国家支持技术改造资金的使用效益。持续优化社会资本投资技术改造的政策环境。

2. 基本原则

(1)对接国家战略原则。深入贯彻落实党的十九届五中全会精神,加快制造强国建设步伐,推动实现经济发展由数量和规模扩张向质量和效益提升转变。培育壮大新兴产业,推动重点领域率先突破;优化升级传统产业,促进全产业链整体跃升;加快发展现代服务业,促进制造与服务协同发展;大力推进智能制造与工业互联网建设,促进信息化与工业化深度融合,促进工业化与互联网深度融合。

（2）持续发展原则。既要立足当前，针对产业发展的瓶颈和薄弱环节，加快转型升级和提质增效，提高产业核心竞争力和可持续发展能力；又要兼顾长远，把握产业变革趋势，特别是把握新产业革命与实施强国战略形成历史性交汇的趋势。

（3）重点突破原则。选择各行业中具有基础性、战略性、全局性的领域，着力掌握关键核心技术，完善产业链条，围绕经济社会发展和国家安全重大需求，突出重点，率先突破。加大投入支持传统产业技术改造，集中力量突破关键共性技术和基础零部件、工艺和材料，瞄准新一代信息通信技术、高档数控机床和机器人、先进轨道交通装备、节能与新能源汽车、新材料、生物医药等重点领域，促进产业迈向全球价值链中高端。

（4）市场主导原则。全面深化改革，充分发挥市场在资源配置中的决定性作用，强化企业主体地位，激发企业在产业升级和技术改造中的活力和创造力；积极转变政府职能，加强战略布局和规划引导，落实竞争中性原则，加强公正监管，促进各类市场主体公平竞争，为企业发展创造良好生态环境。

3. 主要目标

从 2021 年到 2025 年，力争技术改造投资年均增长 10%—15% 以上。投资结构进一步优化，对产业升级的推进作用更加明显。主要行业和骨干企业的技术装备达到国际先进水平；主要行业技术创新能力、产品质量、经济效益较大提升。重要领域、重点行业的关键性和共性技术的开发应用取得较大突破。重点企业综合竞争力进一步提高，努力形成一批技术创新能力和产品市场占有率在全球同行业领先的龙头企业。技术改造对结构调整与增长方式转变的作用进一步增强。

4.4.4　技术改造的着力点

技术改造应着力于重点产业、重点企业和重点产品，聚焦新技术、新工艺、新装备、新材料等核心要素和关键环节，高起点、大规模、有组织推进企业技术改造,在规模效益、创新能力、产业结构优化和绿色发展等方面取得实质性进展。

1. 加速科技成果转化

推进创新成果转化。以发明专利、引进先进高端技术成果、消化吸收再创新的技术成果等为重点,通过技术改造推动创新成果转化应用。

坚持技术改造与科技创新相结合,提升发展新动能。政府层面,建设生产创新中心、开发系统研发平台、搭建技术研发中心、建设应用示范中心。企业层面,鼓励企业加大研发投入,引导龙头企业、优势企业参与国家科研攻关项目和重大创新工程,不断提升企业研发能力和技术集成能力。

坚持技术改造与智能制造相结合,推进产业向中高端迈进。围绕具有比较优势的重点领域,开展一批协同创新和联合攻关,积极推进具有先进制造技术的科技成果加速转化。

2. 支持先进产能扩张

牢牢把握国家大力推进新产业革命的机遇,支持先进产能扩张,鼓励全球行业巨头、央企集团、国内行业领军企业按照国家鼓励类产业目录投资新兴产业,支持先进适用技术改造提升产业链薄弱环节。

3. 拓展延伸产业链条

进一步突破技术瓶颈,围绕新兴优势产业链,制定关键零部件、关键原材料和核心技术等目录清单,组织企业和高等院校、科研院所等攻克一批关键共性技术,开发一批新产品,制定一批新标准。对照工业新兴优势产业链龙头企业名录和强链、延链、补链目录清单,聚焦世界 500 强企业,引进一批重点企业和重点项目,以拓展延伸产业链条。

4. 提升装备、工艺、软件水平

引导带动企业由单纯设备更新改造向软硬件全流程改造提升转变,以点带面促进企业技术改造升级。将固定资产投资以外的软件、专利等软性投入纳入支持范围,引导企业实现装备、工艺、软件水平提升转变。

突出智能制造主题。深入推进互联网与制造业融合发展,大力推广两化融合管理体系贯标对标,在石化、有色、建材等传统制造业领域,大力实施数字化网络化智能化改造。

5. 改善产品结构

通过推进优势特色产业协调发展改善产品结构。重点围绕改造升级"老字号"、深度开发"原字号"、培育壮大"新字号",加强重点项目谋划和推进工作力度。大力实施"三品"工程,提高品质、打造品牌、形成优势。鼓励支持冶金、有色、化工等原材料产业研发新品、打造精品。

6. 提升数字化、智慧化水平

通过打通行业全要素、全产业链和全价值链的全面连接,支持数字化管理、网络化协同、服务化延伸、智能化生产及产融结合等新模式发展。围绕流程优化、供应链协同优化、智能生产管控、工艺及能耗管理、设备预测性维护等构建智能工厂解决方案。

支持新技术、新产业推广应用。培育和推广工业互联网平台。推动大企业"双创",培育基于工业互联网平台的制造业"双创"模式。扶持机器人产业发展,新增机器人应用,培育新能源汽车产业发展。

引导传统行业加快以智能制造、绿色制造为主的升级改造,推动传统制造模式加快向现代制造模式转变。

推进智能车间和智能工厂建设。鼓励引导企业应用自动化、智能化装备和系统、软件进行智能化改造。引导企业建设覆盖生产全流程、管理全方位和产品全生命周期的智能制造示范工厂。

7. 提升集聚集约水平

注重先进产业集群培育,鼓励引导集群龙头骨干企业加快实施技术改造,推动强链补链,提升产业高端化发展水平,从而实现产业集聚集约水平的提升。确定基础较好的集群作为重点培育对象,分别制定培育方案,在集群发展目标、增强创新能力、加快改造提升、培育骨干企业、推动制造与服务协同发展、强化政策支持等方面细化工作任务和措施。按照强链补链目标要求,突出产业链关键环节、薄弱环节、缺失环节,摸排建立集群重点技术改造项目库,推进重点项目建设。支持省级以上工业园区公共服务平台建设。重点支持智能系统检验检测、技术攻关、节能环保等领域的公共服务平台,促进公共服务能力提升。

8. 推进节能减排绿色制造

坚持技术改造与节能减排相结合,培育发展绿色制造。以减量化、再利用、资源化为重点,组织实施一批节能技术改造和循环经济技术改造项目,提高资源利用效率。

加快淘汰落后产能。适当提高淘汰标准门槛,辅以实施奖励政策,支持企业主动淘汰一批技术、经济和环保、安全指标相对落后的低端低效产能。通过企业分类综合评价,相应实施差别化电价、水价、排污费等措施,倒逼企业技术改造升级。

持续推进企业绿色化改造。实施能源消费总量和强度"双控",认真落实蓝天保卫战和水污染防治攻坚战部署。以智能化改造推动企业绿色转型升级,加快构建绿色制造体系,创建绿色工厂、绿色设计产品、绿色园区、绿色供应链。增加循环化改造试点园区,园区开展循环化改造。综合运用政策激励、节能执法和差别化电价等措施,推广使用高效节能电机、变压器等用能产品。狠抓绿色制造。

9. 发展生产性服务业

支持服务型制造公共服务平台建设。依托并整合现有资源,探索技术产业化新模式。建设基础数据库,增强公共服务能力。分区域、差异化创建新型工业化产业示范基地。

培育工程技术服务力量。认定智能化改造工程服务企业,采用市场化的办法,引导工程服务企业为企业改造升级提供技术服务。

建设产业网络化协同制造服务平台,开展创新设计、质量动态检测、共性技术研发等生产性服务。发展研发设计、创业孵化、知识产权、科技咨询等服务业。积极开展智能制造系统集成供应商培育工作,通过现场对接、专家培训、工程咨询等方式,引导工程集成供应商参与企业智能升级改造。

10. 促进产业融合

加快推进产业数字化、数字技术与制造技术融合发展。坚持技术改造与两化融合相结合,促进产业转型升级。加快推动新一代信息技术在研发、设计、制造、营销、服务等领域的应用,支持有条件的企业实施数字化改造。

4.4.5　推动技术改造的建议

1. 强化规划引导

强化顶层设计,加强政策引导。以扩大先进产能、支持科技成果产业化、推广智能制造、加快设备更新等为主要任务,在传统产业开展技术改造,明确工作目标和重点方向,推动企业装备升级、技术升级、产品升级。实施技术改造考核激励措施,对技术改造工作成绩突出的地方政府实施奖励,并将奖励资金全部用于企业技术改造项目建设。对年度财政资金支持项目进行现场检查和绩效评价,形成年度资金项目绩效评价报告。

持续实施重点技术改造项目。围绕智能制造、服务型制造、绿色制造、工业强基和重点产业改造提升等重点,引导开展技术改造。实施工业强基工程,着力提升关键基础材料、核心基础零部件(元器件)、先进基础工艺和产业技术基础等工业基础能力,解决产业突出短板。开展引导企业转型活动。按照"因地制宜"原则,指导规模以上工业企业制定转型升级方案,明确技术改造方向、路径、目标,推进规模以上企业全部实施一轮技术改造。

组织实施智能化改造示范项目。遴选确定智能化改造示范项目,对列入示范的项目,地方政府在专项资金安排上给予倾斜,并落实各市、县同步实施一批当地的示范项目,以示范项目带动其他企业实施技术改造。

组织召开智能化改造专题现场会,通过让同行业企业实地参观示范项目的生产线，现场听取工程服务公司、示范项目实施企业的经验介绍，观摩先进适用装备展示等方式，打消企业的顾虑，调动企业的积极性，促进各行业整体改造升级。

聚焦新一代电子信息、高端装备、智能家电、新能源汽车、新材料、节能环保、生物医药和高性能医疗器械等高端制造业，冶金、化工、建材、纺织、食品加工等传统产业，实施工业强基、高端制造、智能制造、绿色制造、精品制造、服务型制造等工程，科学规划每个产业在每个领域的重点路径、重点企业、重点项目、重点区域，绘制多方位的推进路径关联度图谱，不断优化技术改造的总体思路、目标任务、发展重点和保障措施。

2. 加大财政支持力度

强化投资引导。围绕产业发展重点领域、关键环节，实施产品换代、智能制造、绿色制造等工程，强化企业投资导向，推动产业增长方式转变。加大财政资金支持，集中力量办大事，支持技术改造项目，带动社会投资。

优化财政政策，着力发挥其引导和放大作用。针对融资环境趋紧导致原有贴息政策门槛提高、覆盖面变窄的问题，及时推出覆盖面更广、普惠性更强、指向更明确、操作更便捷的技术改造综合奖补政策。综合奖补政策与企业设备投资额和新增财政贡献挂钩，不限定行业，对内外资一视同仁，突出设备、强调贡献、侧重事后、简单易行，最大限度地减少自由裁量权。

建立产业基金支持产业发展。设立技术改造投资基金，按照"政府引导、市场运作、扶持产业、滚动使用"的原则，引导支持传统产业改造升级。基金采取市场化运作模式，由专门的基金管理公司运营管理，全面开展项目投资。

持续优化资金使用形式。创新资金支持形式，支持企业购置生产设备，避免项目不能按计划完成投资造成无法验收的风险。规范评审流程，可采用财务专家集中评审、会计师事务所全覆盖开展现场专项投资审计、项目总数5%比重交叉复核，提高项目评审科学性、真实性。拉动社会投资作用。

3. 落实现行税收优惠政策

在税收、用地、用电、融资等方面为实体经济、民营经济发展提供全力支持,增强企业开展智能化技术改造信心。以企业上年度主要税种入库税收额与新增税收额、固定资产投资额作为奖补资金安排依据,充分体现公平普惠原则。

4. 拓宽融资渠道

常态化开展"技术改造政策进一线"活动,深入精准面向企业提供实战化、针对性指导服务,提高政策可及性及知晓面。创新开展政银企融资对接服务,促成技术改造项目获得"技术改造贷",支持银行专门发布"设备升级专享贷"新产品,组织企业与银行进行点对点对接,精准服务企业设备融资,促进财政、金融政策同向协同发力。

搭建企业对接平台。举办政银企技术改造项目对接会,向金融机构发布技术改造项目,引导创新推广金融产品。积极开展项目跟踪服务,确定重点技术改造项目,建立目标责任制度,按行业、区域开展项目跟踪服务,逐级分解落实责任,推进项目建设和年度投资计划落实,及时协调解决项目建设中存在的问题。

设立产业转型升级投资基金,在人工智能、计算、新材料、传感器等领域支持一批技术改造项目,以市场化的形式支持企业技术改造。推动国家先进制造业基金、产业转型升级发展投资基金等与技术改造项目对接。

5. 加大用地扶持

落实土地指标,用于奖励产业投资和技术改造工作做得好的地区,推进产业数字化改造提升工作,推动地方加大新兴产业培育和传统产业改造提升。鼓励企业在产业转移同时进行智能化技术改造升级。

6. 完善管理机制

压缩技术改造项目取得规划设计条件到获取施工许可证的审批时间。取消技术改造项目备案前置条件,实现项目备案在线平台全程网络快速办理。将产业投资和技术改造投资增速纳入对地方政府的考核目标,层层压紧压实责任,确保目标细化到岗位、分解到项目,确保任务顺利完成。建立完善联系指导重点产业工作推进机制,成立重点领域产业培育工作专班,充分发挥产业推进机制对创新生成项目、协调推进项目、保障投产项目的突出作用。完善健全部门间工作机制。重点围绕改建与技术改造、扩建、迁建、购置设备、恢复等五方面建立技术改造投资统计指标体系。

加强投资运行监测分析预判、项目推进协调服务和投资进度督查督导,对发现的问题,及时做好工作指导和督促落实整改。建立项目专员制度,加强项目分类跟踪管理,对列入重点工业投资项目计划的项目,按月度进行跟踪。建立重大项目在线跟踪机制,通过信息平台进行月度在线跟踪,及时掌握了解、协调解决项目实施中存在问题。

4.5　把握产业融合发展趋势

产业融合特别是先进制造业和现代服务业深度融合、产业链与创新链深度融合,是全球经济增长和现代产业发展的重要趋势,同时也反映了新一轮科技革命和产业变革以及消费升级对产业发展演进的深刻影响。中国高度重视推动先进制造业和现代服务业深度融合、产业链与创新链深度融合,并将其作为增强制造业核心竞争力、培育现代产业体系、实现高质量发展的重要途径。

4.5.1　促进先进制造业与现代服务业深度融合

先进制造业是指拥有显著更高增加值、更高生产率、更体现未来发展方向的制造业。现代服务业是为了提高生产效率和人们的生活质量而发展起来的,具有较高技术含量和价值增值特征的服务业。先进制造业与现代服务业融合是指先进制造业和现代服务业打破传统行业边界,彼此相互嵌入、衍生、转化、合成、赋能等,形成更高效率更多价值的新产品新模式新业态的过程。先进制造业与现代服务业融合发展具有重大现实意义,有利于促进产业转型升级,提升产业竞争力,提高经济社会整体运行效率,发挥产业协同效应,增强产业链供应链韧性,推动产业高质量发展。

近年来,国家高度重视先进制造业与现代服务业融合发展,出台了一些引导性、支持性政策。一些大型制造业企业在向服务业转型方面取得了一些进展,一些服务企业的业务边界向制造业渗透延伸,一些企业纳入两业融合试点单位。但也要看到,先进制造业与现代服务业彼此仍存在融合深度不足、断点、弱点、痛点、堵点、盲点等问题,制造业与服务业各自的战略对接不足、融合方式单一、融合环节少、附加值低、利益连接松散、主导企业少、带动能力不强以及相关体制机制不完善等问题。

未来一段时期中国产业竞争优势需要加快重塑、产业升级需要加快推进、生态环境治理需要加强纵深,是提质增效、向价值链中高端迈进、保障产业链供应链安全稳定高效、制造强国建设迈出实质性步伐的重要时期。面对全球激烈的产业、科技、规则、供应链等多维竞争,面对市场需求的持续升级以及日益复杂的不确定性风险,从战略全局推动先进制造业与现代服务业融合发展更具有紧迫性、必然性、重要性。

推进先进制造业与现代服务业深度融合需遵循产业发展规律、产业演化规律、产业创新规律,既要明确不同产业的属性、责任、功能与使命,又要认清形势,扬长补短。发挥整体效能、注重互动发展。要体现"战略性、宏观性、全面性、系统性、多层次性、动态性和时代性"等特点,坚持"具体问题具体分析""因产因企因地因时制宜""市场机制与政府作用相结合""开放共享与包容审慎相结合"等原则,坚持"问题导向、需求导向、效率导向、竞争力导向",通过深化改革、扩大开放、构建有利于融合创新的体制机制与政策环境,促进先进制造业与现代服务业精准定位,深化分工合作,多方位多层次多环节地融合,特别是推动先进制造业和现代服务业在战略理念、核心业务流程、组织方式、商业形态、公共设施、供应链、关键要素等各层次的深度融合。推动服务型制造向网络化、智能化发展,加快生产性服务业专业化、高端化、精细化、智慧化、绿色化、品质化、体系化发展,催生一系列新技术、新平台、新模式、新业态,形成经济发展的新动能,着力解决制造业和服务业分散发展、协同不足、衔接不畅、模式滞后、缺乏综合等突出问题,推动制造业与服务业质量变革、效率变革与动力变革,加快推动制造强国、质量强国、创新强国建设步伐,更好地满足人民日益增长的美好生活需要。

推动中国先进制造业与现代服务业融合可分类施策、分步推进。近中期，推动先进制造业与现代服务业在许多重点领域形成一系列深度融合的最佳实践，提升先进制造业研发效率、设计水平、产品竞争力，降低生产成本、单位增加值物流成本。推动服务型制造发展，提升制造业服务化水平。大力提升生产性服务业对制造业升级的支撑能力。提升先进制造业供应链安全水平，推动产业互联网与产业生态建设。形成一批先进制造业与现代服务业深度融合的龙头企业。使融合创新成为先进制造业与现代服务业发展的重要驱动力。中远期，全面推动先进制造业和现代服务业深度融合成为国民经济体系的重要特征，全方位提升制造业的研发、设计、创新能力，全面提高生产效率、物流效率、供应链管理能力、全面推进服务型制造发展，打造一批世界级产业互联网平台、供应链服务企业集团，全面提升现代服务业国际竞争力，构建现代化产业生态体系。

鉴于中国制造业体系完整，服务业类型丰富，发展水平不一的现实，推进先进制造业与现代服务业融合的具体路径方面将不是单一路径，而是具有多样性、探索性、开创性等特点。譬如：制造企业基于核心技术优势拓展专业化社会化服务，以制造业流程外包促进制造和服务供应链一体化，基于产品全生命周期管理和系统解决方案服务的制造和服务全价值链综合集成，基于智能化产品和装备的制造与服务功能一体化，基于产业互联网平台的制造和服务资源整合，基于客户深度参与的产品个性化定制，基于研发、创意、设计、品牌等服务优势的生产制造网络拓展等。

先进制造业与现代服务业融合发展涉及领域广泛，影响深远。当前可优先选择若干领域重点突破。例如：加强研发设计创新服务，创造先进制造业的需求空间；重视智能运维服务，提升先进制造业的综合价值；建立检验认证体系，完善先进制造业的产品质量管理；升级现代物流体系，提高先进制造业物流供应链效率；加速电子商务创新，保障先进制造业的价值实现；发展新型金融服务，优化先进制造业的资源配置；升级节能环保服务，推动绿色制造；发展工业文化旅游；等等。

促进先进制造业与现代服务业融合是一项系统工程，要从国家战略层面推动。这就要求进一步深化改革,为产业融合提供更好的体制机制保障与政策激励。加快转变政府职能,完善市场准入制度,通过需求引导、利益激励、竞争机制等促进先进制造业与现代服务业融合发展。进一步形成有利于融合的财税金融支持政策、科技创新政策、教育培训体系以及标准、统计体系,完善产业监管体系与监管机制,做好经验总结与示范推广等。

4.5.2　促进产业链与创新链深度融合

产业链是上中下游产业之间因内在有机联系而形成的一种特定关系。创新链是创新活动不同环节、主体之间因内在有机联系而形成的一种特定关系。

中国各类产业规模与竞争力近些年均有较大提升,形成了不少优势产业链与特色产业链,创新链建设取得明显进展。但要看到,中国各类产业链创新链还存在突出的结构性问题,断点、弱点、痛点、堵点、盲点问题均很明显,产业链创新链融合不足。

未来一段时期是中国产业竞争优势重塑、产业升级攻坚、生态环境深入治理的时期,也是提质增效、迈向价值链中高端的重要时期。促进产业链创新链深度融合,是推动制造强国、科技强国建设的重大战略举措,有利于把握新一轮科技革命和产业变革的历史机遇,有效解决存在的突出问题、应对激烈竞争的挑战、推动产业高质量发展,有利于推动质量变革、效率变革与动力变革,有利于构建新发展格局。

关于中国产业链创新链深度融合需要有哪些思路,首先要明确产业链创新链融合的目标。

"链"目标:补链、固链、强链、延链、融链;"力"目标:提升产业竞争力、创新能力、可持续发展能力;"业"目标:产业质量效益提升,做大做强优势产业,推动传统产业升级,增强高新技术产业竞争力,培育发展战略性新兴产业,超前部署未来产业;"化"目标:制造业服务化、数字化、高端化、绿色化、国际化得以推进。

具体思路如下:

清晰各类产业发展定位，遵循产业发展规律、创新发展规律，固本培元、扬长补短。坚持整体效能、注重互动发展、坚持系统思维。以产业链部署创新链，以创新链布局产业链，实现双链齐飞、协同共振。推陈出新，以新带旧，助力构建现代化产业体系与产业链现代化。

在以产业链部署创新链方面，需要坚持需求导向（市场需求、战略需求等，如关键核心技术攻关需求）、问题导向（质量、效率、"卡脖子"技术）、目标导向（如锻长板），分类（不同行业）分层（不同环节）设计。聚焦重点产业、关键产业、核心产业、特色产业，统筹优势科技力量，推动科技创新资源向产业创新集聚。加强产业基础能力建设，加快关键核心技术攻关，攻克"卡脖子""撒手锏"技术。

在以创新链布局产业链方面，需要以创新来把握新一轮科技革命与产业变革的机遇，解决发展中存在的瓶颈制约，加快开发新产品、新技术、新模式，培育新市场，拓展应用新场景。加快科技成果转化、产业化、商业化步伐。加强前沿技术和未来产业布局。深入挖掘新兴细分市场成长的机会。

产业链创新链深度融合，要发挥龙头企业的资源整合、要素集聚、供应链构建方面的带动作用，要发挥中小企业专精特新、产业配套的重要支撑作用，要着力打造从基础研究、应用研究、技术研发到产业化的系统高效创新全链条。加快构建产学研用深度融合的技术创新体系。加强国家实验室、国家重点实验室、技术研发中心、工程中心、中试实验平台、产业技术研究院、科技转化平台等建设。推动创新链条融入全球创新网络。

产业链创新链深度融合要与区域空间战略相耦合。推动区域协同发展，发挥区域产业分工和创新协同效能。如，京津冀地区可以实施"京津研发，河北转化"方式。

产业链创新链深度融合是一项艰巨、复杂、长期的系统工程，既需要能力的提升，也需要有相应的体制机制与政策保障，不可能毕其功于一役，我们要有恒心、信心、决心，更要有耐心。

需要做好四项配套政策：一是资金政策支持，如财政税收支持和金融支持，加大科技创新投入；二是人才政策，加强人才开发力度；三是科技政策，密切跟踪国际科技前沿与产业最新趋势；四是创新激励政策，激发创新活力，加强科技成果转化。

需要完善"四个机制":一是跨部门政策协调机制(如工信与科技),实现政策协同;二是形成产业与创新的互利共赢机制;三是形成市场与政府合力机制;四是形成区域产业发展协同机制。

第5章
提升产业链供应链竞争力

5.1 维护产业链供应链安全

产业链供应链安全是国家安全的重要组成部分。产业链供应链安全涉及多个方面,例如:重要原材料、零部件、中间产品、产成品供给明显不足或中断,核心技术受到他国封锁或限制,重要交通与物流通道受阻,支付受制于人或中断等。当前,受地缘政治、贸易摩擦、外交冲突、自然灾害、公共卫生危机以及国家竞争等因素影响,产业链供应链安全风险增大。保障重点领域产业链安全供供应链安全,不在关键时刻掉链子,已经成为重大战略任务。

5.1.1 中国产业链供应链安全面临不少突出问题

中国是产业大国、世界第一制造大国,拥有完整的工业体系,产业竞争力、创新能力、国际影响力持续增强,在全球分工体系中具有举足轻重的地位。但也要看到,产业发展中存在不平衡不充分问题,结构性问题、资源配置效率问题、综合协同问题长期存在,产业发展粗放,产业链供应链上的断点、弱点、痛点、堵点问题明显,链的整体效应不强,国际供应链发展滞后,供应链韧性亟待提升。例如:种业等重要农产品长期贸易逆差;制造业核心技术和关键零部件受制于人;生产环节高端技术落后,"卡脖子"现象突出;制造业核心环节外迁导致区域产业空心化风险;石油、天然气、重要矿产品、精细化工战略资源对外依存度高;国际物流的连接能力、服务能力不强,国际物流通道受限;国际支付体系受制于美元体系;等等。这些问题的存在,加大了中国经济运行的风险,需高度重视并加以解决。

5.1.2　多重因素重塑全球产业链供应链格局

在新冠疫情发生之前,全球产业格局已处于深刻变革中。全球经济重心东移,新科技革命催生新产业革命,国际间竞争加剧,全球气候变化与资源环境约束驱动着发展的低碳绿色转型。新冠疫情发生后,各国产业链供应链受到巨大冲击,保障产业链供应链安全成为各国重要战略目标。同时叠加数字化、可持续发展等时代浪潮,多重因素正在重塑全球产业链供应链的结构与形态。

1. 各国产业链供应链战略重大调整

新冠疫情发生前,主要发达经济体已经高度重视产业链供应链安全,从战略层面推动产业链供应链体系建设。美国将再工业化、重点领域供应链安全上升为国家战略,重视制造业回归,保障关键物资与基础设施、国防、高端制造、高技术等方面的供应链安全,构建弹性供应链。英国将供应链与制造业发展紧密结合,支持制造业竞争力提升。德国推动工业智能化,提高供应链智能、领先和安全水平。日本推动跨国与区域供应链合作,拓展世界市场及贸易,吸引全球人才、物力、资金。发达经济体的这些动向,是因国家间竞争很大程度上已演变成高技术产业与供应链的竞争,基于对国家安全、产业竞争、国际贸易等多方考量作出的战略调整。新冠疫情冲击带来的应急物资需要,已经让美国、欧盟、日本、印度等经济体加强了产业链供应链安全预警,加快了国家层面的产业链供应链战略与政策调整,推动产业链供应链的现代化、本土化、区域化、集团化。

2. 产业链供应链效率重大变革

新冠疫情加速了数字技术与生产生活的深度融合，推动着产业链供应链数字化智慧化。面对迅速变化、不确定性增加、日益个性化的市场需求，设计、研发、订单、生产、运输、仓储、分拣、装卸、配送、客服等环节的数字化进程加快。企业更加重视从终端客户需求到产业链供应链上下游各环节的信息对接。智能网络布局与优化、智能生产、智能物流、智能风险防控等水平不断提高，促进了产业快速响应、大规模定制与柔性化生产，供应链全过程全场景可视、可控、可溯程度不断增加。平台经济具有的强大连接、多边撮合、精准匹配、个性服务能力，驱动了供应链短链化。

3. 可持续产业链供应链深入发展

可持续发展、社会责任等理念越来越被产业界接受，业界围绕供应链的全链条，在能源使用、生产制造、产品包装、交通运输、物流配送、废物排放等多方面推进标准化、减量化、资源化、循环化，保护劳动者权益，把企业的核心价值观、经营责任与社会责任有机结合，打造可持续发展的产业链供应链。

5.1.3 多措并举保障中国产业链供应链安全

全球变局对中国既是机遇，也是挑战。我们需要保持高度的安全意识、风险意识与危机意识，坚持系统思维、战略思维，把保障安全高效的产业链供应链作为一项重大战略任务。

1. 制定国家产业链供应链安全战略

统筹百年变局、战略全局与构建新发展格局，从国际、国家、地区、产业、企业等五大层面进行总体谋划。国际层面，谋划好中国的全球产业布局与全球供应链体系构建、运行，包括全球投资与贸易网络、区域投资与贸易网络、重要国际物流通道安全、战略资源国际供应等；国家层面，谋划好国家对重点产业链、重点地区、重要战略通道等规划、布局，特别是重要基础设施、关键技术、原材料、中间部件的供应安全保障,供应链硬实力与软实力建设等;地区层面,谋划好城市群、都市圈、中心城市、枢纽城市、重点产业集聚区的产业、交通、物流等规划与布局,推动地区产业链供应链与空间战略相耦合;产业层面,谋划好重点行业产业链供应链建设,如战略性产业、高科技产业、支柱产业、优势产业、基础产业、特色产业等产业链供应链安全保障;企业层面,谋划好核心企业、关键配套企业、中小企业各自定位与角色。五个层面是一体的,统一于国家产业链供应链安全战略。

2. 对重点领域产业链供应链分类施策

针对重点产业链供应链短板,进行战略性系统设计与规划,着力完善和优化体系与结构,强化韧性与弹性建设。对关键薄弱环节可采取备链计划、多源供应等措施。对于民生类、应急防疫类物资要确保长期稳定运行;对于战略性物资,加强战略储备,防止国外供给中断导致的国内供应不足;对于"卡脖子"技术,加速开展国内供应商本土研发试制;推动形成高效联通的商流、物流、金流、信流通道、枢纽与服务网络;加强国际物流能力建设,特别是加强国际航空货运、国际海运、国际铁路、国际快递、海外仓等能力建设;推动构建具有主导权的金融交易网络;大力培育企业微观基础,建立重点企业名单,支持其成为"链主"企业;支持中小企业"专精特深"发展,做好相关配套。

3. 增强地区产业链供应链协同效能

优化地区规划布局,深化地区分工与协作,加强市场一体化机制建设,充分发挥地区比较优势。避免重复建设、重复投资,形成产业空间合理分布、地区协同、城乡互动、东中西联动的格局。推动国内产业合理转移,增强地区产业集聚能力,打造产业生态体系。在发达地区布局世界级的产业集群与中国的"硅谷"。中西部地区布局重点特色高技术产业、资源型产业、劳动密集型产业等。培育特色鲜明、专业化程度高、配套完善、大中小企业分工协作、优势明显的产业集群。不断提升区域一体化运作能力,培育区域综合竞争力,把关键产业链供应链就地化落到实处,尽量做到本地配套,增强产业植根性。

4. 推动产业链供应链现代化进程

推动创新链与产业链供应链深度融合，以产业链供应链强链需求拉动创新链，以创新链支撑产业链供应链升级。推动产业数字化智慧化发展，开展数字化供应链解决方案建设，积极推进敏捷生产、自动化生产、智能制造、智能运维，推进无接触交付和不间断快速供货。打造符合生态与环境可持续发展要求的供应链。建立面向供应链全生命周期的绿色指标与污染监控体系。鼓励数字化平台在企业社会责任方面发挥核心表率作用。

5. 积极参与全球产业链供应链治理

全球产业联系与供需网络是世界运行的脉络。全球产业链供应链具有类型多、主体多、方式多、渠道多、影响因素多、空间范围广、国际化程度高、传导效应强等特点，这决定了保障全球产业链供应链安全、稳定、高效是国际社会共同的责任。支持联合国在全球产业链供应链治理方面发挥主导作用。以构建人类命运共同体为导向，中国与各国加强交流协商，共塑一个开放包容、互惠共享、公平公正、安全可控、责任共担的国际环境，实施各方普遍接受、行之有效的全球产业链供应链治理规则，促进人流、商流、物流、金流、信流的互联互通、高效运行。

5.2 保障重点产业供应链安全①

供应链安全是国家安全的重要组成部分。供应链安全问题表现在多个方面：如重要原材料、零部件、中间产品、关键最终产品供给不足，重要交通与物流通道受阻，核心技术受到他国封锁或限制，产业核心环节外迁，支付中断，数据中断等。当前，由于地缘政治、贸易摩擦、外交冲突、自然灾害、公共卫生危机以及国家竞争等各类因素影响，全球产业分工的逻辑已经改变，供

---

① 本节与刘伟华合作完成。

应链断裂风险增大。中国作为全球第二经济大国、第一制造大国,在迈向现代化强国征程中正遭遇百年未有之大变局,供应链安全面临的挑战前所未有。保障供应链安全,已经成为当前一项十分紧迫的战略任务。

5.2.1 重点产业供应链安全问题突出

1. 部分农产品供应链全链条存在安全风险,可能引发结构性失衡

中国是世界农产品进出口贸易大国,农产品供应链的安全稳定对中国来说具有重要意义。当前中国农产品供应链的全链条存在结构性的安全风险。以上游的种子供应为例,其自主可控关乎国家粮食安全。关键时刻,一粒小小的种子甚至能够绊倒一个强大的国家。从种业供应安全来看,中国种业国际竞争力不足,国际市场份额低,长期贸易逆差。以蔬菜种子为例,中国海关数据显示,2019 年 1—12 月蔬菜种子进口数量为 8 246.8 吨,进口金额 22 414.9 万美元,出口数量为 3 619.6 吨,出口金额为 11 646.5 万美元,逆差相对于往年总体保持小幅增速,对外依存度较大。以中游的农产品生产为例,受全球政治经济格局影响,在外国进口受限的情况下,易造成国内价格上涨,影响农产品价格稳定和供应安全。从部分农产品物资供应的对外依存度来看,棕榈油、橡胶和大豆进口依赖度 80% 以上(见表 5-1),优质谷物也需要进口弥补,50% 以上的生猪、蛋肉鸡、奶牛良种,90% 以上的高端蔬菜花卉品种依赖进口,贸易高依存度存在潜在的安全风险。全球疫情、全球气候变化、国际政治保守主义和欧美民粹主义势力崛起,都会扰动原有农业供应链和新的布局。

表 5-1 2019 年中国主要农产品进口依赖度及主要进口国

品种	进口依赖度	主要进口国(按占比由大到小排列)
棕榈油	100%	印度尼西亚、马来西亚
橡胶	88.97%	泰国、马来西亚、印度尼西亚
大豆	83.03%	巴西、美国、阿根廷

品种	进口依赖度	主要进口国（按占比由大到小排列）
菜籽	29.30%	加拿大
白糖	24.04%	巴西、泰国、古巴
棉花	23.81%	巴西、澳大利亚、美国、印度
棉纱	13.26%	越南、印度、乌兹别克斯坦
小麦	2.56%	加拿大、哈萨克斯坦、美国
玉米	1.80%	乌克兰、美国、老挝
稻谷	1.20%	巴基斯坦、缅甸、泰国、越南

资料来源：国都期货研究所整理

从下游的农产品销售看，中国在国际农产品流通尚无主导权且与发达国家水平差距较大。在流通环节，中国农产品流通时间长、效率低，尚未形成农产品冷链物流体系，保鲜技术落后，物流环节多，物流过程损失很大。有关数据显示，中国果蔬等农副产品在采摘、运输、储存等物流环节上的损失率在25%—30%左右，而发达国家的果蔬损失率则控制在5%以下，美国的蔬菜水果在物流环节的损耗率仅为1%—2%。此外，当前几家农产品跨国公司在全世界的垄断地位已经基本形成，少数农业跨国公司通过强化其在全球粮源、物流、贸易、加工、销售"全产业链"布局，已经控制全球粮食贸易的80%。这些居于主导甚至垄断地位的嘉吉、ADM、杜邦、雀巢、联合利华、孟山都等农业综合巨头，全部来自西方大国。以美国为首的农业综合巨头企业具有很强的国际话语权。

2. 制造业供应链的部分核心技术和关键零部件受制于人

中国虽然是制造大国，但不是制造强国，从制造供应链全链条来看，在供应链的采购、生产和销售等多个环节都不同程度存在供应链断链风险，而且近年来的制造供应链外迁导致部分地区产业链供应链空心化，影响了制造业产业安全。

（1）部分关键技术及零部件进口依赖度较高。通过整理海关总署2020年1—8月全国累计进口重点商品量数据，可以发现无论是工业至关重要的基础原材料还是高精尖领域的零部件,中国都高度依赖进口。基础原材料方面,未锻轧铜及铜材进口同比增长高达 31.4%,铁矿砂及其精矿和自动数据处理设备及其零部件进口同比增长分别为 10.8% 和 8.0%;高精尖领域的零部件方面,机电产品、高新技术产品、集成电路高居前三名,集成电路进口同比增长 15.3%。见表 5-2。无论是基础原材料还是高精尖零部件,中国都受制于人。

表 5-2　2020 年 1—8 月全国累计进口重点商品量值

排名	商品名称	1 至 8 月累计金额（亿人民币）	1 至 8 月比上年同期
1	机电产品	40 484.9	2.0%
2	高新技术产品	29 208.9	5.7%
3	集成电路	15 103.9	15.3%
4	原油	8 476.5	−21.6%
5	农产品	7 666.7	15.5%
6	铁矿砂及其精矿	4 957.4	10.8%
7	自动数据处理设备及其零部件	2 396.5	8.0%
8	初级形状的塑料	2 296.4	−4.8%
9	粮食	2 189.3	18.7%
10	未锻轧铜及铜材	1 838.2	31.4%

资料来源:http://www.customs.gov.cn/customs/302249/302274/302275/3272420/index.html

（2）生产环节高端技术落后,"卡脖子"现象突出。中国工程院 2019 年对 26 类制造业开展的产业链安全性评估结果显示,制造产业链仅 60% 安全可控。其中,两类产业对外依赖度高,八类产业对外依赖度极高。十类产业与世界差距大,分别是:飞机、航空机载设备及系统、高档数控机床与基础制造装备、机器人、高技术船舶与海洋工程装备、节能汽车、高性能医疗器械、新材料、生物医药、食品。与世界差距巨大的产业五类是:集成电路及专用设备、操作系统与工业软件、智能制造核心信息设备、航空发动机、农业装备（见表 5-3）。

表 5-3　中国代表性制造业与国际对比优势

国际比较	中国代表性制造业产业
世界领先(5)	通信设备、先进轨道交通装备、输变电装备、纺织、家电
世界先进(6)	航天装备、新能源汽车、发电装备、钢铁、石化、建材
与世界差距较大(10)	飞机、航空机载设备及系统、高档数控机床与基础制造装备、机器人、高技术船舶与海洋工程装备、节能汽车、高性能医疗器械、新材料、生物医药、食品
与世界差距巨大(5)	集成电路及专用设备、操作系统与工业软件、智能制造核心信息设备、航空发动机、农业装备

资料来源：中国工程院发布中国制造产业链安全性评估，中国整体处于中低端 https://baijiahao. baidu.com/s? id = 1648109947301688306&wfr = spider&for = pc

　　《科技日报》2019 年统计了制约中国创新发展的 35 项"卡脖子"技术(如表 5-4)，这些技术是制约中国工业由大变强的关键。

表 5-4　制约中国创新发展的 35 项"卡脖子"技术

序号	技术	序号	技术	序号	技术
1	光刻机	13	核心工业软件	25	微球
2	芯片	14	ITO 靶材	26	水下连接器
3	操作系统	15	核心算法	27	燃料电池关键材料
4	航空发动机短舱	16	航空钢材	28	高端焊接电源
5	触觉传感器	17	铣刀	29	锂电池隔膜
6	真空蒸镀机	18	高端轴承钢	30	医学影像设备元器件
7	手机射频器件	19	高压柱塞泵	31	超精密抛光工艺
8	iCLIP 技术	20	航空设计软件	32	环氧树脂
9	重型燃气轮机	21	光刻胶	33	高强度不锈钢
10	激光雷达	22	高压共轨系统	34	数据库管理系统
11	适航标准	23	透射式电镜	35	扫描电镜
12	高端电容电阻	24	掘进机主轴承		

资料来源：根据《科技日报》2019 年数据整理

　　(3) 出口销售仍以简单代工为主，传统出口优势行业利润逐年下滑。如表 5-5 所示，通过整理海关总署 2020 年 1—8 月全国累计出口重点商品量值可以发现：第一，对比表 5-2 的进口数据，进口前二的机电产品和高新技术产品出口也是前两名，这说明工业高精尖领域，中国的制造环节仍处于加工阶段，仍是许多国际企业的代工厂，在利润率高的开发阶段和销售阶段缺少足够的话语权;第二,中国出口强势行业仍为低端产业且部分产业呈现下滑趋势,出口排名前十的服装及衣着附件则竞争力下滑,同比下降10.2%。

表5-5 2020年1—8月全国累计出口重点商品量值

排名	商品名称	1至8月累计金额(亿人民币)	1至8月比去年同期
1	机电产品	64 679.9	2.1%
2	高新技术产品	32 728.2	5.5%
3	自动数据处理设备及其零部件	9 014.8	8.4%
4	纺织纱线、织物及制品	7 375.5	37.8%
5	服装及衣着附件	5 813.3	−10.2%
6	集成电路	5 021.9	14.7%
7	手机	4 887.3	8.9%
8	塑料制品	3 565.3	14.5%
9	农产品	3 359.7	−0.1%
10	家用电器	2 793.2	14.1%

资料来源:http://www.customs.gov.cn/customs/302249/302274/302275/3272426/index.html

(4)制造业核心环节外迁导致区域供应链重组乃至空心化风险。当前,全球产业布局正面临深刻调整,受生产成本、企业国际市场布局、地方产业政策、资源环境承载能力等多种因素的影响,地区间的制造业分工正在不断发生变化,引发部分制造业核心环节在地区间迁移。例如,一些劳动密集型产业、加工贸易行业及以美国市场为目标的中低端产业已经开始了外迁进程(如图5-1所示)。2019年,中国对美出口机电产品主要被墨西哥、日本、德国等替代,而家电、玩具等主要被越南、加拿大、中国台湾地区所替代,纺织品主要被越南、印度、印度尼西亚等替代。一方面,这种迁移是全球产业分工格局的变化与演进的结果,是市场经济下的自然现象,但如果产业外迁区域没有及时升级,不仅会引发供应链重组而产生一系列供应链补链的成本,还有可能引发供应链缺失导致的产业空心化风险。另一方面,部分跨国公司在中国的基地外迁至其他国家。美、欧、日等近年来签订的若干高标准自贸协定,如《全面与进步跨太平洋伙伴关系协定》(CPTPP)、《美墨加协定》(USMCA)、《欧日经济伙伴关系协定》(EPA)等的签署和落地会进一步强化北美、欧洲和亚洲三大板块的供应链区域化属性。然而,中国并未参与这些高标准自贸协定,可能面临被排除在这些区域供应链之外的风险。

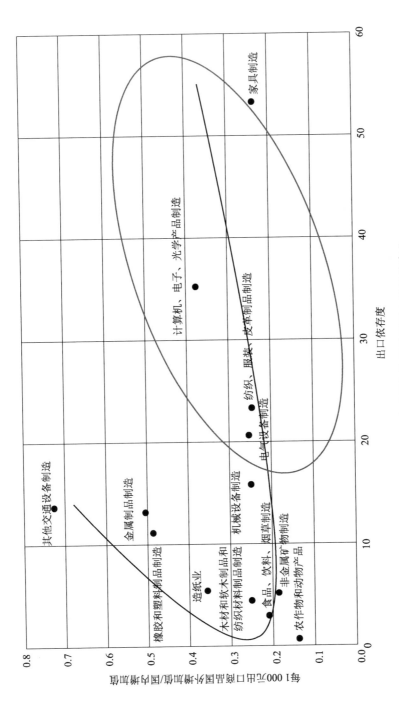

图 5-1 中国具有外迁转移压力的相关产业

资料来源：商务部全球价值链与中国贸易增加值核算数据库，国泰君安证券研究"宏观长春"微信公众号. 未来 10 年，中国产业外迁路径是怎样的？[EB/OL]. [2019-10-23]. https://www.zhitongcaijing.com/content/detail/245560.html

3. 战略资源供应链面临采购渠道中断与运输线路受限等风险

中国石油、天然气等战略资源对外依赖度高,供应链在采购、运输和销售上都存在系统性风险。首先,在采购环节中,中国石油与天然气对外依赖度逐年上升,2019 年分别达 72% 和 43%,如图 5-2 所示。

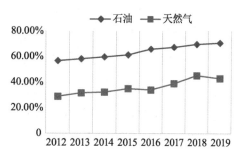

**图 5-2　2012—2019 年中国石油与
天然气进口依赖度**

资料来源:作者自绘

采购来源上,中国以中东地区为主要石油进口国的现状难以改变,占比达进口总量的 48%,非洲占比 18%,俄罗斯占比 16%,南美地区 13%,见图 5-3。美国对中东地区国家伊朗、南美国家委内瑞拉等国的制裁均使中国可能面临石油采购渠道中断等问题,容易引发采购渠道风险。

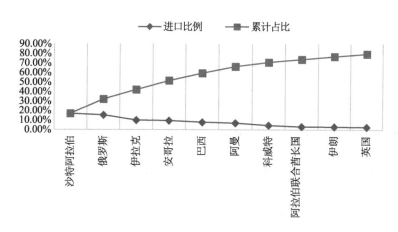

图 5-3　2019 年中国石油进口主要国家及占比

资料来源:作者自绘

其次,在运输环节中,石油进口的运输线路受限。目前,中国石油进口运输方式较为集中,主要是从波斯湾港口至华南、华东和环渤海地区,大型油轮运输需要一个月左右的时间。而马六甲海峡是中国从中东和非洲运输石油的必经之路，如果马六甲海峡被别国恶意控制，中国石油储备就会受到威胁。尽管中巴的瓜达尔港可以与中缅管线运输搭建起石油的陆上运输线路，但成本、政治稳定因素仍然会影响中国石油进口运输线路的控制力。

第三，在成品油销售环节中国竞争优势明显不足。随着国内汽、柴、煤三大油品消费进入中低速增长区间，成品油市场竞争将逐步升级扩大为国际市场竞争，届时中国成品油出口除了要面对新加坡、韩国、日本等传统出口强国的竞争外，还需要应对中东、美国等地区炼油产能扩张的挑战。此外，精细化工产品高度依赖进口，国产成油中高档润滑油仅占总量 10%，质量和品种均与国际先进水平有较大差距；技术含量高、附加值高的精细化工产品所占比重仅为 35%。

不仅是石油战略资源受到全球供应链不稳定的影响，其他重要矿产品也存在供应链运作风险。以铁矿石为例，中国平均每年需要进口 10 多亿吨铁矿石，超过了世界进口量 60%，然而，进口铁矿石定价权被全球三大矿山巨头垄断。以锂矿石为例，随着中国新能源汽车产业的快速发展，锂电池推动锂需求量不断增长，锂矿供需缺口日益扩大。2009—2018 年，中国镍自给率低于 50%。另外，钾盐矿自给率也仅有 60% 左右，进口依赖度较高。

第四，重要矿产品需求分散导致运输成本较高，使得中国铁矿石产业链长期处于弱势。国内铁矿石需求不集中以及缺乏大型矿石集散港口，导致运输市场缺乏竞争力，难以形成规模化的集中采购效应，供应依赖度高。

4. 国际物流服务供应链与发达国家存在较大的差距

从物流服务供应链来看，中国国际物流服务供应链全链条仍然存在连接能力不足、物流设备较少、网络化不健全等方面的重要问题。

（1）世界银行发布的物流绩效指数表明，从基础设施、物流能力、海运能力、通关效率、货物跟踪、及时性等维度衡量，2018 年中国排名为 26 位，明显落后于美、德、英、日等发达国家。麦肯锡研究表明，美国和德国是全球连接能力最强的国家，中国的全球连接能力只有它们的一半。

（2）国际快递业务中，国际三大快递企业的市场份额超过七成，许多重要战略物资依赖外资企业完成,主要原因在于中国国际航空物流设施设备能力不足。截至 2019 年底,内地运营货机的航空公司有 13 家,货机总数 174 架,而美国的货机总数高达 1 050 架。2019 年各个国家机场数量排名中,中国排名第 14,排名第 1 的美国比中国多了约 30 倍。虽然中国机场数量高于法国和英国,但是每万平方千米的机场覆盖率在五常国家中垫底,法国约是中国16 倍,英国约是中国 35.6 倍。

(3) 中国国际物流网络化能力不足。由于缺乏国家战略指引和统筹安排,尽管近年来制造业不断走出去,但在全球海运市场中竞争力仍然不强、对主要国际海运通道影响力较小。跨境仓储配送体系的建设尚处于起步阶段,国际物流服务网络不健全、服务能力不适应、产品体系不完善等问题突出。进口石油、天然气运输高度依赖单一的海上线路,海运通道安全保障值得高度关注。

5. 美元全球支付地位短期难以撼动,国际支付体系可能面临切断风险

作为供应链要素中最重要的要素之一——资金,目前面临国际支付体系被切断的风险。受新冠疫情影响,全球各国加大外汇储备,美元支付国际支付比例基本在 38%—44% 的区间内波动,在国际支付市场稳居第一名。而人民币支付从之前的 2.22% 下降到 2022 年的 1.91%。从倍数来看,美元与人民币支付份额的倍数从 19.15 扩大到 20.41,欧元与人民币支付份额的倍数从 14.44 扩大到 18.87,显示出美元与欧元的主导地位短期内难以撼动,人民币国际化发展任重道远。多数金融机构和实体企业开展国际业务,主要是依靠美元支付体系,在中美战略竞争加剧的形势下,国际支付途径是否安全,值得担忧,不排除美方出于战略遏制目的实施人为切断的可能。中美之间的国际支付被切断,不仅会导致国际贸易结算业务的停滞,产品和服务无法销往其他国家,也将导致中国的美元融资渠道受阻,增加跨国企业在华经营成本,跨国企业采购与供应相关的资金交易可能被迫中断,严重影响供应链安全。

5.2.2 重点产业面临全球供应链新变局

1. 全球供应链短链化发展，区域转移与国内替代渐成潮流

新冠疫情全球蔓延冲击了以效率和成本为核心考虑因素的全球供应链布局，暴露了大多数企业过度依赖一两个主要供应来源的风险，因此安全性成为全球供应链布局重要影响因素。然而基于安全因素的供应链重组并不必然意味着本土化，而是通过地区多元化来降低风险。在后疫情时代，跨国企业采取分散生产基地、布局多元链条的方式提升应对断链风险。全球供应链在美洲、欧洲、亚洲的区域化进一步加强。发达经济体加强自身供应链安全建设，地域化合作和国内化生产可能因各国促进制造业的政策而出现"地区转移"和"国内替代"趋势。

2. 全球数字鸿沟加大，数字主权争夺加速全球供应链结构调整

在数字化时代，大数据、云计算、人工智能等信息技术广泛应用于经济社会、国防军事等领域，世界各国对数据的依赖快速上升，数据已成为国家基础性战略资源，对经济运行机制、社会生活方式、国家治理能力、国防和军队建设等产生重要影响，国家竞争焦点正从资本、土地、人口、资源的争夺转向对数据的争夺。未来国家层面的竞争力将部分体现为一国拥有数据的规模、活性以及解释、运用的能力，数字主权将成为继边防、海防、空防之后另一个大国博弈的空间。

数字化技术发展和经济全球化正将客户服务的期望推向顶峰，但随之而来的全球供应链安全问题也变得日益突出。一方面，在国际贸易摩擦、不确定因素增加、国内经济面临转型升级、各产业面向高质量发展的关键时期，关键技术薄弱带来的供应链风险问题也逐渐暴露，尤其体现在数字化的高端技术行业。在逆全球化、发达国家供应链布局调整等趋势下，如何确保中国高技术行业的供应链安全成为日益紧迫的问题。另一方面，数字经济的出现，虽然有效地推动了供应链透明化、智慧化发展，但数据集成带来的信息泄露问题频发，各行业都将面临数据安全威胁问题，国与国之间的数字鸿沟正在

加大,数字主权争夺进入白热化,影响了全球智慧供应链的快速发展。

5.2.3　保障重点产业供应链安全的建议

面对国内外形势的变化,中国必须牢牢树立国家安全意识、危机意识,必须持续推动重点产业升级、提升产业质量水平与竞争力,构建起面向未来、更具韧性、更富竞争力、更具持续发展能力的现代化产业新体系,从保障供应链安全、稳定、开放、效率的角度来谋划供应链发展新方位。

1. 打造农业闭环生态链系统,技术赋能助力供应链结构性平衡

针对当前农产品供应链的安全风险,要通过打造农业闭环生态链系统方式加以解决。使农产品及其衍生品与互联网相结合,采用多项高新技术打造出农业闭环生态链系统,利用各方资源孵化出一个产、供、销、存一体化的平台,从而提升农业生产的现代化、规模化、科技化水平,保障农产品有效供给和质量安全。

(1)在行业发展层面,培育一批具有较强竞争力的农产品产业化运营主体,基于互联网等新技术建立完善适应农产品网络销售的供应链体系、运营服务体系和支撑保障体系,实现优质特色农产品产销顺畅衔接、优质优价,提升供给能力和供应效率。

(2)在企业升级层面,加快新技术与传统农业供应链的结合,以优惠政策、行业互助的形式促进智慧农业的健康发展。

(3)在国际贸易层面,针对进口依赖度较高的蔬菜种子,加大对国内可替代进口蔬菜新品种选育的支持力度,加大对国内种子企业的扶持和培育力度,全面提升国内蔬菜品种和种业的竞争力。灵活调整农产品贸易政策,大豆、猪肉等重点农产品多渠道进口,在加强检验检疫的基础上放宽市场准入,适当降低进口关税,为更多海外农产品提供市场机遇。

2. 加快创新与多业融合,构建制造业韧性供应链生态体系

推进制造业现代供应链体系建设,发挥制造业体系完备的优势,构建更

具韧性的制造业供应链生态体系。

（1）将产业链供应链的 35 项"卡脖子"技术列入国家重点研发计划和国家科技重大专项，给予资金支持，促进关键技术供应链构建。围绕"卡脖子"技术产品开通专利、发明、标准的绿色通道，加快技术的突破与创新，尽快构建一批支撑产业发展的高水平知识产权体系，助推国内企业抢占国际竞争先机。

（2）推进制造业与现代服务业融合发展。充分发挥优势企业在供应链中的主导作用，鼓励制造业龙头企业依托市场资源和技术、经济实力，整合中小制造企业和上下游制造企业，协同科研机构、信息金融服务商等单位构建现代供应链体系，以增强应对供应链风险能力。

（3）以保障制造供应链安全为着力点，全面实施创新驱动战略，完善供应链应急机制，提升供应链协同能力，加强供应链协同合作、信息共享，举全国之力攻克关键核心技术，在确保技术安全的前提下，形成可感、可视、可控的供应链风险应对机制。

（4）推动新基建赋能制造业供应链体系建设，以新制造为核心，协同新服务、新消费打开广阔的市场空间，形成高速应变能力和大网络布局。在深挖国内市场需求的基础上，提升供应链风险自我化解能力。根据形势需要推动重要产品国产化替代。在京津冀、长三角、粤港澳大湾区等地区重点打造一批上中下游紧密协同、供应链集约高效、既水平分工又垂直整合的开放式战略新兴产业集群。

3. 增强全球矿产资源供应链主导力，实现全链条可防可控

推进重要能源、战略性矿产资源全球治理，维护全球能源资源市场稳定运行。

（1）高度重视区域局部战争爆发的可能性，加快提前进行战略物资储备。积极与资源大国对接，参与国际资源的全球配置，增加国际资源的话语权和使用权，共建国际战略资源供应链。

（2）积极搭建上游资源多主体多渠道供应、中间统一高效集输、下游销售市场充分竞争的国际战略资源市场体系，利用互联网等新兴技术实行全流程

管理。

（3）合理储备与布局战略性能源、矿产资源，提升应对全球矿业格局突变的能力，完善紧缺战略性矿产资源的储备；重组战略性矿产资源供应链，加快实施战略性矿产资源进口资源多元化战略。

4. 补齐国际航运供应链短板，搭建全球产业重构的基础设施

（1）重新审视国际航空货运与客运的关系，合理配置客、货运资源，在网络布局、机场规划等层面优先进行系统性方案整体设计。要从国家战略高度推进航空货运枢纽机场建设，探索国际物流与海内外产业联动发展的枢纽经济模式，打造国内国际双循环发展新格局的战略支点。通过完善国际供应链海外投资并购的金融工具，多主体协同解决货源不足和资金不足问题，推进国际航线网络和境外服务网络的投资布局。

（2）整合打造国际航空货运领军企业。围绕全球供应链服务体系构建要求，以骨干物流企业为核心，系统构建航空物流网络服务体系，整合国际航空货运上下游顶尖优质企业，充分发挥不同所有制的独特优势，多种模式组建若干家具有全球竞争力的国际航空物流企业。

（3）打造国际航空货运公共服务平台。政府主导建立协同运行机制和底层数据架构，以龙头物流企业为主体，吸引国际供应链上下游相关企业参与，打造国际航空货运公共服务的"底盘"。

5. 加速发展数字货币，构建具有主导权的供应链金融交易网络

（1）专注数字货币与金融科技创新发展，加快推行自主研发的数字货币，鼓励企业和社会公众使用电子支付工具。构建基于区块链系统的安全的数字货币体系。扩大人民币的国际应用场景，用最大限度的金融开放吸引外资，推动供应链金融网络健康发展。

（2）加强与"一带一路"沿线国家的金融和货币合作，形成人民币使用区。稳步推进人民币国际化，鼓励企业签约时使用跨境人民币计价结算。设立人民币支付基金，鼓励他国使用该基金从中国进口物资，让更多国家认识、接受人民币支付渠道。

5.3 构建强大制造业供应链体系①

21 世纪国家间企业间的竞争本质上是供应链间的竞争。在新一轮科技革命与产业变革的背景下，在全球贸易和投资保护主义抬头的形势下，全球产业分工逻辑正在改变，全球制造业供应链体系处在解构与重构之中，供应链朝着敏捷化、短链化、智慧化、生态化、安全化、绿色化的方向发展。与世界制造强国相比，中国制造业供应链体系建设仍处在初级阶段，体系的韧性、关键环节的控制力、管理水平、供应链应用与创新等存在诸多短板。应从战略高度重视制造业供应链体系建设，增强供应链安全水平，提升供应链核心技术能力，加强供应链基础设施建设，加快智慧供应链创新与应用，培育供应链链主企业，加快培养供应链相关人才，积极参与全球供应链国际规则制定。

5.3.1 加强制造业供应链体系建设意义重大

供应链是以客户需求为导向，以提高产品质量、效率和竞争力为目标，以整合资源为手段，实现产品设计、采购、生产、销售、物流、金融、售后服务、信息等全过程协同的组织形态。制造业供应链体系是各类相互作用、相互依赖的制造业供应链交互融合形成的有机整体，是支撑制造业发展的关键因素。

21 世纪国家间企业间的竞争本质上是供应链间的竞争。经过 40 余年的发展，中国已经成为全球有影响力的制造业大国。今后一二十年，将是中国制造业由大变强、全面升级的关键阶段。提升中国制造业竞争力，关键是要补齐短板、不断提升综合实力，形成新的竞争优势。与之相应，构建强大、智慧、安全的制造业供应链体系，具有重大的现实意义。

（1）供应链是制造企业核心竞争力的重要来源。例如，苹果、沃尔玛、波

---

① 本节与刘伟华合作完成。

音、丰田等跨国公司通过卓越的全球供应链管理,整合全球优质上下游资源,全面提升了企业国际竞争力。

(2)稳健的供应链体系是保障一个国家制造业安全的基础。地缘政治、贸易摩擦、外交冲突、自然灾害、技术封锁等各类因素,正在改变全球产业分工的逻辑,大大增加了供应链断裂的风险,损害到相关产业的安全。

(3)供应链体系建设是推进制造业转型升级的有效途径。高效的供应链体系将促进制造业与服务业突破传统边界,实现上下游企业的有效整合、制造业与服务业的深度融合,催生新业态新模式新产品新服务。

5.3.2　全球制造业供应链发展呈现六个新趋势

1. 敏捷化

为应对迅速变化与愈加不确定的市场需求,领先的制造企业加强了从终端客户需求到供应链上下游各环节的信息对接。制造企业借助物联网、大数据、云计算、人工智能等成功实现供需的精准匹配,促进了供应链的快速响应、大规模定制与柔性化生产。

2. 短链化

伴随着平台经济的兴起,全球供应链的组织形式正从跨国公司主导逐步向大型平台企业主导转化,制造业供应链呈现出短链化发展趋势,制造商通过平台直接与消费者连接,实现精准匹配、协同制造与个性服务。

3. 智慧化

数字化智能化技术与供应链日益深度融合,推动着供应链智慧化。订单、生产、运输、仓储、分拣、装卸、配送、客服等无人化正在实现,智能的供应链网络布局与优化、智能生产、智能物流、智能风险防控等水平不断提高,供应链全过程全场景可视、可控、可溯程度不断增加。

4. 生态化

核心企业通过供应链整合,构建与供应商、客户、行业和社会共生的价值体系,实现多方协同与共赢。核心企业通过促进生产、物流、营销、金融等环节的无缝协同,提供共生共享共赢的系统解决方案,形成不断扩展的产业生态体系。

5. 安全化

跨国制造企业高度重视供应链风险管理,通过供应链安全预警、全链条结构优化、供应链重组、供应链备链、供应链弹性运作等方式建立安全缓冲应对机制,防范各种可能的供应链安全风险。

6. 绿色化

秉持绿色发展理念,制造企业围绕供应链的全链条,在能源使用、生产制造、产品包装、交通运输、物流配送、废物排放等多方面推进标准化、减量化、资源化、循环化。把企业的核心价值观、经营责任与社会责任有机结合,打造可持续的供应链。

5.3.3 中国制造业供应链体系的现状与问题

中国已建成了门类齐全、独立完整的制造业体系,拥有世界上最为丰富的制造产业链,企业在全球供应链中的地位不断得到提升,并由此支撑中国成为有全球竞争力和世界影响力的经济大国。然而,与世界制造强国相比,中国制造业供应链体系建设仍处在初级阶段,供应链主导权、安全性、有效性、智能化水平等差距明显。

(1)在许多制造业领域缺乏全球供应链主导权。中国企业对制造业的高端环节缺乏控制力,许多关键设备仪器与核心技术受制于人。例如,中国医疗器械约80%—90%的CT、80%的超声波仪器、80%—90%的磁共振设备、85%的内窥镜、90%的起搏器、85%的化学发光仪、70%的麻醉机等均由美、欧、日外资企业垄断并被攫取了高额利润①。2018 年中兴通讯和 2019 年华为公司分别受到美国制裁,面临芯片断供的威胁,暴露出中国高技术制造企业在全球供应链体系安全上面临重大风险。

（2）供应链模式不够先进,制造业运作成本较高、效率较低。许多企业运作模式大多缺乏战略性采购与供应商合作意识,商流、物流、资金流、信息流尚未有机统一。加之近年来原材料、能源、流通、人力、土地、交易、环境等成本不断攀升,中国制造业低成本的竞争优势大为削弱,部分制造企业向更低成本国家转移的趋势明显。

（3）供应链数字化、智能化程度较低。供应链模式与数字化智能化技术融合程度不高,供应链体系中的信息孤岛、数据分割、数字化基础设施薄弱、上下游企业缺乏联动等问题突出,供应链横向集成、纵向集成、端到端集成程度较低,敏捷化、柔性化以及可视、可感、可控的能力有待加强。

5.3.4　加强中国制造业供应链体系建设的建议

1. 完善供应链体系、优化供应链结构

以重点制造企业供应链为抓手,国家有关主管部门要认真梳理现有供应链体系、结构,深入分析供应链的各类主体、战略资源、变革趋势等关键因素,针对供应链核心问题与重大缺陷,进行战略性的系统设计与规划,着力完善和优化供应链体系与结构。引导与推动制造企业从传统职能管理转向流程协同管理,从线式链式结构转向网状非线性式结构,从分立式关系转向深度融合式关系,从简单粗放管理转向精准用户驱动管理,从单一组织内部管理转向跨组织、跨平台、跨体系协同管理,从纵向一体化转向平台生态化。

2. 完善制造业"物流、商流、信息流、资金流"服务体系

以交通强国、物流强国、制造强国建设为引领,加快推进物流枢纽城市和

---

① 千讯咨询:"最高居然是它? 影像、体外诊断等 9 类医疗器械国产化比例出炉!",http://dy.163.com/v2/article/detail/E6PVPJB40514CG7L.html。

物流枢纽体系建设，推进物流网络省际互通、市县互达、城乡兼顾、乡乡有网点、村村有物流。积极推进跨地区、跨国界的物流基础设施互联互通，形成内外结合、无缝衔接的物流服务体系，最大化地为制造业供应链创造时间与空间价值。

加快促进订单驱动的生产组织方式变革，完善电子商务、跨境交易平台等现代商贸流通服务体系建设，加快推动制造业与现代商贸流通融合发展，增强供需对接能力。围绕全球市场开拓，加快推进同其他经济体的双边或多边自贸协定，带动优势制造企业融入全球供应链体系。按照"构建人类命运共同体"理念，在相互尊重、彼此包容、互利共赢的基础上推动建立供应链运作国际新规则。

鼓励与支持各类制造企业信息系统建设和数据对接协同，实现供应链全链条数据共享和流程可视。完善行业供应链数据开放规则，促进供应链各主体之间的信息交流和共享，着力构建强大的信息流服务体系。

研究供应链金融业务的性质和法律地位，规范其组织形式、准入资格、经营模式、风险防范、监督管理和处罚措施等，提升金融服务制造业的能力。积极推进区块链技术在供应链金融中的应用，提高供应链金融效率。

3. 大力提升供应链智慧化水平

促进制造企业生产装备与工艺智能化。推动智能装备及其零部件生产向数字化、网络化、智能化转变。支持企业建设智能化立体仓库，鼓励企业引入仓储机器人、智能穿戴等仓储类智能设备。推动建立深度感知的智慧化仓储管理系统，实现智能盘点。加强智慧仓储管理系统与生产制造和终端零售的有效衔接。鼓励企业在分拣、包装、配送等各环节采用先进适用的物流装备设施。

推进供应链全链条管理数字化。支持核心企业加强全链条数据管理，通过上下游无缝连接和智能计算技术，实现供应链透明管理。支持重点行业打造供应链数字创新中心，为行业提供监测分析、大数据管理、质量追溯、标准管理等公共服务。

推动供应链决策智慧化。推动一批能够参与全球竞争的跨行业跨领域工业互联网平台创新发展,建设一批面向特定行业的企业级工业互联网平台,建设以工业互联网平台为核心的数字化供应链服务体系。选择重点行业,依托新一代信息技术,开展连接性和承载能力更强的供应链云和大数据云建设,打造大数据信息平台和业务交易平台,以海量数据资源推动平台形成新的规模效应,构建平台服务供应链和生态链,促进企业与平台之间的系统对接。

4. 加强全球供应链战略规划设计与主导权

高度重视制造业供应链安全体系建设。国家层面开展全球供应链安全战略研究,制定中国制造业的全球供应链安全战略,建设完善集信息安全、网络安全、态势感知、实时监测、通报预警、应急处置于一身的企业、行业和国家供应链综合防御体系,构建全球供应链风险预警评价指标体系与预警机制,建立健全关键产业的供应链安全性评估制度。

高度警惕少数发达国家利用自身资源、关键设施、核心技术及其他优势,削弱中国对供应链的主导权和控制权。全面总结华为、中兴等公司国际化发展中的经验教训,在全国范围内筛选一批重点制造行业,对重点行业的龙头企业实施全球供应链的"备链"计划,形成重点行业供应链安全管理体系。

5. 加快培育一批全球和区域供应链链主企业

推动优势企业以核心技术、创新能力、自主知名品牌、标准制定、营销网络为依托,增强对供应链上下游资源的整合能力,加快成为全球供应链的"链主"企业。充分发挥中小制造企业在供应链体系中的配套作用,鼓励其专、精、特、细发展,形成供应链体系中隐形冠军,推动形成以"链主"企业为主导、中小企业相配套、高校科研机构与金融机构相协同的共生共赢的产业新生态。充分利用产业集群和区域产业创新体系,构建组合式、协同化、敏捷型的区域供应链合作与创新网络。

6. 加强供应链人才队伍建设

加强全球供应链管理人才的引进和培育。充分利用现有人才引进计划,引进、整合和培育一批具有战略性思维的供应链管理人才。加强供应链基础人才发展的统筹规划和分类指导，鼓励企业与高校、科研机构、行业协会等联合培养供应链领域专业人才。重视供应链战略与规划、采购、物流、运输、仓储、报关、信息、金融等相关专业人才队伍建设，推动高等学校供应链管理专业与学科建设。

5.4　完善现代流通体系

保障产业链供应链安全，必须把建设现代流通体系作为一项重要战略任务来抓，为构建以国内大循环为主体、国内国际双循环相互促进的新发展格局提供有力支撑。加快发展现代产业体系，推动经济体系优化升级。流通连接生产与消费。流通体系是现代产业体系的重要组成部分。流通水平很大程度上决定着国民经济大循环、国内国际双循环的速度与质量。在全球连接与流动受阻放缓的形势下，加快推动流通高质量发展，具有重大的现实意义。

5.4.1　流通体系建设取得显著进展

经过改革开放 40 多年发展，中国已经成为流通大国，在全球流通格局中占据重要地位。2019 年，社会消费品零售总额 411 649 亿元，实物商品网上零售额 85 239 亿元，社会物流总额 298 万亿元，均位居世界前列。流通方式、结构、流向、形态等都发生了根本性变化，形成了"多主体、多渠道、多业态、多模式"的格局。但要看到，流通发展仍然明显滞后于工业化、数字化、市场化、城市化、全球化进程，粗放式发展特征明显，存在不少断点、堵点、盲点与痛点，在一定程度上制约着生产与消费，影响到经济运行效率，使流通在国民经济大循环中桥梁纽带作用难以充分发挥。

流通体系不够完善。流通网络布局不够合理。农村流通体系发展滞后，农产品产销对接不畅。工业流通体系不够发达。城乡流通体系相对分割。应急物资储备体系尚不健全。跨国流通体系缺乏主导力。

流通结构不够合理。传统流通模式比重高,环节多、主体多,规模化、组织化程度不高,集约化、精细化、个性化不足。流通与工业农业联动不足,供应链一体化水平低。农产品批发市场功能单一。大宗商品流通数字化水平不高。流通大数据平台尚未建立。传统流通发展缺乏活力,线上与线下交易发展不平衡。冷链物流、航空物流、医药物流、应急物流短板明显。

流通效率较低。2019 年社会物流总费用占 GDP 为 14.7%,高出发达国家一倍。物流成本高成为制约制造业由大变强、解决"三农"问题的瓶颈。大宗商品库存偏高,资金占压严重,规模以上工业企业存货率约为 10%,远高于西方发达国家 5% 的水平。工业流动资本周转次数只有 2.5 次,远低于日本和德国 9—10 次左右的水平。国际大宗商品采购价格、销售价格缺乏话语权。

市场不够规范成熟。统一开放、竞争有序、安全高效、城乡一体的现代市场体系尚未形成。国内国际、线上线下、期货现货市场之间相对割裂,区域城乡市场发展不均衡。市场主体小、散、弱,缺乏龙头带动作用,缺乏有较强影响力的大型本地流通企业,缺少具有较强资源整合能力和影响力的大宗商品流通平台。市场秩序比较混乱,过度竞争,缺乏合作、开放、共享。招标采购不规范,"劣币驱逐良币"。标准化程度低,缺乏标准分级。诚信缺失,假冒伪劣屡禁不止。大型数字化平台利用垄断力量损害中小商家利益。

5.4.2 国内外多重趋势将重塑流通的未来

全球竞争要求流通在保障供应链安全中发挥重要作用。全球格局重大变化,大国竞争加剧,国家间、地区间、企业间竞争已演变成供应链竞争。经济能否持续发展的重要条件是供应链能否安全高效,资源和产品能否有效流动。中国发展将面临外部不确定性与挑战,这就要求流通在多元采购、战略储备、平衡价格、保障供应、开拓市场等方面发挥更强的连接、纽带、渗透作用。

生产与消费方式变革要求流通与生产、消费高效连接。随着人们生活水平提高,消费行为从原来单纯追求温饱型或数量型,向追求消费价值多元化、个性化转变,生产从大规模制造向精益制造、准时制造和个性化制造发展,要求流通必须着眼于制造与消费模式的最终需求,提高响应能力和效率。生产与交换、生产与流通相互融合，使现代流通延伸到生产每个环节，生产过程成为流通过程。特别是线上消费、个性化消费等对流通方式提出更具个性、更高时效、更好体验的要求，并驱动着生产方式变革。

区域与城乡一体化要求流通共享化。京津冀协同发展、长三角一体化发展、粤港澳大湾区建设、长江经济带发展等区域经济一体化要求地区流通基础设施互联互通。城市群、都市圈、城市带、大中小城市协同、乡村振兴等要求流通体现出更多共享性，如信息共享、物流共享、运输共享等。同城化和城乡一体化将加速流通体系共享化进程。

数字化加速流通效率变革。数字技术、智能技术将重构商流、物流、信息流、资金流体系，对流通组织方式、资源配置方式、服务功能带来深刻影响，促进流通数字化、智能化步伐，数字化连接能力、流动能力大大增强。

5.4.3 推动流通高质量发展

推动流通高质量发展要遵循流通发展规律，以促进产销对接、供需匹配为出发点，以建设流通强国为目标，以完善体系、合理布局、优化结构、增强功能、提高效率为主线，统筹城乡、地区、国内外流通网络发展，统筹传统模式升级与新兴模式培育发展，覆盖盲点、连接断点、疏通堵点、消除痛点，促进流通与生产、消费连接，形成灵活多样的产销模式，打通微循环、小循环、中循环、大循环，建设国内大市场，增强国际连接力、渗透力、影响力、控制力、竞争力，保障供应链安全，推动产业与消费升级，构建规范有序、合作共赢的经济生态，为国内大循环、国内国际双循环提供强大纽带与支撑。

（1）从国家战略和维护经济安全高度重视流通发展。在全社会树立"流通是生产力"的观念。进一步明确流通在国民经济中的基础性、先导性地位，改变重生产轻流通的状况。统筹生产、流通、消费发展，制定现代流通发展中长期战略与规划，加强顶层设计为流通发展指明方向。加强流通理论研究与学科建设。

（2）完善流通体系，优化流通结构。构建"国际网络—国内骨干网络—国内支线网络—国内末端网络"有机结合的现代大流通网络。统筹规划全国流通网络建设,推动区域、城乡协调发展,推动流通网络互联互通。加强流通枢纽城市建设,优化基础设施和服务网点布局。完善县、乡、村三级农村流通服务体系。加大对流通企业境外投资的支持,统筹规划境外流通网络建设,推动国内流通渠道向境外延伸,打造全球供应链体系。

(3)加快流通创新,为生产生活创造更大价值。围绕生产与消费需求,充分发挥流通对工业、农业、商贸等在信息服务、产品策划、深度开发、拓宽市场等方面作用。做强做优流通主体,提升流通服务功能,推动流通与制造、消费融合发展。加快新业态发展,激发数字流通活力。推进"互联网+流通""智能+流通"发展。推动城乡统一大市场建设,搞活生产资料和生活资料流通。加大新基建在流通中的应用,建设流通大数据中心,利用大数据加强市场分析与拓展。

(4)加快现代物流发展,提高物流效率。建设适应农业现代化、制造业升级、商贸变革、电子商务发展需要的社会化物流体系。构建干线、支线、末端物流体系。促进物流资源互联互通。推进第三方物流,提高物流专业化水平。加强冷链物流建设,促进农产品冷链物流发展。抓好城市配送体系建设,解决"最后一公里"货车进城难问题。加快构建现代化综合交通运输体系,推动货运物流化、供应链化。构建海陆空一体的国际交通运输体系,布局全球物流网络。

(5)发挥优势企业作用,打造高效供应链,提升供应链现代化水平。倡导供应链理念,支持优势流通企业、物流企业与生产企业面向最终用户,形成互利共赢的战略合作关系,实施供应链一体化运作。根据不同产业发展要求以及常态、应急状态分业分类制定供应链发展战略。加快数字技术与供应链的融合,积极推进供应链的创新与应用。

(6)深化流通体制改革,规范流通秩序。构建国家、行业、团体、地方和企业等相互配套、补充的流通标准体系,推广商品与服务标准分级。推动流通信用体系建设,加强信用信息采集与互联互通,完善信用评估体系。加强政府在质量、服务、竞争行为、垄断、失信、招标采购等方面的监管力度。加快修订《中华人民共和国反垄断法》,防范大型数字化平台利用数据、流量、技术等优势损害中小企业利益。

5.5 制定国家供应链战略

5.5.1 发达经济体供应链战略呈现新动向

21世纪国家间的竞争很大程度上体现为供应链的竞争。美、欧、日等发达经济体高度重视全球供应链安全，防范各类风险对关键产业、产品和基础设施的影响，构建供应链风险应对机制与弹性供应链，通过创新、绿色化等手段提高供应链智能化与可持续水平，提升产业竞争力。

1. 美国建立全方位国家供应链战略体系

美国高度重视产业链供应链安全，持续升级产业链供应链安全战略版本，从国内国际全方位巩固其主导地位与发展韧性。从奥巴马到特朗普到拜登，几届美国政府均高度重视产业链供应链安全问题，将产业链供应链安全作为国家战略的重要组成部分，统筹实施"构建以美国为主导的全球产业链供应链体系，提升美国本土重要领域产业链供应链韧性"的战略，相应采取了一系列政策措施。

（1）将供应链战略上升为国家战略，加强全球供应链安全风险评估和预警。

2012年，美国《全球供应链安全国家战略》指出，全球供应链体系是美国经济和安全"至关重要的资产"，提出"促进商品高效与安全运输"和"培养有弹性的供应链"两大战略目标。为降低全球供应链脆弱性，对关键领域的物资、基础设施进行识别，采取供应链风险预警与管理措施。

2015年，奥巴马政府《国家安全战略》报告提出，国家安全就是新的大国竞争，并将全球供应链安全列入美国的国家安全战略。2017年，美国发布《保护战略矿产品安全和可靠供应的联邦战略》，要求相关部门列出对美国经济与国家具有重大影响的关键矿物与来源清单；提出通过研发关键矿物的回收、后处理、替代技术，与盟友通过投资和贸易开发关键矿物备选方案，提升关键矿物的勘探技术，降低进口依赖性、解决关键矿物供应的脆弱性。

2017 年，特朗普签署了《评估和强化制造与国防工业基础及供应链弹性》命令，在飞机、造船、太空等 9 个国防领域和制造业网络安全、电子工业、机床工控等 7 个先进制造领域，提出了加强供应链弹性的计划。同年公布的《美国国家安全战略》7 次提到"供应链"，涉及保卫国防工业供应链、建立有弹性的供应链、防止敏感信息泄露并保证供应链完整性等。

2018 年，美国相继发布《美国联邦信息通信技术中来自中国供应链的脆弱性分析》《美国信息和通信技术产业供应链风险评估》等报告，片面认为中国的通信产品供应商以及 5G、物联网技术使美国的通信供应链易受攻击，提出所谓供应链透明建设与拟定前瞻性预警政策的应对措施。

2019 年 5 月，特朗普签署《确保信息通信技术与服务供应链安全》行政命令，禁止交易、使用可能对美国国家安全、外交政策和经济构成特殊威胁的外国信息技术和服务。新冠疫情冲击导致美国口罩、呼吸机、芯片、药品等特定物资供应短缺，使其进一步意识到全球供应链存在的风险以及与国家安全的密切联系。拜登政府延续了对华战略竞争的主线，《临时国家安全战略纲要》正式将中国定义为系统性竞争对手和美国国家安全的最大挑战。

2021 年 2 月，拜登签署第 14017 号行政命令，强调美国需要建设有弹性、多样化和安全的供应链来确保经济繁荣和国家安全。流行病和其他生物威胁、网络攻击、气候冲击和极端天气事件、恐怖袭击、地缘政治和经济竞争以及其他情况都会降低关键的制造能力以及关键货物、产品和服务的可用性和完整性。有弹性的供应链将振兴和重建美国制造能力，保持美国在研究和开发方面的竞争优势，并创造高薪工作。支持小企业，促进繁荣，推进应对气候变化的斗争，鼓励有色人种社区和经济困难地区的经济增长。美国政府将对六个行业进行为期一年的审查；对美国制造商依赖进口的四类产品进行为期100 天的审查，包括半导体、高容量电池、药品及其活性成分，以及稀土等关键矿物和战略材料。拜登政府认为，新冠疫情及其导致的经济混乱进一步暴露出美国供应链长期存在的脆弱性，建立更加安全和具有韧性的供应链对美国国家安全、经济安全和技术领导力至关重要。为此，美国政府成立了涉及十几个联邦部门和机构的内部工作组,详细研究了美国关键产品供应链,重点关注半导体芯片制造与高级封装、大容量电池、关键矿产与原材料、医药与活性药物成分四大关键领域,并据此制定加强美国供应链弹性的相关政策。

2021年6月,美国发布针对四类关键产品供应链的百日评估报告。该报告陈述了美国关键产品供应链的广泛风险和脆弱性,全面审查了半导体制造和先进封装、大容量电池、关键矿产与原材料、药品与原料药四大关键领域执行行政命令的总体情况,分析了各产品供应链的发展背景、供应链情况、潜在风险。美国交通部、农业部、商务部、国土安全部、国防部、能源部、卫生与公众服务部与美国政府其他部门和机构合作,研究制定振兴国防、公共卫生和生物准备、信息和通信技术、能源、交通、农业和食品生产等六个工业基地的综合战略。评估报告认为美国在供应链上存在着行业集中、地理集中等风险,美国国内生产能力疲软,对境外公司存在依赖,提出了重建美国制造和创新能力、培育市场发展环境、加大政府采购和投资力度、改进国际贸易规则、加强国际合作、加强监控预警等政策建议。

美国总统2022经济报告首次设置了供应链的专门章节。报告指出,供应链问题正变得日益复杂,新冠疫情凸显了当前供应链的脆弱。中国的快速发展加速了供应链全球化的演变,生产全球化的趋势,让供应链更易遭受破坏,也让企业应对供应链中断的能力退化,跨国供应链意味着生产取决于其他国家的决定和活动,给供应增加了不确定性。政府应增强外溢效应强的产业、对国家安全具有重要性产业的供应链韧性。

(2) 与盟国加强供应链安全合作,以实现其全球主导权。2011年,美国和欧盟签署《供应链安全联合声明》,重申美国和欧盟将共同加强供应链安全与弹性,防止危险和非法材料的非法运输,保护供应链系统关键组成部分不受攻击和破坏,通过多层风险的安全办法促进和加快合法国际贸易的流动。2012年,美国和日本共同发布《美日全球供应链联合声明》,涉及全球供应链应对大规模事件与中断的弹性、保护供应链系统的最关键要素(如运输枢纽及相关关键基础设施)进行战略联合、亚太供应链能力建设、两国供应链安全方案的互认、支持开发部署新技术来加强供应链安全等。2015年,美国与加拿大提出两国要加强跨部门信息交流,促进供应链数据管理和通信解决方案的效率。2017 年美国与新加坡决定在战略贸易及全球运输进行合作,以防止大规模毁灭性武器及其运载工具的威胁,加强全球供应链安全。

2020 年 1 月,特朗普政府宣布签署《美墨加协定》(USMCA),替代《北美自由贸易协定》(NAFTA)。协定的条款涵盖范围广泛,包括农产品、制成品、劳动条件、数字贸易等。突出的方面包括让美国奶农更易进入加拿大市场,使三国间生产汽车比例高于进口,保留类似于北美自由贸易协定的争议解决系统。拜登政府更是重新加强与加拿大、墨西哥两国的供应链合作。美国和墨西哥将出台涉及跨境供应链的关键部门联合清单和应急程序,解决供应链瓶颈问题。《美墨加自贸协定》也将根据该目标推动后续谈判。

2021 年,美国与欧盟宣布设立美国—欧盟贸易和技术委员会(TCC),旨在促进美欧间创新与投资、强化供应链合作、扩大和深化双方的贸易和投资联系。美欧将在科技与数据安全方面进一步加强合作,确保关键技术的供应链安全,为新兴技术制定人本主义的标准和共同的规范,并协调监管方法和生产数字公共产品,以同相关经济体在该领域展开竞争。

2021 年 9 月,美国、日本、印度、澳大利亚(Quad)领导人举行会晤,共同构建半导体等战略物资供应网络等重点合作机制。围绕前沿技术的设计、研发、使用,制定了"应当基于尊重共同价值观和人权"的共同原则。2022 年 5 月,美、日、印、澳四国再度发表联合声明,强调将加强对国家关键基础设施的保护,识别和评估对数字化产品与服务的供应链潜在风险。通过采用关键和新兴技术增进地区的繁荣与安全,明确四方在全球半导体供应链中的实力和薄弱点,决定更好地利用互补优势,形成多样化和富有竞争性的半导体市场,推进四国在半导体和其他关键技术方面的合作,为增强抵御各种风险的能力提供合作基础。

2022 年 5 月,美国与东盟国家领导人特别峰会召开,拜登政府宣布将向东盟投资 1.5 亿美元,用于加强东南亚清洁能源建设、海上安全、抗击新冠疫情等。会议结束后,东盟国家发布联合声明,承诺将东盟与美国关系升级为"有意义、实质性和互惠互利的全面战略伙伴关系"。

此外,美国加强了对供应链安全立法。美国已建立起比较完善的供应链安全法律制度,包括海关—商界反恐合作计划(C-TPAT)、舱单预申报规定

(24 小时规则)、集装箱安全倡议(CSI)、集装箱 100% 扫描规定、自由安全贸易协定(FAST)、大港计划等。在《联邦采购供应链安全法》的修订版中设立联邦采购安全委员会(FASC)，负责美国关键信息与通信技术的识别与风险应对措施的拟定。2018 年，生效的《出口管制改革法案》(ECRA)设立了严格的出口管制规则，甄别和管制涉及供应链安全和高技术范畴的出口行为，限制供应链关键环节的技术外流。2019 年《国防授权法案》《外国投资风险评估现代化法案》等均提及供应链风险控制和审查的要求，其中不乏专门针对中国的歧视性规定。

2. 英国供应链战略聚焦产业发展

以创新支持制造业供应链发展，提升制造业竞争力，融资、产业实践、供应链协同提升中小企业竞争力。

(1) 将供应链作为制造业发展的关键要素。2012 年，英国发布了《产业战略：英国行业分析》报告，对推动英国未来经济发展、提升就业率的重点行业进行了分析。在此基础上出台了对英国经济至关重要的 11 个产业发展战略，其中第一类是高价值的先进制造业，包括航空航天、汽车、生命科学和农业技术，通过提高创新能力与创新成果转化，加大人工智能与大数据的研发投入，致力打造高端技术产业的领先优势；第二类是知识密集型服务业，包括专业和商业服务业、信息经济、国际教育等，通过商业环境创新、扶持中小企业、加大培训投入、构建新的技术教育体系来保证这类产业的供应链活力；第三类包括核能、油气、海上风能、建筑业等基础性产业，通过加大投资力度、鼓励人工智能等新技术的应用来促进基础型产业的供应链转型。2017 年英国发布《现代产业战略：构建适应未来的英国》白皮书，从"创新""技能""基础设施""商业环境""地区"五大基础，"人工智能与数据""流动性""绿色转型""大数据"四大挑战，以及"对重要行业作出承诺""实际投资"的双向承诺行业协议，布局英国脱欧的产业战略，以保证英国在全球供应链中的优势。

(2) 将供应链战略与制造业发展紧密结合，支持制造业供应链创新以提升全球竞争力。2013 年，英国发布报告《制造业未来：英国面临的机遇与挑战》指出："全球供应链波动和脆弱会对英国先进制造业发展产生深远影响，要积极帮助企业应对全球供应链风险和挑战。"为此,英国制定了"柔性制造"计划,推动制造业供应链上下游协同研发。2015 年,发布《加强英国制造业供应链政府和产业行动计划》,标志着将提升制造业供应链竞争力上升为国家战略,英国政府和整个行业将共同采取行动,从 6 个领域(创新领域、技能领域、供应链融资渠道领域、供应链中小企业能力建设领域、供应链合作领域、供应链韧性领域)加强对制造业供应链的扶持,提高英国制造业国际竞争力。2017 年英国发布《英国工业战略》,强调参与全球供应链,把各种类型公司团结起来,形成公平的供应链,利用英国供应链优势,以单一"英国队"身份去参与全球基础设施项目投标。

(3) 通过融资、产业实践、供应链协同提升中小企业竞争力。融资方面,英国政府为中小企业提供融资渠道,改善供应链资金流,让企业能够获得成本可负担的适当资金。缓解中小企业贷款难题,英国政府通过"融资换贷款"项目向贷款者增加资金供给;通过"企业融资担保"项目,帮助企业获得银行贷款;通过"企业资本基金"向支持初创、高增长企业的风险投资基金投资,克服股权资本供应中的市场弱点;设立"企业金融伙伴关系计划",投入 12 亿英镑向中小企业增加非银行渠道的信贷供给。产业实践方面,政府部门、原始设备制造商和供应链核心企业加强合作,制定供应链绩效改进方案,向中小企业普及推行最佳供应链实践。供应链协同方面,鼓励各行业协会为供应链上下游企业的合作谈判和信息交流搭建平台,推动跨行业领域的供应链管理经验和最佳企业案例的交流、分享等。

3. 德国大力提升工业供应链的智能、领先和安全水平

2013 年,德国推出《保障德国制造业的未来:德国工业 4.0 战略实施建议》,指出"与物联网和服务深度融合的制造业正在迎来第四次工业革命,未来企业将以信息物理系统的形式建立全球网络,改善供应链的全生命周期管理"。提出通过物联网将全球供应链中的生产企业和创新网络中的中小企业有效连接起来,提高批量生产效率和高效的定制化商品生产,以"智能制造"技术实现供应链的高效衔接与资源利用。积极推动工业供应链的智能化和信息化,提出了"工业 4.0"的双领先战略:"领先的供应商战略"和"领先的市

场战略"。前者就是要做全球最有竞争力的装备制造业；后者是要在德国形成一个供应商生态系统，以大型制造企业为龙头，中小企业相配套的产业生态，形成发展合力与全球标准。伴随区块链技术的不断成熟，2019 年，《德国国家区块链战略》指出，德国将研究区块链技术如何促进供应链与价值链的透明度、效率、安全性。2021 年 9 月，德国联邦教育与研究部发布《技术主权塑造未来》文件，全面论述技术主权的内涵和实现路径。指出德国追求技术主权将兼顾经济、技术、安全和价值观等多重目标，列举新一代电子产品、通信技术、软件与人工智能、数据技术、量子技术、价值链塑造、循环经济、创新型材料、电池、绿色氢能和疫苗研发等 11 个技术门类为技术主权关注重点，在所有先进产业中谋求减少对外依赖并提振德国及欧盟的技术研发和自主创新能力。

4. 日本将构建全球供应链作为重要经济发展战略

日本积极推动区域经济战略合作，采取风险应对措施保障供应链安全，促进供应链可持续发展，完善物流体系来支持全球供应链高效安全运行。

（1）重视全球供应链构建与区域经济合作，开拓世界市场及贸易，吸引全球人才、物力与资金。为应对资源缺乏，日本积极利用全球资源促进国内供应链发展。2013 年，日本发布《日本振兴战略》，提出振兴日本产业战略、市场创造战略、全球外联战略。一方面，夯实国内产业基础，创造新的服务市场（如健康、清洁能源、基础设施），推动具有全球竞争优势的制造业与服务业的供应链发展；另一方面，政府、企业与境内外战略性公司联合行动，增加对国外的投资、吸引国外人才与资源，实现国内产业的供应链振兴。积极推动区域经济合作，抢占战略先机，在 21 世纪全球经贸规则制定及供应链构建中占据主导地位。2018 年，日本主导推动的《全面与进步跨太平洋伙伴关系协定》（CPTPP）正式生效，其对亚太地区供应链发展作了约定：通过整合生产来降低贸易区供应链的成本，协助中小企业参与自由贸易区供应链，设立专门委员会，深入研讨、分享最佳实践与经验及定期审查等来确定提升和加强供应链发展的措施。通过促进贸易和投资，利用原产地规则带动区域内创新价值链和供应链发展，创造新的亚太地区商业模式。同年，日本与欧盟签署了《日本—欧盟经济伙伴关系协定》（EPA），就全球供应链的发展达成共识：发展供应链风险管理技术，加强全球供应链的安全；在海关贸易法律及流程上进行合作，提高国际贸易在海关方面的安全与便利化。

2020 年 5 月，日本制定了"海外供应链多元化支援"政策，支持企业生产多元化和分散化改革，将生产高度集中在一个国家或地区的产品供应链迁往东南亚等地，增加供应来源。日本以越南、泰国为中心开拓多元生产基地的特征十分明显。日本政府认为，把对经济安全极端重要的物资生产布局在理念相近的经济体，可以减少地缘政治冲突对供应的影响①。为在危机时发挥补充供应的作用，保障重要物资的顺利流通，日本在多年全球化经营的基础上，加强国际合作，尤其是和东盟的重点合作。2020 年 4 月，日本与东盟经济部长会议发表了《应对新冠疫情的经济强韧性倡议》，表示要保持双方紧密的经济关系，减轻新冠疫情的负面影响，加强经济韧性。同年 7 月，双方出台《日本-东盟经济复苏行动计划》，包含了 50 多项具体措施，计划实施《强化海外供应链韧性计划》，由日本-东盟经济与产业合作委员会（AMEICC）事务局负责，支持企业以降低生产集中度为目的增加对东盟的投资，对企业购买设备、实施商业调查提供补贴。

（2）应对供应链风险及建设安全可控供应链。2013 年，日本发布《国家安全保障战略》，对全球供应链竞争及跨境供应链风险提出了应对措施，通过加强与世界组织的战略互利合作、安全领域人才培养、系统防御来应对供应链风险。2017 年，日本发布《基本氢战略》，旨在通过无碳氢技术的研发来构建安全、可持续的能源供应链，在国际清洁能源占据领先地位。通过加大财政投入与试点项目促进无碳氢技术的研发；积极开展国际合作，利用全球资源进行无碳氢的供应网布局；优化长途运输与长期存储，以支持全球能源供应链流动与氢经济的发展。此外，日本发布了《清洁木材法》《绿色采购法》等，建设原材料供应网从产地、运输、加工、进口、出口的全流程在线管理系统，以构建可持续的原材料供应链，降低跨区域供应链风险。

2020 年 4 月日本出台《新冠病毒传染病紧急经济对策》，重点提出改革供

---

① 《经济财政运营与改革基本方针 2021》。

应链,增强供应链韧性,减少对进口的依赖。2020 年 5 月宣布实施"作为供应链对策的促进国内投资补贴"政策,通过补贴支持企业扩大对关键重要产品或进口依赖度较高产品的国内生产,以缓解供应紧张局面,降低供应中断风险。2021 年 6 月又出台《经济财政运营与改革基本方针 2021》,同月公布《半导体·数字产业战略》,加大对半导体等战略物资投资,重建国内生产体系。为把核心技术掌握在自己手中,增强产业链供应链韧性,2020 年,日本提出对核心技术进行全面管理,采取"知""育""守""用"措施,即掌握核心技术分布,集中资源培育核心技术,防止核心技术流出,推进核心技术商业应用。这些核心技术涉及:武器、飞机、核能、航天太空、可用于军事的通用零组件制造、网络安全、电力、燃气、通信、铁路和石油。为提高企业认知,日本加强了政府部门间的合作,对因人才流失等造成的技术外流风险启动意识启蒙、建立信息共享机制。修改了《外汇与外国贸易法》,对外国资本的技术投资和出口加强监管,增强供应链的可控能力。

(3)完善物流供应链体系。从 1997 年开始,日本政府每四年发布《综合物流施策大纲》,2017 年发布了第六个《综合物流施策大纲》,内容涉及:供应链协同,提高物流效率,如外包方与物流企业的合作、物流企业间协同运作;构建智能物流供应链、无缝连接与高附加值的供应链,通过采取标准技术、RFID、电子通关处理技术提升效率;与相关各方紧密合作,构建多运输方式协作的高效、一体、可持续物流供应链等。

5.5.2 跨国公司供应链发展呈现新趋势

1. 安全化

2020 年新型冠状肺炎暴发,冲击全球供应链布局,并进一步影响原有的产业链格局。大量跨国企业出现生产停滞、零部件短缺危机,甚至产生供应链中断现象。此类难以预测的外部风险给跨国企业敲响了警钟,把企业敏捷决策能力对业务的影响进一步放大。面对危机,谁能率先作出战略转变,谁就能迅速抵御风险。面向全球化不确定性环境,改善供应链只追求降本增效,而忽视脆弱易中断风险问题,建立集高效敏捷和安全可靠于一身的供应链韧性系统,实现供应链风险控制成本效率、韧度和强度的最佳组合。

以往跨国企业在海外布局时更加看重东道主国家的资源与市场,而缺少对各国公共危险事件处置能力的评估。在风险来临时,决策流程长、反应速度慢、运行效率低的低弹性供应链,已经不能适应类似危机带来的市场和外部环境的快速变化。快速响应、及时调整组织结构、全球灵活调配生产资源,这些弹性、敏捷的决策机制才能最大程度减少停工的损失。在此次危机后,外资企业在海外布局时,会重点考虑所在地的风险、综合配套保障能力,以及成本等因素。同时,也将更加重视打造弹性供应链,推动产业链更有韧性、更加稳健、更加安全。

总体来看,跨国企业高度重视供应链风险管理,通过供应链安全预警、全链条结构优化、供应链重组、供应链备链、供应链弹性运作等方式建立安全缓冲应对机制,防范各种可能的供应链安全风险。

2. 智慧化

传感器、区块链、人工智能、云计算、大数据预测与分析等新兴技术正在改变企业的产品设计、生产、分销和售后服务方式,对传统供应链产生颠覆性变革,使得地理的边界、数字世界与现实世界的边界日益模糊。

数字化智能化技术与供应链日益深度融合,推动着供应链智慧化。订单、生产、运输、仓储、分拣、装卸、配送、客服等无人化正在实现,智能的供应链网络布局与优化、智能生产、智能物流、智能风险防控等水平不断提高,供应链全过程全场景可视、可控、可溯程度不断增加。

在此基础上,数字化供应链在跨国公司中得到日益广泛的应用。数字化供应网络能够综合全球范围内来自不同渠道和地区的数据与信息,为产品实际生产和分销提供助力。传统的价值链逐渐演变为矩阵式的价值网络。基于这一网络,跨国企业能够与生态体系内的任何相关方开展数据和信息的传送和接收,从而有效应对多变的市场环境,并发掘新的价值。

3. 全球化

全球供应链是国际贸易和投资的重要载体，越来越多的跨国企业把多国发展战略调整为全球发展战略，全球经营已经成为常态。它们通过国际贸易、国际投资和电子商务平台等，整合不同国家和地区的有效资源，在世界范围内进行原材料和零部件的采购，以及产品的研发设计、加工组装、物流和销售等供应链环节的组织和配置，实现全球供应链的有效运转。与此同时，随着供应链在企业间、产业间、国家间扩展和延伸，影响供应链质量的因素更加复杂，对供应链服务、供应链金融和供应链管理方案的需求日益增加，这些因素都促进供应链服务外包快速兴起。跨国企业选择将价值链的若干环节进行外包，充分利用其他企业、其他国家的资源，全球供应链服务外包趋势不断增强。

跨国制造企业全球化的核心任务，是实施全球采购和进行全球供应链资源整合，企业的全球化和跨国发展，对企业的跨区域、跨职能、跨组织、跨文化的沟通和协调提出了更高的要求。在全球产业分工与合作，以及在比较优势的利益驱动下，跨国制造企业从全球范围寻找廉价的商品和生产基地，从而形成了一张纵横交错且层叠绵长的全球生产网络。这种形式打破了跨国企业不同地域、不同事业部的组织界线，加强了与全球供应商的沟通和协作，提高了全球采购的响应速度和协同性。

4. 敏捷化

为应对迅速变化与愈加不确定的市场需求，领先的企业加强了从终端客户需求到供应链上下游各环节的信息对接。企业借助物联网、大数据、云计算、人工智能等成功实现供需的精准匹配，促进了供应链的快速响应、大规模定制与柔性化生产。对不可预知的风险变化作出快速响应，并具有迅速变换或调整行动方向与策略的能力。

5. 短链化

伴随着平台经济的兴起，全球供应链的组织形式正从跨国公司主导逐步向大型平台企业主导转化,供应链呈现出短链化发展趋势,企业通过平台直接与消费者连接,实现精准匹配、协同制造与个性服务。通过供应链长度和价值链位置上的全球资源配置,全球供应链呈现分段或地区化布局趋势,以降低风险,提高供应链效率。

6. 生态化

核心企业通过供应链整合,构建与供应商、客户、行业和社会共生的价值体系,完善产业链配套生态系统,实现多方协同与共赢。核心企业通过促进生产、物流、营销、金融等环节的无缝协同,提供共生共享共赢的系统解决方案,形成不断扩展的产业生态体系,增强供应链快速响应能力和不可替代性。

7. 绿色化

秉持绿色发展理念,制造企业围绕供应链的全链条,在能源使用、生产制造、产品包装、交通运输、物流配送、废物排放等多方面推进标准化、减量化、资源化、循环化。把企业的核心价值观、经营责任与社会责任有机结合,打造可持续的供应链。

5.5.3　中国是供应链大国但还不是强国

改革开放 40 多年来,中国不断开放国内市场,坚持"引进来"和"走出去"并重,积极参与国际分工,融入全球供应链体系,中国制造和服务逐步成为全球供应链体系的重要组成部分。当前中国建立起了涵盖 41 个大类、207 个中类、666 个小类的完整工业体系,成为全世界唯一拥有联合国产业分类所列全部工业门类的国家。2010 年,中国制造业增加值首次超越美国,目前已经连续多年稳居全球首位,220 多种工业产品产量占据世界第一。在创新方面,中国研发投入占 GDP 的比重增长较快,已由 2012 年的 1.97% 提升到 2018 年的 2.18%。"中国制造"在电子通信及相关配件、家具及相关配件、机械和自动化生产设备、服装纺织、零部件制造与金属制品方面,都占全球市场份额 20% 以上,明显处于主导地位。这为中国参与国际竞争、提升在全球产业链、供应链、价值链中的地位创造了有利条件。麦肯锡公司 2019 年分析了 186 个国家和地区的情况，发现 65 个国家的第一大进口来源地是中国。选取了 20 个基础产业和制造业，分析在这些行业中，世界各国对中国的消费、生产和进出口的依存度。其结论是，"中国对世界经济的依存度在相对下降，世界对中国经济的依存度却相对在上升"。这充分说明，中国已是全球供应链的重要枢纽，中国经济的运行状况如何，影响着世界全局。

但也要看到，长期以来，中国主要是通过合同制造、外包代工、外包组装、贴牌生产、跨国采购等方式嵌入全球供应链，中国企业主要处于全球价值链的中低端和低附加值环节，在世界银行每两年发布的全球供应链绩效指数中，2018 年中国排名 26 位，以及在 Gartner 公司每年公布的全球供应链 25 强企业中，2019 年中国只有阿里巴巴一家。在供应链的战略与实施方面，中国与发达国家相比，有很大差距，中国还不是一个供应链强国。

1. 供应链处于起步阶段，粗放运行，缺少活力

2017 年，国务院办公厅印发了《关于积极推进供应链创新与应用的指导意见》，把供应链上升到国家战略，国务院有关部委按分工积极推进，各省、自治区、直辖市都发布了指导性文件，从国家层面开展了城市与企业供应链试点，总体上说加大了政府推动力度，形成了供应链创新与应用的大趋势。但由于思想准备不足，党政干部与企业高管对供应链认识跟不上，形不成合力，企业(特别是国有企业)缺乏动力，各级政府发布的文件以要求性为主，抓不住突破口，缺少卓有成效的实际措施，与美国、新加坡的国家供应链战略，日本、德国的产业供应链战略，以及英国的服务供应链战略相比，中国供应链还十分粗放、浮躁，缺乏战略高度与实施深度。

2. 某些高科产品对外依存度过高，缺乏全球供应链主导权与控制力

中国在全球供应链中的地位与作用，存在的问题与软肋可以从中国与世界各国产业的融合度、中国的外贸依存度、中国全球价值链的参与度来加以分析。

中国入世后，全球供应链逐步演化为一个"金三角"：一角以欧、美、日、韩为中心，提供高技术和关键核心零部件；一角以中国和东盟为代表，以加工组

装和基础零部件制造为主;一角以俄罗斯、澳大利亚、中东及南美为代表,主要从事能源、原材料产业。这个"金三角"中,中国日益成为全球的制造业中心,全球供应链不可或缺的重要节点。但根据麦肯锡公司分析,由于中国不少产业处于产业链末端,中国的全球价值链参与度 2018 年为 45%,明显低于世界的 57% 的水平,中国在全球产业链、供应链中的价值创造处于中下游。

3. 缺少国内外有影响力的物流与供应链企业

如何通过跨国企业与跨境贸易、跨境投资,实施供应链全球布局缺少顶层谋划。

尽管 2019 年世界 500 强企业数中国超过美国,但中国上榜企业 119 家平均利润 35 亿美元,销售收益率 5.3%,平均净资产收益率 9.9%,低于世界 500 强的平均水平。对比中美两国企业的收入、利润和利润率水平,美国企业收入为中国企业的 1.1 倍,利润为 1.7 倍,利润率为 1.5 倍。中国缺少像美国联邦快递、德国邮政等跨国物流巨头,新冠肺炎疫情暴发凸显中国国际货运供应链的短缺。国外世界 500 强企业基本上有全球供应链战略,但中国世界 500 强企业全球供应链战略严重缺失。

4. 供应链模式不够先进,运作成本较高、效率较低

许多企业对供应链缺乏整体意识,供应链上的产业融合度、资源整合度、功能敏捷度较低,运作模式、流程标准、评价体系跟不上发展步伐,商流、物流、资金流、信息流尚未有机统一。加之近年来原材料、能源、流通、人力、土地、交易、环境等成本不断攀升,中国制造业低成本的竞争优势大为削弱,部分制造企业向更低成本国家转移的趋势明显。

如果说企业供应链有了较大推进的话,产业供应链与城市供应链仍是一个十分薄弱环节。

从全球供应链绩效指数(LPI)分析,中国在边境服务和流程效率落后于主要发达国家和高收入国家。中国主要优势在于物流基础设施,但这种优势也在减弱。中国与德国、日本、新加坡和美国相比,在海关方面的差距最为显著,其次是基础设施、物流服务,物流追溯和物流及时性的差距。例如,据

2018 年世界银行数据显示,德国、新加坡和美国的进口周转时间为 2 天,日本为 3 天,而中国却需要 6 天。边境机构的服务水平和效率低也是中国与发达国家的主要差距。

5. 供应链安全问题日益突显

供应链安全是保护一个国家和地区的特定企业、产业及产业集群的供应链避免受内外部因素影响而不产生严重不利影响的状态。在面临日益复杂和不可预测性越来越强的自然灾害、公共卫生危机、国际政治冲突环境下,供应链受到内外部突发事件冲击,产品、物流、技术、资金、数据、基础设施等均可能影响到供应链安全,不仅会造成企业和产业供应链的波动甚至中断,还会影响国家经济与社会的可持续发展,中国必须面对这一严峻现实。

中美贸易摩擦与新冠疫情,使全球供应链从需求侧、供给侧与物流端均受到很大挑战,供应链断裂风险加大,中国企业在全球资源配置难度增加。中国制造业发展面临发达国家和发展中国家“双重竞争”,到了必须向产业链的上游升级、提高全要素生产率效益的关口。

6. 供应链数字化、智能化程度较低

近几年中国智慧化建设虽得到重视,但整体信息化建设落后、数据化管理能力不足的问题仍然存在,企业的智慧化改造尚在初步阶段,整体企业供应链智慧化水平有待提高。供应链模式与数字化智能化技术融合程度不高,供应链体系中的信息孤岛、数据分割、数字化基础设施薄弱、上下游企业缺乏联动等问题突出,供应链横向集成、纵向集成、端到端集成程度较低,敏捷化、柔性化以及可视、可感、可控的能力有待加强。

5.5.4 抓紧研究制定国家供应链战略

1. 全面系统理解国家供应链战略的内涵

国家供应链战略是国家基于提升产业竞争力,保障经济安全、重要基础

设施与通道安全,保障关键产业、企业、原材料供应,保护核心人才与知识产权,应对突发重大风险等目标而对本国供应链发展作出的总体谋划与部署。国家供应链战略涉及五个层面:

(1) 国际层面,涉及全球供应链体系构建、布局,稳定运行,全球投资与贸易规则、区域投资与贸易规则、重要国际物流通道安全、国际矿产资源供应等。

(2) 国家层面,涉及国家对重点产业链、重点地区、重点产业集聚区、重要战略通道等规划、布局,涉及重要基础设施、关键要素、原材料、部件的供应安全,涉及供应链硬实力与软实力建设,包括人才培养,信息化、标准化建设等。

(3) 城市与区域层面,涉及对城市群、都市圈、中心城市、枢纽城市、重点产业集聚城市的产业、交通、物流等规划与布局。

(4) 产业层面,涉及重点行业供应链,如战略性产业、高科技产业、支柱产业、优势产业等。

(5) 企业层面,涉及重点企业供应链,如核心企业、关键配套企业,也涉及中小企业问题。

在这五个层面中,企业供应链是基础,国家与国际供应链是根本,产业与城市供应链是重点。

2. 战略思路

未来很长一段时间,全球格局将进入深度调整期,国际产业竞争将加剧,企业之间的关系会重构。中国发展战略制定应遵循发展规律、竞争规律,灵活应对世界发展变化,牢牢把握时代发展之机,着力化解发展中的问题与风险。中国的国家供应链战略应以"创新、开放、协调、共享、绿色"五大发展理念为指引,以促进国内大循环为主体、国际国内双循环相互促进的新发展格局构建为主线,充分利用国内外两种资源、两个市场,围绕保障国家安全、经济增长、发展方式转变、供给侧结构性改革、形成强大国内市场、有效应对突发重大风险等战略任务,按照供应链国际、国家、城市与区域、产业、企业五个层面,在更大时空范围内完善与优化供应链体系,补齐供应链在关键领域的短板,强化供应链韧性与弹性建设,推进供应链数字化、生态化进程,实现人流、商流、物流、资金流和信息流的通畅,增强在产业链、供应链、价值链上的优势，切实保障国家与全球供应链开放、稳定、高效、绿色、安全。

国家供应链战略要优先立足国内，同时放眼全球，把中国的事办好。扬长补短，统筹兼顾，系统集成，综合协同；硬软结合，既重视经济、科技等硬实力，也重视精神文化、关系等软实力；创新赋能，增强参与全球治理的能力；尊重全球多元化的前提下，共享共赢，建立经济命运共同体，实现全球供应链的安全、开放、高效。

中国供应链发展的总体战略目标是多维的，但只有一个总目标，那就是成为供应链强国。可体现为两大方面：一是力量的显著提升，二是关系的显著改善。具体来说，中国成为全球供应链枢纽、全球供应链创新中心、全球供应链资源置中心。实现供应链全球优化布局，与伙伴国家和地区之间合作共赢，中国企业更深更广融入全球体系，深入推进"一带一路"建设，共建全球利益共同体和命运共同体。建立基于供应链的全球贸易新规则，提高中国在全球经济治理中的话语权，保障资源能源安全和产业安全等。

目标分阶段考虑，短中期即到2025年，国内外两种资源、两个市场的供应链整合能力明显提高，重大基础设施与物流通道、高科技产品与关键原材料供应、零部件保障程度有较大提升，重点产业供应链韧性增强，拥有若干世界级供应链企业，中国在全球供应链体系中的重要地位进一步增强。中长期即到2035年，构建起了强大、智慧、有韧性的供应链体系，供应链结构优化，核心技术、基础设施体系，关键原材料、零部件供应安全、可靠。国内外物流服务能力强大，重点供应链有弹性、韧性、敏捷性，供应链生态良好，中国企业在全球供应链体系中的主导力、创新引领能力、可持续发展能力彰显，中国成为全球供应链安全的最大稳定器。

第6章
推动数智经济高质量发展

6.1 保持第五代通信网络全球领先

信息通信网络是战略性、先导性、引领性基础设施,其每次代际变革均深刻影响人类文明进程。随着信息通信网络进入第五代——超高带宽、超高速率、超低时延的固定与移动双千兆接入网络,大国间在该领域的竞争加剧。作为战略必争领域,我国必须对第五代通信网络发展作出新的安排。

6.1.1 中国固定通信网络发展具有优势

第五代通信网络有两大支柱:第五代固定通信网络(简称"F5G")和第五代移动通信网络(简称"5G"),两者在应用领域与功能上各有侧重。F5G面向固定接入场景,适合家庭、企业、工厂、医院、机关等室内接入业务,可提供抗电磁干扰稳定的、微秒级的光纤连接,带宽更大,单根光纤可以高达20 Tbps,提供固定千兆服务的同时可以为5G提供光底座运力支撑。5G面向无线接入场景,适合室外或移动接入业务,特点是连接灵活,连接数更多。F5G是地上一张网,5G是天上一张网,二者缺一不可。

中国在固定通信网络方面基础雄厚,拥有全球领先的光网络研发能力。

经过 20 年的发展，固定通信网络已经奠定了良好的光纤网络覆盖基础。截至 2020 年 5 月，固定宽带接入用户总数达 4.62 亿，光纤接入（FTTH/O）用户占比 93.1%，100 Mbps 及以上用户占比 86.1%，百兆光纤宽带得到普及，中国已经进入全光时代。在光网络行业，中国贡献了全行业 1/3 的核心专利和 60% 的关键标准文稿，在多个标准组织中占据核心席位，实现了 F5G 网络的自主可控，保障了网络安全和全球话语权。同时，中国 5G 产业总体水平全球领先，在通信系统设备、专利布局、核心技术等诸多方面具有优势。

但中国在 F5G 与 5G 产业发展上，也存在四大问题。一是芯片。在高端芯片器件上与国外还有差距，主要在先进制作工艺和装备上，如 7 nm、5 nm 及更小工艺节点技术仍依赖国外供应。二是商业化应用场景。双千兆网络仍处于部署起步阶段，商业应用场景缺乏。三是美国战略遏制。美国通过"实体清单"、开源 5G 政策等阻止中国通信网络技术的领先步伐。四是中国第五代网络发展尚不均衡。相比 5G，社会各界对 F5G 固网光底座的关注度较低，政策支撑和产业投资不足。

6.1.2 美欧对第五代通信网络作出全面竞争性战略部署

目前，全球已有 40 个国家的 63 个运营商正式发布 5G 商用服务，66 个国家 287 个运营商正式发布 F5G 千兆宽带商用服务。

美国在 5G 方面实施进攻性战略，在 F5G 和 5G 方面均积极推进。对于无线网络，2019 年，美国成为首批发布符合 3GPP 标准的 5G 商用国家之一。为抢占战略竞争制高点，美国持续升级对中国企业的商业打压，游说盟友限制华为，以减缓中国通信生态系统的"扩张"，同时进行技术路线更新，推广"开源 5G"，将 5G 基站"化整为零"，将"闭源软件"变为"开源软件"，将"专用硬件"变为"通用硬件"，发挥美国开源软件和通用硬件的优势、重构全球通信业生态、进而构建美国可控的 5G 生态。《美国 5G 安全国家战略》正式制定了美国保护第五代无线基础设施的框架。并将与最紧密的合作伙伴和盟友共同领导全球安全可靠的 5G 通信基础设施的开发、部署和管理。

对于固定网络，美国很早就开始了超宽带网络建设，千兆网络覆盖人口数超 8 000 万,为全球最高,通过有线电视的 Cable 网络和光网络两种技术接入。2019 年,美国联邦通讯委员会(FCC)批准 49 亿美元,补贴农村宽带优化,用来维护、改善和拓展宽带基础设施,提升普遍服务。同年 FCC 划拨 204 亿美元农村宽带基金,为几个不同速率级别的宽带网络提供资金,其中也定义了千兆等级,要求资金获得者提供 1 Gbps 的速度,从普遍服务到提供更高质量的网络服务。美国将 6GHz 非授权频谱分配给 Wi-Fi6,以此加强 F5G 千兆宽带网络最后 10 米的覆盖。

欧盟强势推进千兆社会战略。早在 2016 年,欧盟便推出了千兆社会战略,计划在 2025 年实现所有学校、交通枢纽等主要公共服务提供者和数字化密集型企业的 F5G 千兆接入,所有家庭可升级到 F5G 千兆网络,5G 实现全城覆盖,主干道、铁路无中断覆盖。德国 2016 年推出千兆德国战略,目标 2025 年实现 5G 和光纤的千兆全覆盖。英国 2019 年推出农村千兆光纤宽带连接计划,为期两年斥资 2 亿英镑。英国通信管理局(Ofcom)之后宣布:为了推动光纤网络的普及,英国政府将为农村地区提供 50 亿英镑投资,并将立法确保新建的住宅拥有适合未来的千兆宽带。随后欧盟复兴计划明确 82 亿欧元的数字欧洲项目,以促进欧盟的网络防御和数字转型,实现千兆社会。

本次疫情期间,欧洲约 90% 的互联网流量通过固定宽带承载,使其更加意识到了光纤网络的关键作用。欧洲电信标准化协会(ETSI)成立了第五代固定网络(F5G)工作组,开展 F5G 定义,推动固定网络代际演进,将光纤技术全面应用于各种场景,推动从光纤到户迈向光联万物,重点聚焦于全光连接、增强型固定宽带和可保障的极致体验三大业务场景。近期欧洲还正在制定超高容量网络(VHCN)指导意见,实施 5G + F5G 光纤融合战略。

6.1.3　加快发展 5G,稳步推进 F5G 建设

对于 5G,中国主要的任务是"创新突破、商用拓展"。对于 F5G,中国主要的任务是"容量升级、保持领先"。避免战略空白,形成 5G 与 F5G 互促互补、均衡发展的格局,构建中国通信网络"高铁",以坚实"联接力 + 运力"底座,保持中国在第五代通信网络的全球领先地位。

（1）加快发展5G。通过国家发展规划、法规、政策和资金等支持，强化5G基础设施的投资，营造投入与收入匹配的政策导向和营商环境，鼓励运营商和业务提供商的业务创新和内容创新，支持5G业务和应用的新资费和新模式，通过5G网络建设带来的信息基础设施升级，构建通信行业的自主造血功能，支撑通信行业的持续创新和持续领先。

（2）稳步推进F5G建设。将普及F5G千兆接入能力与5G发展共同纳入国家"十四五"规划和通信业发展的重要任务。制定F5G千兆发展的总体目标和阶段性指标，保证对光网络的持续增量投资，加速推进城市千兆建设，强化对农村千兆网络改造的政策支持。有步骤、分层次在重点区域、重点行业优先实现双5G网络双备份。尽快完成单波200G骨干光传送网（OTN）的容量升级和全光交叉连接（OXC/ROADM）的全面部署，普及10GPON、Wi-Fi6的宽带接入网络。持续推进光纤覆盖从"最后一公里"延伸到家庭、园区、工厂的"最后一米"，使光纤到房间、到企业桌面、到工厂机器。

（3）加强双5G+X千行百业创新，推进5G在各行业的应用。推动跨行业跨部门协同，开展重点行业数字化转型规划，将固移双网的建设协同纳入各行业数字化转型规划。完善双5G+各行各业行业标准，各个行业标准组织、行业主管部门联合制定面向行业应用的双5G行业标准。依托中国光纤网络高覆盖率和互联网快速规模发展等优势，加强应用示范作用，打造一批千兆样板城市、千兆样板工厂、千兆样板小区，优先在家庭、教育、医疗、政务等民生行业形成示范，逐步辐射到制造、电力、交通、金融等千行百业。

（4）通过主导全球标准建设与补齐短板等手段实现产业引领。积极参与第五代通信网络国际标准制定，从通信产业标准的贡献者成为标准的主导者，实现对通信产业标准定义权的掌控，尤其是对F5G光网络的中国定义权。注重通信产业的人才培养与吸纳，在高校设立F5G、5G学科，重视通信科技人才培养，积极吸引海外人才，加快建设和储备具备前沿科技知识的高素质创新人才队伍，鼓励产学研协同推进产业发展。依托双5G网络建设普及，加大基础科学、前沿科技研究和工程装备研制的投入，解决关键技术、制造工艺和仪器仪表等"卡脖子"问题，加速提高自主知识产权比例，形成产业端到端的全球引领。

6.2　加快推动新一代计算产业发展

算力是数字化智能化时代的重要生产力,是国力与竞争力的重要体现。提供算力的计算产业是战略性、基础性、引领性产业,是大国未来战略博弈的核心领域之一。计算产业已走过计算 1.0(以大型机、小型机为代表的专用计算时代),正从计算 2.0(以 X86 和 ARM 为代表的通用计算时代)向计算 3.0(通用计算、人工智能计算等并存的多样性计算时代,称为"新一代计算")迈进,并开始探索计算 4.0(量子/光子/类脑计算等,称为"未来计算")。中国新一代计算产业已取得不小进展,但与强国相比,尚未形成竞争优势,面临不少挑战,亟待加快发展。

6.2.1　美、欧、日竞相对计算产业作出战略部署

美国计算产业经历了完整的代际演变,基于基础科技积累、完善的创新体系、全球人才集聚,长期保持了领先地位。2015 年,美国启动了国家战略计算计划,明确了计算产业的战略愿景和联邦投资战略,规定了相关领导机构、基础研发机构和实施机构的角色和职责,建立起了执行监督机制。2019 年 11 月,美国发布了《国家战略计算计划(更新版):引领未来计算》,在 2016 年实施计划基础上,更侧重于改善计算基础设施和促进生态系统的发展,推动现有计算架构优化升级和未来计算架构的创新,加强政府与产业界的合作,以保障美国在计算科学、技术和创新方面的全球领导地位。2020 年 2 月,美国发布了《美国量子网络战略构想》,提出将开辟由量子计算机和相关设备组成的量子互联网。2020 年 7 月,发布了《美国量子互联网发展战略蓝图》,提出要确保美国在全球量子竞赛中处于前列。

欧盟计算产业虽不及美国,但依托传统优势产业,在边缘计算和高性能计算方面加强新一代计算产业部署。2017 年欧盟提出欧洲处理器(EPI)计划,汇集了来自 10 个欧洲国家的 23 个合作伙伴,旨在开发低功耗处理器技术

面向高性能计算、数据中心和服务器、自动驾驶汽车三类市场。2020 年 2 月提出首个"数字欧洲"的项目预算，计划拨款 92 亿欧元，用于超级计算机及数据处理、人工智能、网络安全等领域。2020 年 12 月欧盟 17 个国家签署《欧洲处理器和半导体科技计划联合声明》，宣布将在未来两三年内投入 1 450 亿欧元以推动欧盟各国联合研究及投资先进处理器及其他半导体技术。

日本将高性能计算纳入重点支持的高新科技领域，在国家层面展开统一协调的研发部署。2018 年投入 1 100 亿日元，资助日本理化学研究所和富士通公司，计划在 2021 年投入运行下一代超级计算机，力争建成全球最快的超级计算机。2020 年 8 月，日本成立了量子计划创新联盟，目标是通过汇集来自日本各大学、著名研究协会和大型产业的学术人才，从战略上加速量子计算发展。

6.2.2 中国新一代计算产业竞争力不强

1. 产业链各环节的国际竞争力不强①

通用处理器（CPU）领域，美国厂商垄断了中国市场。其中，美国英特尔（Intel）占 92.6% 市场份额，超微（AMD）占 3.7% 份额，再加上 IBM，三家市场份额超过 99%。国产 CPU 芯片开发与研制起步较晚，产业多梯次、多路径群体发展，但总份额不足 1%，生态弱，差距巨大。

（1）人工智能（AI）处理器领域，虽然有 GPU、NPU、TPU 等各类架构，但是美国英伟达（NVIDIA）一家独大，在中国市场份额超过 90%。国内 NPU 架构芯片处于起步阶段，寒武纪自研 NPU 主要应用于图像视频处理，华为推出的 AI 升腾系列芯片，可用于云端训练和边端推理。

（2）人工智能（AI）框架领域，当前以开源软件为主，但被国外主流厂商控制。美国谷歌（Google）的 TensorFlow 和脸书（Facebook）的 PyTorch 分别占

---

① 新一代计算产业链包括通用处理器、AI 处理器、计算配套芯片、配套基础工业（晶圆、EDA、材料、制造设备等）、硬件系统（硬盘、存储等）、操作系统、中间件和数据库等基础软件、AI 框架、行业应用软件等。

据了中国 AI 产业界的算法开发和 AI 学术界的算法研究领域。中国百度开发的飞桨（PaddlePaddle）和华为开发的 MindSpore 也已开源，技术有后发优势，但因产业和学术使用习惯问题，业界占比还很低。

（3）操作系统领域，也被海外厂家掌控。其中，服务器端操作系统，Windows 占据 87%，Linux 占据 11%，Redhat 占据 1%。当前国产服务器操作系统大多是以发行版 Linux 为基础加固和优化的产品，主要应用于政府等重点行业，商用市场规模小，生态弱。

（4）数据库领域，国外厂商占据中国关系型数据库传统市场 80% 以上份额。其中，美国 4 大巨头占据 66% 的份额（Oracle 占 34.7%、Microsoft 占 11%、SAP 占 10.7%、IBM 占 10.4%），国内厂商华为占据 6.2%，阿里占据 5.8%，南大通用占据 4.2%，人大金仓占据 2.7%。

（5）产业链其他环节，国外企业同样占据市场优势地位。如内存领域，基本被美、日、韩厂商垄断，三星、海力士、美光的中国市场占有率达 95%；介质领域，美光、东芝、海力士、三星的中国市场占有率达 99%。国产内存厂商合肥长鑫，介质厂商长江存储刚起步，虽然已有突破，但在材料、工艺和堆叠等核心技术上有不小差距。

2. 核心技术尚待突破，产业碎片化有待聚合

硬件方面，部分配套部件（先进技术内存、硬盘、显卡等）可获得性小，半导体制造工艺落后，生产所需的零部件、芯片制造受制于美国技术。软件方面，基础软件缺乏与硬件联动，局部性替代面临严峻生态问题，在可用性上逐步被市场边缘化。

3. 标准体系由美国公司把控，缺乏话语权

以英特尔为主的美国企业围绕 X86 技术核心，构建了包括企业事实标准、国家标准、国际标准和产业标准的完整标准布局，形成了从基础技术研究、核心产品研发、标准制定推广，到周边产品兼容认证的典型落地路径，实现了对产业链各方及用户的紧密控制与绑定。

4. AI 算力供需不平衡

产业智能化需充足算力支撑。龙头企业有实力投资人工智能专用芯片、建设专有集群，但大量中小、初创企业虽有强烈算力需求却无力自建，昂贵算力抬高了 AI 研究和使用的门槛，迫切需要普惠的公共算力。

6.2.3 多维度推动新一代计算产业发展

1. 做好计算产业发展顶层设计

从大国竞争和未来数字空间话语权的高度谋划新一代计算产业发展。"十四五"时期着力补齐短板，在重要领域和关键环节实现重大突破。设立计算产业专项工程，加大对计算产业支持力度。构建算力发展指标，全面评估计算产业发展进程。围绕 AI 芯片、框架等核心技术加快发展原创和开放的人工智能产业，统筹布局人工智能计算中心，以普惠 AI 促进人工智能产业的群体发展。超前部署面向未来的光计算、类脑计算和量子计算。

2. 加强计算产业链补链、固链和强链

以完善新一代计算产业体系为核心全面构建可控的供应链、产业链、创新链。加强多样性计算架构创新及应用先进生产工艺、封装技术和相应的软件栈，提升集成电路制造水平，突破高性能 CPU、存储芯片等高端通用芯片设计，打造 AI 根技术（AI 芯片、框架），探索适合国情的开源社区运营模式，建设包括操作系统、数据库、云计算、人工智能等在内的国产计算体系的开源软件生态，做大做强软件产业生态。推进基础软硬件的协同适配，增强计算产业所需新材料和新设备供给能力。

3. 加大计算基础设施建设力度

支持各地集约化建设全栈原创性人工智能计算中心，建立完善的运营机制，为各地企业提供普惠公共算力服务平台。结合区域产业特点打造应用创

新孵化平台,赋能产业升级。推动应用整机柜、模块化和液冷等技术提升 IT 设备能效。研究云数据中心、云资源使用效率标准体系和评价体系,树立标杆,开展优秀实践和试点示范。

4. 加强计算人才队伍建设

健全自主计算架构的人才培养体系,面向新一代和未来计算健全高等教育课程和职业培训体系,增设自主创新计算体系课程内容,强化计算体系的人才供需协调,加强产学研用合作,通过群体进步实现计算产业的全面发展。

6.3　加快推动人工智能根技术发展

人工智能是引领未来的战略性技术,是中美战略竞争的焦点领域之一。中国人工智能芯片和开发框架的关键自主根技术落后,基础设施薄弱、顶尖人才缺乏,若"十四五"时期不能实现重大突破,将难与生态成熟、市场广阔、用户众多的少数先进国家竞争,必须在战略与战术上科学谋划,实现跨越发展。

6.3.1　美国力求维持人工智能领域的全球领导力

近些年,美国持续升级人工智能国家战略版本。2016 年美国发布《为人工智能的未来做好准备》报告,指出人工智能将创造新的市场和机会,政府应加强指导、扶持,完善人工智能治理。同年,奥巴马签署《国家人工智能研发战略计划》,拟通过政府投资,深化对人工智能的认识和研究。2018 年美国《国防授权法案 2019》明确,成立国家人工智能安全委员会,代表国会研究人工智能与国家安全的相关问题并建言献策。2019 年特朗普签署《维护美国人工智能领导力》的行政命令,推动人工智能的技术突破,确保美国技术优势。

2021 年美国国家人工智能安全委员会发布终期报告,提出为赢得人工智能竞争的系统性举措,涉及两部分内容。

第一部分:强调人工智能技术带来的国家安全威胁及美国对此缺少准

备,建议美国加强人工智能技术来保护自身利益。①建议政府成立工作组和全天候行动中心,对抗虚假信息,更好保护数据库安全。②争取 2025 年实现人工智能技术在军事领域广泛运用,培养一支具有数字知识的队伍,加快人工智能技术在军事领域创新。③管理与人工智能支持的武器和自主武器相关的风险,制定相应的国际标准。④改革国家情报机构,开发新的人机合作方法,利用人工智能来增强人类的判断力。⑤开拓新的人才渠道,扩大政府中数字化人才的规模。⑥加大对人工智能系统安全的研发投资,发挥国家实验室作用。⑦提出人工智能用于国家安全的民主模式,尊重公民隐私、自由和权利,增强使用透明度,建立一套完整的监督机制。

第二部分:强调美国人工智能竞争前景令人担忧,建议政府立即采取行动,促进人工智能创新,保护关键优势。①将人工智能从技术层面提升到战略层面。白宫应成立一个由副总统领导的国家技术竞争力委员会,制定全面技术战略并监督实施。②改善现有教育体系。通过新的移民激励措施和改革,赢得全球人才竞争。③加快创新。每年用于人工智能研发的非国防经费翻倍,2026 年达到每年 320 亿美元。成立国家科技基金会,将国家人工智能研究机构数量增加 3 倍;建设国家人工智能研究基础设施;为人工智能创造市场,组建区域创新集群网络。④改革与建立全面的知识产权政策和制度,将知识产权法纳入国家安全战略,加强人工智能知识产权保护。⑤建设有弹性的美国国内半导体设计和制造基地,为芯片工厂提供资金奖励和其他激励措施,使美国半导体技术至少领先中国两代。⑥更好地保护技术和企业,以保持技术优势。促使出口管制和外国投资审查现代化。与盟友共同开发先进半导体制造设备。⑦领导一个新兴技术联盟,与盟友一起利用新兴技术加强民主规范和价值观,促进全球民主发展,防范技术恶意使用和专制国家的影响。⑧制定权威技术清单,促进美国在人工智能、微电子、生物技术、量子计算、5G、机器人和自动化系统、增材制造和储能技术等领域均处于领导地位。

6.3.2 中国人工智能面临一系列挑战

受政策、技术、市场等因素驱动,中国人工智能保持高速发展态势。在互联网、公安等方面应用处于国际前列,逐步形成了包括芯片、开发框架等根技术、基础软件和应用场景在内的相对完善的产业体系,涌现出一批骨干企业,推出了如华为升腾人工智能芯片、MindSpore 开发框架,寒武纪思元芯片、百度 PaddlePaddle 开发框架等代表技术和产品。自 2019 年,中国人工智能论文发表数超过欧美,论文被引用量与美国相当。

但要看到,中国人工智能产业发展面临一系列挑战。

1. 关键根技术落后带来发展风险

中国人工智能产业的发展,甚至政府、军事等领域的关键应用主要建立在美国根技术的基础上。英伟达(Nvidia)的人工智能高端芯片占中国 90%以上高价值市场份额。美国谷歌和脸书以开源和免费人工智能框架抢占人工智能算法创新源头。TensorFlow 和 PyTorch 已占中国市场85%以上份额,TensorFlow 一周的下载量超中国所有自主人工智能框架 2020 年的下载量之和。人工智能基础算法的 30 多个专利掌握在谷歌手里。国内人工智能基础软件、应用软件、算法等需要借助国外技术才能发展和演进,高端芯片等供应链上的"命门"也掌握在美国手里。持续在国外根技术基础上发展人工智能产业,相当于在别人的土地上盖自己的房子,是国家战略投资的浪费,将错失自主发展的历史性机遇。

2. 基础设施建设不足,算力昂贵稀缺,行业开放数据集缺乏

中国缺少大规模开放行业数据集,数据生产、交易和治理的机制缺位。高质量大规模的基础数据和行业数据是人工智能发展的基础,也是人工智能与实体经济融合的关键。尽管中国互联网领域已集中产生了海量结构化数据,带动算法技术快速成熟,但大规模高质量的行业数据集缺乏。如互联网图片识别常用的 ImageNet 数据集有 14 197 122 张图片,而工业视觉领域的工业质检数据集通常仅 1 000 张左右。但工业质检的准确率需要 99.99%,对比互联网一般 95%的准确率要求更高,更需要大规模高质量的数据集进行训练。据统计,国内大量行业数据资源集中在教育、医疗、交通管理等政府公共部门,占比高达 75%。此外,互联网等行业数据集基本上由少数几家巨头掌

据。由于国内人工智能数据生产、流动和治理机制办法缺位，政府公共部门和众多人工智能企业出于法律和商业利益考虑，大量高质数据的共享与传播受到限制，无法得到有效利用。

3. 应用门槛高，应用落地领域不均衡，整体智能化水平较低

据统计，中国85%以上人工智能算力集中在互联网、公安行业，在教育、医疗、养老、环境保护、城市运行、司法服务、交通、能源、制造等领域未得到深度应用，对社会治理、经济活动各环节的智能化水平提升作用不足。主要原因在于，人工智能需与各行业的业务流程、信息系统、生产系统等深度结合才能产生价值。除相应的硬件、软件、算法外，还需同时具备行业知识、人工智能知识、信息系统知识的人才进行开发和部署。人工智能开发和应用是一个跨领域融合的过程，有诸多困难需要克服。另外，工业领域细分行业多，应用场景多，相应的算法模型定制频繁，人工智能快速复制存在困难。

4. 顶尖人才储备少，基础创新能力不足

根据清华大学AMiner数据平台每年发布的"AI2000人工智能全球最具影响力学者榜单"，中国入选全球AI2000学者数量为196人，位居第二，但仅占全球9.8%，约为美国高层次学者数量的1/6。高层次人才的短缺也直接反映在人工智能关键根技术和算法创新方面能力的匮乏。建设高水平的人才队伍和创新团队是人工智能发展的迫切需求。

6.3.3 综合施策，推动人工智能产业加快发展

1. 明确人工智能产业自主技术路线，培育关键根技术，构建人工智能产业体系

（1）成立国家层面的领导小组，明确人工智能自主根技术路线，并统筹推进规划落地。国家层面成立人工智能根技术发展领导小组，对人工智能技术体系进行整体规划设计，对规划落地进行统筹协调。培育一批拥有人工智能

高端芯片、框架根技术的头部企业,构建基于根技术的生态体系,推动其在各行业、场景中广泛应用。

(2) 启动"人工智能根技术"国家重点研发专项,力争三年内形成可持续的根技术路线和相对完备的生态体系。启动"人工智能根技术"国家重点研发专项,重点扶持国内企业人工智能高端芯片、框架研发,资金投入上与美国在人工智能基础技术上的投入相当,三年内形成持续投入和研发、不依赖国外技术的能够稳定供应和发展的可持续根技术路线,在部分领域实现国际领先。

围绕人工智能根技术打造开放生态体系。围绕高性能芯片,发展适用于人工智能计算范式的内核架构、内存系统、高速互联、协处理机制和芯片封装等技术;围绕人工智能框架,发展安全可信体系和人工智能应用使能软件、高性能使能基础软件,完善统一编程接口、动态计算图执行、弹性计算等技术;基于人工智能芯片和开发框架,发展软硬件协同和系统级优化技术,构建异构软件编程及开发体系。

(3) 促进中欧合作,形成有利的国际发展环境,推动技术、学术交流和标准统一。加强与欧洲 AI4EU 联盟等人工智能组织的联系,建立技术生态合作,与欧盟人工智能高级专家组(AI HLEG)的专家进行互动;与欧洲大型 ICT 技术公司和行业独角兽加强商业联系,发挥顶级合作伙伴在欧盟内部的影响力,在交通、制造、医疗等重点行业树立样板,强化中欧人工智能领域经济联系;识别欧盟重点高校顶级教授,通过顾问、招聘模式建立合作,聚焦德、法等国重点高校,落地高校教学合作;对欧盟政策、法律保持跟踪,在标准领域,引导中欧形成基于中国人工智能技术路线与根技术的统一标准,形成类似于 5G 通信领域的标准联盟。确保在美国技术被阻断的背景下,中国仍可获得全球人工智能的领先技术、思想,相互交流促进,避免封闭发展。

2. 集约化建设算力中心和开放数据集,奠定人工智能根技术发展和行业落地的基座

(1) 加快基于根技术的人工智能计算中心建设。通过政府主导,配套国家和地方产业发展资金,集约化规划和建设一批人工智能计算中心。依托人工智能计算中心,搭建算力公共服务平台、人工智能应用创新孵化平台、产业

聚合以及协同创新平台、人才培养及标准孵化平台。

支持建设基于人工智能技术路线的 EFLOPS 级人工智能计算中心,建立对人工智能计算中心建设标准、技术规范、算力调度和审批运营考核机制,制定基于有效算力的人工智能计算中心考核指数。

(2)推动数据开放,建设一批高质量公共数据集。推进数据开放,制定办法和指标,推动政府公共部门(政务、医疗)定期发布脱敏数据;对央企(能源、交通、金融)制定数据积累指标,在不影响商业机密的基础上定期收集发布,形成行业共享数据集。积累政府和央企的开放行业数据集存储在国家投资和管理的计算中心和创新中心供行业企业免费使用,人工智能计算中心及平台提供数据集安全可信及开放共享。鼓励民营部门开发脱敏数据集给教育和科研机构使用,鼓励产业与学术协作。

(3)推进数据生产和流动机制,调动政府部门、产业界、学术界、公众等创新主体并促进互动。通过制定数据生产和流动机制,依靠政府统筹打通汇聚、共享等环节,明确数据格式、元数据标准,并开发标准库和工具包,制定并统一数据标注规范、存储安全标准,使用方法;推动政府机构间、政府与企业之间、企业与企业之间的数据分级访问,普及数据保护意识;鼓励所有机构为人工智能训练和测试开发公共数据集;提高数据可用性,根据研究机构的反馈,优先发展人工智能数据的访问质量和路径。

3. 基于人工智能自主技术路线发展行业应用,对人工智能创新企业采取先保护、后竞争的措施

(1)建设人工智能生态创新中心,加快推动人工智能与各行业融合创新,推进人工智能规模化应用。鼓励领先地区结合当地优势产业,集聚龙头企业和研究院所的创新力量,配合人工智能计算中心,建设区域人工智能生态创新中心,面向传统企业提供关键人工智能共性技术,开展人工智能技术赋能活动,推动企业智能化发展,打造产业集聚效应。从而推动新旧动能转换,助力数字经济赋能产业转型升级,引领产业向价值链高端迈进,有力支撑实体经济发展,获得整体产业竞争优势。

培育具有重大引领带动作用的人工智能产业,加快促进人工智能与各产

业领域深度融合,推动形成数据驱动的智能经济形态。出台相关奖励和减税等鼓励政策,大规模推动企业智能化升级,提供算力补贴给符合申请规定的企业,对其制定免税、减税等激励措施,鼓励创新投入。

(2)在初期保障人工智能自主技术路线根技术应用,制定重点行业和企业的技术路线实施计划。在人工智能自主技术路线根技术发展初期,制定重点行业(如军队、安防、金融等)根技术应用计划,实现根技术路线三年全面落地。制定政府部门和重点行业央企(如应急、金融、交通、能源、教育等)人工智能自主技术路线根技术应用最低比率(如 30%),或向人工智能计算中心租用同等算力。对于三年内应用根技术产品或解决方案的民营企业,予以一定比例补贴。其中基于根技术的产品或解决方案可采用清单方式进行管理。

(3)建立"人工智能 + 行业"国家重点实验室,促进人工智能行业应用在重点行业突破落地。在人工智能产业集聚的重点区域围绕重点行业,如医疗、交通、安平、制造、能源等建立"人工智能 + 行业"国家重点实验室,以人工智能技术在行业的应用落地为核心,开展行业智能基础研究和应用创新工作。通过人工智能技术与行业应用场景的结合,制定相关技术框架、标准、规范,形成具有行业引领和示范作用的系统性原创成果,力求实现关键技术的突破与集成。加强行业人工智能实验室研究成果的衔接与转化,构筑面向该行业的人工智能技术支撑和赋能能力,促进各行业智能化的均衡发展。

4. 引进全球顶尖人才资源,加速青年人才培养和产学研协同发展

(1)加强全球顶尖人才引入,充分利用全球化人才资源。随着美国对中国人工智能产业的封锁,美国部分公司经营状况下滑,收入下降,某些领域出现对华裔学者的歧视性现象,可以吸引这些美国高级科技人才归国回流。俄罗斯的计算机开发语言、编译器、数据库等方面的技术较为领先,可以引入相关人才。对于相关急需人才来中国工作或中国企业在国外设立研究所可以给予快车道和相关政策支持。为国外回流领军人物解决国籍、户口、住房、子女教育、教职等问题,使其能够专心科研,设立针对 AI2000 高端人才的专项引入计划。

(2)重塑人工智能人才培养体系,将人才培养和科学研究建立在自主根

技术之上。提高全民对人工智能的认知水平。强化 STEM 教育，以科学、技术、工程及数学等学科作为人工智能的基础教育，从小学到高中教育阶段设置人工智能相关课程。支持高校调整和新建人工智能学科专业，鼓励有条件的高校建立人工智能学院，加强基于根技术的人工智能学科设计与教材编制，积极开展"新工科"教育实践，形成"人工智能＋X"复合专业培养新模式。打造职业培训体系，鼓励高校、企业等赋能各类职业教育机构培养基础型人才，为劳动力技能转型提供更多培训机会，以适应各行业智能化转型所带来的技能转型和提升需求。引导双一流高校人工智能专业开设基于人工智能根技术的必修课程。

（3）鼓励产学研协同发展，基于人工智能根技术联合创新。鼓励企业与高校合作开展尖端科研工作。鼓励高校院所联合行业龙头企业，采用产学研合作模式创建一批国家级或省级人工智能重点实验室、新型研发机构、工程（技术）研究开发中心、企业技术中心等公共技术创新平台，促进人工智能前沿核心技术和应用技术开发研究，开展科技成果转化和行业标准制定等工作，掌握核心技术，形成自主知识产权。

5. 从战略高度推动人工智能产业做大做强，妥善处理国家间竞合关系

（1）做好战略谋划与统筹。基于超大规模市场、数据资源、技术集成、综合协同等优势，以强国目标为导向，围绕芯片、系统软件和开发框架等基础技术进行战略部署与攻坚，降低对外依赖度，加快自主自立步伐。打造自有开源根社区，培育自主可控的产业生态，形成有韧性的供应链体系，让人工智能生态植根中华大地。努力在人工智能发展方向、理论、方法、工具、系统等方面取得变革性、颠覆性突破。

（2）市场牵引，应用导向。支持自主可控人工智能技术在重点行业的应用示范推广，加快形成行业应用评测标准。可先聚焦于交通、能源、制造、安全、健康等领域重点突破，设定人工智能行业渗透率目标，健全监测体系，促进目标的实现。

（3）加大投入，加速基础研究成果转化。建设体现国家意志、实现国家使

命、代表国家水平的人工智能国家实验室。推动研究机构和商业机构对接，组建一批联合实验室，让基础研究更贴近市场，在牵引市场需求的同时，通过市场反向驱动基础研究。支持各地人工智能计算中心和生态创新中心建设，在能耗指标上进行政策倾斜。

（4）促进军民融合，以军带民，以民促军。加大人工智能根技术的军地、军民联合研究力度；加大军事领域人工智能基础设施的建设力度，助力军事领域人工智能研究；加快军事领域人工智能应用，积极引入民用人工智能技术，加速军民人工智能成果转换；加强军民融合人工智能技术通用标准体系建设，构建基础软硬件、人工智能算法等规范，引导人工智能技术规范发展。

（5）开放包容，互惠合作。积极参与人工智能全球治理，支持联合国在人工智能科技伦理和标准规范制定方面发挥主导作用。以构建人类命运共同体为导向，与各国加强交流协商，共塑一个开放包容、互惠共享、公平公正、安全可控、责任共担的国际环境，制定各方普遍接受、行之有效的人工智能全球治理规则，促进科技突破、产业发展、国际合作，让各国人民享受到科技带来的益处。

6.4　推动平台经济规范健康持续发展

6.4.1　认识平台与平台经济

数字化平台(以下简称"平台")是基于信息通讯网络技术，为双边、多边市场主体提供连接、交互、匹配与价值创造的载体。从历史长河看，平台并非现在才有，人们经常见到的集贸市场这类线下平台自古有之。古老的平台得以在当今复兴并引领新的经济发展，是基于新一轮科技革命涌现出以互联网、移动互联网、物联网、大数据、云计算、人工智能、区块链及智能设备等为支撑的数字化平台。

不同维度对平台有不同认识。从价值创造方式看，平台是商业模式；从工商登记看，平台是企业；从资源配置方式看，平台是市场；从功能作用看，平台是基础设施。可见，平台是具有多重功能、多重属性的复杂经济社会组织。

与之相应，平台具有一些鲜明特性：数字化连接、双边多边市场、网络效应、价值创造等。数据是平台发展的重要生产要素。

平台的兴起可以说是21世纪以来最重要的商业事件。它正以空前的力量把人与人、人与物、物与物、服务与服务连接起来。通过平台，远隔千里的人们相互沟通、交易，进行高效分工、合作。平台还有许多其他优势。例如：显著降低交易成本，提升生产经营能力与资源配置效率，便利民众生活，有利于小微企业创业开拓，促进消费流通贸易。可以说，平台是数字贸易的关键推动者。平台让世界变平变快变简单。平台模式加上数字化智能化技术，其生产效率将有显著的提升。平台模式体现了数字化时代的商业逻辑。

平台经济是基于平台的一系列经济活动的总和。不同类型的平台产生不同类型的平台经济。平台经济已经成为数字经济的重要组成部分，成为经济增长的新动能。

平台经济类型丰富、发展迅速。电商平台经济、社交媒体平台经济、搜索引擎平台经济、金融互联网平台经济、交通出行平台经济、物流平台经济、工业互联网平台经济等正在深刻改变各国产业格局，改变人们生产生活消费行为。平台经济为传统经济注入了新活力，推动产业结构优化升级，更大范围实现全球连接全球流动，引领社会朝着智能化方向发展。平台经济不仅为中国经济注入新的动能，也为中国经济在新一轮产业变革大潮中引领世界经济带来助力。

平台经济从低到高包含四个层面：平台、平台企业、平台生态系统、平台经济。其中，平台是引擎，平台企业是主体，平台生态系统是载体，有着内在联系的平台生态系统的整体构成平台经济。

平台经济发展途径多样，其中有三条基本路径：一是搭建平台与创建平台企业，二是传统中介企业数字化升级，三是传统企业向平台型企业转型。无论哪一种方式，平台搭建是重中之重。

6.4.2 平台经济发展现状

平台经济源于 20 世纪 90 年代中期的美国硅谷,以在线个人物品拍卖的易贝公司于 1995 年创立为标志。2007 年 1 月苹果 iPhone 问世,开启了智能手机和移动互联网普及的新时代,全球平台经济随之兴盛。时下,数字平台在世界各地区都有,但具有全球影响力的数字平台主要集中在美中等少数国家,这些数字平台的生态系统连接世界各地平台参与者,程度不一地改变着人们的生活与经济行为,尤其是平台企业所在地的经济结构、产业发展与增长方式,世界经济格局随着平台经济发展而改变。

中国平台经济发展位居世界前列,规模与水平仅次于美国。

(1) 平台数目众多,主体多元,模式多样。在电子商务、社交媒体、金融支付等领域产生了很有影响力的平台。

(2) 平台经济涉及经济社会方方面面。吃喝玩乐、衣食住行、生产生活、流通消费、科学、教育、文化、卫生、健康、养老、金融、保险、地产、能源、工业、农业、创业、创意、社会治理等都有平台经济的影子。平台经济走向普惠化、大众化、多样化的同时,也日趋生态化、国际化、资本化。

(3) 平台经济不断迭代升级。线下平台与线下实体经济的融合正在加速。新基建推动着工业互联网平台、大数据平台、应急管理平台、政府治理平台等发展。推动着从消费互联网平台向产业互联网平台扩展。平台深刻地改变了产业结构与产业发展方式,带动了上下游企业发展。

(4) 平台经济各地发展各具特色。东部地区平台发展活跃,以北京、上海、深圳、杭州为代表。中西部地区平台经济进入快速发展阶段。

中国平台经济快速发展受益于多方面因素:巨大、多样的国内市场,产品、要素、资源丰富,迅速发展的互联网技术、数字化技术与智能技术,政府营造宽松、包容、创新的环境。大量行业发展痛点的存在也是重要原因,例如供需匹配程度不高等。作为发展中大国,人们对价格比较敏感,这也是平台经济发展的重要因素。

6.4.3 平台经济发展中的关键要点

大变革时代孕育着巨大的机遇，也面临着巨大的挑战。平台经济发展前景广阔，平台要加深对世界之变、社会之变、行业之变的认识，牢牢把握新一轮科技革命与产业变革的历史机遇，"志存高远""脚踏实地""扬长补短"，提供更好服务、更高效资源配置、更多价值创造，让更多人共享数字经济红利，为构建新发展格局、经济高质量发展作出更大的贡献。

（1）要以解决行业痛点、把握市场趋势、为用户创造价值、让用户有良好体验为中心，设计好平台的使命、市场定位、功能模块、服务内容、运作流程、盈利模式、经营规则，明确平台的核心价值及其创造方式。各行业痛点很多，一个平台不可能解决所有问题，必须聚焦某个或某类痛点。痛点也是分阶段的，不同发展阶段痛点不同，相应要形成不同的解决方案。另外，市场不断细分，需求持续升级，平台服务要努力实现供需的有效匹配。

（2）深度专业化，提高差异化服务能力。差异化战略是提高企业竞争优势的有力手段。差异化的产品或服务不仅能够满足某些消费群体的特殊需要，也将降低客户对价格的敏感性，客户愿意为其产品支付溢价，使企业避开价格竞争。针对目前平台同质化现象较为严重，平台应明确市场定位，专注细分市场，根据自身优势提供差异化的服务以满足用户的需求。

（3）积极拓展"互联网＋""智能＋"。为了增强平台的连接能力、感知能力、响应能力与运作能力，要积极拓展"互联网＋""智能＋"，深度应用互联网、移动互联网、物联网、大数据、云计算、人工智能、区块链等技术，为供需主体、供应链全链赋能。

（4）持续创新商业模式。国内平台类型多样，各有侧重。一些成功的平台符合自身的战略定位与现有资源状况，不断优化了用户体验，抓住用户"痛点"。但是，如果平台一味模仿其他平台的商业模式，那它永远只能成为追随者，难以树立自身的特色。所以，平台在重点功能上需要持续创新。

（5）打造开放、共享、共生的生态体系。平台应着力推动线上线下资源的有机结合，把生产商、流通商、服务商、消费者等各个环节逐步整合到平台。

可以通过对各环节数据的深度挖掘与分析,最大化地为各类主体创造价值,构建共利、共赢、共享的生态体系。

综合地看,科学搭建数字化平台可遵循如下步骤:一是识别具有相互依赖的群体,判断因信息连接困难而导致的痛点及可能的市场规模;二是明确连接的价值所在和能够引发网络效应的核心群体,以及核心群体的互动机制与方式;三是制定平台方案,确定平台运作拟开展的核心、基本的业务方式(平台基本架构),设计好平台对接外部资源而构建平台生态系统的标准化接口;四是平台方案的数字化,开发相关软件,采用相应的数字技术,配置必要的信息技术硬件;五是数字化平台测试及上线运行;六是确定合理的价格结构和采用有效的营销策略,破解平台上线之初的困境,促进平台核心用户的互动与交易,快速规模化,突破平台核心互动的临界规模、形成自我强化的网络效应;七是运用大数据和算法等数字及人工智能技术,高效撮合用户的互动与交易;八是塑造资源集结力,集结相关资源,构建强劲的数字化平台生态系统和社区。

6.4.4　平台经济发展中值得重视的问题

当前,平台经济存在"六大"短板。一是认知短板。平台企业缺乏对应用场景的深刻理解,平台功能不够强大,"没有场域,想做平台往往变成阳台"。二是数据短板。"信息孤岛"阻碍了社会资源、数据的集成共享和创新应用。三是策略短板。商业模式不清晰,定价不合理,服务差异化不高。四是质量短板。平台服务质量不高与诚信缺失。五是人才短板。特别是许多平台的核心人才缺乏。六是"生产侧短板"。平台经济在消费端的运用比较广泛,在生产领域的渗透与运用尚未大规模展开。

同时,大型互联网平台利用平台规则、技术、流量、算法、数据、资本等优势实施不正当竞争或垄断行为。例如:不断提高平台服务价格,过度逐利,创新平台逐步转变为收租平台,使平台参与者获得感持续降低;妨碍或限制竞争,逼迫商家"二选一";大数据杀熟,"千人千面"式的定价策略;追求"赢者通吃"与独家垄断。一些平台存在一定程度的金融风险、技术风险与数据安全风险。资本存在着无序扩张。实践表明，被大数据平台统治的市场不太可能自我纠正。

平台经济出现垄断现象，是平台发展的必然。这是因为，平台经济具有很强的规模经济效应、范围经济效应与网络效应。一般而言，大平台比小平台效率更高，优势平台必然走向垄断，使得特定市场上只能存在很少几个平台，新竞争者更难进入市场。平台竞争将会走向生态系统的竞争。

大型平台对经济社会秩序影响巨大。大型平台的持续发展、快速渗透，将颠覆传统经济架构。友好的平台成为和谐社会维护者，掠夺式平台将破坏既有的秩序。

平台经济中的垄断行为、不正当竞争行为增加了平台参与商户、从业者、用户的成本，妨碍了公平竞争，不利于创新和高标准市场体系建设。竞争不充分、市场进入太少的后果是投资和创新受到损害。因此，必须清醒地认识到，尽管平台有多方面优势，但并不意味着平台可以滥用市场优势地位实施不正当竞争和垄断行为。

6.4.5　完善平台经济治理体系

中国平台经济发展正处于关键时期。要着眼长远，兼顾当前，补齐短板，强化弱项，营造创新环境，解决发展中的矛盾与问题，推动平台经济规范健康持续发展。要全面贯彻创新、协调、开放、绿色、共享新发展理念，充分发挥市场在资源配置中的决定性作用，同时更好地发挥政府作用。

1. 政府方面

（1）制定好平台经济发展的总体战略与规划。明确平台经济的发展方向，界定好不同类型平台在国家发展、行业发展、地区发展中的地位、定位与作用，支持平台创新发展，提升国际竞争力。同时，加强对平台经济领域的垄断监管。

（2）完善反垄断法律法规。根据平台经济发展演变，进一步完善《反垄断法》，保护平台、商户、消费者的利益和社会公共利益。科学认定平台垄断行为,依法实施高效监管,维护公平正义、规范市场秩序。对不同领域不同规模的平台分类分级,重点加强对大型平台行为监管。反垄断法的规则不应因行业不同而有所区别。若大型平台限制其他企业在平台上的竞争,就可以暂时假设其有反竞争行为。平台可对此假设提出反驳,但需证明其行为能够改善社会总体福利。

(3)构建平台经济的大监管体系。由于平台的跨界跨部门跨空间特性,对平台实施监管要系统、综合,跨部门联合。形成中央与地方、中央相关部委、司法与政府监管、政府监管与行业主管、政府监管与社会监督相结合的权威、高效、审慎、包容、前瞻的监管体系。可以在市场监管总局下面成立专门的监管机构,如数字经济监管委员会,其任务是为促进竞争创造相应条件。

(4)增强监管能力。创新监管理念,优化监管方式。数字化时代政府也要树立互联网思维、大数据思维、平台思维,充分运用大数据、人工智能、区块链、计算技术,构建网络监管大数据平台,根据监管需要获取平台运营数据,实现对平台行为与运营精准分析与监测。

(5)加强平台经济标准体系与信用体系建设。构建"底线标准、安全标准、消费者满意标准、国家战略要求标准、国际标准"紧密结合的平台发展标准体系。建立诚信奖励、失信严惩的社会信用机制。

(6)加强国际合作与交流。积极参与全球平台经济治理,与各国分享交流彼此在平台治理方面的经验。

2. 企业层面

(1)平台要树立用户意识、质量意识、共享意识。大型平台不一定会产生滥用市场优势的行为。这主要看平台创建者的价值取向。平台要着力于解决行业与用户发展中的痛点、堵点,盲点,以需求为导向、市场为核心,以更多的价值创造,更高效的资源配置来实现自身价值。坚持质量导向的资源配置方式,坚持"联接联合联动,共利共赢共享"商业逻辑。

(2)平台要强化社会责任。平台具有经济属性和社会属性。随着平台规模的大型化生态化,平台的社会属性越发明显,平台要统筹经济属性与社会属性。加强行业自律。健全行业自律与承诺机制,加强诚信体系、社会责任体系建设。

（3）平台规则共治。依法完善平台规则。平台具有规则制定的功能，也负有监管职能，主导平台的经营者有责任确保其平台上的竞争是公平、公正且对用户有利的。平台有责任保证自己制定的规则不该毫无道理地阻碍自由、公正和激烈的竞争；不得有反竞争的排斥或歧视规则。建立市场的主导平台必须保障其竞争环境公平，不能利用平台制定规则的权力决定竞争的结果。平台要不断加强自我治理，建立平台企业、商户、消费者共同参与的规则制定平台共治模式。

6.5 稳妥推进产业互联网发展

产业、企业发展的关键是处理好供给与需求、企业与企业、人与人，人与物、物与物等关系。这些关系正随着信息化、数字化、网络化、智能化进程，变得易于解决。数字技术、产业互联网、智能产业等出现，就是解决这些关系的重要途径之一，它们让世界正变得更加高效与简单。

6.5.1 大变革时代催生产业互联网

全球新一轮产业革命已经发生，新技术供给相当活跃，为世界各国发展提供了历史性机遇。以互联网、移动互联网、物联网、产业互联网、大数据、新计算、5G、人工智能、区块链等为代表的下一代信息网络技术在研发、设计、生产、流通、消费、运营、维护、工业、农业、交通、物流、能源、金融、教育、健康、文化、旅游、应急、政府管理等多个领域深度应用与广泛渗透，对创新与升级带来深刻影响。全球资源配置、产业格局与分工的逻辑发生深刻变革，以更有效的方式促进人类发展。

中国是产业大国，经过改革开放四十多年的发展，已经实现了对发达国家在产品规模与数量上的"一次追赶"，但在质量、技术、效率、竞争力、品牌、基础知识和能力等方面仍需"二次追赶"。产业发展还存在结构不合理，质量效益欠佳、产品附加值低、创新能力不足,资源配置效率不高、环境约束紧、供应链不协调、要素成本持续上升、产业安全形势严峻,某些地区出现产业空心化等突出问题。同时,一个日益复杂、迅速变化、不确定性大增的世界已经来临,市场需求千变万化,消费热点不断转移,需求个性化、多元化、高品质化以及空间分布的广泛性,已使得传统企业面临更大压力、更多挑战。传统的技术、商业模式、产品与组织形态越来越难以适应快速变化的市场。

中国若想在未来全球竞争中胜出,各次产业各类企业需要更广更深地连接市场、感知变化,更快速地回应需求,提供更适宜更优质更安全更绿色的产品与服务,在技术、产品、服务、模式、组织等方面持续创新,不断推进产品升级、服务升级、技术升级、流程升级、管理升级、运营升级与模式升级。而基于网络化、数字化、智能化、跨界融合的产业互联网为中国产业应对挑战、解决问题、把握新科技趋势、推进升级找到了一条切实有效的途径。

6.5.2 发展产业互联网意义重大

产业互联网是一种运用互联网、移动互联网、物联网、大数据、新计算、人工智能、5G、区块链等下一代信息网络技术,促进企业内的人、物(如机器、设备、产品)、服务以及企业间、企业与用户间互联互通、线上线下融合、资源与要素协同的一种全新产业发展范式,它既是新生产方式、组织方式、运营方式、资源配置方式,也是一种新的基础设施,是新一代信息网络技术与工业、服务业、农业深度融合的产物。

(1)有利于推动产业转型升级。构建强大、智能、安全的产业互联网,产业互联网使企业能够统揽全局,畅通供应链,打通上下游,做大生态圈,降低生产流通成本、提高运作效率,实现个性化智能定制。通过数字化、网络化、智能化手段对供应链不同环节、生产体系与组织方式、产业链条、企业与产业间合作等进行全方位赋能,推动产业效率变革。实质性推动各次产业互联互通,农业、工业与流通、交通、物流、金融、科技服务等互动,推动硬件、物理基础设施与软件、数字化基础设施等一体化发展,推动产业链、供应链、创新链协同,提升产业生态韧性、灵活性与市场反应能力。

（2）有利于提升产品与服务质量。围绕产品与服务质量不高的突出问题，产业互联网赋能企业检验检测体系，根据先行指标判断产品与设备的运行状态，预防故障的发生。能够实现产品自动检测、全程追溯与可视，实现智能质检。健全企业质量管理体系，提高全面质量管理水平。

（3）有利于产业创新。产业互联网能够推动企业、产业结合自身情况，围绕国家战略、市场需求、未来方向等，更高效地开展仿制创新、集成创新、原始创新和颠覆式创新，推动企业创新体系、产业创新体系、国家创新系统构建，推动政产学研用金有机结合的创新生态体系建设。

（4）有利于组织变革。产业互联网能够改变"大而全""小而全"的传统生产方式，按照专业化分工要求，推动企业业务重组、业务外包、联盟、供应链合作等，实现大范围的智能生产、柔性生产、精益生产、大规模个性化定制等。

（5）有利于形成新的经济增长点。中国目前是世界第一人口大国、网民大国，是全球最大的传统产业市场与最大的新兴经济体。尽管中国的消费者互联网发展迅速，但中国产业互联网发展尚处起步阶段。农业、工业和许多服务部门的数字化程度并不高，数字化工厂的比例仅为欧美的一半左右。装备设备的智能化远低于欧美，数据分析还处于追赶阶段，产业互联网平台更多侧重于应用。这种状况表明，无论是消费互联网还是产业互联网在中国均有极为广阔的发展前景。作为一项庞大的系统工程，产业互联网的推进，将催生万亿美元的市场，为中国经济增长注入全新的动力。

6.5.3　从战略高度加快推动产业互联网发展

中国产业互联网发展应当放在世界新产业革命大潮中来具体谋划，从引领产业未来发展的战略高度来重点推进。在继续保持消费互联网领先的同时，中国要发力加快推进工业、服务业、农业领域的产业互联网发展。推进工农业、商贸流通、科教文卫等领域与互联网、人工智能等深度融合；支持互联网企业、信息通信技术企业赋能传统产业传统企业；推进产业互联网平台建设，打造数字化基础设施与"产业大脑"；推进传统产业群体广泛应用数字化技术、新工艺、新装备和新商业模式，提高生产流通与服务效率，降低生产流通及服务成本,增强市场反应力。支持中小企业应用新技术、新工艺。针对大量企业数字化程度较低的状况,推动其完成数字化"补课"。推动"互联网＋智能＋农业""互联网＋智能＋工业""互联网＋智能＋流通""互联网＋智能＋物流""互联网＋智能＋交通""互联网＋智能＋健康""互联网＋智能＋教育""互联网＋智能＋能源""互联网＋智能＋文旅""互联网＋智能＋应急""互联网＋智能＋中小企业"等发展。推动互联网＋物联网＋5G＋人工智能等技术的深度集成,助力中国率先迈入万物智联新时代。

推动产业互联网发展有一些关键问题亟待破解:一是产业互联网的理论、方法、架构和标准,以及基础科学的支撑;二是信息孤岛问题;三是人力资源建设问题;四是新的商业模式探索;五是完善政府监管。跨界融合会产生许多新业态,需要创新规则,加强政策保障,修改滞后的法律法规等。

6.5.4　选择切实可行的产业互联网发展之路

中国的产业、企业类型十分丰富,存在多种生产力水平。每个行业每个企业的发展情况会有所不同,可用的资源与要素存在很大差异。企业进行数字化、智能化改造,还会增加不少成本。必须因产因企因地因时制宜,切不可盲目照搬照抄,而要有系统的理论与方法总结,进行系统深入的"成本与效益"分析。企业要反复问问自己三个基本问题:发展产业互联网要解决什么问题? 改变什么? 路径是什么? 回答好这几个问题,企业就会明确方向、重点与突破口,走出一条符合自身实际、促进供需对接、顺应时代潮流的高质量发展之路。

第 7 章
推动物流业高质量发展

7.1 把握物流业发展大势

7.1.1 中国物流业发展的基本现状

1. 中国是全球物流大国

经过四十多年发展,物流业已经成为国民经济的支柱产业和重要的现代服务业。2020 年,全社会消费品零售总额 391 981 亿元,网上零售 117 601 亿元(如表 7-1 所示)。2020 年,全国社会物流总额 300.1 万亿元(表 7-2 为近年来的物流总额变动)。2020 年,全国铁路货物发送 45.52 亿吨,公路货运量 342.64 亿吨,水路货运量 76.16 亿吨,民航货邮运输量 676.61 万吨。全国铁路货物周转量 30 514.46 亿吨千米,公路货物周转量 60 171.85 亿吨千米,水路货物周转量 105 834.44 亿吨千米,民航 240.20 亿吨千米。规模以上港口货物吞吐量 145.50 亿吨,规模以上港口集装箱吞吐量为 2.64 亿 TEU,快递服务企业业务量完成 833.6 亿件,快递日业务量突破 22 838 万件。铁路货物发送量、铁路货物周转量、公路货运量、港口吞吐量、集装箱吞吐量、快递量均居世界第一,民航货运量居世界第二。

表 7-1　全国社会消费品零售总额、网上零售额变动情况　（单位：亿元）

	社会消费品零售总额	网上零售额	实物商品网上零售额
2014 年	271 896.1	暂无	暂无
2015 年	300 930.8	38 773.2	32 423.8
2016 年	332 316.3	51 555.7	41 944.5
2017 年	366 261.6	71 750.7	54 805.6
2018 年	377 783.1	900 65.0	70 198.2
2019 年	408 017.2	106 324.2	85 239.5
2020 年	391 981.0	117 601.0	97 590.0

资料来源：国家统计局网站

表 7-2　2008—2020 年社会物流总额及其增长速度

年份	社会物流总额(万亿元)	同比增长
2008 年	89.9	19.5%
2009 年	96.7	7.4%
2010 年	125.4	15.0%
2011 年	158.4	12.3%
2012 年	177.3	9.8%
2013 年	197.8	9.5%
2014 年	213.5	7.9%
2015 年	219.2	5.8%
2016 年	229.7	6.1%
2017 年	252.8	6.7%
2018 年	283.1	6.4%
2019 年	298.0	5.9%
2020 年	300.1	3.5%

资料来源：中国物流与采购联合会

在规模快速扩展的同时，物流能力有很大提升。2020 年，全国铁路营业里程达到 14.63 万千米，其中高速铁路运营里程达到 3.8 万千米；全国公路总里程达到 519.81 万千米，其中高速公路通车里程 16.10 万千米；全国内河航道里程达到 12.77 万千米，其中等级航道 6.73 万千米；全国港口万吨级泊位达 2 592 个；全国民航机场达到 241 个。截至 2019 年底，全国营业性通用（常温）仓库面积达 10.8 亿平方米，各种类型的物流园区不断涌现。物流基础设施的大发展为物流能力的提升奠定了坚实的基础。

2. 物流市场开放程度高

改革开放之初，跨国物流企业就开始进入中国。20 世纪八九十年代，先后有联邦快递、敦豪、天地物流、联合包裹、马士基等跨国物流企业在中国建立合资企业。2001 年中国入世后，物流业进一步扩大开放。2006 年起，外资企业在中国可自行设立分销网络，独立经营物流业务。凭借规模、资金、技术和管理等优势，跨国物流企业已从原先主要以合资为主逐步走向独资，从单一业务走向综合物流业务，从集中于中心城市物流业务向构筑全国性物流网络展开。例如，联邦快递在广州白云机场设立亚太转运中心，联合包裹在香港、上海、深圳设立航空转运中心，天地物流在上海、北京、香港设立微型转运枢纽，敦豪设立香港转运中心和上海北亚转运枢纽。开放的中国物流市场成为世界物流市场的重要组成部分，成为跨国企业竞逐的焦点。2014 年 9 月，中国全面开放国内包裹快递市场，对符合许可条件的外资快递企业，按核定业务范围和经营地域发放经营许可。引进来的同时，国内物流企业国际化也迈出一定步伐，加大开拓国际物流业务和海外布局布点力度。

3. 物流业发展不平衡

受经济、生产力、基础设施、市场化程度、信息化水平、需求等因素的影响，各地物流发展水平不平衡性是明显的，如表 7-3 所示全国省级商贸和物流基础设施数量。

表 7-3 2020 年全国省级商贸和物流基础设施数量

省区市	基础设施						
	商贸基础		物流基础				
	连锁零售企业门店总数	亿元以上商品交易市场个数	铁路运营里程	高速公路里程	内河航道里程	通航机场数量	邮政业网点数
	个	个	千米	千米	千米	个	处
北京	10 307	88	1 404	1 173	0	2	4 495
天津	2 610	41	1 186	1 325	88	1	3 926
河北	8 387	178	7 941	7 809	0	6	14 323
山西	5 814	30	6 251	5 745	467	7	8 185
内蒙古	2 134	43	14 190	6 985	2 403	19	7 327
辽宁	7 045	148	6 627	4 331	413	8	10 385
吉林	3 166	39	5 043	4 306	1 456	6	5 736
黑龙江	1 715	46	6 781	4 512	5 098	13	8 391
上海	22 548	113	491	845	1 654	2	5 919
江苏	21 080	420	4 174	4 925	24 372	9	24 643
浙江	23 495	644	3 159	5 096	9 758	7	25 229
安徽	8 995	104	5 287	4 904	5 651	6	15 022
福建	13 113	102	3 779	5 635	3 245	6	8 365
江西	6 676	107	4 917	6 234	5 638	7	10 491
山东	18 534	383	6 924	7 473	1 117	10	17 679
河南	7 365	118	6 519	7 100	1 403	4	19 184
湖北	10 894	108	5 185	7 230	8 488	7	14 261
湖南	10 977	285	5 646	6 951	11 496	9	12 061
广东	28 477	273	4 871	10 488	12 251	8	32 335
广西	7 767	61	5 206	6 803	5 707	8	10 311
海南	930	7	1 033	1 254	343	4	2 109
重庆	6 984	142	2 356	3 402	4 352	5	10 164

（续表）

省区市	基础设施						
	商贸基础		物流基础				
	连锁零售企业门店总数	亿元以上商品交易市场个数	铁路运营里程	高速公路里程	内河航道里程	通航机场数量	邮政业网点数
	个	个	千米	千米	千米	个	处
四川	17 065	111	5 312	8 140	10 881	16	28 160
贵州	2 020	50	3 873	7 607	3 954	11	11 565
云南	6 828	29	4 220	8 406	4 589	15	11 767
西藏	100	3	785	106	0	5	1 232
陕西	5 427	46	5 589	6 171	1 146	5	12 492
甘肃	2 358	31	5 113	5 072	911	9	5 991
青海	154	8	2 975	3 451	674	7	1 671
宁夏	1 471	35	1 663	1 946	130	3	1 637
新疆	4 909	98	7 831	5 555	0	22	4 019

资料来源：作者整理（注：以下未注明资料来源的，均为作者整理）

如果进一步通过对各省、市、自治区基础设施、物流能力、产业水平和经济效益等维度构建的综合评价指标体系测算，各地物流发展水平大致为：

广东、浙江、江苏、上海、山东位于全国物流发展水平第一方阵；

河北、北京、四川、河南、安徽、湖南、福建、湖北位于第二方阵；

内蒙古、陕西、山西、云南、江西、广西、辽宁、重庆、新疆、贵州、天津、黑龙江、甘肃、吉林、西藏、海南、青海、宁夏的物流发展水平位于第三方阵。

从社会物流总额的绝对值构成来看，工业品物流总额占社会物流总额的比重从2001年的82.8%增长到2020年的89.9%，工业物流在国民经济发展中占据主导地位，是推动社会物流总额增长的主要动力。与消费市场紧密连接、竞争激烈、技术水平要求较高的家电、日用化工、烟草、医药、汽车、连锁零售和电子商务等行业物流需求旺盛，特别是快递业呈现超高速发展。居于产业链上游、资本密集型的农产品与农资、钢材、煤炭、矿石等大宗物资物流发展相对滞后。

4. 多元化物流发展格局

物流已经形成多种所有制并存、多元主体竞争、多层次服务共生的格局。从所有制看,国有、民营和外资三足鼎立;从需求看,既有民生需求,也有来自农、工、商等产业需求;从提供主体看,既有传统企业,也有专业化企业和新兴企业。在近些年物流业重要性日益显现的态势下,社会资本纷纷进入物流领域。服务产品和服务模式日趋呈现多样性,第三方、第四方、供应链、平台、联盟、O2O、众筹等多种经营模式加快发展。服务空间分布上有同城、区域、全国、跨境等多种类型。服务时限上有"限时达、当日递、次晨达、次日递"等多种类型。物流企业不断开拓业务范围,开展代收货款、上门取件、代客报关、代客仓储、代上保险、代发广告、签单返回等时效业务和增值服务;冷链、跨境包裹、社区代收货、智能快递箱、校园快递、农村快递等新兴和专业化业务不断涌现。物流业与电子商务交叉渗透融合进程加快。物流服务竞争方式日趋多样化、差异化,竞争形态发生了很大变化。电商物流、快递快运、物流地产、冷链物流、航空物流、物联网等细分市场成为投资关注点。一些物流企业开始进军物流电商领域。

5. 物流服务科技水平有较大提升

与过去科技含量较低的状况相比,目前物流行业信息化建设有一定进展,物流集成化和自动化水平有较大提升。物流行业自身技术进步较快,信息化程度不断增强。高速铁路、高速船舶、自动化立体仓库、自动分拣设备、智能物流设备等现代物流装备进入快速发展期,物流企业普遍使用手持终端、车辆卫星定位技术、电子条码、无线靶枪等,互联网、车联网、物联网、大数据、云计算等技术加快应用,信息网络技术与物流业进一步加快融合,信息网络技术对物流业务的支持能力进一步增强,物流供需匹配 APP 系统受到重视。

6. 物流产业组织结构有所优化

由中国物流与采购联合会组织实施、提出排名的"2020 年度中国物流企业50强、民营物流企业50强"，榜上50家企业物流业务收入合计共达1.1万亿元，物流企业50强门槛达到37.1亿元。快递、电商、零担、医药、物流地产等细分物流市场品牌集中、企业集聚、市场集约的趋势进一步显现。在公路零担市场，加盟型网络依托资本和技术优势，集聚了一批小微物流企业，货运市场集约化步伐加快。

7.1.2 中国物流业发展的主要问题

中国已成为物流大国，但还不是物流强国，物流绩效并不理想。成本高、效率低、集约化水平不高、产业支撑度不足，诚信、标准、人才、安全、环保等"软实力"不强，尚不能满足现代物流国际竞争的需要。物流整体市场环境较为严峻，产业间联动发展空间巨大，物流企业经营压力持续加大，收入利润率低。地方保护、不正当竞争、诚信体系缺失等问题依然存在，资金短缺、人才短缺问题难以缓解，创新驱动的内生机制尚未建立。与此同时，国家支持物流业发展的诸多政策有待落实，相关问题还没有得到实质性改善。这些对物流业进一步发展提出了严峻挑战。

1. 物流绩效有待提高

近年来，全社会物流总费用占GDP比重有所下降，但仍然较高，如图7-1所示。据国家发展改革委、国家统计局等部门联合发布的数据显示，2020年中国社会物流总费用为14.9万亿元，同比增长2.0%；社会物流总费用与GDP的比率为14.7%，与上年基本持平，但仍然远高于发达国家8%—9%的水平。

物流绩效不高的原因是多方面的，突出表现为：

（1）物流系统性不强，网络化程度较低。中国物流系统性和综合性不强，运输结构不合理，网络化和组织化程度较低，呈现分散、各自发展的态势，基础设施的配套性、兼容性较弱，末端网络薄弱。"干、支、末"与"物流枢纽、物流园区、物流中心、配送中心、终端网点"等构成的物流网络很不完善，干线之间、干线支线之间、干线、支线与配送之间、支线与末端之间均存在许多薄弱

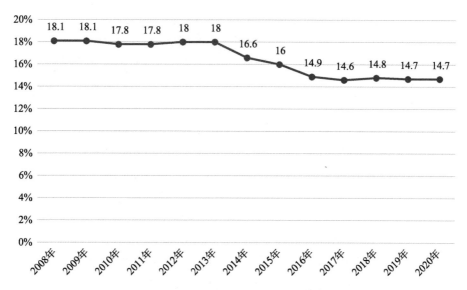

图 7-1 全社会物流费用占 GDP 比重
资料来源：国家统计局，中国物流与采购联合会

环节。物理基础设施网络、信息网络、运营网络尚在形成之中。公共物流基础设施、社会化物流基础设施、企业自营物流基础设施之间的比例不尽合理。高效便捷、能力充分、衔接顺畅、结构优化、布局合理的综合交通运输体系尚未形成，综合交通运输枢纽建设滞后，难以实现合理分工和有效衔接，沿海和内陆集疏运体系不配套；一些地方物流园区、物流中心盲目大量兴建情况严重，造成闲置浪费；仓储设施资源分布在不同行业和部门，缺乏有效整合；铁路在综合交通运输中的优势未得到充分发挥，如表 7-4 所示，铁路货运份额比重明显偏小。

表 7-4 2011—2020 年各类运输方式占货运量比重

年份	占总货运量比重				
	铁路货运量	公路货运量	水上货运量	航空货运量	管道货运量
2011 年	10.7%	76.3%	11.5%	0.01%	1.5%
2012 年	9.5%	78.0%	11.0%	0.01%	1.5%
2013 年	8.8%	78.8%	10.9%	0.01%	1.4%
2014 年	8.7%	76.1%	13.6%	0.01%	1.7%

年份	占总货运量比重				
	铁路货运量	公路货运量	水上货运量	航空货运量	管道货运量
2015 年	7.3%	77.4%	13.6%	0.01%	1.7%
2016 年	7.6%	76.4%	14.4%	0.01%	1.6%
2017 年	7.7%	76.8%	13.9%	0.01%	1.6%
2018 年	7.8%	76.8%	13.6%	0.01%	1.7%
2019 年	9.3%	72.9%	15.8%	0.02%	1.9%
2020 年	9.8%	73.8%	16.4%	0.01%	无

资料来源：作者整理

（2）物流基础设施结构性短缺。中国物流基础设施相对滞后，存在结构性短缺，现代化设施比重低，不能满足现代物流发展要求。现代化仓储、多式联运转运等设施不足，高效、顺畅、便捷的综合交通运输网络尚不健全，布局合理、功能完善的物流园区体系尚未建立，物流基础设施之间不配套，难以有效衔接。大量煤炭中长途运输依赖公路，造成大量优质能源的消耗和运输成本的增加；部分沿江通道高等级航道占比低，网络化程度不高；航空货运基础设施发展总体不足；仓储建设严重滞后，仓库面积大大低于发达国家水平，全国公共通用仓库建设缓慢且"带病作业"，存在重大安全隐患。

（3）第三方物流和供应链服务发展不足。中国第三方物流服务功能单一，市场意识不强，不能满足客户多方位服务需求。第三方物流企业多是由功能单一的运输企业、仓储企业转型而来，经营规模小，综合化程度较低，在管理、技术及服务范围上整体水平不高，不能为企业提供完整的供应链服务。服务水平低，服务成本较高，影响了第三方物流服务效率。大多数第三方物流企业技术装备和管理手段比较落后，服务网络和信息系统不健全，供应链建设和管理服务水平低，很难适应现代物流追求动态运作、快速响应的要求。运行体制不畅，政企职责不分，部门管理中条块分割、分割运营及制度束缚问题突出，物流组织化程度低，一定程度上肢解了物流资源社会化配置综合效益，制约了第三方物流产业发展。

（4）物流信息化和智能化滞后。与国际先进水平相比，中国在物流信息化、智能化长期发展战略上尚未形成体系，整体规划能力低。物流信息化建设相对缓慢，行业信息化标准、规范不健全，信息类专业人才相对缺乏；信息资源缺乏统筹开发，共享率低，更新速度慢。物流信息化整体应用水平尚处于较低层次，特别是中小物流企业的信息化水平很低，先进的信息技术应用较少，应用范围有限，信息化对企业运营生产环节的渗入层次较低。缺乏开放式公共物流信息平台体系，缺乏统一的快速反应物流管理信息平台，尚未实现信息共享、一体化服务。物流企业对自身的信息化发展缺乏规划，缺乏覆盖整个企业的、全面集成的信息系统。物流各环节信息化、智能化程度偏低，信息沟通不畅，造成库存、运力浪费，没有发挥"信息流"主导"物品流"的作用。

（5）物流业与相关产业联动不足。物流业与制造业、农业、商贸业、电子商务联动不足，物流速度慢、成本高、渠道不畅、模式陈旧，严重制约了制造业由大变强、解决三农问题、推动商贸服务和电子商务的持续发展等进程。集疏运一体化等物流资源的整合和利用的规划、实施难度和成本相对较高，相关产业与物流业不同程度、层次的供需结构性矛盾普遍存在，与物流业联动信息化平台和技术应用滞后，未能充分发挥对联动发展的促进作用。相关行业的物流外包程度相对较低，开放程度有待提高；自营物流退出成本较高，物流外包的风险较难控制，物流外包的服务范围尚待进一步明确。物流业与相关产业联动发展的综合环境落后于中国经济和社会发展的需求和速度，如物流企业深度介入制造业的战略性考虑和能力缺乏，制造业核心竞争力的国际化战略性选择及其物流业务分离和外包的动力不足等。

2. 物流业整体创新能力不强

物流业整体创新相比于创新活跃的生产制造环节和交易环节严重滞后。物流企业缺乏创新动力，研发投入低，商业模式创新、组织创新、技术创新、管理创新等滞后，尚未进入"创新驱动"的发展新阶段。国内物流企业的组织惯性现象普遍，对已有的物流服务体系优化升级的意愿不强。此外，国内物流企业的创新面临来自跨国公司的技术壁垒、资金壁垒、外部资源壁垒、管理壁垒，来自国内环境对企业进入的限制壁垒，以及企业自身对创新的阻碍，如技术依赖等。这些壁垒严重阻碍了物流企业的创新发展。

3. 物流国际化水平低

中国全球连接能力不强,国际资源整合能力弱,国际竞争力弱,缺乏国际战略通道和战略支点,缺乏全球物流治理能力,滞后于全球化发展进程,物流的国际化能力亟待提升。与中国高速增长的国际贸易相比,物流业尚未形成与之匹配的全球物流和供应链体系,国际市场份额很低,进出口所需的物流服务很大程度需要依赖国外跨国物流企业。中国的国际物流企业规模偏小,不仅缺乏规模优势,难以承担大型业务项目,而且附加值低,业务面单一,难以形成齐全的物流产业链。麦肯锡公司的研究表明,美国和德国是全球连接能力最强的国家之一,中国的全球连接能力只有它们的一半。

例如,中国国际海运在全球海运市场中控制力弱,国际海运运力规模仅相当于德国、日本的2/3,外贸进出口海上运输承运仅为1/4。中国对主要国际海运通道影响力小。从中国国际航空货运网络、国际快递网络、跨境仓储配送体系的建设看,目前还处于起步阶段。中国在国际物流服务标准制定上缺乏话语权。中国的产品出口已经覆盖220多个国家和地区,但中国尚无一家物流企业具有全球递达能力,而UPS、FedEx、DHL等国际快递巨头具有全球递达能力,其物流网络覆盖220多个国家和地区。

4. 规范有序的物流市场尚未形成

许多物流企业经营不规范,服务意识淡薄,法律意识不强,诚信体系严重缺乏。统一开放、公平竞争、规范有序的物流市场远未形成。一些地方针对物流企业的乱收费、乱罚款问题突出。信用体系建设滞后,物流业从业人员整体素质有待进一步提升。跨国物流企业在用地、税收等方面得到一些地方政府的诸多优惠,享受超国民待遇。物流市场的进入与退出、竞争规则基本上无统一法律法规可循,对社会性的物流服务缺乏有效的外部约束,不正当市场竞争难以避免。

5. 物流不可持续和安全问题突出

公路、航空、铁路、水路等运输方式的资源、能源、土地等消耗和大规模排放问题突出。无效运输、不合理运输、过度包装等问题严重,造成城市交通压力的加大和资源能源的浪费;物流企业缺乏绿色低碳的物流管理理念,节能环保意识不强,物流作业清洁技术和设备投入不足,循环物流、逆向物流等发展滞后,资源能源利用效率低,物流过程对环境造成的危害较大。超载、超速、驾驶员操作不当以及报废车辆继续行驶造成的严重人身安全和货物损害事故经常发生,货物在运输途中遭遇作业人员乱抛乱扔、私拆偷拿,危化品仓储管理薄弱,给企业和国家带来重大损失。信息安全水平很低,物流信息和快递信息泄露时常发生,部分物流企业对用户信息不能执行严格保密制度,存在内部人员利用信息谋利的情况,造成用户信息和个人隐私泄露,信息安全形势不容乐观。

特别是,物流业(网)点多,(涉及)面广,(业务)量大,劳动密集程度高(人员众多),服务对象和从业人员有较强流动性和非特定性,服务频次高,服务人货分离等诸多特点,使其容易成为不法分子实施犯罪或获取犯罪工具的重要渠道。不法分子可隐匿个人真实身份,利用物流渠道非法递送枪支弹药、爆炸物品、毒品、易制毒化学品、政治非法出版物、宗教极端宣传品、淫秽物品、假币、假公章等,甚至还有恐怖分子和极端分子利用该渠道非法传递、交易作案工具。这些行为直接威胁到了公共安全和社会安全,甚至国家安全。

另外,食品、药品等民生物流问题突出。食品物流对专业性、技术性、配送功能的要求高,在中国还处于起步阶段,与西方国家尚有较大差距。中国的农产品物流冷链在技术上和环节上与发达国家差距较大,食品物流过程冷链供应不足,物流成本过高。中国的农产品物流多以常温物流或自然形态物流形式为主,由于缺乏冷冻冷藏设备和技术,水果、蔬菜等农产品在采摘、运输、储存等物流环节上损失率高。食品物流基础设施建设落后,基础投入严重不足,专用仓库,恒温仓库,冷冻、冷藏仓库,生鲜加工配送中心,自动化立体仓库等数量很有限。在食品物流技术研究及应用方面,中国的冷冻冷藏保鲜技术水平落后于发达国家。中国药品物流的总体水平同样停留在初级阶段,片面重视对物流功能的发展,强调运输、配送、库存管理等个别物流功能的实现,未能从功能整合和综合管理的角度发挥物流对企业的作用,一体化综合物流管理能力不足。

6. 物流应急能力薄弱

中国现有应急物流保障系统抗风险性较差,应急能力薄弱。在应对各类重大突发性事件时,难以做到"第一时间"应急物资的保障。由于传统物流经营互相封闭,割裂了物流各方面的联系,衔接不顺畅,难以及时满足应急保障的需要。现有长期形成的物流定式和以单纯追求经济效益最大化为驱动力的物流模式不利于应急物流的实现,要实现应急物流时间效益最大化,必须有相应的应急机制为基础。现行的应急物流保障机制以行政命令为主要手段,不计入物流运作成本,并且应急物流指挥体系不完善、配送指标体系不健全,配送方式欠灵活,交通运输存在较大问题,军地物流服务保障各自为政。应急快速反应机制不健全,社会及部门间缺乏联动互动机制,缺乏所需的基础数据库支持,灾害现场状况恶化和应急技术装备严重不足,集权式应急物流系统模式低效运作。没有形成完善的应急物流预案体系,应急采购制度不健全,国家级救灾物资储备仓库布局不合理和应急衔接不畅。应急物流中应急物资的筹措、储存、运输和补给整个链条运作的整体性和系统性差,应急物资管理条块分割,导致反应能力差。

7. 物流人力资源保障弱

中国物流人力资源总量和层次均不高,物流从业人员在学历结构、职称结构和技术等级结构等方面均与发达国家存在较大差距。物流人力资源后期培养力度不够,物流企业只重视现有人力资源的使用,对人才培训的重视和投入不够。物流人力资源培养结构不合理,以物流科技创新和知识型物流人才为核心的教育体系尚未形成,在学校教育方面和职业培训方面,都不能很好地满足物流企业对物流人才的需求。物流教育条件存在一些不合理因素,物流职业认证制度不完善,培训项目和层次有待进一步提高,师资队伍建设有待加强。物流人力资源缺乏科学合理的战略性规划,企业员工缺少职业生涯规划,造成企业整体管理水平不高和发展后劲不足,严重制约了企业的发展。

8. 物流体制机制法律政策等尚不完善

(1)物流业管理体制和治理能力弱。政府与物流市场主体组织管理界限不清,亟待明确。政府对全国物流业发展的总体思路不够明晰,对物流业在国民经济中的地位、发展模式、发展重点、产业体系、科学体系等重大问题还需深入研究。物流企业作为物流市场主体组织,由于受所有制形式、行业的限制,市场竞争机会不同,导致其发展不平衡。国有物流企业相较于民营物流企业在铁路、公路、航空、海洋、信息、金融等重要物流资源方面竞争优势较大。中国物流业的管理权限涉及多个部门、多个行业,涉及中央与地方各级政府,物流管理权限部门分割、条块分割的现象极为突出,不同部门间、地区间缺乏有效协调,阻碍物流业发展的体制机制障碍仍未打破。国家至今尚没有统一的物流发展主管部门,对物流业缺乏全国性的交通运输、仓储管理、信息网络等总体规划,也未能实现对物流网络的统一布局,对物流业的管理和治理呈多元化的分散方式。这种自成一统、地区封锁和市场分割的模式极大地削弱了对物流业的管理和治理能力。

(2)物流法律法规和政策不完善。中国物流立法相对滞后,现行的物流法律法规大多从计划经济体制中沿用下来,难以适应物流国际化发展的需要,更难以适应市场经济环境下现代物流发展的需要。相关法律法规体系普遍在技术上缺乏对物流实践工作的调整作用和具体指导,微观约束能力和宏观调控能力不足。中国现行的物流法律法规直接具有操作性的层次较低,法律效力不强,价值目标难以协调。各部委、地方制定颁布的各类物流法规和政策,在具体运用中缺乏普遍适用性,多数只适合作为物流主体进行物流活动的参照性依据,带有地方、部门分割色彩,不利于从宏观上引导物流产业的发展,也缺乏对物流主体行为必要的制约作用。法律法规之间存在重复规定和相互冲突等问题,缺乏系统性和衔接性,难以充分发挥规范和调节的作用。众多的物流活动环节使得调整物流的政策法规散见于各行业主管部门出于各自利益而制定的部门法中,形成了多头而分散的局面。对物流市场的准入条件缺乏统一法律规范,对物流企业的准入门槛设置较低,针对物流企业的市场准入和资质问题的立法亟须完善。

7.1.3 中国物流业发展面临的形势与趋势

未来一二十年,是中国物流业发展的重大战略机遇期,也是优化升级、竞争力提升和企业大规模走出去的重要时期。

1. 经济规模与贸易扩张、结构转换与升级对物流业发展带来深刻影响

中国未来一二十年将成为世界第一大经济体,由此将成为物流需求增量和物流市场规模最大的国家。未来一二十年,中国将基本实现工业化,工业化推进过程中工业体系仍将有较大发展,大宗能源、原材料和主要商品的大规模运输方式和物流需求仍将旺盛。同时,产业结构将从“二、三、一”进入“三、二、一”阶段,服务业和工业一道共同推动中国经济增长。产业结构的变化和逐步升级,生产方式的变化,带来“短、小、轻、薄”商品以及小批量、多频次、灵活多变的物流需求快速增加。2030 年,中国将成为全球贸易巨人,中国与主要经济体、新兴经济体、发展中国家的贸易会进一步提升,中国的国际物流规模会有更大扩张。中国从中等收入迈向高收入国家,中产阶层规模的进一步扩大,广大居民消费的水平、心理、方式和结构的变化,要求物流发展更加注重服务质量、效率、品牌、特色、个性和体验,基于更高时间和空间价值的物流需求会越来越大。初步估计,2020 年电子商务产生的日快递量已突破 1 亿件,2030 年将突破 2 亿件。中国向工业化后期迈进将使综合物流成为时代潮流。

2. 城市化、区域一体化对物流空间分布、效率、获得性等提出更高要求

中国正经历着规模宏大的城市化,推动着物流活动集中于城市群、城市带、大中小城市和城际间,不断增加的物流量、机动车量以及能源短缺、环境

污染、交通拥堵和道路安全等问题,迫切需要提升城市内、城际间物流效率,构建符合"以人为本、城乡统筹、大中小城市相协调"的新型城市化要求,建设功能强大、高效集约的城市物流和配送体系。区域经济协调发展以及一体化要求将加快区域物流一体化,构建有利于东中西协调发展的物流服务体系。中西部区域增长新格局,要求中西部加快物流业发展,改变物流业长期制约中西部地区发展的状况。未来网络零售市场除了在沿海发达地区、一二线市场继续保持稳健增长外,还将呈现出由沿海地区向内陆地区逐渐渗透、由一二线城市向三四线城市及县域渗透的趋势。随着网络零售市场的渠道下沉,三四线城市、县乡镇、农村电子商务将发展迅猛,对农村和三四线城市及县乡镇的电子商务物流发展提出更大更高的需求。

3. 全球化纵深和开放新格局推动物流市场深刻调整

全球化推动中国与世界经济的联系和相互作用日益加深,要求中国与各国间有更好的交通运输、物流、通信、信息等基础设施连接。中国除与发达经济体继续保持密切经贸往来外,与新兴经济体以及发展中国家的贸易增长将会成为新的亮点,贸易格局的变化带动国际物流活动此消彼长。中长期看,中国国际贸易仍将有稳健增长,带动中国国际物流继续较快发展,尤其是跨境电子商务物流会有更快发展。

中国扩大对外开放推动物流市场朝着更高层次的竞争发展。丝绸之路经济带和 21 世纪海上丝绸之路为中国物流业走向世界、中国连接世界带来巨大机遇。更加开放和不断升级的物流市场将使以价格作为主要竞争手段的状况有所改变,服务、品牌、创新、社会责任等非价格竞争方式将会得到加强,专业性国际物流企业和基于专业化基础上的综合性国际物流企业将会得到更大发展。跨国物流企业将深度渗透中国的传统物流领域。激烈竞争的物流市场推动物流领域的兼并重组持续发生,各种形式的物流联盟不断涌现,预计会出现超大规模跨国物流企业集团或联盟,市场集中度会进一步提高。由于国际经济新秩序尚未完全建立,随着中国物流企业走向世界进程的加快,国际贸易摩擦和各种形式的壁垒有可能增加。中国周边与全球地缘政治形势依然十分复杂,物流与供应链安全将受到贸易保护主义、恐怖主义、极端主义、分裂主义等方面的挑战。

4. 新技术突破和信息网络技术的广泛应用促进物流业升级

交通运输、物流、先进制造、信息网络、新能源、新材料、生物科技等领域在孕育新的技术突破，高速铁路、大型高速船舶、绿色航空、电动汽车和新能源汽车、无人驾驶、智能交通、智能仓储、智能分拣、新材料技术、节能环保技术、物联网、下一代信息网络、现代管理、计算科学等将在物流领域得到更加广泛的推广和应用，互联网、移动互联、大数据、云计算、物联网、人工智能等将与物流业深度融合，这些都对物流业升级带来重大促进作用。未来物流技术创新将显著反映出安全、快速、便利、大型化、自动化、信息化、数字化、网络化、智能化、个性化、多样化、人性化、精细化、绿色化和节能化等时代性特点。

5. 可持续发展和要素成本上升等驱动物流发展转型

未来一二十年，中国物流能源消耗仍处于快速增长期，对液体燃料需求将大幅增加。由于物流企业运营所需的能源、劳动力、土地价格持续上涨，加之服务价格偏低、融资环境不佳影响，依赖"高投入、高消耗、高排放、低产出、低效益、低科技含量"的传统物流运作模式难以为继，面临着降低成本、提高效率、可持续发展的转型要求。另外，安全意识将更加深入人心，政府、企业和消费者会更加重视物流安全，确保运输安全、仓储安全、装卸安全、快递安全、配送安全、加工安全、信息安全、社会安全、环境安全和国家安全。

6. 供应链将会加快发展

供应链创新与应用，有利于加速产业融合，深化社会分工，提升产业集成和协同水平；有利于加强从生产到消费各个环节的有效对接，降低企业经营和交易成本，促进供需精准匹配和产业转型升级；也有利于交通物流企业更深更广地融入全球供给体系，成为推进"一带一路"建设落地，打造全球利益共同体和命运共同体的全新动能。2017年10月，国务院办公厅印发了《关于积极推进供应链创新与应用的指导意见》，部署供应链发展有关工作；党的十九大报告又重点指出,要在现代供应链领域培育新增长点。中国物流业将加快向现代供应链发展的步伐。

7. 应急和民生物流的重要性日益凸现

中国自然环境和气候复杂多样,自然生态灾害严重。在加快推进工业化、城市化和经济社会转型时期,各类突发性事故发生概率将会加大,加之全社会安全意识不断提高,应急物流体系建设十分迫切。三农问题、医药卫生、社会救助、生活用品服务、邮政普遍服务、可追溯食品供应链管理等要求加快发展服务于民、方便于民、受益于民的民生物流。

7.2 构建强大国家物流系统①

长期以来,中国物流业存在着资源分割、主体分散、资源配置效率不高、与相关产业联动不足等突出问题,这不仅使全社会物流成本高企,也影响到国民经济运行效率和国家竞争力。为解决这些问题,顺应时代发展潮流,做强做优物流业,中国有必要进行总体战略设计,推动物流资源整合和优化配置,最大化地实现物流的时空价值、经济与社会价值。这就需要从全局出发,推动构建一个强大、智能、绿色的国家物流系统。

7.2.1 为什么要构建国家物流系统

"国家物流系统"是从总体与长远发展的角度,着眼于国民经济总效率总效益,根据物流业发展的规律、业务间的内在联系、活动的时空范围,通过市场和政府力量的有机结合,优化配置物流资源,形成涵盖交通运输、邮政、快递、配送、仓储、包装、装卸搬运、流通加工、信息等在内的跨行业、跨地区、多层次、全方位连接与协同的综合物流系统。国家物流系统由物流基础设施网

---

① 本节与陈金晓合作完成。

络、物流信息网络、物流运营网络等构成。在物流基础设施网络中，铁路、公路、水运、航空和管道在不同的物流节点之间形成主干网络、支线网络、配送网络和末端网络，是实物流动的通路；车站、港口、机场、物流枢纽、物流园区、仓储中心、分拨中心、配送中心、乡村网点、社区网点等节点，对货物进行中转、分拨、包装、储存、配送以及流通加工等。

物流信息网络构成物流信息通道，是国家物流系统不可或缺的重要组成。它通过物流信息枢纽、各级信息平台，结合互联网与移动互联网、大数据、云计算、物联网、地理信息系统、人工智能等技术，收集处理各物流活动主体、各环节的信息，为企业与用户提供及时准确的信息服务，保障物流各个环节服务的信息对接，优化物流资源配置。

物流运营网络由物流企业、辅助企业及利益相关主体有机构成。物流企业是提供物流产品与服务的经营主体，物流企业协同相关企业和辅助企业，与各类客户需求对接，提供优质、高效的物流服务。

国家物流系统的构建，有利于消除"孤岛"效应，提升全社会物流资源互联互通与综合协同的能力，有利于为生产、流通、消费、各次产业、人民生活提供更优的物流服务，有利于为用户创造价值、为企业提升能力、为社会节约资源、为国家赢得竞争优势，为经济、社会、生态乃至军事提供强大的物流保障。

7.2.2 国家物流系统的架构与特征

国家物流系统是由众多子系统、主体、要素等组成的复杂巨系统，各子系统、主体通过互联互通和相互协同，实现整体效益的最大化，其核心特征是物流活动、生产运作、资源环境、基础设施、组织管理和技术装备等方面的联通、协同，实现横向、纵向、端到端的全方位集成，实现"多样化、个性化、定制化"物流服务。"互联互通、社会化协同、全方位集成、大规模定制"是国家物流系统具有的主要特征。图7-2显示的是国家物流系统的基本架构与功能特征。

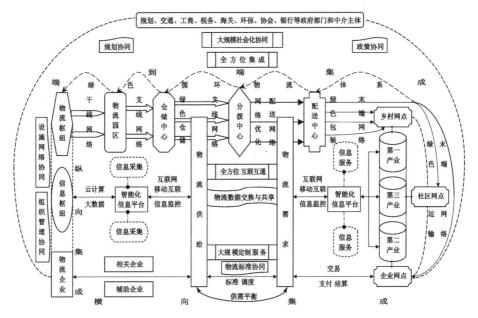

图 7-2　国家物流系统的架构与功能

1. 互联互通

实现多主体间的全方位互联互通是构建国家物流系统的基础。国家物流系统的联通可分为外部层面联通和内部层面联通。外部联通，是物流系统整体与经济、社会、环境主体之间的联通，包括与经济系统的互联互通，与社会系统的互联互通，与环境系统的互联互通。外部联通表现为物流主体与外部主体之间存在物质、资金、信息、价值、业务、能源等各种形式的有机衔接和交互。内部联通，分为决策、管理和操作三个层面。决策层面的联通，是指政府部门、行业、龙头物流企业等在物流规划、物流政策、物流标准制定等方面的联合统一。决策层面的联通关系到国家物流系统的发展方向和发展方式。管理层面的联通，是政府、中介、物流企业、物流需求方等主体在物流基础设施网络、物流信息网络、物流组织网络之间既相互独立又相互作用的互联互通，是国家物流系统高效运作的保障。操作层面的联通，是指物流主体在各个业务功能环节的有机衔接，包括物流设施衔接、设备衔接、流程衔接、技术衔接、作业方式衔接等，是国家物流系统有序运作的基础，如图 7-3 所示。

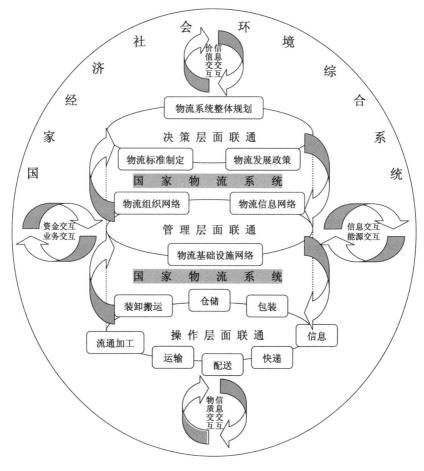

图 7-3　全方位互联互通

资料来源：作者整理

2. 社会化协同

国家物流系统的有效运转必须依赖于多主体的协同，才能实现国家物流系统的总效益最大化。物流供给主体、需求主体、行业协会、金融机构及相关政府管理部门等在物流运作过程中通过合作、协调、同步，在物流规划、物流政策、物流标准、组织管理、设施网络等方面实现协同。

国家物流系统协同效应可分为外部层面协同效应和内部层面协同效应。

外部层面协同效应是国家物流系统内部主体与外部经济、社会、环境主体协同所产生的效应,体现了国家物流系统的辐射效应,主要表现为社会效应、经济效应和环境效应。内部层面协同效应是在物流资源整合和信息共享的基础上,国家物流系统内部各主体之间所产生的规模经济效应、专业经济效应、范围经济效应、知识创新效应以及技术扩散效应等,如图7-4所示。

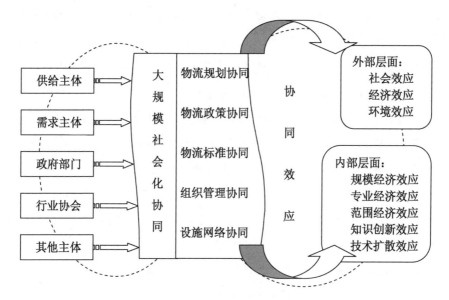

图 7-4　大规模社会化协同

资料来源:作者整理

3. 全方位集成

集成是国家物流系统基本功能的核心。国家物流系统要求实现包括纵向、横向、端到端在内的全方位集成。国家物流系统通过信息物理系统形成智能网络,实现虚拟系统与实体系统的结合,使人与人、物与物、服务与服务、人与物、人与服务、物与服务之间能够高度联结。

纵向集成主要针对企业内部的集成,即解决"信息孤岛"问题,通过信息网络与物理设备之间联结,在企业内部实现所有环节信息的无缝连接。纵向集成是实现智能化的基础,是企业内部跨部门的物流运营服务全过程信息的集成,包括物流供需、服务营销、组织运作、供应链管理、客户关系管理、研发设计、资金管理、人力资源管理、物流跟踪等方面在内的信息集成。

横向集成主要针对企业之间的集成，通过价值链和信息网络实现企业之间的资源整合和无缝合作，为客户提供实时高效的物流服务。横向集成是在纵向集成基础上的延展，从企业内部信息集成转向企业间信息集成，从企业内部协同体系转向包括供应商、经销商、服务提供商、用户等在内的企业间协同网络，从企业内部的运营管理转向企业间的供应链协调。横向集成能够形成智能的虚拟企业网络，有效推动企业间经营管理、生产控制、业务与财务全流程的无缝衔接和综合集成，实现不同企业间的信息共享和业务协同。

端到端集成主要针对贯穿整个价值链的工程化数字集成，是在供需终端数字化的前提下围绕整个价值链上的管理和服务实现企业之间的整合。端到端集成能够实现人与人、人与物、人与系统、人与设备之间的集成，是实现大规模个性化定制服务的基础。通过连接所有可以连接的同构和异构终端，端到端集成有效整合价值链上不同企业的资源，实现对运输、仓储、包装、装卸搬运、流通加工、配送、快递等物流服务全过程的管理和控制，以价值链创造集成不同企业的信息流、物流和资金流，在为客户提供高价值、个性化服务的同时，重构产业链各环节的价值体系。端到端集成包含纵向与横向集成的提升，能够实现跨部门、跨企业、跨系统的端到端信息实时传递与多元化协同，如图 7-5 所示。

4. 大规模定制服务

大规模定制物流服务以客户需求为导向，旨在充分识别客户的物流需求，根据物流需求的特征和差异性对市场进行细分，寻求差异化物流战略，运用现代物流技术、信息技术和先进的物流管理方法，对物流功能进行重组，对物流操作进行重构，设计满足客户群需求的服务标准，以实现大规模物流的成本控制和效率提升，为客户提供个性化定制的物流服务。

国家物流系统将大规模物流与定制物流集成，并在其中取得平衡，从而形成大规模定制物流服务能力。国家物流系统以物流功能模块化、标准化为基础，将运输、仓储、装卸搬运、包装、配送、流通加工、信息处理等物流服务功能视作不同的模块并实施标准化。以物流服务总效益最大化为目标，根据具

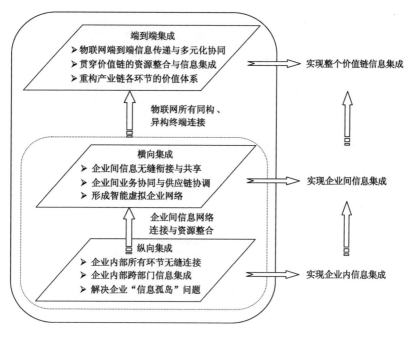

图 7-5　全方位集成

体的客户需求对物流功能模块进行有机组合,实现各功能模块的无缝衔接与协调,如图 7-6 所示。

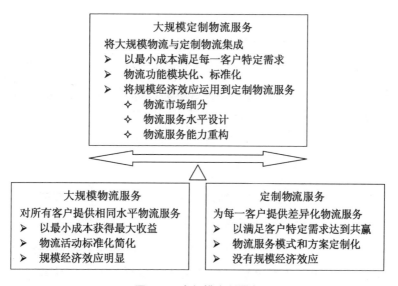

图 7-6　大规模定制服务

7.2.3 以更好的体制机制推进国家物流系统构建

国家物流系统的构建离不开体制机制保障，以下八个方面的合力有助于国家物流系统的构建。

1. 资源整合与优化配置

整合是指为适应不断变化的市场环境，以培养核心竞争力为主要目标，将有限的企业资源与分散的社会资源进行无缝化连接和重新组合。整合机制是国家物流系统各主体实现融合发展的重要途径，是实现全社会物流资源优化配置与共享，获得规模经济效益的重要保障。国家物流系统通过整合物流资源，调整物流业结构和发展方向，能够消除物流业"小、少、弱、散"等问题，提升物流业和物流企业核心竞争力。

2. 宏观微观调控并举

调控是指主体根据外部环境的变化及时对自身发展策略作出调整。国家物流系统的调控机制包括宏观调控机制和微观调控机制。宏观调控机制是政府通过战略、规划、政策、法规、行政管理等手段，间接引导和管理物流市场主体，引导物流业结构调整和供需发展的机制。微观调控机制是物流企业根据外部经济、环境等变化调节主体与外界的关系，依靠计划决策、组织执行、监控反馈等运行机构，调整和完善自身的目标、结构、功能和行为的一种自适应机制。

3. 多主体间广泛耦合

耦合是指系统内子系统间、主体间、主体内部、系统内部的协调与配合。国家物流系统涉及多环节、多主体，在所涉及的各个领域和运行全过程中建立多主体间广泛的耦合机制，能有效降低物流运作响应时间和运作成本，提高物流运作水平，充分发挥并协调好各主体功能和系统总体功能，提升全社会物流运作的总效益。

4. 充分竞争的市场

物流主体在竞争的物流市场中存在和发展。然而,地方保护主义和较低的物流市场开放水平,不仅阻碍了外来物流企业的进驻,同时也阻碍了本地物流企业的发展壮大。只有建立充分竞争的市场机制,逐步消除地方保护主义,才能真正从全国一盘棋的角度促进国家物流系统的健康发展。

5. 创新驱动的发展模式

创新源于系统内部的自身创造与变革,系统中的涨落导致系统进入不稳定状态,促使系统内部各主体的行为产生变化,进而推动系统内部的创新与发展。应建立健全创新机制,以创新驱动物流业发展,积极研发和推广新型智能化、信息化物流技术和物流设备,创新物流产品,构建新型物流组织,探索新型物流管理模式,开辟新的物流市场,实现国家物流系统的创新发展。

6. 绿色低碳化发展

实现全社会物流的绿色低碳化发展是对生态文明建设的重要贡献。绿色物流的行为主体不仅包括专业的物流企业,也包括产品供应链上的制造企业、分销企业以及客户,同时还包括不同级别的政府和物流行政主管部门等。绿色机制要求增强节能环保意识和绿色循环低碳的物流管理理念,加快物流企业的绿色转型,通过各种优惠政策引导和支持企业加强绿色运营的技术创新,积极实施绿色供应链管理,以资源能源利用效率最大化为目标,提高物流绿色化水平。

7. 主体间相互学习

学习是复杂系统中的主体获得适应能力的行为特征。国家物流系统中的各主体是具有相互学习能力的智能型主体。在变化的物流市场中,各主体需要不断学习新方法、新模式、新技术等,才能提升对外界的适应能力和核心竞争力。各主体的学习在动态环境中进行,具有交互性和双向性,是并发学习、共同进化的过程。

8. 对外界高度开放

开放性是系统主体与外界环境之间进行物质、能量、信息交换的属性。国家物流系统应与外界经济、社会、生态系统保持物质、能量和信息的广泛交换，保持高度开放性。

7.3 打造连接世界的全球物流体系

7.3.1 世界进入全球连接的时代

全球化是当今世界最重要的时代特征之一。全球化深化了国际分工，促进了全球经济增长和贸易扩张，推动了全球范围的人员、商品、资源、资金、信息、数据、知识和技术的流动。全球化要求各国间加强交通运输、物流、信息通信、互联网、金融、文化、制度等方面的连接。全球连接、全球流动进一步推动着全球化与全球经济的增长。

过去的数十年，美、欧、日等发达国家着眼于全球市场和在全球范围内配置资源，主导着全球连接，推动着要素、商品、服务的全球性流动。美国着眼于全球战略，将建设一个能够保障美国经济增长的全球交通运输、物流与供应链服务体系作为国家战略，通过掌控覆盖全球的交通运输网络、物流网络、信息网络和供应链网络，控制全球主要物流通道，实现其"买全球、卖全球、连全球、递全球"的全球战略目标。欧盟的战略是通过建设一体化交通及物流网络确保欧盟的产业和产品有效进入欧洲统一市场及国际市场[1]。日本确立了流通立国的战略，通过实现与东亚之间的无缝衔接，建立将东亚与世界各地联系起来的综合国际交通运输系统和物流系统[2]。

---

[1] 欧盟委员会：《欧洲 2020——智能、可持续及包容性增长战略》，2010 年。
[2] 日本 2008 年出台的《国家空间战略》。

最近这些年,随着新兴经济体的兴起,中国、印度、俄罗斯、巴西等国不断增强全球连接能力,特别是中国在全球流通网络中的地位变得日益重要,有望成为超越美国的全球贸易中心与流通枢纽。

此外,互联网、移动通信等信息网络技术的广泛应用,使得中小企业能够与传统跨国企业一道,参与全球连接的大潮。

7.3.2　中国连接世界的物流能力有待加强

2010 年,中国成为世界第一制造大国。2013 年,中国成为世界第一货物贸易大国,中国国内物流市场规模超过美国跃居世界第一。目前,中国铁路、公路、水路等货运量、货运周转量排名世界第一,快递量居世界第一,内河里程、高速公路里程、高速铁路里程位居世界第一,航空货运量和快递量位居世界第二。但中国不是物流强国,世界银行发布的物流绩效指标表明,从基础设施、物流能力、海运能力、通关效率、货物跟踪、及时性等维度衡量,中国领先于发展中国家,但落后发达国家不少。麦肯锡公司的研究表明,美国和德国是全球连接能力最强的国家,中国的全球连接能力只有它们的一半。中国国际海运在全球海运市场中控制力弱,对主要国际海运通道影响力小。从中国国际航空货运网络、国际快递网络、跨境仓储配送体系的建设看,还处于起步阶段。中国缺乏国际物流服务标准制定的话语权。中国的产品出口已经覆盖 220 多个国家和地区,但中国尚无一家物流企业具有全球递达能力,而 UPS、FedEx、DHL 等国际快递巨头具有全球递达能力,其物流网络覆盖 220 多个国家和地区。

7.3.3　中国连接世界的全球物流体系构想

1. 思路

打造连接世界的全球物流体系,应牢牢把握全球化和国际格局变化的新特点,紧紧围绕着新时期中国的全球化战略和全球生产、流通、贸易需要,本着"利他共生，共创共享，互利共赢"原则，加强与各国战略对接，以"一带一路"建设为契机，逐步构建起一个"以中国为核心，连接世界各大洲，通达主要目标市场"的全球物流和供应链服务体系，提升全球连接、全球服务、全球解决方案的能力，支撑中国实现"全球买、全球卖、全球造、全球运、全球递"。

2. 战略目标

建立起中国连接周边国家和地区、涵盖"一带一路"沿线国家以及主要国家目标市场的物流服务网络，形成高标准的全球物流服务能力，强有力地支撑中国的全球生产、全球流通和全球贸易。到21世纪中叶左右，中国成为全球连接能力和物流服务能力最强的国家。

3. 战略任务

中国连接世界的全球物流体系由"四梁""八柱"构成。"八柱"，即中国的国际铁路运输网络、国际公路运输网络、国际航空货运网络、国际海运网络、国际管道网络、国际邮政和快递网络、国际仓储网络及国际配送网络；"四梁"，即全球物流信息系统、全球物流标准体系、全球物流政策体系和全球物流运营体系，如图7-7所示。

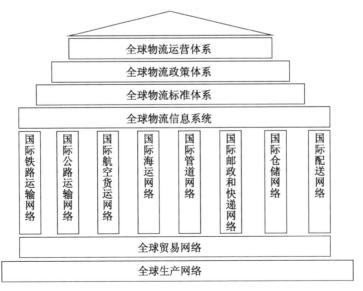

图 7-7 中国的全球物流体系架构

（1）构建国际铁路货运网络。以中国大陆为起点，东北方向联通俄罗斯、蒙古、日韩，西北方向联通欧洲、中西亚、非洲，西南方向联通中南半岛、印度、巴基斯坦。加强与太平洋、大西洋、印度洋主要国家的国际铁路运输合作。打通中国陆路商贸通道、能源通道、交流通道，推动中国铁路技术标准、技术装备、工程建设、运营管理及相关产业走向世界，构建起布局合理、标准适用、安全高效的国际铁路货运网络。

（2）完善国际海运网络。完善中国的海运航线与全球港口布局，增强中国与贸易伙伴国（地区）之间的海运能力，推进中国与各国海运基础设施的互联互通。提高中国与发达经济体之间的海运航线密度，加强中国与亚、非、拉等新兴经济体之间的海运班轮航线，开拓北极、南极海域航线。加强全球港口码头资源整合，完善中国海外港口码头布局。完善国内沿海煤炭、石油、矿石、粮食、集装箱等主要货类海运系统。积极参与国际海运基础设施投资、建设和运营，扩大国际海运合作网络。加强中国的国际航运中心建设。推动海运开放发展，积极参与全球海运治理，加强国际海运通道安全保障能力。

（3）完善国际公路货运网络。完善中国与周边国家的公路通道体系，积极参与亚洲公路运输系统和全球公路运输系统建设。提高中国与"一带一路"沿线国家重要公路网的连通性，形成"一带一路"国际公路运输通道。广泛参与境外公路基础设施设计、咨询、建设和运营等"全链条"环节。

（4）完善国际航空货运网络。加快完善国际航空运输网络，扩大航空运输网络辐射范围。推动中国与周边国家航空货运一体化。提高中国与发达经济体之间的航空线路密度，增加中国与亚、非、拉等新兴经济体之间的国际航空线路。增强中国的国际航空货运枢纽机场功能，实现国际航空货运跨洲多枢纽网络运作。加强境外航空货运机场和航空物流中心战略布点，支持国内企业收购或参与管理境外机场。支持航空货运、航空物流、航空快递企业深化与国际专业服务机构合作，拓展国际航空货运服务市场。

（5）完善国际管道网络。在促进国内管网互联互通基础上，进一步加强中国与主要油气供应国、途经国、中转国、消费国的国际管道连接。重点推进中国与中亚、中东、俄罗斯、东南亚、南亚、西亚、东北亚的国际油气管道的互联互通，推动构建"泛亚油气管输体系"。完善中国的海上油气进口通道建设。推动中国与周边国家共同能源市场、油气交易与定价中心建设。完善国际油气储备库的建设。着力将中国打造成为亚洲油气管网重心和贸易中心。

（6）构建全球快递、仓储、配送网络。加快国际快递网络布局，加密中国与国际重要城市的快递网络，开辟中国与世界多数国家的快递专线。鼓励快递企业通过设立分支机构、合资合作、委托代理等方式，拓展国际服务网络。支持建设一批国际快件转运中心，完善国际邮件处理中心布局。部署海外仓储网络体系和配送网络体系。

（7）构建国际多式联运系统和综合物流枢纽。提高货物运输集装箱化率。广泛开展国际铁海联运、铁公联运、铁空联运、公水联运、江海联运。着力构建设施高效衔接、枢纽快速转运、信息互联共享、装备标准专业、服务一体对接的国际多式联运组织体系。完善多式联运经营人管理制度，建立涵盖运输、包装、中转、装卸、信息等各环节的多式联运全程服务标准。支持基于标准化运载单元的多式联运专用站场设施建设和快速转运设施设备的技术改造，提高标准化、专业化水平。建设集报关报检、国际运输、多式联运、仓储加工、信息处理、跨境电商等功能于一身，具有跨区域集聚辐射作用的国际综合物流枢纽。

（8）构建全球物流运营和供应链服务体系。依托中国的全球物流能力，推动国际运输、物流企业与货主企业、生产企业、流通企业、贸易企业、金融企业、互联网企业以及其他相关企业加强合作，通过现代信息技术、数字技术、智能技术，加强信息对接，协同发展，共享商业机会，形成全球供应链服务的能力，构建共享共赢的全球物流与供应链生态体系。

（9）构建全球物流信息综合服务平台。加快提升中国物流企业信息化、数字化水平，按照"统一标准，对等开放，互联互通，共享服务"的理念，构建全球物流信息综合服务平台，收集处理国内外各物流活动主体、各环节及物流资源的信息，为物流企业提供国际物流运行的实时在线信息，优化国际物流资源配置和运行控制。

7.3.4 完善全球物流体系建设的保障措施

构建全球物流体系，工程宏大、任务艰巨、周期很长，会面临一系列挑战与困难。一个相对友好、多方共赢的国际环境对保障全球物流体系的建设至关重要。

1. 全方位推进国际物流合作

中国需要统筹战略与战术、近期与远期、理想与现实，秉承"开放、包容、共赢"的理念，以"多层次的国际物流合作对象、多元化的国际物流合作方式、多渠道的国际物流合作形式、多领域的国际物流合作内容、多任务的国际物流合作进程"来务实推进全球物流体系的建设。

2. 加强与各国战略对接及政策沟通

将全球物流体系建设纳入"一带一路"战略。就国际物流发展战略、政策、规划与各国充分交流，联合制定合作规划和实施方案，协商解决合作中的问题，为共同推进务实合作提供政策支持。

3. 积极参与全球运输、物流、通关治理

深度参与国际铁路、航空、海运、公路、邮政、快递等相关规则、标准的制定和修订，提高中国在全球运输、邮政、快递中的话语权，保障国际物流通道与供应链安全。参与全球能源治理，推进国际油气管道互联互通。加强与周边国家的双边与多边运输合作机制建设，推动与国际通用运输法律法规和技术标准的对接，消除跨境运输制度性障碍。加强各国海关合作，在边检口岸建立"单一窗口"以及促进电子海关和授权经济运营商认证体系的发展，降低清关成本，缩短中转时间，推进通关便利化。与各国共同建立统一的全球物流政策协调机制，促进国际通关、换装、多式联运有机衔接，推动形成兼容规范的全球物流政策体系。

4. 加强资金保障，创新融资方式

进一步完善国家投资、地方筹资、社会融资、国际资本相结合的多渠道、多层次、多元化投融资模式。积极探索 PPP 模式，广泛吸收社会资本、各国公共资本、国际机构资本等参与到全球物流体系建设中来。对重大建设项目给

予财税支持、实行零税率或免税。按照风险可控、商业可持续原则，积极创新金融产品和服务。加大对领军物流企业、创新型物流企业的金融支持。

5. 支持物流企业整合国际资源

支持物流企业开拓和利用国际市场、国际资源，提升其适应国际市场的能力，不断拓展国际发展空间。支持优势物流企业联合或参股、收购、兼并周边、新兴市场、欧美等国物流企业，延伸服务网络，逐步建立覆盖全球的物流网络。政府主管部门简化项目审批程序，完善信贷、外汇、财税、人员出入境等政策；对符合条件的物流企业，在境外投资的资本金注入、外汇使用等方面给予支持；有关部门和驻外使领馆可为物流企业"走出去"提供信息和法律服务。

7.4 推进物流现代化

物流现代化，是传统物流向现代物流、未来物流转变的过程。推进物流现代化，对于提升国民经济运行效率、推动经济增长、促进产业结构调整与优化升级、促进国际贸易、提高人民生活水平、实现物流强国等均有重大意义。中国物流现代化程度较低，需大力推进物流理念和模式现代化、物流基础设施现代化、物流要素与技术装备现代化、物流组织运营现代化、物流绿色化和物流制度现代化。

7.4.1 推进物流理念和模式现代化

1. 推进物流理念现代化

无论是物流企业、从业人员，还是政府主管部门，均需以先进理念来武装自己。特别是物流企业，要摒弃狭隘、自私、落后的传统观念，代之以系统思维、创新精神、长远眼光、全球视角、开放意识，以满足客户需求为价值取向，追求用户最佳体验。政府则要将物流业发展放到整个人类文明的进程中去加以思考。

2. 推进物流模式现代化

现代物流与传统物流区别之一在于模式的不同。传统物流缺乏系统化、功能分散、联结程度低、企业以自我为中心、彼此竞争激烈。现代物流构建以用户为中心的商业模式,只要用户提出需求,无论何时何地,均可为其提供正确的产品和服务。中国物流现代化需要商业模式的根本性转变,以用户为中心的商业模式替代传统以企业自我为中心的商业模式。物流服务朝着个性化、精益化、灵活化和多元化转变,物流运作朝着系统化、一体化、专业化转变。

7.4.2　推进物流基础设施现代化

1. 建设强大的物流基础设施

基础设施是物流现代化的基石。缺乏合理的现代基础设施供给,就会造成物流业发展的瓶颈。铁路、公路、机场、港口、码头、管道、货运场站、物流园区、中转分拨中心、快件处理中心、邮政网点等硬件是基础设施,信息系统、大型数据库、互联网平台等软件也是基础设施。经过多年的发展,中国物流基础设施网络有了很大发展,高铁、高速公路、港口等领域走在世界前列,但总体还存在物流网络不完善、结构不合理、体系化不足等突出问题。要加强物流基础设施建设和结构优化,推动物流基础设施互联互通和社会协同,形成功能强大、规模合理、布局科学、技术先进、高效运行、安全可靠的物流基础设施网络。

2. 推进城乡物流网络一体化

物流现代化不仅是城市群、大中城市的物流现代化,也是中小城市、乡镇和农村物流的现代化。农村物流网络是中国物流现代化的短板。要加快完善农村物流、快递、配送网络体系,加强末端网点建设,构建起发达的农村物流体系与城乡一体的现代物流服务体系，使得城乡物资双向高效流动，形成"乡乡有网点，村村有物流，农民好体验"的局面。

7.4.3 推进物流要素与技术装备现代化

1. 推进人力资源现代化

物流现代化的关键是人的现代化，物流现代化需要多层次物流人才支撑。物流现代化是一个以人（用户、物流企业、管理者、员工）为中心的战略，是"人""物""服务"关系的深刻变革。中国物流人力资源规模、结构、水平以及流动性均有很大不足，要大力加强物流学科和培训体系建设，形成学历教育、职业教育、社会培训有机结合的多层次人力资源开发体系。以"包容、开放、宽松"的环境吸纳全球物流人才。着力打造出一支既有丰富的战略、管理、规划、咨询、技术研发、工程、国际贸易等能力的中高端人才，又有大量爱岗敬业的中低端操作人员的现代物流人力资源体系。

2. 推进物流技术与装备现代化

物流技术与装备水平是物流业现代化的关键因素之一。物流技术，是指物流活动中所使用的各种工具、装备、设施和其他物质手段，以及由科学知识和劳动经验发展而形成的各种方法、技能和作业程序等。按技术形态分类，有物流硬件技术和物流软件技术。按技术的应用范围划分，有运输技术、仓储技术、装卸技术、搬运技术、包装技术、配送技术、流通加工技术、物流管理技术和物流信息技术等。按技术思想来源或科学原理分类，物流技术源于机械技术、电子技术、信息及通信技术、自动控制技术、计算机技术、管理学理论和方法、应用数学方法等。物流技术的改进和创新，是推动物流现代化的重要动力源。近些年，中国物流技术与装备水平进步很大，但总体处于工业 2.0 阶段，离以自动化、信息化、网络化、数字化、智能化为核心特征的工业 4.0、工业 5.0 差距很大。中国要加快现代物流技术与装备应用，对传统技术装备进行系统性改造与升级，不断提升物流生产率水平。

3. 推进物流信息化

物流信息化是现代物流的灵魂。物流企业运用现代信息网络技术对物流过程中产生的全部或部分信息进行采集、分类、识别、汇总、查询、传递、跟踪等一系列处理活动，以实现对货物流动有效控制、降低成本和提高效益。中国物流信息化正处于战略机遇期，物流信息化率持续提升。但是，物流信息化总体水平落后发达国家不少，关键技术自主创新能力不足，技术应用水平落后于实际需求，信息共享、交换效率不高。中国需要大力推进条码、北斗定位、射频等技术的集成应用，实现采购、仓储、运输、配送、分拣等业务的信息化和信息共享，推动物流全业务过程的透明化和供应链一体化管理。推动物联网、云计算、大数据等新兴技术在物流运营管理中的创新应用。

4. 推进物流智能化

智能化是物流自动化、信息化、数字化的一种高层次应用，是物流现代化的主攻方向。物流智能化是利用集成智能化技术，使物流系统具有思维、感知、学习、推理判断和自行解决物流中某些问题的能力，包括信息的智能获取、智能传递、智能处理和智能运用。物流作业过程中大量的运筹和决策，都可以借助专家系统、大数据、人工智能和机器人等相关技术加以解决。物流智能化使得数据成为重要生产要素。传感器无处不在，智能设备无处不在，智能终端无处不在，连接无处不在，数据无处不在。智能物流使物流系统更加柔性、更加灵活，可以帮助人们实现端到端的柔性服务。中国物流智能化已经起步，正进入快速发展阶段，要进一步推动物流业与数字化技术在全流程、供应链上的深度融合，全面推进物流业的自动化、数字化、智能化进程。

5. 推进物流标准化

物流现代化某种程度上是物流非标准化向标准化转变的过程。物流标准化着眼于系统最优，对物流不同功能环节（如交通运输、仓储、包装、装卸搬运）、不同要素（装备、技术、信息系统）、不同流程、概念、标识等标准进行统一的过程。包括：物流基础编码标准化、物流基础模数尺寸标准化、物流建筑基础模数尺寸化、集装模数尺寸化、物流专业名词标准化、物流单据和票证的标准化、标志图示和识别标准化以及专业计量单位标准化等。中国物流标准化程度低，带来很大的资源浪费。需要重点加强托盘、集装箱等物流设施的标准化，包装、装卸搬运、运输等作业流程的标准化以及物流单元编码、物流节点编码、电子面单等物流信息的标准化。

7.4.4 推进物流组织运营现代化

1. 推进高效的组织运营体系建设

高质量、高效率的物流组织运营是物流现代化的重要标志之一。中国物流业的组织运营体系不太完善，分散、分立、分割的组织运营状况比较突出。要加快推动物流企业广泛应用现代装备技术、信息技术、管理技术，优化流程和组织运营方式，推进设施、网络、信息、流程等联通，实现对物流全过程的精确计划、组织、协调及控制，实现"适时、适地、适物、适人、适性"的物流服务。

2. 打造高效供应链服务

高效供应链管理是物流业发展的重要方向。供应链因其对商流、物流、资金流和信息流的有机组合和优化，能够更好地为经济社会创造价值，提升企业、产业和国家竞争力。中国供应链服务发展严重滞后，制造商、供应商、经销商和物流企业之间缺乏长期合作的战略伙伴关系，相互缺乏信任和共同获利的价值链，难以有效满足顾客在成本、质量、交货时间、体验等方面的要求，难以形成商流、物流、资金流和信息流良性互动格局。要加快推进企业以市场需求为导向，以实现上下游和最终消费者共赢为目标，有效集成商流、物流、信息流、资金流和业务流，实现企业间、企业和用户间的无缝对接，提升供应链的反应能力，推进供应链物流的最优化和持续变革。

3. 推进物流与相关产业联动

物流业服务于农业、制造业、商贸流通业以及其他相关产业。物流业与其他产业在总体上相互影响、相互作用、相辅相成。物流为相关产业发展创造时空价值与经济价值；其他产业的发展提出更高水平的物流需求，进一步促进了物流业的发展。中国物流业与农业、制造业、商贸流通等联动不足，物流成本偏高，是制约中国从制造大国、流通大国、贸易大国变为制造强国、流通强国、贸易强国的重要因素。需要通过加快物流业与相关产业全方位对接和联动，推进相关产业发展，也为物流业自身发展创造更大空间。

4. 促进物流持续创新

物流现代化是物流业持续创新、动态优化的过程。创新的本质是新思想的商业化，它围绕如何解决发展中的问题、如何满足用户需求和未来变化的趋势，重新组合要素与资源，实现产品、服务、技术、功能、流程、渠道等方面的提升与突破，是推动物流演化、升级和现代化的关键因素之一。中国物流领域创新能力较弱，整体尚未进入创新引领阶段，这也是中国是物流大国而非物流强国的重要原因之一。要强化物流企业创新主体地位，加强理念、制度、服务、商业模式、组织、流程、管理和技术等一系列创新，使物流业创造更多价值来持续满足经济社会发展的需要。大力推动创新基因融入物流活动的各个方面、各个环节、各类主体。

5. 推进应急物流体系现代化

应急物流能力是物流现代化的重要标志之一。应急物流是为满足应对突发事件物资需求，以超常规手段、第一时间组织应急物资从供应地到需求地的特殊物流活动。应急物流是在危机发生时进行紧急保障的一种特殊物流活动。应急事件的突发性、不确定性和时间紧迫性等特点使应急物流至关重要。在应对各类重大突发性公共事件实践中，中国已经具备了一定的应急物资保障能力，但第一时间的应急物资保障总体还难以实现，应急物流体系薄弱，应急物流能力缺乏，应急物流机制缺失。要加快推进具有统一协调、反应迅捷、运行有序、高效可靠的应急物流体系建设，形成健全的应急保障机制、灵敏的预警反应机制、规范的应急转换机制、稳妥的安全保密机制、良好的协调性和应急物资管理能力、完善的应急物流信息系统和数据库、健全的应急物流职能部门,实现应急物流效率和应急保障能力的最大提升。

7.4.5 推进物流绿色化

绿色化是物流业发展的重要方向,也是物流现代化的重要标志之一。物流过程的空间跨度性和时间跨度性决定了其对环境和资源的重大影响。这种影响既有空间的广泛性又具有时间的长期性。中国高度重视绿色物流发展,在绿色采购、绿色运输、绿色仓储、绿色包装、绿色配送、废弃物回收等领域取得不小进展,但因绿色物流发展起步较晚,当前还存在着一系列突出的问题:各界对绿色物流的认识有待提高,发展绿色物流的技术和基础设施水平比较落后,绿色物流规划政策亟待完善。未来发展亟待把环境管理导入物流系统中,加快推动绿色采购、绿色运输、绿色仓储、绿色包装、绿色配送、绿色快递方式,完善回收物流和废弃物物流系统,提高资源利用效率,降低污染排放强度。构建贯穿企业采购、生产、销售、回收及废弃物处理等环节的循环物流系统,引导企业以现代物流管理技术为手段,开展模式创新和服务升级。支持企业广泛应用电子数据交换、准时制生产、配送规划、绿色包装、电动车、太阳能发电、物联网等先进技术。以尽可能少的资源能源消耗和货物损失、尽可能低的环境代价,实现物流效率和效益最大化。

7.4.6 推进物流制度现代化

1. 推进物流市场的现代化

市场是一种通过把买者和卖者汇集在一起交换物品和服务的机制,是现代经济中一种最重要的制度安排,它通过价格机制、供求机制、竞争机制、风险机制及其相互作用机制协调着生产者、消费者及其活动。市场机制是现代经济配置资源的基础性手段。物流业的发展离不开一个良好物流市场的建设与发展。特别是,在信息社会、网络社会、知识经济、虚拟经济、分享经济等不断深入的形势下,市场的边界、范围和功能正在进一步拓展,给物流业发展带来深远影响。中国物流市场已初步建立,但还不成熟、不完善,统一、开放、竞争有序的物流市场体系尚未完全形成。信用的缺失、垄断行为、不正当竞争、市场封锁、准入限制等问题比较突出。中国要进一步健全和完善物流市场体系,完善市场规则,培育市场主体,优化市场结构,深化垄断行业改革,抑制不正当竞争,加快形成统一开放、竞争有序、充满生机、诚信有保障的现代物流市场体系。

2. 推进物流管理体制现代化

物流现代化要求政府管理体制的现代化。离开了政府管理体制的现代化,物流现代化就不是完全意义上的现代化。物流管理体制现代化不是简单地指政府机构调整,而是包含了转变思想观念、完善法律制度、调整机构设置、优化行政程序、加强监督问责等多个方面,使法治、透明的政府与公平竞争、规范有序的市场有机结合。

中国物流管理体制经过近些年的持续探索,初步形成了综合交通运输管理体制,但离大物流管理体制还有较大距离。物流活动的部门协调机制不完善,政策系统性不强,政府职能难以落实、管理运行效率低。还存在政府职能转变缓慢及其缺位、越位、错位,问责和制约监督机制不健全等问题。

要加快建立起系统化的大物流管理体制、权威的监管体系、高效的政府服务运作机制、健全的物流法律法规和政策体系。根据物流现代化进程、市场演进的阶段,合理界定政府职能边界,形成政府与市场的合力。

7.5　推动物流平台规范健康持续发展[①]

7.5.1　物流平台的内涵与主要特征

物流平台是一种为物流供需及相关主体提供连接、交互、匹配与价值创

---

① 本节的物流平台主要指数字化物流平台。物流供方指各类物流企业、物流设施、物流装备、物流从业人员、物流信息等,物流需方指各类生产企业、商贸企业、货主、居民消费者等,物流相关主体指金融机构、政府部门、行业协会、海关等。

造的媒介组织。物流平台是物流业与信息化深度融合的产物，是基于信息网络技术的新型物流资源配置与物流服务提供方式。

物流平台除具有一般平台（如电子商务平台、社交媒体平台等）的特征，还有其独特的特征：

（1）以双边、多边用户为中心，通过连接与整合双边与多边资源，为物流供需双方及相关主体创造价值。

（2）物流平台具有很强的网络效应，既包括直接网络效应，也包括间接网络效应与交叉网络效应。

（3）物流平台需要线下物流运作支持。这一点与各种社交平台、音乐视频平台、软件操作平台有很大不同。

（4）数字化能力是物流平台的关键要素。数据是新的生产要素，大数据挖掘为物流平台、物流全链条、供应链赋能，成为物流平台与物流企业新竞争力的关键来源；线上云服务在物流平台运作中起着中枢的作用。

（5）物流平台与双边、多边用户之间是一种相对松散的关系。

7.5.2　物流平台的发展现状

1. 物流平台呈多样化发展态势

中国物流业已进入快速发展阶段，物流服务的产品和模式日趋普惠化、大众化、多样化、个性化、精细化，物流业对国民经济社会发展的战略性、基础性、先导性与引领性作用日益明显。物流业不仅拥有数量众多、传统意义上的运输、仓储、邮政等企业，也涌现了快递、配送等新兴业态，以及物流园区等实体物流平台。尤其近十年来，基于信息网络技术的数字化物流平台兴起，它们利用互联网思维、平台思维、数字化连接不同细分物流市场，集聚、整合不同类型的物流资源，为降低交易成本、物流成本以及推进产业链协同、供需匹配提供了全新的途径。

物流平台种类丰富。按服务环节或功能分，有交通运输平台、配送平台、快递平台、仓储平台、物流交易平台、物流综合管理与服务平台、物流信息平台等。按服务行业分,有电子商务物流平台、工业物流平台、农业物流平台以及各种细分行业物流平台等。按服务空间范围分,有全球性物流平台、全国性物流平台、区域物流平台、城市间物流平台、城市内物流平台以及农村物流平台等。

2. 少数物流平台的服务水平走在了世界前列

随着电子商务的快速发展,以服务于电子商务为主的物流平台不断创新技术、模式,增强平台功能。一方面,通过电子面单、多级地址库、大数据、云计算、智能算法、云平台、大数据分单路由、物流预警雷达、智能调度等技术,赋能物流市场主体;另一方面,以资本纽带大规模整合物流资源,形成了集快递、配送、城际货运、同城货运、农村电商物流、国际物流的大协同效应,推动了物流服务高效化、精准化、可视化、共享化,物流运营与服务的个性化、差异化、标准化、共享化水平大大提升,发货速度显著提升,大数据智能分单、分仓,库存前置、末端配送、及时送达、定时送达、限时送达等服务越来越普及,差错率越来越小,消费者体验不断得到提升。中国快递、配送、电子商务物流服务效率某种程度上已经走在了世界的前列。

3. 物流平台发展总体仍处于初步发展期

尽管物流平台近些年呈快速发展态势,但相对于中国庞大的物流市场规模以及众多的物流市场主体而言,物流平台的数量以及所占市场份额仍只是很小的一部分,其整合的资源也多局限于快递、配送、零担货运、仓库等,像铁路、航空、海运等重要领域的物流平台发展还较为滞后。国际物流服务平台以及服务于工业企业的物流平台还处于起步阶段。

7.5.3　物流平台兴起的原因

1. 巨大的物流资源与诸多行业痛点为物流平台发展提供了驱动力

中国是全球物流资源大国、全球最大最具活力的物流市场。但是,物流资源分散分割严重,物流组织化程度低,物流成本高。交通运输、仓储、配送、快递、信息等物流资源缺乏互联互通,一体化服务能力弱,供需双方信息不对称等问题突出。例如,中国85%以上的大型货车是个体经营,近700万辆大、中型货车的空载率高达约40%,大量时间浪费在等货、配货上。据统计,货车每500千米的空跑,就会造成约2 550元损失。解决物流痛点成为物流平台兴起的重要动力,而巨大的物流资源为物流平台创造了整合的前提。

2. 不断变化的市场需求拉动了物流平台发展

随着全方位的消费升级,物流需求日益呈现小批量、个性化、多批次、范围广、总量大等特点,物流及时性要求明显提高。面对不同规模、业态和地域的需求以及快速变化的商业模式,传统物流从量和质两个方面均难以满足。特别是面对网络零售爆发式增长带来的巨大市场机会,物流平台因其具有更强的连接供需能力、信息对接能力、资源整合能力等,具有更能适应需求变化的服务能力。

3. 数字技术为物流平台发展提供了技术支撑

数字经济时代的到来,使得"互联网+"、数据驱动等成为催生平台这种新业态的重要力量。物流是创造时间与空间价值的活动,而数字化技术能突破空间与时间的局限,形成强大网络外部效应。当物流与数字技术有效协同时,就催生出真正意义上服务双边、多边市场的物流平台。随着数据成为新生产要素,数据连接、分析、挖掘、流动以及互联互通、开放动态的数字化环境,使得电子商务、物流、货主、商家、消费者等紧密联系在一起,降低了交易成本,提高了供应链效率和用户服务体验,从而增强了物流平台的生命力。

4. 国家政策促进了物流平台的发展

近些年,《国务院物流业发展中长期规划(2014—2020年)》《国务院关于大力发展电子商务加快培育经济新动力的意见》《国务院关于积极推进"互联网+"行动的指导意见》相继颁布,国务院办公厅发布了《关于深入实施"互联网＋流通"行动计划的意见》。商务部、中央网信办、发展改革委三部委联合发布了《电子商务"十三五"发展规划》；商务部、发展改革委、交通运输部等六部委联合发布了《全国电子商务物流发展专项规划（2016—2020 年）》；商务部、发展改革委、国土资源部等五部委共同发布了《商贸物流发展"十三五"规划》；国家邮政局发布了《快递业发展"十三五"规划》；发展改革委发布了《"互联网＋"高效物流实施意见》；交通运输部发布了《关于推进改革试点加快无车承运物流创新发展的意见》等。一系列政策的出台，助力了物流平台的发展，推动了物流业的转型升级。

7.5.4 物流平台发展中的问题与挑战

1. 物流平台自身发展需要解决的问题

（1）商业模式问题。采用何种商业模式是物流平台运营面临的首要问题。物流平台创建之初，首先要考虑平台的核心价值、市场定位、服务对象、服务内容、运作模式、盈利模式等重要问题。许多物流平台的商业模式不清晰，定位不准、功能单一，缺乏价值创造，缺乏长远战略，对如何运营缺乏深刻认识。

（2）定价问题。定价是关乎平台能否集聚足够双边、多边用户以及双边、多边交易量从而突破临界点以及平台盈利的关键问题。国内物流市场竞争激烈，不同物流平台之间存在着激烈的竞争。许多物流平台以低价或补贴的方式吸引供需与相关市场主体集聚，虽然取得了一定效果，但也带来了巨大的盈利压力，不可持续性增加。

（3）质量问题。质量问题是物流平台从初始发展阶段进入成熟阶段的关键。物流平台要在竞争中保持优势，就要保证服务质量，让用户体验良好。质量高将会促进平台企业走向成功，质量低会使平台企业走向失败。实践中，物流平台整合的各类市场主体与物流资源质量参差不齐，如果物流平台缺乏标准、规范、激励约束机制以及管理手段、管理能力，往往会因为质量问题带来自身经营上的风险。

2. 物流平台对相关市场主体的影响

物流平台很大程度上是对传统物流运作方式的颠覆。某种意义上，物流平台阻隔了物流企业与物流需求方(如商家、货主等)过去那种面对面的双向选择。物流企业传统的运作模式、服务方式面临很大的竞争压力。

物流平台积累着大量的用户数据，这些数据既是企业运营和盈利的基础，也关系到用户个人切身利益，还关系到社会和谐稳定。当前，物流平台数据价值链在采集、连接、传输、使用、管理等方面存在着许多薄弱环节，风险防控缺失，信息安全与隐私保护不力。诚信缺失、数据传输安全、数据管理薄弱等给行业发展带来巨大潜在风险。一些数据不规范流动的突发性重大事件，影响面大，波及面广，严重影响到行业发展、行业声誉和消费者权益。

物流平台的垄断问题逐步显现。国内大型物流平台不断整合产业链上下游，形成较强的用户黏性，伴随着行业影响力与供应链控制力的增强，物流平台的市场势力不断扩展，物流平台上的许多企业不得不接受平台制定的规则。特别是，大型物流平台拥有大数据采集与分析优势，这种优势将完全有可能转变成数据垄断优势。一旦大型物流平台对相关市场主体形成数据垄断力量，就会产生实质上的不公平竞争和限制性行为。

3. 物流平台对政府监管提出挑战

大型物流平台因其强大的连接力、渗透力和整合力，业务范围越来越广泛，业务边界越来越模糊。但目前物流管理体制部门各自为政，地区分割限制，管理部门涉及发改、商务、交通、铁路、民航、邮政、农村、工信、网信、市场监督等诸多部门。传统管理体制、监管规则、监管模式已经难以适应跨界融合、新业态不断涌现、新模式不断变化的需求。中国尚未形成大物流管理体制，政府管理体制改革的难度不小，监管规则的完善也需要较长时间。特别是海量消费者数据在平台企业沉淀，数据的流动规则与用户数据隐私保护、物流平台的垄断行为如何规范等亟待出台相关文件。监管空白与监管漏洞并存，埋下不少安全隐患。

7.5.5　促进物流平台规范持续健康发展的建议

1. 对物流平台发展的建议

（1）以需求为导向，以市场为核心。物流平台发展要以解决行业痛点、把握市场趋势、为用户创造价值、让用户有良好体验为中心，设计好物流平台的使命、市场定位、功能模块、服务内容、运作流程、盈利模式、经营规则，明确物流平台的核心价值及其创造方式。物流行业痛点很多，一个物流平台不可能解决所有问题，必须聚焦某个或某类痛点。痛点也是分阶段的，不同发展阶段痛点不同，相应地要形成不同的解决方案。另外，市场不断细分、需求持续升级，平台服务要努力实现供需的有效匹配。

（2）深度专业化，提高差异化服务能力。差异化战略是提高企业竞争优势的有力手段。差异化的产品或服务不仅能够满足某些消费群体的特殊需要，也将降低客户对价格的敏感性，客户愿意为其产品支付溢价，使企业避开价格竞争。针对目前物流平台同质化现象较为严重的实际，平台应明确市场定位，专注细分市场，根据自身优势提供差异化的服务以满足用户的需求。

（3）积极拓展"互联网＋""智能＋"。为了增强物流平台的连接能力、感知能力、响应能力与运作能力，要积极拓展"互联网＋""智能＋"，深度应用互联网、移动互联网、物联网、大数据、云计算、人工智能、区块链等技术，为物流供需、物流各功能环节、供应链全链条赋能，打造智慧物流与供应链管理平台。

（4）持续创新商业模式。国内物流平台类型多样，各有侧重。一些成功的物流平台符合自身的战略定位与现有资源状况，并优化了用户体验，抓住了用户"痛点"。但是，如果物流平台一味模仿其他平台的商业模式，那它永远只能成为追随者，难以树立自身的特色。所以，物流平台在重点功能上需要持续创新。例如，一些外贸物流平台提供快速通关、物流金融、供应链管理等功能，大大提高了自身竞争力。

（5）打造开放、共享、共生的生态体系。物流平台应着力推动线上线下资源的有机结合，把生产商、流通商、服务商、货主、代理、车辆、司机等各个环节逐步整合到平台。可以通过对物流链与供应链各环节数据的深度挖掘与分析，最大化地为各类主体创造价值，构建共利、共赢、共享的生态体系。

2. 对政府促进与规范物流平台发展的建议

（1）政府主管部门应重视物流平台发展。物流平台是全新的业态，发展前景广阔，其对经济社会发展意义重大。政府主管部门应重视物流平台发展与演变的趋势，结合打造物流强国、交通强国、网络强国、科技强国、贸易强国等战略，研究制定物流平台的发展战略与规划，明确其发展定位、目标、原则、主要任务与保障措施。

（2）为物流平台发展创造良好营商环境。物流平台来源主体多样，市场主体多元，市场不断细分。虽然物流平台对传统物流模式带来冲击，对传统监管带来挑战，但政府主管部门不应该限制其发展，而应秉持"开放、包容、审慎"的态度，按照"法律不禁即可为"，允许各种物流平台先行先试，明确其具有合法地位，为其市场准入创造宽松环境。

（3）完善物流平台监管规则，创新监管模式。物流平台不断演化、创新、跨界等特点，要求政府管理体制、监管规则与监管模式变革，形成更加综合、互联互通、运作高效的大监管体制。

针对物流平台服务及数据流动的不规范甚至利用市场优势进行不正当竞争、限制竞争的行为，有关部门要抓紧研究出台物流平台的行为规范细则。加快建立完善的数据流动规则，明确各类企业的责任义务，以保护行业安全和消费者信息安全，规范市场秩序。

为提高监管效率，有关部门可运用互联网技术与信息化手段来改进监管工作。根据监管需要，向物流平台了解运营、服务、数据收集与使用情况。物流平台要根据监管部门的要求，定期向监管部门报备数据收集和利用的情况。鼓励用户发挥社会监督作用，形成多方参与的社会共治体系和各类市场主体协同发展的良好局面。

（4）引导物流平台加强行业自律。有关部门要引导物流平台加强自身管理与行为规范。充分发挥行业组织在协调企业利益冲突方面的作用,健全行业自律机制。建立物流行业的承诺制度,加强行业诚信体系、社会责任体系建设。引导物流平台切实增强守法合规意识,强化服务社会经济发展和保障用户权益的社会责任感。

第8章
推动健康产业生物产业高质量发展

8.1 经济社会统筹的国家医药发展战略

药品领域中政府和企业各自应担当什么样的责任？这是中国医药事业发展和医药体制改革进程中一个必须明确回答的重大理论问题。多年来，政府、学界和企业界对这个问题的认识并不统一，存在诸多争论，很大程度上影响到政府和医药企业的行为，影响到药品在经济社会发展中的角色定位，影响到医药体制改革和医药政策制定的方向。

本章从药品属性分析入手，探讨药品领域中政府和医药企业各自应担当的责任。

8.1.1 药品的商品性和特殊性

药品具有什么样的属性？全面地看，药品除具有一般商品的属性，更具有作为特殊商品的属性。

药品的一般商品属性，是指其具有商品的使用价值和价值，可按价值规律进行调节，企业生产和经营的药品可通过市场竞争，获取合理利润，实现产业化发展，我们称之为"经济属性、物质属性、产业属性和市场属性"。

药品的特殊商品属性,主要表现为以下六个方面:

(1) 不可或缺性。药品对"人类"的生存和延续犹如生命需要水和空气一样必不可少,是人类防病治病、康复保健的关键物质,对人类的健康和生命安全极其重要。人类缺了普通商品,可以用其他商品替代;一旦缺了药品,人类生存就会受很大影响。

(2) 专属性。即人们经常说的"对症下药""药到病除"。药品是用来治病救人的,能够专门针对某些疾病发挥出效能,如青霉素对革兰氏阳性菌有显著的抑杀作用。

(3) 质量的严格性。任何商品都强调质量,但一般商品的质量要求远不能和药品相比,只有符合国家法定质量标准才能保证疗效。"药品质量保证是治病救人,质量不保是图财害命。"由此,药品只能区分为合格品或不合格品,而不能像其他商品一样可分为一级品、二级品、等外品或次品。

(4) 时效性。"不用不买,买则急需。"药品需在规定的时间内使用,否则就会带来负面影响。例如,急救药品未在规定的时间内保证供应,就有可能带来生命的损失。而且,药品是有效使用期的,在规定的时间内,质量可以得到保证。反之,质量则难以保证。

(5) 使用的被动性。"医知药用",患者多数情况下对药品的功效不能拥有充分的信息,处于被动接受的状态,选择权集中在处方医生或药店药师手中,其只有在专业医生或药师指导下正确地服用后,经过规定的疗程才能获得充分的信息。

(6) 不良反应和毒性。"是药三分毒"。药品使用不当或使用过量,会产生不良反应。药品在预防、诊治、调节患者的某些病理性生理过程时,总是会同时影响着其他功能,产生一定的不良反应。例如,吗啡、安钠咖、强痛定等麻醉药品和精神药品,用之得当,可以治疗疾病,减轻患者痛苦,用之不当就会成为瘾癖,起毒害作用。青霉素显著抑杀革兰氏阳性菌的同时,也可产生过敏反应,严重时可置患者于死地。

8.1.2　政府应统筹考虑药品的特殊性和商品性

药品的特殊性和商品性决定了其在促进经济社会发展方面的重大作用,

按照中央"以人为本"和科学发展观的要求，从统筹经济和社会发展的角度出发，政府应统筹考虑药品的特殊性和商品性，既要保障公众用药安全和基本医疗用药的可获得性，又要促进医药经济运行效率，推动医药产业健康发展。

1. 保障公众基本医疗用药的可获得性

获得基本医疗用药是公众健康权的重要组成部分，药品的治病救人特性，决定了政府应把保障公众在疾病发生时能够获得基本药物作为一项公共服务职能，以促进公众健康，改善公众生命质量，增进平等，实现政治稳定和社会和谐的目标。

世界卫生组织（WHO）早在1975年就开始积极推荐各成员国根据本国卫生需要，在合理费用下选择和购买质量可靠的基本药物，保障公众能够以可承受的价格，获得安全有效、质量可靠的药物并合理使用，满足公众用药的基本需求。此后，WHO又提出"基本药物政策"框架，实施了"基本药物行动规划"，旨在使其成员国，特别是发展中国家的大部分人口得到基本药物供应。目前全世界人口中基本药物的可获得性比例有了很大提高。

中国政府十分重视公众的基本药物可获得性，20世纪70年代末就开始了基本药品目录制定的有关工作，1997年中共中央专门提出"国家建立并完善基本药物制度"。但由于政府有关部门在基本药物目录、生产、供应、价格、使用等方面缺乏协调或有效的政策措施，公众基本药物可获得性不太理想，"看病难、看病贵"问题比较突出。为了实现公众的基本药物可获得性，政府应在充分考虑既有医药资源状况、经济社会条件、公众疾病模式等因素基础上，形成明确的国家基本药物政策，系统考虑基本药物目录范围、基本药物生产、供应、使用和价格等各个方面，从制度上保障公众基本药物的可获得性。

2. 加强和完善药品管理立法

主要体现了政府公共服务和保障公众利益的目标，是政府对药品进行全方位管理的主要依据。

发达国家在药品管理方面的立法起步较早，并经历了长达一个多世纪的修订和完善。例如，美国19世纪早期就开始对药品管理进行立法；1820年通过第一部标准药品法典《美国药典》；1848 年通过的《药品进口法》要求"美国海关通过检查防止掺假药物的进入"；1902 年通过的《生物制品控制法》要求"保证血清、疫苗以及用于预防和治疗人的疾病的类似产品的纯度和安全性"；1906 年通过的《食物和药物法》成为联邦第一部"禁止掺假与错误标识的食物、饮料和药物"的法律；1938 年通过的《联邦食物、药物和化妆品法》，要求"新药上市前被证明是安全的"，该法 1962 年修订后要求"药品不仅要安全，还必须是有效的"；1979 年再次修订后该法规定"凡制售品种及药厂、批发商，都必须报经登记审查批准"，同时规定了"药品质量标准制度、药政视察制度、药品不良反应报告等"。总的趋势是，出于对消费者生命健康安全的高度重视，各国药品管理的立法更加全面、深入和严格。

中国药品管理立法明显滞后于发达国家，1984 年制定了第一部《药品管理法》，2001 年作了修订，相应还制定了一些法规、规章，这些立法对于政府加强药品监管，保证药品质量，保障用药安全，维护公众健康起到了十分重要的作用。不过，现有的药品法律法规还有许多缺陷。如在药品不良反应救济制度、药品召回、药品使用质量管理规范、药品市场信用等方面存在法律空白；在新药的定义、药品集中招标采购、假劣药的分类定性、药品抽检、药品广告等方面的法律法规有些过时，有些亟待修订。法律上的缺失使得各类医药经营主体能够钻法律空子，政府有关部门则在具体操作中存在困难。因此，有关部门应当根据经济社会发展需要，及时修订和完善现有法律，不断细化条款，提高可操作性，使各项法律法规能够与社会主义市场经济体系建设、医药事业健康发展及深化医疗体制改革相适应。

3. 全方位严格药品监管

这是由药品质量的严格性、使用的被动性以及药品本身的毒副性所决定的，药品监管的好坏直接影响到公众的身体健康和切身利益，故该项职能显得非常重要。但是，药品监管的复杂性和难度远大于一般商品。一是药品数目越来越多，已多达数十万种。二是药品供应链复杂，存在形形色色的交易主体，包括研发机构、原辅料供应企业、制药企业、医药批发企业（一级批发企业、二级批发企业、三级批发企业）、药品招标机构、药品零售企业、医药代表、医疗机构等形形色色的交易主体。一旦医药供应链中的任何一个环节、任何一个交易主体出现问题，就会对公众的生命健康安全带来影响。

药品质量的严格性加上药品供应链的复杂性，要求政府从药品供应链的上游开始（原辅料供应）到中游（药品生产、批发）最终到下游（医疗机构、零售）以及回收等各环节都加强监管，设定严格的药品标准和监管标准。[①] 发达国家药品监管体系比较完善，并配备有充足和效能高的监管人员，监管机构对法律赋予的监管职能完全负责，对监管效果承担相应责任，监管效果较为理想。

中国的药品监管体系建立时间不长，还很不完善，药品监管能力相对较弱，存在相应的政策和法律缺失，近些年还暴露出监管执行力不强、人力资源匮乏、管制程序不透明、腐败以及信息系统不健全等一系列问题。必须进一步加强和完善药品监管，形成垂直、高效、统一的监管体系，大力加强医药监管能力，改进药品管理办法，提高药品监管中各种信息的公开化、透明化程度等。

4. 制定医药市场规则，维护医药市场秩序

药品的商品性表明了政府必须维护药品生产经营的经济规律，维护药品公平公正的市场交易。制定什么样的医药市场规则直接影响到医药市场上各主体的行为，并最终影响到医药市场秩序、医药市场的运行效率、公众用药安全以及医药产业发展的绩效。历史和现实表明，良好的医药市场规则建立是一个长期的过程。中医药市场机制还不很完善，加上政府职能也未完全转变到位（例如，药品管理部门间的不协调、中央与地方的不协调，监管不到位等），医药市场中存在许多严重损害市场机制功能正常发挥的情况，造成药品生产流通秩序混乱，医药商业贿赂盛行，"劣药驱逐良药"的现象。如何转变政府职能，并制定出公平公开公正的医药市场竞争规则，建设全国统一的医

---

① 如药品研发的药物非临床研究质量管理规范（GLP）、药物临床试验的质量管理规范（GCP）、药品生产企业的质量制造规范（GMP）、药品流通企业的药品经营质量管理规范（GSP）、中药材生产（种植）质量管理规范（GAP）、中药提取物质量管理规范（GEP）、医院制剂质量管理规范（GPP）、药品采购管理规范（GPPP）等。

药市场以及维护医药市场秩序,是今后政府面临的一项艰巨任务,需要政府运用法律、法规、适当的行政审批以及经济手段等多种方式来加以推进。

5. 促进医药产业持续健康发展

社会对药品的要求是:数量充足,品种齐全,供应及时,安全有效。医药生产不允许出现大起大落、品种长长短短,又不能低水平盲目发展。对于中国这样拥有 14 亿人口的发展中大国而言,由于全社会的疾病负担还很重,通过发展本国的医药产业一方面可以解决广大民众的用药问题,另一方面也可以替代高昂的进口药品。加快医药产业发展,经济社会意义极为重大。目前,中国已成为原料药生产和出口大国、全球最大的药物制剂生产国、世界疫苗产品的最大生产国,拥有 4 000 多家制药生产企业,药品流通能力、规模、品种数达到一定水平。但是,医药低水平重复生产,产业集中度低,药品流通秩序混乱、药品质量不合格等问题相当突出。全国 4 000 多家制药企业的销售总额还抵不上美国辉瑞一家制药企业;有的药品,如"复方磺胺甲恶唑"超过千家药厂生产;药品从生产到销售终端中间环节多达 6—9 个,流通成本很高,效率较低。这些问题的存在,既助长了国内药价的虚高,又极大损害到医药产业的健康持续发展。这些问题存在的重要原因之一,是中国缺乏合理的医药产业政策。政府应明确当前、未来 5—10 年乃至更长时期内国家的医药产业战略目标,制定出相应的医药产业政策,通过严格制药企业的准入条件、技术标准、环境标准以及续仿药递减定价等措施,推动医药产业从"数量扩张的粗放式增长"转到"质量效益的规模化、集约化"道路上来。

6. 鼓励药品开发和创新

迄今为止,人类大约只有 30% 的疾病能够治愈,世界各国普遍还面临着众多疾病的挑战,需要不断有新的药品出现。例如,像癌症、艾滋病或早老性痴呆等病症就没有有效药物可以治愈,人类面临着巨大的疾病挑战,加快新药品的出现,显然是各国政府共同面对的一项紧迫而又艰巨的任务。由于药品创新是一项系统工程,投入高、周期长且不确定性很大,仅靠企业独立研发有时难以胜任。特别是中国的大多数制药企业,规模小、资金少、技术薄弱、人力资源缺乏,创新能力较弱。企业研发投入占销售收入的比重大多在 1% 左右,国外的跨国企业多在 10% 以上,好的达到 15%—18%。因此,政府在药品开发或药品创新的某些环节给予企业支持十分必要。国际经验也表明,大多数国家(无论是发达国家还是发展中国家)实际上均采取了一些激励性措施,如在创新资金投入、税收减免、创新平台建设等方面,对有创新意愿的医药企业给予积极支持。

7. 建立国家医药储备制度

在战争、灾害、重大疫情和突发事件发生时,药品是重要的战略物资,为保证它们能够及时有效地供应,政府需要建立起国家医药储备制度。

此外,政府还有其他一些重要责任,例如制定医药企业废弃物排放标准、对医药企业进行征税等。

8.1.3 医药企业肩负经济与社会责任

认清药品领域中政府的责任并有效落实,是解决当前医药领域突出问题的关键一环,但仅仅这样还是不够的。因为企业"在高利益驱动和侥幸心理作祟下,有 100% 的利润,他就会藐视法律;有 200% 的利润,他就会铤而走险;有 300% 的利润,他就不怕上绞首架"。国内正规药厂近些年屡现质量安全警报,"齐二药""欣弗""佰易"等事件给公众生命健康带来重大损害,除了监管未完全到位外,很大程度上与企业过度趋利有关。这些事件的发生,光靠强化政府责任是无法完全避免的(毕竟政府不是全能的,监管与被监管者之间信息始终是不对称的,政府不可能在医药供应链的每个环节实施全天候监管),许多问题的解决还要靠医药企业强化自身的责任,实现企业自律。

从药品的商品性看,医药企业是医药市场的重要主体,面对激烈的市场竞争,高效率地使用资源并创造合理利润,为所有者、员工和股东负责是医药企业应有的经济责任。

但是,药品的特殊性决定了医药企业并不单纯是一个经济组织,社会责任是医药企业行为的有机组成部分。药品是科学的产物,药品在安全性、有效性和质量严格性方面的要求,决定了医药企业绝不能把经济利益作为唯一目标,应始终把公众健康作为最重要的价值取向。医药企业在生产经营过程中所面临的挑战除了同行的竞争,还有来自患者、医生、政府机构和社会公众等多方面的要求,医药企业必须考虑到其行为是否促进了公众的利益,改善了患者的健康,有利于社会基本信仰的进步,有利于社会的稳定与和谐。

(1) 生产和经营质量合格的药品。毫无疑问,药品作为医药企业提供的产品,医药企业是药品质量的第一责任人。"质量是医药企业的生命线",医药企业肩负人类健康使命,必须坚持"质量第一、精益求精、止于至善"的理念。所有医药企业的合理利润必须在满足药品质量和消费者健康需求的前提下才能获得。

(2) 遵守商业道德。无论是法律规定、公众的健康需求,还是政府要求,出于人道主义或宗教的目的,医药企业遵守商业道德都是必要的,其中诚信行为是遵守商业道德的基本要求。也就是说,医药企业必须遵守各项法律法规、道德规范和治病救人的崇高理念。譬如,在研发和药品注册时要确保药效数据中动物实验数据的真实性,临床试验数据的真实性和可靠性,提供药品注册审评资料的真实性;在生产阶段必须确保药品生产质量;在药品广告宣传和销售时要确保药效的真实性、药品说明书和标签的真实性;规范医药企业经营人员的行为等。

(3) 制定合理的药品价格。药品(特别是基本药物)价格的高低直接影响到公众健康的保障程度和一国卫生总费用的支出,药品需求的刚性使得药品的定价不能任意抬高,利润必须控制在合理的范围之内。这一方面可以通过政府的价格管制予以实施,另一方面医药企业也应当自觉遵守合理定价的原则。

(4) 纠正不良社会影响。医药企业应当承担由于它们的行为而造成不良社会影响的全部责任。例如,医药企业应力求外部成本最小化,减少其向外部排污的可能;保护资源和废弃物的回收利用;尽可能消除药品的不良反应、药害等引起的各种后果;不良药品的召回;等等。

(5) 不断开发创新药物。医药企业的崇高目标是为人类研发、生产和供应有用的新药。医药企业应是药品创新的主体,有责任根据人类疾病的挑战不断开发出相应的创新药物，从而使人们生活得更健康、更长久、更有活力。

此外，医药企业还有其他一些重要责任，如为本企业职工提供清洁、整齐、安全和无毒的工作环境等。

8.1.4 促进医药产业与卫生事业良性互动

国际国内医药形势表明，中国与发达国家在医药生产流通能力方面的差距很大，医药强国地位在很长时期内难以确立。从国际上看，与跨国医药企业规模巨大、世界医药市场集中度较高相比，国内医药生产企业规模小，产业集中度低，产业组织很不合理；美、欧、日主导全球药品创新，国内药品创新严重落后；与国家规模化、集中化、高效率的医药流通格局相比，国内医药流通的企业规模小、集中度低、效率不高。从国内看，医药生产低水平重复，粗放增长造成生产能力过剩，能源资源消耗大，环境污染严重；医药市场秩序混乱尚未根本扭转，假冒伪劣药品尚未根本遏制，药品安全形势依然严峻；部分基本药物短缺，普通患者的生命健康保障受到很大影响；医疗卫生机构不合理用药，既加重了社会负担，又诱致医药产业偏离正确的发展方向。

严峻的国际国内医药形势，与中国全面建成小康、构建和谐社会、人民需要美好生活的历史性任务是不相适应的，要求我们必须统筹解决医药发展中的突出问题，保障广大民众有药可用、用得起药、用放心药和合理用药，促进医药产业又好又快发展，促进医药产业与卫生事业的良性互动。

1. 统筹医药生产流通能力发展与确保药品质量和合理用药

中国拥有 14 亿人口，疾病防治负担很重。大力提高医药生产流通能力，保障广大民众有药可用，增强社会抵御疾病的能力，满足不断增长的药品需要，事关政治和社会稳定。这就要求社会上的药品"数量充足、品种齐全、供应及时"。药品生产或供应不足，会带来不利的经济社会后果，严重时甚至会造成人道主义灾难。尤其是，中国仍将长期处于社会主义初级阶段，经济发展水平、国家医疗保障能力、人均收入水平及消费能力还不很高，低收入的普通城镇居民和农村人口还占到相当大的比重，要特别重视基本药物的生产供应保障能力。

同时,药品又不同于一般商品,治病救人的特性决定着药品质量的严格性和使用的合理性。"质量是医药企业的生命线",医药企业必须坚持"质量第一、精益求精、止于至善"的生产经营理念。药品标准作为药品质量的重要体现,国家要根据实际情况适时提高国家药品标准。医疗卫生机构和医生在药品使用中需遵循"以患者为中心、救死扶伤、治病救人"等职业理念,以"优质服务"代替"创收",竭尽全力解除患者的病痛,科学合理地用药,真正落实公立医疗卫生机构保障人民健康的公益性职能。这就要求完善现行的补偿机制,改变"以药养医"机制,推进"医药分开"。

大力促进医药生产流通能力发展,切实保障医药生产流通中的质量和使用中的合理,彼此缺一不可,共同担负起公众生命健康安全的保障。

2. 统筹医药市场发展与严格监管

经过近 40 年的改革,中国医药生产流通体制总体上已经市场化,极大地激发了医药经济活力,促进了医药生产力的发展,医药市场成为社会主义市场经济体系重要的有机组成部分。未来要按照完善社会主义市场经济体系的要求,遵循医药经济规律和价值规律,进一步完善医药市场规则,理顺医药价格形成机制,规范医药市场主体行为,推进统一开放、公平竞争、规范有序医药市场体系的形成。

但医药市场又不能简单地视作一般商品市场,它是一个责任市场。药品质量的严格性、使用的被动性、药品生产销售和使用的信息不对称性以及药品本身的毒副性,决定了药品的研发、生产、流通、进出口以及使用等都要符合法定标准,政府必须对医药供应链全过程实施严格监管。前些年,由于国内药品质量标准偏低和监管方面存在的诸多缺陷,导致药品质量监管效力下降,出现重大药品安全事故,存在许多重大用药安全隐患,很大程度上影响到医药市场良好秩序的形成,影响到人民群众的生命健康安全。必须把推动医药市场发展和严格医药市场监管有机结合起来,这二者是辩证统一的关系。

3. 统筹地方医药发展与国家总体部署

中国幅员广阔，自然地理条件、经济发展水平、生产要素条件、医药资源禀赋等差异很大，这种状况决定了不同地区可根据自身实际，发展符合比较优势的现代医药、特色医药、传统医药、民族医药等。地方发展医药的积极性、主动性、灵活性应当得到鼓励和充分保护，不能忽视。但是，各地医药发展有时基于眼前利益、局部利益而盲目发展，难以完全符合国家整体战略部署和整体需要，造成低水平重复和资源的极大浪费。面对世界医药市场集中度不断提高，跨国医药企业竞争优势更加明显、对国内医药市场影响和渗透更强的情形，促进医药生产流通的规模化和集中化，做大做强国内医药产业，非常必要。

这就要求国家加强总体部署，完善医药产业政策，根据"全国医药一盘棋"的思想，做好全国医药发展规划，引导地区医药经济合理布局。通过严格医药企业的市场准入条件、技术标准、环境标准等措施，抑制医药生产的低水平重复，依法关闭生产经营假劣药品、生产经营条件落后、环境污染严重和破坏生态的医药企业；通过财税、金融、土地、信贷等措施，鼓励医药企业以资产为纽带，打破地区和所有制界限，实施并购重组，建立跨地区、跨所有制、有较强市场竞争力和带动作用的医药企业集团，发挥规模效应，提高医药产业集中度，改善医药产业组织状况。各地在医药发展方面，要加强全局观念，克服本位主义，在遵守国家统一部署和医药产业政策的前提下，充分发挥自身的积极性、主动性和灵活性，在有利于增进全局利益的条件下去实现局部利益最大化。

4. 统筹医药经济增长与药品结构升级

未来中国经济依然持续较快增长、人均收入不断提高、医疗保障制度逐步完善、人口规模巨大以及老龄化趋势等一系列因素，预示着国内医药市场规模今后很长时期内将会保持较高速增长。据统计，国内医药市场2020年达到1.79万亿余元。巨大的潜在市场，加上愈益激烈的全球医药竞争，对医药发展提出了"量"和"质"方面更高的要求。

国内现有医药生产能力尚不足以满足未来巨大的市场要求,应形成"大型医药企业主导、中小医药企业配套、各种所有制医药企业共同发展"的医药经济格局,全方位推动医药经济增长。同时,要充分认识到医药发展在"质"方面的差距更大,问题更加突出。要不断增加药品品种,优化药品结构,改进药品生产工艺,降低资源能源消耗、减轻环境污染,实现医药产业从"数量扩张的粗放式"增长转到"结构升级的集约式"发展道路上来。

5. 统筹医药自主创新与国际医药合作

药物创新是提升国家医药工业竞争力的根本源泉。"高投入、高风险、长周期、多学科协同"的药品创新特点,以及国内大多数医药企业技术创新能力薄弱的现实,决定了药物创新现阶段难以实施"全面的原始创新",但也并不意味着只能停留在"全面的模仿",国内外有这方面的成功经验。国际方面,日本药物创新早期远落后于欧美,二战后通过"引进、改良、模仿、吸收、自主开发"的创新策略,其落后的医药工业在 20 世纪七八十年代进入了创新高峰期,与欧美并驾齐驱。国内方面,中国在 20 世纪 70 年代医药生产力很落后、各种要素严重缺乏的情况下,就研制出了青蒿素这样有国际影响力的原创药。当前国内医药生产力和各种要素条件比计划经济时期已大为改善,开展自主创新完全是有能力有条件的。中国未来一段时期内,完全可以走一条"仿创并举、仿创结合、仿中有创"的药物自主创新之路,即:药物创新首先要重视继承和学习,要在前人的基础上,在现有的水平上起步,形成并不断提高自己的技术能力,这是药物创新能力较弱时的合理选择;同时,又要着眼长远,积极主动地开展引进、消化、吸收、再创新,做到"仿中有创"(如化学结构创新、工艺创新、制剂创新等),加大集成创新,并在若干年内在某些关键性领域(如以中药为主的天然药物、生物工程等方面)取得原始创新的重大突破。

坚持医药自主创新,并不排斥国际医药合作与交流。相反,要大力学习和借鉴国际先进医药理论和科学管理方法,大力引进国际先进医药技术和工艺,充分利用国际医药资源,通过医药自主创新与国际医药合作的有机结合,加快新药自主创制体系的形成和完善。

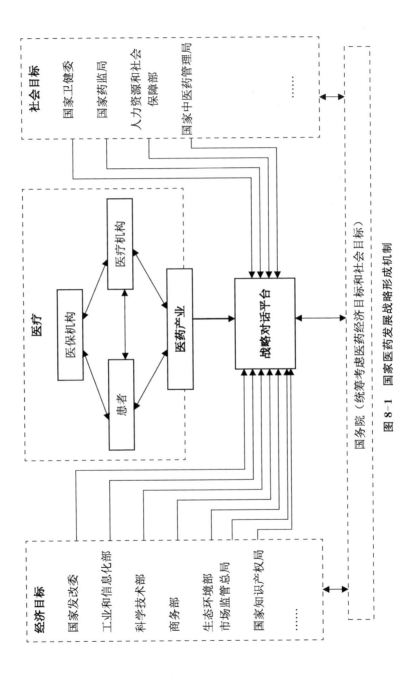

图 8-1　国家医药发展战略形成机制

8.1.5　完善国家医药发展战略形成机制

国家医药发展战略的形成是一项系统性工程。医药领域中各环节(从研发、生产到流通和使用等)相互联系、相互作用、相互制约的特点,决定了仅着眼于医药领域单个环节的战略制定难以取得总体效果,彼此之间的目标有时并不完全一致,甚至相互冲突,不同部门和主体的利益也经常会相互掣肘。

这就要求完善国家医药战略形成机制,如图 8-1 所示。该机制的核心要点在于,通过搭建国家医药发展战略(政策)对话平台,由国务院召集各相关部门及重要利益相关者进行对话,集思广益,凝聚发展共识。然后,按照经济社会统筹的要求,把各种分散的目标加以有效的协调和统一,制定出国家层面的医药发展战略。国家医药发展战略,既是未来医药领域法律完善和政策制定的依据,也是用来指导各部门、各地区在医药研发、生产、流通、使用、定价、监管等领域的行动指南。

8.2　加快推动原料药产业升级

新冠疫情使得全球药物需求量剧增,作为全球医药创新主导力量的美欧及仿制药大国的印度均出现了不同程度药品短缺。其中原因之一是,中国作为原料药生产出口大国,因疫情复工复产推迟,对国际供给减少。这一方面凸显了中国在全球医药供应链中的重要地位,但另一方面也正引发美国、印度等国的战略调整。对此,我们必须有清醒的认识。

8.2.1　中国是原料药大国

1. 中国是全球重要原料药生产与出口大国

中国原料药产业快速发展始于改革开放。恰逢 20 世纪 90 年代初期欧美发达国家出于成本与环保因素的考虑,纷纷将原料药生产基地向亚洲转移,中国承接了大量国际原料药产业,并一举成为重要原料药生产大国。目前,中国能够生产 24 大类化学原料药、1 800 多个品种,全球绝大部分原料药均能生产。青霉素工业盐、维生素 C、头孢菌素 C、阿司匹林、左氧氟沙星等产量均位居世界第一。

在满足国内需求的同时,中国原料药实现了大规模出口,出口规模约占全球总量五分之一。2019 年中国原料药出口量达 1 011.85 万吨,出口国家和地区达 189 个。主要出口集中于亚洲、欧洲、北美三大市场,合计占中国原料药出口总额的 89%。从国别看,印度、美国、日本是我国出口前三大目的国,出口量分别达 80.79 万吨、66.54 万吨、47.64 万吨,出口品种既有大宗原料药,也有特色原料药,如表 8-1 所示。

表 8-1　2019 年中国原料药出口前三位目的国相关数据

排名	目的国	出口额(亿美元)	出口量(万吨)
1	印度	56.53	80.79
2	美国	42.15	66.54
3	日本	20.59	47.64

数据来源：中国医药保健品进出口商会

出口目的国第 4—10 位的国家分别为德国、韩国、荷兰、巴西、意大利、西班牙、越南。排位前十的国家和地区原料药出口额在中国原料药出口总额中的占比在 60% 以上。

2. 中国大宗原料药在全球医药供应链中优势明显

中国原料药质量在国际上也得到认可,不少品种生产工艺水平甚至超过国外原研水平。例如,维生素 C 的两步发酵法、地塞米松工艺革新等,为这些品种大规模生产和出口奠定了基础。维生素类、抗感染类药物和解热镇痛类药物成为中国出口最大的三类化学原料药。

中国是某些重要药物有效成分的最大供应国甚至是全球唯一供应国,许多跨国制药巨头高度依赖中国原料药供应。中国也是美国药物和生物制剂的第二大进口来源国。美国 FDA 近年公布的数据显示,美国在销药品中有 20 种依赖中国生产的原料药。印度虽是美欧主要仿制药原料药供应国家之一,但其所需原料药 70%来自中国,在一些关键药物上印度对中国原料药的依存度甚至可达近 100%。

3. 中国原料药产业基础扎实、产业配套完整

中国拥有支撑原料药产业的完整基础化工体系,有众多原料药生产企业,医药中间体生产优势明显。根据 Newport Premium 统计,目前全世界开展原料药生产业务的规模企业虽有近 3 300 家,但其中有持续稳定供应能力、符合国际标准监管规范的成熟企业占比较低。根据原国家食品药品监督管理总局信息中心 2018 年数据,中国有 1 430 家化学原料药生产企业,其中既有少量销售收入过百亿元的大型综合性集团,也有大量中小型企业。医药产业集聚态势明显,主要集中在江苏、浙江、山东、四川、湖北、河北和广东,7 省占化学原料药生产企业总数的 50.7%,东部沿海地区江苏、浙江和山东占总数近 30%。中国还有大量原料药出口企业。2019 年,全国共有 12 462 家企业经营原料药出口业务,多数是民营企业,有较强出口活力。

8.2.2 中国原料药发展面临诸多挑战

1. 对中国原料药的高度依赖已经引起他国警惕

大宗原料药供应依赖中国、抗疫药品短缺等问题,已引起美国、印度等国注意并会相继进行战略与政策调整,寻求原料药生产或进口替代方案。美国认为,如果中国原料药停止供应会对其制药行业国际供应链与药品安全产生重大影响,需采取措施降低依赖程度。药物战略与政策调整可能是美国对中国实施选择性战略脱钩的动向之一。印度同中国一样是原料药生产与出口大国、研发外包与制造热门目的地,在多个原料药品种上都是中国的强劲竞争对手,特别是高端原料药方面,市场占有率远超中国。近年来印度大力扶持"印度制造"。印度药企希望利用其人力便宜、研发费用较低、语言优势明

显等，从制剂向上游原料药延伸发展，以形成供应链优势。

短期看，这些动向对中国影响不大。经过过去二三十年的产业外移，美国已缺少完善的原料药基础化工体系，即使重建同样有可能因缺乏上游原料而受限。印度气候长期高温潮湿，而生物发酵工艺以及化学合成中的部分工艺不适合在此环境中开展，工艺选择和产品选择受限，仍需从中国进口部分中间体，短期难以减轻对中国原料药的依赖。

但中长期看，美国、印度建立自主原料药供应体系完全可能。两国均有巨大国内市场，在政府支持下产业配套可逐步完善，由此也会引发全球医药产业分工的重大调整。

2. 中国原药料产业长期问题突出，粗放特征明显

表现为：产业集中度低，企业多、散、小，相互压价，利润率低。2018年中国原料药出口额超过1亿美元的企业有43家，仅占原料药出口企业总数的0.38%，其累计出口额仅占原料药出口总额的23.24%；研发强度低，创新能力不强，主要以附加值相对较低的常用仿制药原料药和大宗原料药生产为主，高壁垒仿制药原料药技术比较薄弱，质量标准须进一步提高；原料药与制剂尚未形成良性互动，制剂、原研药创新短板明显；污染大的问题未完全解决，一直是环保专项综合整治重点。

8.2.3 以产业升级形成原料药竞争新优势

新冠疫情冲击加速了全球原料药格局调整，既是挑战也是机遇。中国需从战略高度重视原料药产业升级，加快将原料药产业的短期优势、局部优势转变为长期优势、整体优势。

1. 做强原料药产业

支持原料药企业在质量、技术、环保等方面加大投入，加强原料药重要生产基地建设，推进智能制造、绿色制造与工艺创新。在保持大宗原料药传统优势的同时，布局中高端制剂原料和创新药原料，增加高端产品线和产品附

加值。加快绿色产品开发和技术进步,依法依规淘汰落后产能,推动提升原料药产业绿色化水平。整合行业创新资源,打造制药技术联盟,突破制约原料药原研、绿色发展的技术瓶颈。加快形成其他国家难以超越、难以替代的"品种全、品质好、品牌响、价格优"综合竞争优势。

2. 推动优势原料药企业向全产业链渗透

布局产业链关键要素,加强与上游化工企业、下游制剂企业形成高效供应链关系。推动原料药企业、制剂企业"专供、特供"的紧密结合。

3. 对原料药生产合理规划、动态监管

根据"全国一盘棋"思想,做好原料药产业发展规划,引导地区合理布局。规范原料药出口秩序,形成对外战略谈判力量,增强全球医药市场影响力。加强对原料药生产统计,摸清全国原料药家底,建立原料药大数据平台。

4. 加强对外资并购国内药企的安全审查

防止国内重要原料药企业、重要原料药基地等战略性资源被外资直接或间接控制。在中美战略博弈和贸易保护主义抬头的大背景下,发挥好中国原料药大国优势,适时打好这张牌。

8.3　推动健康产业高质量发展

健康是人类发展的基石。健康产业是为人类健康提供相关产品与服务的各类组织或主体的集合,包括以医疗卫生服务机构为主体的医疗卫生服务产业,以药品、医疗器械以及其他医疗耗材产销为主的医药产业,以保健食品、保健用品产销为主的保健品产业,以个性化健康检测评估、咨询服务、调理康复、保障促进等为主的健康管理服务产业等。健康产业横跨三次产业,覆盖面广、产业链长、融合性强,被誉为 21 世纪引领经济社会发展的"黄金产

业""希望产业"和"朝阳产业"。健康产业具有以人为本、广泛性、永恒性、复合性、适应医学模式转变等重要特性,关乎国民经济的持续发展和新增长的动力,关乎社会的稳定与和谐。中国拥有 14 亿人口,健康保障与疾病防治负担很重,促进健康产业高质量发展,不仅关乎人民幸福与社会和谐,也关乎国家富强与民族复兴。

8.3.1 健康产业内涵

健康产业是经济社会发展到一定阶段的产物。国内外迄今没有对健康产业作出过权威的界定。本章界定的健康产业,是指(直接或间接)为人的健康提供相关产品和服务的各类社会经济组织的集合。直接为人的健康提供产品和服务,如药品、医疗器械、医疗服务等;间接为人的健康提供产品和服务,如保健食品、保健用品、健康管理等。

健康产业是一个复合性的产业群体,它至少包括四大基本产业:以医疗卫生服务机构为主体的医疗卫生服务产业,以药品、医疗器械以及其他医疗耗材产销为主的医药产业,以保健食品、保健用品产销为主的保健品产业,以个性化健康检测评估、咨询服务、调理康复、保障促进等为主的健康管理服务产业。

健康产业有如下特点:

1. 以人为本

关爱生命、维护健康是人类永恒的主题。健康产业围绕着改善人的健康为出发点和落脚点。健康产业的回报是在提供了改善人的健康状况的产品之后获取的。

2. 广泛性

主要体现为两个方面:一是健康产业需求主体的广泛性,即来自社会中的每一个人,既有患者,又有健康和亚健康的人,既有老人和小孩,也有青年和壮年,既有女人也有男人。二是健康问题来源的广泛性。如生命自然周期带来的健康问题,即成长、成熟、衰老过程引起的健康问题;外来侵害造成的健康问题,包括物理的创伤、化学的污染、生物的感染、环境的影响、精神的刺激等;精神压力、社会压力、生活压力、情感问题等造成的心理失衡引起的心理和生理健康问题;不良的生活、工作习惯引起的健康问题;对健康生活缺乏科学的认识、正确的知识引起的健康问题。

3. 永恒性

健康产业面向每个人,面向人的生、老、病、死全生命过程,面向疾病的预防、诊断、治疗、康复、保健等产品与技术手段。人类的永恒存在和发展,使得健康需求永恒存在。健康产业是永不衰落的"朝阳产业"。同时,部分健康需求(如对症治疗)呈刚性需求。

4. 复合性

健康产业不能被简单地归类到第一、二、三产业,它是一个跨产业、跨领域、跨地域,与其他经济部门相互交叉、相互渗透的综合性产业。例如,提供健康管理服务的企业属于第三产业,它需要整合其他产业提供的装备、设备、技术、信息等;医药工业企业则属于第二产业。

5. 市场环境特殊

健康产业的产品市场受到人群疾病谱、文化与生活习惯、医疗卫生制度的影响。例如,医药产品属于被动消费,由疾病或不良健康状况决定;健康管理往往由消费者主动选择;保健品消费则介于被动选择与主动选择之间。

6. 适应医学模式转变

医学模式是医学理念和实践的总结、概括和升华;医学模式发生转变,是医学研究和实践发展的结果,其演变体现了人类认知的进步、科学技术的发展、医学科学的发展。与之相应,医学模式转变催生着健康产业的发展,健康产业的发展顺应了医学模式的转变。

8.3.2 健康产业的经济社会效益

1. 健康产业是国民经济中极具发展前景的产业

健康产业作为永不衰落的"朝阳产业"，其发展符合人类发展要求，符合产业发展趋势，代表新科技革命趋势。健康产业面临着日益增加的需求，最终将成为国民经济的支柱性产业。据统计，目前全球股票市值中，健康产业相关股票的市值约占总市值的 13%。特别是在发达国家，健康产业已经成为带动整个国民经济增长的强大动力，美国的医疗服务、医药生产、健康管理等健康产业增加值占 GDP 比重超过 15%，加拿大、日本等国健康产业增加值占 GDP 比重也超过 10%。健康产业中生物科技的重大突破，正在迅速催生新的产业革命，孕育着大规模的产业化。发达国家已经将健康产业作为经济社会发展的战略重点。例如，日本将健康产业与新能源、节能环保产业列于未来经济发展的战略重点。

在美国，医药工业是规模最大、发展最快的制造产业之一。在欧洲，医药工业是绩效最好的高技术部门。英国把医药工业看作"经济皇冠上的一颗钻石"（a jewel in the crown of the UK economy），其行业利润仅次于金融和旅游业。在日本，医药工业是继电器、汽车、化工和机械之后的第五大产业，产业增加值位居各行业之首。

2. 健康产业能强有力地促进社会和谐

药品、医疗卫生服务、保健品以及健康管理服务等能够被广大患者以合理方式获得且能以合理方式使用，将极大促进社会和谐。例如，新药的发明能够减轻成千上万患者的疾病痛苦，提高患者生活的质量，带给其家人幸福。从治疗满足度和治疗贡献度衡量呈现的价值，有些药品贡献度相当高，譬如针对消化性溃疡、高血压、高血脂、结核的药物发明，疗效就很好；对老年性痴呆、神经性障碍等疑难病症，当前发明的一些药物有一定疗效。

健康产业能有效地降低全社会卫生总费用。首先，健康管理以及对疾病预防的保健,可以最大限度地延缓和降低疾病的发生,从而节省大量的卫生费用。其次,当疾病发生后,药品的合理使用,能使许多疾病得到有效控制和治疗,大大降低患者的医院门诊、住院、紧急救护需要,避免不必要的手术,减少卫生费用开支。对某些疾病进行治疗,药品的合理使用最具成本—效益比。研究表明,美国在新药取代旧药方面每投入 1 美元,总卫生支出就能减少6.17 美元。英国针对 12 种疾病治疗所做的研究估计,因药品替代而减少病床使用的费用节约,从 1970 年的 1.14 亿英镑增加到 2002 年的 109.87 亿英镑。

反之,一个社会如果健康产业发展落后,后果将极其严重,社会和谐将无从谈起。世界上许多国家(如非洲贫穷的国家、处于战乱的国家)、发展中国家的城市贫困人群、边远农村的农民以及儿童缺医少药,造成流行病、传染病和地方病盛行,死亡的人数众多,给许多家庭带来深深的不幸,一些国家或地区甚至陷入严重的人道主义危机中。据统计,发展中国家因为缺医少药,每年有 1 300 万 5 岁以下的儿童死于可预防疾病。在非洲,疟疾、艾滋病等恶性传染病使得每年数以百万计的儿童成为艾滋病孤儿,有上百人死于疟疾,其中多数是 5 岁以下儿童。"流行病造成的损失是巨大的,这体现在它们所带来的苦难和人类损失的发展机遇之上。"[①]未来数十年,中国的人口数量和老龄化程度还将进一步提高,若缺少新药开发和必要的药品供应,因老年性痴呆、卒中、帕金森病、充血性心脏衰竭以及其他疾病等,大量老年人不得不长期待在疗养院和医院中,产生的巨额卫生费用,这将给未来中国的社会带来沉重负担。

3. 健康产业是提高全民健康福祉的重要保障

对人类而言,疾病总是相伴而生。人类发展史也是一部防病治病的斗争史。不同的疾病,给人类带来不同程度的挑战,重大疾病的流行有时甚至会改写人类历史的进程。人类在长期与疾病斗争的过程中,不断发现、积累和丰富获得健康的知识和手段,增强抵御疾病的能力,促进了人类生存和文明

---

① 　世界银行,《2006 世界发展指标》,中国财政经济出版社,2006,第 12 页。

的延续。譬如,数千年来,中华民族在面对疾病、重大疫情时,广泛使用中医药,对于中华民族的繁荣昌盛起着重要作用①。20世纪三四十年代以磺胺和青霉素为代表的现代药出现,在治疗和预防疾病方面起到划时代作用。以往每年夺走数以万计生命的许多细菌性传染疾病,如产褥热、流行性脑膜炎、肝炎、肺炎等,得到了有效控制;之后链霉素、土霉素、氯霉素、四环素等抗生素的发明,进一步提高了人类对抗细菌性疾病的能力。由于抗生素的发明,全人类的平均寿命增加了10岁。② 20世纪后半期,新化学合成药物、生化药物、生物工程以及基因工程在内的高科技手段制成的新药源源不断问世,在治疗和预防各种疾病、增进公众健康、增加人类预期寿命方面也发挥着愈来愈重要的作用。美国卫生部发布的一份报告表明,治疗艾滋病新药的使用,使美国艾滋病患者死亡率从1995年的16.2%下降到2002年的4.9%。统计表明,20世纪80年代中期到2005年间,绝大多数国家的平均期望寿命提高了几岁。在促进各国期望寿命增加的诸因素中,新药的贡献度约为40%③。

此外,药品是控制世界人口过快增长的重要手段。例如,避孕药的发明对于控制一国人口的过快增长、促进优生优育、提高妇女的生活质量发挥作用方面,效果明显。

近些年,随着中国经济建设的快速发展,社会竞争的日益加剧,生活节奏的加快,老年性疾病、传染病、精神病等已严重影响了人民的生命与健康。据统计,目前中国结核病患者人数约450万,仅次于印度,列世界第二位,其中传染性肺结核病人约200万;乙型肝炎病毒感染者超过1.2亿人,占全世界的三分之一;吸虫病患者约有85万人。在不少农村地区,肠道传染病、微量营养素缺乏病、妇女孕产期疾病、地方病和寄生虫病等仍未得到有效遏制。艾滋病、人型禽流感、新冠肺炎等新发传染病的出现,又加重了疾病预防控制的难度。同时,由于居民生活环境、工作环境和生活习惯的变化,恶性肿瘤、高血压、心脑血管病、糖尿病等严重疾病的患病人数也在不断增加,已成为威胁人民健

---

① 伟大的《神农本草经》被认为早在公元前2700年就已形成。

② 二战三大发明之一抗生素使人类平均寿命增加10岁,http://www.sina.com.cn 2003年01月11日。

③ PHRMA,Pharmaceutical industry profile 2007,http://www.phrma.org。

康的主要病种。据调查,中国 18 岁以上居民高血压患病率为 18.8%,糖尿病患病率为 11.9%。因心脑血管病和患恶性肿瘤死亡的人数已经列在中国人口死因的第一位和第二位。精神卫生问题也成为中国的重大公共卫生问题和社会问题,全国现有精神障碍者 1 亿多人,其中重度精神病人约 1 600 万人,患病率达 1.35%。中国出现了急性传染病和慢性严重疾病同时并存的多重疾病负担的状况。

显见,健康产业关乎国民经济的持续发展和新增长动力,关乎社会的稳定与和谐。加快健康产业发展,必将对中国的未来发展产生重大而深远的影响。

8.3.3　中国健康产业发展的阶段性特征

1. 中国已经是健康产业大国

中国健康产业总体规模仅次于美国,位居世界第二。作为目前世界第一人口大国,中国健康产业发展前景极为广阔。随着人民收入水平持续提高,中产阶层规模不断扩大,城镇化推进,人口老龄化,疾病谱变化,环境污染与气候变化以及政府增加医疗卫生投入等,人民健康意识不断增强,健康需求规模将持续增加,健康需求日趋个性化、多元化和多层次性。

2. 中央与地方重视健康产业发展

党中央、国务院高度重视人民健康,将"人民健康放在优先发展的战略地位"。《"健康中国 2030"规划纲要》提出"推进健康中国建设""发展健康产业"。党的十九大报告明确要求"实施健康中国战略"。一些省市先后推出了"健康强省""健康强市"等战略,把发展健康产业作为新的增长点。一些省份提出了健康产业突破万亿元的规划目标。不同地方根据比较优势与资源禀赋,初步形成了健康产业特色发展、集聚发展的态势。

3. 健康产业与相关产业加速融合

健康产业正处于新技术、新经济、新商业、新人文交织的重要时期。健康产业与各类产业融合程度不断提高，健康与养老、养生、旅游、文化、美容、餐饮、地产等进一步融合。一些地区发挥自然资源和生态优势，推动特色诊疗、中医保健与养生养老产业深度对接，发展康复疗养、健康管理、健康促进等产业。一些地区发挥医疗健康养生特色，推动本地区生态文化特色融合发展，探索健康旅游发展新路径。

4. 多种力量重塑健康产业发展格局

医药卫生体制改革、国企改革和市场化改革推进，本土企业的崛起，全方位对外开放和国际分工协作的加强，资本的进入，跨界融合，依法治国等多种因素、多重力量，正在重塑健康产业格局，健康市场将更加开放多元，竞争将更加激烈。尤其是，新一轮科技革命对健康产业发展带来深刻影响。生物、医药新材料、高端医疗器械不断涌现，互联网、移动互联网、物联网、大数据、云计算、人工智能深度应用，推动了健康产业升级。如物联网远程会诊让患者看病更便捷，智慧医疗带来线上线下一体，分子诊断、基因测序、大数据使精准健康、个性化医疗成为现实。

5. 健康产业发展中的问题也很突出

健康服务供给不足与需求不断增长的矛盾突出。医疗卫生服务体系不健全，资源分布不合理，优质健康服务资源缺乏，农村与西部的问题尤为突出。以治疗为主的健康服务供给模式亟须转变。一些健康服务缺乏科学和伦理，不合理用药，不规范诊疗，诚信缺失。人们对健康产业的认识存在误区，对健康服务的本质及对市场机制在健康领域能否发挥作用存在认知上的差异，影响到了政策制定和市场主体的行为。

医药生产流通粗放式发展。医药生产企业数量多，规模小，产业结构与产业组织不合理，创新能力弱，国际竞争力不足，药品质量亟待提高。医药市场秩序比较混乱，药品安全形势严峻，部分基本药物短缺，农村医药物流体系薄弱。

此外，一些领域还存在着过度宣传、虚假宣传等问题。

8.3.4　促进健康产业高质量发展的思路

1. 总体思路

紧紧围绕人类健康需求,以消除人类疾病、提高人类健康福祉、建设健康中国为使命,把保障公众健康作为最重要的价值取向,遵循健康产业发展规律,牢牢把握新科技革命和健康产业大发展的战略机遇,以"促进健康供给与健康需求有效匹配、健康投入合理化与健康效益最大化"为主线,以"完善体系、合理布局、提升质量、产业升级、可持续发展、惠及民生"为着力点,以改革开放为动力,以完善政策为保障,坚持"社会效益和经济效益相结合、市场机制和政府作用相结合、顶层设计和分类施策相结合、国内发展与国际合作相结合",推动健康产业成为战略性支柱产业,为中华民族的伟大复兴奠定坚实的国民健康基础。

2. 主要目标

到 2035 年,构建起完善的现代健康产业体系,形成一批具有世界影响力和创新能力的健康企业集团、一批特色鲜明品质高端的健康产业集聚区、一批具有全球健康资源和要素配置能力的区域。健康产业成为国民经济的战略性支柱产业和引领未来发展的新引擎。中国成为全球健康产业科创中心、全球健康服务中心,健康产业竞争力与创新能力位居世界前列,研发、产品、服务、标准制定在全球健康市场有重要影响力。健康产业社会效益显著,各类人群健康服务得到全面覆盖和充分保障,国民健康水平位居世界前列。

3. 重点任务

(1) 构建现代健康产业体系

构建覆盖全人群、全生命周期、全方位、业态丰富、布局合理、功能强大、结构优化、高质高效的融健康管理、医疗卫生、医药、医疗器械、养生、康复、保健食品等为一体的现代健康产业体系。重点构建起完善的现代化学药、中药、生物药、医疗器械、保健食品的研发、生产、流通体系，构建覆盖城乡融健康管理、医疗、卫生、康复、养生等为一体的健康服务体系。

（2）培育壮大优势市场主体

做大做强做优医药生产企业。推动医药流通企业规模化、集约化、智能化发展，并向医药物流与医药供应链企业转变。促进保健食品企业规模化、品质化、品牌化发展。支持妇幼保健、传染病防控、公立医疗卫生机构等成为高质量高效率服务组织；支持专业医疗机构专业化、精细化发展，支持社区医疗机构社会化、大众化、普惠化发展；鼓励民营资本、外资投资营利性医疗机构；鼓励健康咨询研究机构、平台型企业发展。

（3）打造高质高效健康产业链与供应链

鼓励和引导健康产业链上下游相关主体良好合作，合理分工，有效集成。支持上下游主体共同构建安全、高质、高效、透明、绿色、共享，有竞争力、创新力的健康供应链，消除健康供应链环节的短板，实现人流、商流、物流、资金流和信息流的通畅、高效、安全，构建可持续发展的大健康产业生态系统。

（4）推动健康产业与养老、旅游、文化、餐饮、体育、会展、地产、美容等融合发展

健全医疗卫生机构、药品生产流通企业、营养机构、康复机构与养老机构之间的业务协作机制。推动二级以上医院与老年病医院、老年护理院、康复疗养机构之间的转诊与合作。统筹医疗服务与养老服务资源，合理布局养老机构与老年病医院、老年护理院、康复疗养机构等，形成规模适宜、功能互补、安全便捷、医养深度融合的健康养老服务网络。推动健康产业与旅游融合发展，支持有条件的地区开展医疗健康旅游、养生旅游，建设一批包含健康主题的特色旅游城镇、度假区、主题酒店、养生体验和观赏基地。推动健康产业与文化产业融合发展，提升健康产业的文化内核，赋予健康产业更多人文关怀特质，促进健康产业与广播影视、新闻出版、数字出版、动漫游戏等有效融合。推动健康产业与餐饮有机结合，发展有品牌效应的健康餐饮和养生餐饮。推动健康产业与体育相结合，形成以健康引导体育，以体育促进健康的良性互动格局。支持举办代表性强、发展潜力大、符合人民群众健康需求的中医药健康服务展览和会议。推动健康产业与地产融合发展，促进房地产功能升

级。推动健康产业与美容产业融合发展,催生"美丽"产业。

(5)优化健康产业布局

根据国内各地健康资源禀赋、自然地理环境、生态状况、历史文化、产业基础和比较优势,在全国范围内培育一大批特色鲜明、专业化程度高、配套完善、大中小企业分工协作、优势明显的健康产业集群。建立区域间产业合理分布,城乡互动、东中西联动、地区协同的健康产业发展格局。推动各地健康产业集群持续升级。

(6)推动健康产业国际化

推动健康产业融入全球健康研发、生产、服务、知识网络,高水平引进来和大规模走出去相结合,积极承接国际健康服务和研发外包,在全球范围内整合医疗卫生、医药、医疗器械、生物、研发等优质资源,全面提升产业国际竞争力、国际影响力和全球健康服务能力,培育和打造一批具有区域和世界影响力的健康产业集团。根据各国情况,分类实施多层次、多渠道国家间健康合作战略和政策,推动构建全球健康共同体,促进全球健康水平提升。

(7)推动健康产业现代化

大力发展信息化、网络化、数字化、智能化、精益化、个性化、系统化的健康产品和服务。加强以互联网、物联网、大数据、云计算、移动终端、机器人、人工智能等为支撑的智能健康服务系统研发和应用,推动全社会健康资源与要素的互联互通与协同,逐步构建起覆盖全人群全生命周期的数字化健康档案库与个人健康状况实时监测系统。大力发展面向偏远地区和基层的远程医疗和线上线下相结合的医疗服务,建立区域远程医疗业务平台和云中心,发展远程的诊疗、心电监护、影像、病理诊断、检验等支持服务,远程医疗服务覆盖所有县(区)。全面促进健康医疗大数据应用。推广应用人工智能健康服务新模式新手段,促进智慧医院建设,发展智慧健康医疗和便民惠民服务。积极发展疾病管理、居民健康管理等网络业务应用,推进网上预约、线上支付、在线随访、健康咨询和检查检验结果在线查询等便民服务。加强化学药、生物药、中药、医疗器械、营养、康复和基因等领域关键技术的创新,推动重点领域创新成果的产业化。

8.3.5 促进健康产业高质量发展的措施

1. 营造良好发展环境

根据健康产业特性和产业成长规律，形成有利于健康产业持续发展的体制机制。深化公立医院改革、医药生产流通体制改革、国有医药企业改革、医疗保障制度改革等，推动政府职能转变。科学界定政府对国民健康的财政投入水平，建立与经济社会发展阶段相适应的稳定公共财政投入机制，形成政府与社会各界的良好合作机制。

加快推动形成公平公正、统一开放、竞争有序的健康市场体系。允许各种所有制、各类资本进入健康产业领域。完善健康产业发展的负面清单，实行"法律非禁即入"的准入制度。加快推进前置性审批制度改革，清理健康领域在市场准入操作层面存在的或明或暗，或直接或间接的障碍。制定政府权力清单，提高审评审批能力和效率。推进行业准入政策与管理的公开化、公平化、程序化、规范化。除政府明确的少数药品外，绝大多数药品生产、流通环节价格由市场竞争形成。对于医疗卫生服务领域，各类机构在准入条件、社会保险定点、重点专科建设等方面同等对待。根据医保基金承受能力，及时将符合条件、价格合理，具有自主知识产权的药品、医疗器械和诊疗项目按规定程序纳入医保支付范围。

2. 构建大健康监管体系

构建"权威、高效、审慎、包容、前瞻"的大健康监管体系，加强对健康产品和服务的质量、安全等监管，加强对从业人员资质及职业道德的规范。完善健康产业产品、服务追溯和问责体系。保障个人健康信息隐私，规范个人健康数据的流动。完善健康产业标准体系、统计体系以及信息收集、发布、监测和评价体系。确定健康产品和标准的最佳实践和规范指南。探索建立"政府—行业组织—民众"共建共治的新型健康治理机制。

3. 加大金融支持力度

推动商业银行、互联网金融、风险投资、社会资本、证券市场、商业保险与健康产业结合。鼓励具有现代法人治理结构的优势医疗卫生机构、医药企业、医疗器械企业、健康管理企业、健康咨询企业等上市融资。鼓励商业保险公司为健康产业提供多样化、多层次、规范化的产品和服务。建立商业保险公司与医疗、体检、护理等机构的合作机制。

4. 加强诚信体系建设

健全健康领域的诚信管理机制和制度。整合现有信用信息资源,建立健康产品研发、生产、流通以及服务各环节的信用记录档案,纳入国家统一的信用信息共享交换平台。制定信息收集、评价、披露等制度,建立失信机构、从业人员"黑名单"。运用媒体宣传、市场准入等手段,加大对失信机构联合惩戒力度,提高失信成本。引导企业建立诚信管理体系,制定考核评价制度,主动开展守信承诺,自觉接受社会监督。强化职业道德建设,形成良好行业风尚。

5. 完善人才和教育培训体系

加快培养健康市场需要的各类专业人才,完善学科教育和职业培训体系。大力推动教育改革,构建围绕大健康的高等学校学科教育体系、职业教育体系和社会培训体系,优化专业设置,不断提高教育质量和培训质量。完善各类健康专业技术人才评价标准,改进人才评价方式。建立和完善健康职业资格和职称制度,健全职业技能鉴定体系,培育职业经理人市场。

6. 塑造健康新文化

健康产业发展需有良好的文化基因。推动形成东方医学与西方医学、东方哲学与西方哲学、传统与现代、中华文明与其他文明有机结合的健康新文化。大力宣传"健康是人类最宝贵财富""健康投资是回报最大的投资""健康是生产力""健康水平是社会进步的标志与人类文明的体现"等理念。将"天人合一""上医治未病""从以治病为中心转向以健康为中心""阴阳平衡与协调""辨证施治""扶正固本"等理念与现代健康管理有机结合，提升全体人民的健康认知。

8.4 加快推动生物产业发展

生物产业是指将生物技术和生命科学应用于经济社会相关领域，为社会提供商品和服务的产业群体，主要包括生物医药、生物农业、生物能源、生物制造、生物环保、生物服务等。作为一个正在蓬勃兴起和迅猛发展的战略性新兴产业，发展生物产业对解决人类健康、资源、环境、农业、工业等关乎整个人类社会的重大问题产生深刻影响。发达国家和一些发展中国家已将生物产业作为国家发展战略重点，使其成为引领新一轮经济增长、应对当前国际金融危机的重要领域。世界经合组织（OECD）报告曾预测，至 2030 年，OECD 国家将形成基于可再生资源的生物经济形态。特别是新冠疫情全球范围内蔓延后，各国对生命科学、生物技术产品和服务、生物安全治理能力的关注都达到了前所未有的高度。各国都在加速发展生物技术与生物经济，围绕生物经济发展领域的竞争变得日趋激烈，谁抓住了生物经济发展的战略机遇，谁就是世界经济的未来。中国是最大的发展中国家和最具增长潜力的生物产业新兴市场，加快生物产业发展，既是主动抢占 21 世纪产业竞争制高点的战略选择，也是推动当前产业结构优化升级的现实需要。

8.4.1 生物产业发展具备许多有利条件

1. 具备较好发展基础

（1）中国生命科学与生物技术总体上在发展中国家居领先地位。中国自 20 世纪 70 年代末 80 年代初，相继开展了重组 DNA 技术、淋巴细胞杂交瘤技术、细胞和原生质体融合技术、固定化酶（或细胞）技术、动植物细胞大规模培养技术以及生物反应器等现代生物技术的基础研究和应用研究。经过多年发展,中国在生物信息学、基因组学、蛋白质工程、生物芯片、干细胞等生命科学前沿领域具有较高研究水平,完成了国际人类基因组计划 1% 测序工作。在超级杂交稻育种技术与应用、转基因植物研究等领域达到国际先进水平,动物体细胞克隆技术日臻完善,废水处理新型反应器和新工艺的开发研究取得重要进展,一大批生物技术成果或已申报专利或进入临床阶段或正处于规模生产前期阶段,一些生物技术公共研发平台初步形成。

（2）中国生物技术的产业化能力有了很大提高。生物医药、生物农业已初具规模,生物农药、生物肥料、燃料乙醇、生物柴油、生物基材料等许多新产品、新行业快速发展。近些年,生物产业规模持续快速增长,门类齐全、功能完备的产业体系初步形成,一批生物产业集群成为引领区域发展的新引擎。生物领域基础研究取得重要原创性突破,创新能力大幅提升。生物安全建设取得历史性成就,积极应对生物安全重大风险,生物资源保护利用持续加强,为加快培育发展生物经济打下了坚实基础。

（3）中国生物资源是世界上最丰富的国家之一。中国拥有约 26 万种生物物种、12 800 种药用动植物资源、已经收集 32 万份农作物种质资源;具有十分珍贵的人类遗传资源,至今已收集了 3 000 多个家系样本;建立了全球保有量最大的农作物种质资源库与亚洲最大的微生物资源库。

2. 市场前景极其广阔

生物经济将成为 21 世纪增长最为迅速的经济领域,许多学者预测 21 世纪"生物经济"必将超过"信息经济",产业规模将是信息产业的数倍。有专家甚至预言:人类将进入生物经济时代。

中国作为目前世界上人口最多的国家,对生物产业的需求潜力巨大,并将成为世界最大生物技术产品消费市场之一。"十四五"时期是中国开启全面建设社会主义现代化国家新征程、向第二个百年奋斗目标进军的第一个五年,也是生物技术加速演进、生命健康需求快速增长、生物产业迅猛发展的重要机遇期。中国是全球生物资源最丰富、生命健康消费市场最广阔的国家之一,一些生物技术产品和服务已处于第一梯队,新冠疫情防控取得重大战略成果,依托强大国内市场、完备产业体系、丰富生物资源和显著制度优势,生物经济发展前景广阔。①

3. 处于重大战略机遇期

从全球生物产业发展历程及趋势看,其初始阶段大致为 1980—2000 年,成长阶段为 2000—2025 年,成熟阶段将在 2025 年后。世界生物产业尚未形成由少数跨国公司控制的垄断格局。世界生物产业目前处于初始阶段与快速成长阶段的过渡期,与世界先进国家相比,中国生物产业的技术、人才和科研基础是高技术领域中差距较小的,有希望实现跨越式发展。历史经验也证明,新科技革命和产业革命的成长期是后发国家实现跨越发展的历史契机。利用好这一战略机遇期,加速发展,中国完全能够成为生物产业强国。

8.4.2 生物产业发展面临的问题

尽管中国生物产业具备进一步加快发展的诸多有利条件,但与生物技术强国相比仍有较大差距。据估计,生物产业基础研究与发达国家差距在 5 年左右,产业化差距在 15 年以上,且有进一步扩大的趋势。迫切需要重点解决的制约因素和突出问题表现在以下方面。

(1)自主创新能力弱。原始创新能力仍较为薄弱,基础生命科学理论、底层关键共性技术、高端仪器和试剂、生物信息资源等积累不够,以企业为主体、市场为导向、产学研深度融合的技术创新体系仍不完善。全球生物技术专利中,美、欧、日占到大部分比重,包括中国在内的发展中国家比重较低。与发达国家、部分新兴市场国家相比,中国生物产业创新力和竞争力仍较弱。以生物医药产业为例,全行业研发投入占销售收入比重不足 1%,与发达国家 10% 以上的研发强度相距甚远,中高端技术装备严重匮乏,高通量测序仪、大规模生物反应器、流式细胞仪等严重依赖国外进口。产业化能力偏弱,生物技术、产品和服务普及应用程度亟待提高,大量前沿技术成果沉积在实验室,

---

① 国家发改委:《"十四五"生物经济发展规划》,2022 年 5 月。

转化为现实生产力面临重重困难。

（2）产业组织不合理。生物企业规模普遍较小，大型生物企业严重缺乏，尚无世界级的跨国生物产业集团；产业集中度低，结构趋同，市场无序竞争，导致企业利润低、积累能力弱，难以步入良性发展轨道。

（3）产业发展资金匮乏，融资渠道单一。中国全部生物医药研发全年费用不及世界上最大的一家制药企业的研发费用，绝大多数生物企业规模小，缺乏信用、资产抵押等条件，很难从银行贷款。加之国内创业风险投资机制缺失，天使资金、资本市场、担保体系不健全，生物企业科研成果无论在初创还是产业化阶段均难获资金支持。

（4）科技成果产业转化率低。因科技与经济结合不紧密，"中试、放大、集成"工程化环节薄弱，全国生物科技成果转化率普遍不高。与发达国家相比，中国生物技术在产业化方面的差距，比基础研发更大。

（5）市场环境有待完善。如医药市场流通秩序混乱、药品招标采购不规范，生物能源、生物农业、生物基材料等领域技术规范和产品标准不系统，技术产品市场尚不成熟等。

（6）相关体制机制不完善。生物产业涵盖面较广，研发、生产、安全监管、进出口、人才培养等管理分散在多个委部局等，缺乏对重大问题的协调决策机制，难以很好体现国家战略和国家意志。与生物产业发展相关的科研创新体制、医药卫生体制、投融资体制、产品评价机制、产品定价机制、转基因市场准入制度、政府采购制度、企业评价制度等改革滞后，难以适应大规模产业化需要。

（7）生物安全问题。传统生物安全问题和新型生物安全风险相互叠加，境外生物威胁和内部生物风险交织并存，生物安全风险呈现出许多新特点，我国生物安全风险防控和治理体系还存在短板。

8.4.3　加快生物产业发展的思路

1. 战略目标

生物产业是具有中长期意义的战略性产业。OECD 发布的《2030 年的生物经济：施政纲领的设计》指出，到 2030 年在工业领域中的应用占生物技术总产量的 39%，农业领域应用占 36%，医疗保健领域占 25%，其中工业应用潜力最大。因此，中国生物产业发展的目标，必须要立足长远，突出其战略性，当前应根据不同应用领域的产业成熟度，对部分具备条件的领域加快推进产业化，同时针对具有发展潜力的应用领域，提前部署研发。

从产业成熟度来看，中国生物农业最为成熟，如果转基因技术政策能够适度、适时调整，可加快其产业化；生物医药次之；生物工业（包括生物能源、生物制造等）潜力大，但仍需解决一些关键技术。

为此，中国生物产业的发展目标可考虑为：到 2030 年，中国生物产业在全球生物产业格局中有重要地位，生物在工业领域中的应用取得长足进步，生物技术跃居世界先进水平，生物核心、关键技术具有自主知识产权；形成一批具有国际领先创新能力的跨国生物企业，生物产业出口额在世界市场占有较大比重；中国成为世界生物产业大国、生物技术强国和全球生物经济中心；主要生物技术产品满足国内人民群众基本需求，生物产业成为国民经济的重要支柱产业之一，生物经济成为支撑高质量发展的强劲动力。统筹解决人类、动物、植物、微生物的健康问题的能力显著提升，有效促进全球生态系统平衡发展。

2. 主要思路

（1）从国家战略高度进一步重视生物产业发展。发达国家和一些发展中国家着眼 21 世纪新产业竞争，从国家战略高度重视生物产业发展。美国政府将生物产业明确为战略性产业予以大力扶持，制定了《生物技术未来投资和扩展法案》《国家生物质能源计划》《生物信息基础设施计划》《生物盾计划》《工程生物学：下一代生物经济的研究路线图》，修改了相关税收政策，鼓励企业研究和投资生物产业。日本政府提出"生物产业立国"战略，出台了《生物产业立国战略》《生物行动计划》《生物技术驱动的第五次工业革命报告》，将智能细胞和生物制品列为生物经济领域优先发展方向。欧盟制定了《欧盟生命科学和生物产业发展战略》《欧洲化学工业路线图：面向生物经济》，欧盟科技发展第七研发框架计划中提出发展基于知识的生物经济，决定把 25% 的经费用于生物与医药技术。提出升级版的循环生物基欧洲联合企业计划,明确加大资金投入,通过发展生物基产业推动欧洲绿色协议目标的达成。印度发布了《生物产业发展战略规划》,成立了世界上第一个"生物技术部"。韩国提出举全国之力发展生物技术。新加坡制定了"5 年跻身生物技术顶尖行列"计划,成立了以副总理为主席的跨部门"生命科学部长委员会"。2009 年,OECD(经济合作与发展组织)发布了《2030 年的生物经济:施政纲领的设计》。

中国要借鉴他国经验,从国家战略高度制定生物产业发展战略。国家有必要举全国之力,集各方力量,重点推动生物产业发展。建议制定"国家生物产业中长期发展规划(2022—2030)",突出其战略性和长远性,并上升为国家战略。明确未来 10 年、20 年发展的战略方向、战略目标、战略重点、战略步骤和战略保障,提出实现生物产业强国的路径,明确管理体制、运行机制、激励机制和扶持政策,引导国家优势资源形成发展合力,尽快寻找生物产业的优势领域、优势技术和优势产品的突破口,促进生物产业跨越式发展。

(2) 重点突破和超前部署一批关键、核心、前沿生物产业技术。近期,针对健康、食品、农业、能源、环保、工业、生物安全等领域当前发展重点、难点、热点问题,优选一批成熟度高的重大项目,特别是生物农业、生物医药、生物安全等领域部分成熟技术,加快推进产业化,重点推进产业化过程中关键技术、关键工艺、关键产品的创新。已实现产业化的技术,扩大应用范围。

生物基础技术研究方面,优先支持人类基因组学、动植物基因组学、特殊微生物基因组学、疾病基因组学和蛋白组学研究。重点支持人类、动植物生殖(生长)发育的基因调控,人类重大疾病和重要动植物病(虫)害防治分子机理等研究。引导与支持生命科学与纳米技术、信息技术及认知科学的交叉研究与融合。

生物医药方面,加强生物诊断技术研究与产业化,切实提高对重大流行病、遗传病等疾病的诊断技术;加强生物治疗和基因治疗、组织(器官)工程等研究开发及产业化。根据防治重大疾病和传染病需要,重点发展新型疫苗、诊断试剂、创新药物和新型医疗器械,尽快建立政府支持、以企业为主体、产学研结合的新药高效研发体系。

生物农业方面,优先支持转基因植物研究开发,培育优质、高产新品种,特别是分子育种技术;支持植物组织培养技术;加强动物克隆与胚胎移植研究与应用;开发生物肥料、生物农药,部分替代化学肥料、化学农药;研究开发生物激素、食品添加剂等新型产品;加速生物农业技术的研发及广泛应用。

生物能源方面,重点发展下一代生物燃料、生物柴油以及丁醇、长链醇等、生物质发电、生物质气化、生物氢、集中式生物燃气、生物质致密成型燃料等。

生物制造方面,大力发展生物基产品,实现对化石原料的部分替代,实现对高能耗、高污染化学工业过程的改造。加快推进生物基高分子新材料、生物基绿色化学品规模化发展。开发新型酶制剂,发展生物漂白、生物制浆、生物制革和生物脱硫等清洁生产工艺,加快生物制造技术推广应用。

生物环保方面,重点发展高性能水处理絮凝剂、混凝剂、杀菌剂及生物填料等生物技术产品,鼓励废物资源化、废水处理、垃圾处理、生态修复生物技术产品的研究和产业化。支持荒漠化防治、盐碱地治理、水域生态修复、抗重金属污染、超富集植物等新产品的生产和使用。

同时,研判未来经济社会诸领域对生物产业的需求,超前部署发展一批生物前沿技术、下一代技术的原始创新和集成创新。如生物医药领域的靶标发现技术、药物分子设计技术、基因操作和蛋白质工程技术、基于干细胞的人体组织工程技术;生物农业领域的智能不育分子设计技术;生物制造领域的新一代工业生物技术、生物炼制技术、合成生物技术等。

(3) 提升生物产业自主创新能力。打造国际一流研发机构。支持生物优势企业建立着眼核心、共性、重大关键技术原始创新和集成创新的高水平研发机构。改造或新建一批国家工程实验室、工程研究中心,提高科研成果的工程化与系统集成能力。

加强相关平台建设。推进国家生物技术公共实验室、中试基地以及融资平台、人才培训平台等产业化能力建设。鼓励形成以优势企业为核心,相关主体参与的高端共性技术平台。加强高校和科研院所研究开发设施建设,形成若干具有较大规模、多学科融合、创新能力强、开放运行的生命科学研究中心。

推动生物产业技术创新联盟建设。提高产学研结合的组织化程度,在战略层面建立持续稳定、有法律保障的合作关系,整合生物产业技术创新资源。通过产学研合作等方式,建立企业牵头组织、高等院校和科研院所共同参与的有效实施机制。鼓励企业与高等院校、科研院所联合开展生物技术成果转化。

(4) 推动相关要素向生物产业基地集聚。生物产业集聚是发达国家发展生物产业的重要方式。美国已形成了旧金山、波士顿、华盛顿、北卡、圣迭戈五大生物技术产业区。其中硅谷生物技术产业从业人员占美国生物技术产业从业人员的一半以上,销售收入占美国生物产业的 57%,R&D 投入占59%,其销售额每年以近40%的速度增长。此外,英国的剑桥基因组园、法国巴黎南郊的基因谷、德国的生物技术示范区、印度班加罗尔生物园等,聚集了包括生物公司、研究、技术转移中心、银行、投资、服务等在内的大量机构,提供了大量的就业机会和大部分产值。这些生物技术产业集群已在这些国家和地区产业结构中崭露头角,对扩大产业规模、增强产业竞争力发挥了重要作用。

要加快培育和发展有实力的生物产业区域集群,按照统筹规划、发挥比较优势、分类指导、稳妥推进的原则,选择产业基础好、创新能力强、市场化水平高、开放性强的地区建设几个国家生物产业基地,引导和鼓励高水平人才、技术、资金、信息等要素及相关主体向生物产业基地集聚,形成若干各具特色、产业布局相对集中的生物产业集聚区。

(5) 打造高效生物产业链。中国生物产业链不很完善,存在诸多薄弱环节,产业链交易成本和生产运作成本很高,市场反应能力较弱。为此,应鼓励和引导生物企业和上下游相关主体良好合作,合理分工,有效集成,优化产业链。例如,针对生物医药产业链长的特性,鼓励生物医药企业构建或融入有竞争力的供应链系统中,优化从合成提取、生物筛选、药理、毒理等临床前试验、制剂处方及稳定性试验、生物利用度测试和放大试验、人体临床试验到采购、运输、储存、产品设计、研发、制造、流通加工、包装、销售、分销、配送等上下游供应链关系,最大限度降低产业链运行成本,最大可能提升对市场的反应能力。

（6）培育壮大一批优势生物企业。重点培育一批自主创新能力强、拥有创新产品的骨干生物企业，按照"政府导向、市场机制、龙头整合"的原则，支持其做大做强，鼓励其收购、兼并国内外拥有核心技术的研发机构，兼并、重组国内外发展势头良好的企业，加速培育具有较强创新能力和国际竞争力的本土生物龙头企业，形成品牌优势。支持若干有技术特色、机制灵活的高科技中小生物制造企业的发展。扶持大型生物流通企业，鼓励其立足国内市场，积极开拓国际市场。支持服务外包企业融入生物产业全球研发链。

8.4.4 加快生物产业发展的建议

1. 加强领导和组织协调

生物产业发展涉及医药、能源、农业、工业、环保、服务等领域的主管部门，也涉及财政、税收、科技、商务等相关部门，为加强领导，改变目前有限的资金、资源被分割、分散的现象，建议成立国务院生物产业领导小组，统筹协调生物产业发展目标和政策，增强部门间的协调，形成合力，利用好政策和行政资源大力支持生物产业发展。

2. 整合政府资源，加大资助力度

中国生物产业尚处于全面发展的初期阶段，政府的引导、推动和扶持十分关键。建议整合政府科技计划（基金）和科研基础条件建设等资金，加大财政科技投入对生物产业的支持力度，设立"国家生物产业发展基金"。对于产业化过程中初置成本较高暂时难以完全从市场获取合理回报的生物产品（如完全可降解生物材料、生物能源等）予以一定补贴。结合国家税收改革方向，研究制定支持生物产业发展的税收优惠政策。对生物企业生产国家急需的防疫用生物制品应实行零税率。境内设立的生物产业可享受企业所得税优惠政策。新创办生物企业自获利两年起，享受企业所得税"两免三减半"的优惠政策。

3. 完善融资环境,拓宽融资渠道

鼓励设立和发展生物技术创业投资机构和产业投资基金,引导社会资金投向生物产业。支持生物企业通过资本市场融资,在国内创业板股票市场采取"单独名额、单独标准、单独评审"原则,提高直接融资比重,加大政策性金融对生物产业资金支持力度,特别应发挥国家政策性银行的作用,金融机构对符合产业政策的生物企业给予积极的信贷支持,支持企业以专利技术为担保向银行贷款,重点支持具有自主专利技术、市场发展前景好的生物企业发展。

研究适合生物产业发展特点的金融产品,支持成长期创新型生物技术企业快速发展。鼓励风险投资、国家科技型中小企业创新基金优先支持在境内从事生物技术开发及其成果转化的中小型企业。采取特殊政策,鼓励和优先支持设立"生物产业投资基金"。

4. 营造良好市场环境

培育和扩大生物产品市场需求。通过逐步扩大医疗保险、计划免疫等覆盖范围,加大对农民提供良种补贴、技术培训的支持力度,以及加大对生物能源发展的扶持等措施,积极扩大生物产品的市场需求;加大政府采购对国内生物企业的支持力度,加强生命科学和生物技术的普及教育,正确引导消费;完善生物技术产品市场准入政策,在保障生物安全前提下,适当放宽转基因技术研究开发与产业化应用的限制;逐步推进药品的委托生产;拥有自主知识产权的生物药品上市后,按国家有关规定纳入国家医保药物目录。

加强生物产品市场监管。完善对生物技术企业、研究机构及其制品的管理制度;健全生物技术的实验程序,以及中间试验、环境释放、商品化生产和进出口等环节的安全控制措施,加大对生物企业与研究机构的基础设施和安全措施的监督力度。

5. 推动产业国际化,加强国际交流合作

积极稳妥地推进中国生物企业走出去,支持有国际竞争力的生物企业以

直接投资、并购等方式获取小型技术研发公司、国际知名品牌、国际产品销售渠道等国际资源。支持行业中介组织设立境外生物医药产品注册和营销指导中心。支持国内生物医药加快在欧美等国 cGMP 认证工作；推进种业、疫苗等领域具有比较优势的产品"走出去"；加强相关技术标准体系的研究，积极参与有关国际标准的制定和修订工作，建立生物产品出口商品技术指南，完善进出口环节管理。

有重点有层次有优先序地开展国际合作。围绕加速生物产业发展的重点、难点开展工作，特别是在重大技术成果产业化，加强自主创新能力和科研创新体系建设等领域，首先主要采取引进、消化、吸收、再创新和集成创新，最终实现原始创新。充分利用国际合作机会，特别应重视生物产业关键技术的引进与国际合作，实现生物技术的跨越式发展。调动中央、地方和企业多方面力量，在国际合作中明确各自的职责，共同推进，避免因国内自身协调不够，出现外方多头寻租或中方竞相压价的无序竞争局面。

6. 培养高素质人才队伍

教育部门应根据市场需求调整专业结构和人才类型结构，加大高校生物类学科专业建设力度，加强硕士、博士等专门人才的培养。依托高等院校、科研院所建立一批生物技术人才培养基地，在大型企业设立博士后科研工作站，鼓励科研机构、企业与高校联合建立生物技术人才培养基地，加强创新型人才和高级实用型人才培养。鼓励各类职业院校加快培养生物产业发展急需的技能型人才。

实施全球化人才战略，鼓励海外优秀人才回国（来华）创办企业、从事科研教学工作，落实海外优秀人才回国（来华）各项优惠政策。结合实施国家自主创新战略和科技重大专项，鼓励海外回国（来华）优秀人才按规定申请和承担政府科技计划、基金项目和产业化项目。尤其是，全球华人生物科学家是生物产业发展不可缺少的支撑力量，也是中国在未来生物经济时代大有作为的重要基础，应采取更特殊的政策吸引其回国，充分发挥其作用。建议国家制定专门用以引进海外高层次生物创新和创业优秀人才的政策。鼓励国有生物科研机构公开向海内外招聘技术负责人。加大向关键岗位和优秀人才的收入分配倾斜力度,完善技术参股、入股等产权激励机制。完善人才评价和奖励制度。

7. 加强和完善相关法律法规

建立健全有效鼓励生物技术创新、产业发展、生物安全的法律法规。如进一步完善《药品管理法》中有关新药认定办法,《政府采购法》中对自主创新产品优先采购办法,以及生物技术知识产权保护的法律法规等。从立法、执法、司法、普法、守法等各环节健全国家生物安全法律法规体系和制度保障体系,加强生物安全管理,防范生物技术及产品对人类健康和生态环境可能造成的危害。织牢织密生物安全风险监测预警网络,健全监测预警体系。建立健全重大生物安全突发事件的应急预案,完善快速响应机制。完善转基因技术、克隆技术等新生现象的法律法规。研究制定《生物资源法》,以加强生物资源保护和开发。

8. 加快改革相关体制机制

根据生物产业特性和新兴产业成长规律,切实形成有利于加快产业发展的体制和机制。如放宽转基因市场准入;着力改变"以药养医"机制,推进"医药分开",矫正医疗卫生机构和医生不合理用药行为,促使医疗卫生机构向生物医药企业传递正确创新信息;改进新药注册审批办法,完善药品定价机制,对原始创新药和集成创新生物药优先审批,赋予其自主定价权等。制定生物安全评价标准,完善评审、监测和监督等程序。

第9章
推动应急产业高质量发展

9.1 加快应急产业发展

加快发展应急产业对于推进产业结构升级、转变经济发展方式、构建和谐社会有重要意义。应急产业的产业地位已初步确立。未来应高度重视应急产业发展,夯实基础能力,提升创新能力,推动集群发展,打造高效产业链,壮大优势企业。建议整合政府资源,加大对应急产业的资助力度,进一步拓宽融资渠道,营造良好市场环境,培养应急人才队伍,完善法律法规,改革相关体制机制。

9.1.1 应急产业的概念、内涵与特性

1. 应急产业的概念与内涵

国内外迄今没有对应急产业的概念作过明确的界定,但存在"紧急救援产业""安全产业""安防产业"等一些相关提法。

根据有关法律和现实国情,应急产业的定义大致可分为广义和狭义两种。

广义的应急产业,指在自然灾害、事故灾难、公共卫生事件、社会安全事

件以及其他危及生命健康和财产安全等不确定性事件发生前后或发生时，利用相关装备、设备、技术、信息等手段为应急救援活动提供相关软硬件产品和服务的各类社会经济组织集合。

狭义的应急产业，指在自然灾害、事故灾难、公共卫生事件、社会安全事件发生前后或发生时，利用相关装备、设备、技术、信息等手段为应急救援活动提供相关软硬件产品和服务的各类社会经济组织集合。

广义定义强调凡是为各种应急需要提供产品和服务的社会经济组织集合均属于应急产业，既涉及非常态时的应急需要，也涉及常态下的应急需要。狭义定义特指为"自然灾害、事故灾难、公共卫生和社会安全"四大事件提供应急产品和服务的社会经济组织集合，着重于非常态时的应急需要。

按照广义的定义，前述的紧急救援产业、安全产业或安防产业等均属于应急产业。按照狭义的定义，紧急救援产业、安全产业或安防产业与应急产业有一些共同的特征和范围，但彼此有所区别。

应急产业的形成和发展，是经济社会发展到一定阶段的产物，是社会分工深化的结果。从起源看，应急产业脱胎于传统产业，但又不同于传统产业。正因如此，应急产业的产业边界与产业内涵有着相当的模糊性和动态性，与其他产业部门的交叉和渗透较深。应急产业不能被简单地归类到第一、二、三产业，它是一个跨产业、跨领域、跨地域，与其他经济部门相互交叉、相互渗透的综合性新兴产业。例如，提供应急服务的企业，需要整合其他产业提供的装备、设备、技术、信息等；又如，生产一般装备设备的企业有可能同时生产应急装备和设备。

考虑到新兴产业培育和成长过程中，与支撑其发展的各类传统产业存在交叉、渗透和复合，当前应当采用广义的应急产业概念。国内在这方面已有成功先例。如 2009 年国务院印发的《物流业调整和振兴规划》中，将物流业界定为"融合运输业、仓储业、货代业和信息业等的复合型服务产业"。这样，就解决了物流产业与交通运输业、仓储业、货代业和信息业的关系问题。同样，应急产业采用广义概念，就可以包含安全产业、救援产业等各类应急子产业。

2. 应急产业的特性

应急产业(特别是应急产业提供的产品)至少具有如下一些特性。

(1) 需求的广泛性。应急事件发生的广泛性,决定了应急产业涉及领域的广泛性。从空间分布看,既有国际应急需求,也有国内应急需求。国内应急需求中,又可分为跨省应急需求、省内应急需求等。从需求主体看,政府、企业、家庭、个人等各类经济社会主体均有可能产生应急需求;按行业分布看,国内应急需求分布在国民经济的各行各业。从应急活动的环节看,可以有事前应急需求、事中应急需求、事后应急需求或全方位的应急需求等。

(2) 需求的诱致性。应急需求主体提出各种应急要求的目的并不是应急产业本身,而是着眼于减少生产、流通、消费及生活中各种突发事件和意外事故发生的概率,减少事故带来的损害程度等目的。

(3) 需求的刚性。在自然灾害、事故灾难、公共卫生事件、社会安全事件以及其他一些危及生命健康或财产安全的事件发生时,对应急服务或应急产品的需求具有不可或缺性或刚性。

(4) 供给的多样性。应急产业面对的需求遍及国民经济和社会生活的方方面面,这种对象的极其多样性,决定了应急服务或产品提供的多样性。

(5) 供给的关联性。应急产业既脱胎于传统产业,又服务于国民经济各行各业,其自身发展也离不开其他产业的支持,与其他产业有很强的关联性、交叉性、渗透性。

(6) 时效性。"不用不急,用则急需。"应急产品和服务需在突发事件发生的第一时间内使用,否则就会带来负面影响,甚至严重的经济、社会和政治后果。

(7) 用途的可转换性。有些常态下的装备设备或服务可以转换为应急装备设备或应急服务。有些应急装备设备或应急服务,也可以在常态下为日常的生产和生活使用。

9.1.2 应急产业的分类

应急产业的分类是一个涉及理论性和实践性的重大问题。这里根据不同的分类标准,对应急产业具体包含的类型作出粗略的划分。

1. 根据应急产品的产业形态分,应急产业大致划为四类。

(1)应急服务业。具体又可分为以下几种:

应急综合服务企业。指针对各类突发应急事件,提供综合性应急服务的各类组织。

应急专业服务企业。指针对某一特定领域的突发应急事件,提供专业应急服务的组织。有时候,应急专业服务企业可以包括专门从事应急技术研发、应急咨询、应急预案的制定、应急培训的企业。

一般服务企业中的应急服务业务。指某些服务性企业根据业务发展需要提供的应急服务业务。如一般性保险企业提供的应急保险业务。这里需要区分的是,一般性保险企业提供了某种应急保险业务,但我们不能界定其为应急产业,它还是属于保险业。但是,专门提供应急保险的企业则可划归为应急专业服务企业。保险企业提供的应急保险服务这个产品,可以细分到应急服务业中。

(2)应急制造业。具体又可分为以下几种:

专业应急装备设备制造企业。指专门用于生产应急预防、事故处理的装备设备企业。如应急交通装备、应急通信装备、报警装备、灭火器等。

专业应急轻工产品制造企业。指专门生产应急预防、事故处理的轻工产品的企业。

一般制造企业生产的应急产品。指以生产一般性制造产品为主同时兼具生产某类或某些应急制造产品的企业。

这里需要区分的是,制造企业提供了应急产品,但我们不能认为其为应急产业,它还是属于一般性的第二产业。但是,制造产业提供的应急产品,可以细分到应急制造业中。

(3)应急软件业。具体又可分为以下几种:

专业应急软件开发企业。指专门为应急生产和服务提供相关软件开发的企业。

一般软件企业开发的应急软件。指以提供通用软件开发为主同时兼具开发应急软件的企业。

（4）应急产品经销产业。主要是对各类应急产品进行经营和销售的企业。

这种定义和分类的依据是传统的产业分类法，其特点是按照活动领域或对象的特征来进行划分。这种分类方法的优点是可以明确应急产业各子类在三类产业中所处的位置，便于进行宏观国民经济的统计和分析。

2. 根据应急产品针对的应急环节分，应急产业大致可以分为四类。

（1）针对各类应急事件未发生前的预防性产品和服务。主要涉及应急事件发生前的咨询服务、信息收集、应急保险、应急预防等。

（2）针对处理各类应急发生时的功能性产品和服务。

（3）针对应急结束后的后续或相关性产品和服务。应急后续的法律、经济和人事处理，以及相关的装备技术、物资保障和金融保险等。

（4）综合性应急产品与服务。主要指提供应急前、应急中、应急后两个或两个以上环节的产品和服务。

表 9-1 是对上述两种分类的简要归纳。

表 9-1　应急产业的分类

按产业形态划分的应急产业							
应急制造业		应急服务业			应急软件业		应急产品经销业
应急装备设备制造企业	应急轻工产品制造企业	专业应急服务业	综合性应急服务业	一般性服务业中的应急服务	专业应急软件开发企业	一般软件企业开发的应急软件	应急产品经销企业
按产品在应急环节作用划分的应急产业							
应急前		应急中		应急后		综合应急	
应急事件未发生前的预防性产品和服务		处理各类应急发生时的功能性产品和服务		应急结束后的后续或相关性产品和服务		综合性应急产品与服务	

资料来源：作者整理

9.1.3　加快发展应急产业的重大意义

1. 有利于合理发挥政府和市场的作用

政府在各类突发性事件中负有重要责任,但并不意味着政府必须包办一切。无论是从应急能力提供,还是从应急效率方面看,政府均有其局限性。过去国内发生各种紧急事故,基本上是由政府、军队、警察、消防以及慈善机构提供救助和资金支持,出面组织临时机构处理。"应急"往往是相关单位抽调临时人员组织进行,在既无经验又无准备的情况下,既缺乏专业知识与技术,又缺乏设备与装备。往往产生施救单位社会效益越高、经济效益越低的倒挂和错位,影响着参与救援单位的积极性,致使在急需救援时得不到相应的援救,严重影响施救的效果和质量。大量的社会救援行动,给政府带来财政负担,面对遇难人或家属及国际社会的责难时,也使政府承受不必要的压力。应急产业的发展,有利于改变以往政府包办的不足,向专业化、社会化的应急服务转变,使政府与社会力量相互补充,形成更加缜密的应急保障体系。应急产业的形成与发展,大大提高了社会应对经济社会系统运行中的突发事件和事故灾难的能力,可以大大减少生命健康和财产方面的损失。

2. 有利于培育新的经济增长点

中国自然环境和气候复杂多样,自然生态灾害十分严重。中国是世界最大的发展中国家,处于社会主义初级阶段,工业化和城市化正在加快推进,经济社会面临重大转型,经济增长方式粗放。这种形势使得安全事故发生概率加大。同时,随着经济的发展、社会的进步、人民收入水平的提高,各次产业开展预防突发事故、人民安全意识不断提高等,会使得全社会对应急服务和应急产品有更大需求。综合各种因素,国内应急需求规模巨大。初步估计每年有近千亿元的市场潜力,是国民经济的新增长点。

3. 较好适应经济社会变革带来的应急挑战和要求

在社会发展关系上，灾害的发生与工业化发展速度息息相关。工业化和城市化迅速发展势必在安全、环保、防疫等方面提出更加严格和紧迫的要求。应急产业的发展，适应这种经济、社会、自然生态等变化提出的挑战和要求。

4. 有助于产业结构的优化

应急服务企业和应急装备企业包括：大量的备灾活动中的物流、仓储专业公司，传播安全生产管理专业技能的培训公司，与灾害防御与救援相关的信息处理与技术服务公司，安全风险审计顾问公司，救援技术研发公司和引进国际先进技术建立的特种救援产品制造公司，等等。这些新兴企业的成长有助于提高现代服务业和先进装备制造业在国民经济中的比重和地位，有助于产业结构的优化。

5. 有利于维护国家应急自主权

中国应急产业发展尚处于起步阶段，严重滞后于经济迅速发展、社会迅速变迁的时代要求，与发达国家的应急产业相比无论是规模还是能力均相差甚远。例如，许多关键应急装备依赖进口。在 2008 年 5 月 12 日汶川大地震中发挥"最后一公里"作用的特种直升飞机均是从国外购买和租借的。长此以往，许多应急事件的处理将不得不依靠国外有关机构和公司，这将逐步丧失社会应急救援的国家自主权。大力发展应急产业，提升国内应急产业的研发、生产、服务能力，是一项着眼长远、关系全局的重大战略举措。

9.1.4 应急产业的产业地位已初步确立

对于这个问题的探讨，是一个理论性和实践性很强的课题，具有重大的现实意义。国内部分人士认为当前应急产业形态不清晰，这种观点的存在已经影响到应急产业在国民经济和社会发展中的角色定位，影响到应急产业发展战略和应急产业政策制定的方向。对此，必须予以澄清。

理论上讲,产业地位的确立应有几个方面的标志:一是有能够提供符合社会某种需要的产品或服务的企业,它们有成长空间,并形成一定经济规模;二是产业在国民生产总值中占到一定比重;三是产业具有一定规模的从业人员,包括专门的设计、技术人员、管理人员以及工人群体。

中国应急产业的产业地位初步得以确立,主要有以下几方面理由。

(1)从应急需求角度看,已经具备了应急产业形成的需求基础。应急需求的存在是应急产业得以形成的前提。随着国民经济持续快速增长、工业化的推进、市场经济体制的逐步建立以及应急消费和应急安全需求不断增加,经济社会发展对应急需求的强度越来越大。

(2)从应急供给主体看,已经出现的各种类型的应急企业使得应急产业地位明显确立。应急产业是由大大小小不同类型的应急企业构成的,为国民经济各行各业发展提供相应的服务。应急市场上已经形成了由多种所有制(如国有独资、集体、三资、外商独资、民营、内资股份制、上市公司等)、不同经营规模和各种服务模式共同构成,各具特色的应急企业群体。例如,目前市场上就存在专门提供应急装备的企业、专门提供应急服务的企业,还存在一些应急服务的事业单位(这些事业单位通过改变机制可以转化为企业)等。

(3)应急产业园区的出现,是应急产业得以形成的另一重要特征。例如,广东省东莞市以本地从事应急产品研制生产企业为主体,在松山湖国家高新技术产业园建设应急产业示范基地,基地已具备一定规模,未来将重点新建应急产业研发中心、救援培训中心、应急物流中心等十大中心,计划投资 80 亿元,其中应急产业研发中心已开工。安徽省在合肥国家高新技术园建设公共安全产业基地,创建公共安全技术研究院,占地面积近 3 平方千米,力争将公共安全产业打造成拥有独立知识产权和国际竞争力的优势产业。重庆市在合川推动重庆应急装备科技产业园和安全生产(应急)产业基地建设,其中安全生产(应急)产业基地投资 60 亿元,将形成产值数百亿元的新型产业集群,努力成为国家级的安全产品研发、制造、交易、物流、培训、演练的重要基地和龙头。

(4)从生产要素看,应急产业得以形成的各种要素资源,如人力资源、应急技术、固定资本投资等不断得到加强。

（5）从应急产业的产出看,应急产值规模在国民经济中虽然不高,但近些年增长速度很快。例如,浙江乐清市对该市应急产业产值的初步调研显示,2009 年该市应急产业产值大于 100 亿元。

总的说来,应急产业在中国已经具有明晰的产业形态,未来的成长性很大,无论是从应急产业规模、各类应急企业的成长,还是从应急服务模式的多样化、应急效率来看,今后均会有很大提高。当然也要看到,中国应急产业还处于起步期,应急能力还很欠缺,产业竞争力并不强,应急总体水平仍然偏低,还不适应国民经济发展的需要。国家主管机构要尽快明确应急产业的产业地位,出台相关政策加快其发展。

9.1.5　加快发展应急产业的思路

1. 从战略高度重视应急产业发展

借鉴发达国家经验,重视制定应急产业发展战略,推动应急产业发展。制定"国家应急产业发展战略",明确未来发展的战略方向、战略目标、战略重点、战略步骤和战略保障,提出实现应急产业发展的具体路径,明确管理体制、运行机制、激励机制和扶持政策,尽快寻找应急产业的优势领域、优势技术和优势产品的突破口进行突破,促进应急产业跨越式发展。

2. 夯实应急产业的基础能力

中国应急产业处于起步期,应急装备制造、应急服务等基础性能力还比较薄弱,远不能满足经济社会发展的要求。当前及今后一段时期,要以形成应急产业的基础能力为一项基础性任务,通过围绕增加应急装备品种、改善应急装备质量、完善应急服务网络、提升应急服务水平为重点,加快提升应急产业的基础能力,以满足经济社会发展对应急产业的基本需求。

3. 大力提升应急产业的创新能力

支持优势应急企业建立着眼于核心、共性、重大关键技术原始创新和集成创新的高水平研发机构。改造或新建一批国家工程实验室、工程研究中心，提高科研成果的工程化与系统集成能力。

加强相关平台建设。推进国家应急技术公共实验室、中试基地以及融资平台、人才培训平台等产业化能力建设。鼓励形成以优势企业为核心，相关主体参与的高端共性技术平台。加强高校和科研院所研究开发设施建设，形成若干具有较大规模、多学科融合、创新能力强、开放运行的应急科学研究中心。

推动应急产业技术创新联盟建设。提高产学研结合的组织化程度，在战略层面建立持续稳定、有法律保障的合作关系，整合应急产业技术创新资源。通过产学研合作等方式，建立企业牵头组织、高等院校和科研院所共同参与的有效实施机制。鼓励企业与高等院校、科研院所联合开展应急技术成果转化。

打造一支国际一流的研究开发队伍。加速引进和培养一批国际一流的技术人才，充分开发国内国际两种人才资源，紧紧抓住培养、吸引、用好人才三个环节。大力加强以原始性创新人才、应用基础研究和工程化开发人才、工程技术人才、创新创业人才为主体的应急产业人才队伍建设，努力把各类优秀人才集聚到应急产业的事业中来。通过重大科技专项、支撑计划和国家自然科学基金等国家主体科技计划，培养一批具有国际影响的学术带头人。逐步建立一支以创新领军人物、学科带头人、科研骨干和高级实验操作人员为主体的研发团队，造就一支既具备科技知识又掌握现代管理的复合型科技企业家队伍，特别应注重培育战略型企业家。

同时，加快推进应急产业的服务创新、管理创新和商业模式创新。

4. 推动应急产业集群发展

应急产业集群是发展应急产业的重要方式。加快培育和发展有实力的应急产业区域集群，按照统筹规划、发挥比较优势、分类指导、稳妥推进的原则，选择产业基础好、创新能力强、市场化水平高、开放程度高的地区建设几个国家应急产业基地，引导和鼓励高水平人才、技术、资金、信息等要素及相关主体向应急产业基地集聚，形成若干各具特色、产业布局相对集中的应急产业集聚区。

5. 打造高效应急产业链

应急产业链尚不完善，存在诸多薄弱环节，产业链交易成本和生产运作成本很高，市场反应能力较弱。为此，应鼓励和引导应急企业和上下游相关主体良好合作，合理分工，有效集成，优化产业链。

6. 培育、壮大一批优势应急企业

重点培育一批自主创新能力强、拥有创新产品的骨干应急企业，按照"政府导向、市场机制、龙头整合"的原则，支持其做大做强，鼓励其收购、兼并国内外拥有核心技术的研发机构，兼并、重组国内外发展势头良好的企业，加速培育具有较强创新能力和国际竞争力的本土应急龙头企业，形成品牌优势。支持若干有技术特色、机制灵活的高科技中小应急企业的发展。扶持大型应急流通企业，鼓励其立足国内市场，积极开拓国际市场。支持服务外包企业融入应急产业全球研发链。

9.1.6 加快发展应急产业的建议

1. 整合政府资源，加大资助力度

应急产业尚处于发展的初期阶段，政府的引导、推动和扶持十分关键。建议国家制定应急产业发展规划，出台《加快发展应急产业的指导意见》。整合政府科技计划（基金）和资助资金，加大财政科技投入对应急产业的支持力度，设立"国家应急产业发展基金"。结合国家税收改革方向，研究制定支持应急产业发展的税收优惠政策。

2. 进一步拓宽融资渠道

鼓励设立和发展应急技术创业投资机构和产业投资基金，引导社会资金投向应急产业。支持应急企业通过资本市场融资，在国内创业板股票市场采

取"单独名额、单独标准、单独评审"原则,提高直接融资比重,加大政策性金融对应急产业资金支持力度,特别应发挥国家政策性银行的作用,金融机构对符合产业政策的应急企业给予积极的信贷支持,支持企业以专利技术为担保向银行贷款,重点支持具有自主专利技术、市场发展前景好的应急企业发展。

研究适合应急产业发展特点的金融产品,支持成长期创新型应急技术企业快速发展。鼓励风险投资、国家科技型中小企业创新基金优先支持在境内从事应急技术开发及其成果转化的中小型企业。采取特殊政策,鼓励和优先支持设立"应急产业投资基金"。

3. 营造良好市场环境

培育和扩大应急产品市场需求。加大政府采购对国内应急企业的支持力度,加强对公众应急事件的普及教育,正确引导消费;完善应急技术产品和应急服务市场准入政策。

4. 培养应急人才队伍

贯彻落实国务院办公厅《关于加强基层应急队伍建设的意见》,加强和完善基层队伍建设,形成规模适度、管理规范的应急队伍体系。同时,教育部门应根据市场需求调整专业结构和人才类型结构,加大高校应急类学科专业建设力度,加强硕士、博士等专门人才的培养。依托高等院校、科研院所建立一批应急技术人才培养基地,在大型企业设立博士后科研工作站,鼓励科研机构、企业与高校联合建立应急技术人才培养基地,加强创新型人才和高级实用型人才培养。鼓励各类职业院校加快培养应急产业发展急需的技能型人才。

5. 完善相关法律法规

建立健全有效鼓励应急技术创新、产业发展的法律法规。如进一步完善《应急管理法》中有关应急产业发展的内容,《政府采购法》中对自主创新产品优先采购办法,以及应急技术知识产权保护的法律法规等。

6. 改革相关体制机制

根据应急产业特性和新兴产业成长规律，切实形成有利于加快产业发展的体制和机制。如放宽市场准入；制定应急产品和服务安全评价标准，完善评审、监测和监督等程序；等等。

9.2 完善应急物资保障体系

第一时间把正确数量、质量、品种的应急物资以正确方式送达目的地，对于一线人员顺利开展防疫救援、保障人民生命安全，快速恢复正常社会生活秩序，减少各类损失、降低经济社会政治方面的不利影响有重大意义。

2019年底暴发的新冠肺炎疫情来势猛、波及广，形势复杂严峻。打赢防控疫情攻坚战，一个非常重要的工作是，构建起一个系统综合、快速响应、多方协同、坚强有力的应急物资保障体系。但从目前的实际情况看，虽然各方付出了巨大努力，但仍存在不少突出问题。有些是当下应该解决的，有些是下一步需要总结经验教训、不断探索完善的。

9.2.1 疫情中应急物资保障体系暴露出的问题

应急物资保障涉及应急物资的生产、采购、捐赠、储备、运输、仓储、配送、分拨等彼此关联、环环相扣的诸多环节。此次疫情防控中，应急物资保障体系存在的主要问题有：

（1）应急物资储备不足、生产滞后。疫情暴发初期，医用防护服、护目镜、医用外科口罩、N95口罩、核酸检测试剂等医用应急物资始终处于"紧平衡"甚至短缺状态，储备严重不足，生产供应不上。不仅仅是武汉和湖北省，全国多个地区的多家医院都存在这些问题。虽然其中有疫情规模超出一般预案、春节期间缺少原材料和工人度假等客观因素，但也充分暴露了医疗应急物资储备和生产中的问题。

（2）应急物资干线通行不畅、调度难度大。一些地方未经批准封闭高速公路,阻断国、省干线公路,擅自设卡、拦截、断路,造成通行受阻,运营难度增大。此外,最初阶段对湖北、武汉来向的车辆及驾驶员采取的隔离措施虽然非常必要,但客观上使得运力减少,调度难度加大。

（3）应急物资分发、配送效率低。紧急调拨、采购以及社会捐赠的医护物资抵达武汉后,一方面是仓库爆满,另一方面停留时间过长,不能第一时间分发配送到急需的医疗机构,对医院防治工作带来影响。

（4）疫区末端快递收派难。交通管控从严、物资驰援增加,导致疫区快递配送单数量激增。

（5）航空物流能力严重不足。航空是时效性最强的交通运输方式,是"空中生命线"与国际应急物资战略通道。但截至 2019 年底,全国航空货运飞机仅 174 架,航空物流能力严重不足,国际航空应急物流保障能力薄弱。航空货运公司规模普遍偏小,而美国联邦快递、联合包裹等均拥有超过 600 架货运飞机,具有全球送达能力与很强的应急、战时保障能力。

（6）医药物流、冷链物流薄弱。高效医药物流体系尚未完全形成,疫情发生时难以提供快速、精准、高质量的配送服务。部分试剂盒、疫苗、药品、血液制品、生鲜食品等需要全程冷链,而冷链物流发展滞后,无全国性冷链物流服务体系,冷链设施设备缺乏,冷链物流标准化程度低,操作流程不规范。

9.2.2　应急物资保障不足的原因

（1）缺乏完善的应急物资保障管理体制。应急物资的储备、生产、采购、接收捐赠、分发调拨、交通运输、邮政快递、仓储配送等职能分散在不同部门、地区和企业,常态下各司其职即可,问题并不突出。但应急条件下,中央有关部门之间、中央与地方之间以及中央、地方与企业之间未能形成有效联动机制,应急物资保障缺乏顶层设计、统筹规划、统一调度,应急物资生产与应急物流难以同步。应急物资保障缺乏完善的法规标准,在体制机制、指挥流程、单位协同、职责分工、动员补偿、第三方评估等方面缺乏法律依据,军、地,政、企在力量与资源融合上缺少可操作的标准。新冠疫情发生初期出现防控真空、应急物资缺乏，防控过程中应急物资不断增加却得不到及时配送、浪费较大。各地政策不同，落地执行有偏差，导致即使有"通行证"，也未必能把物资顺利送进疫区。

（2）缺乏应急物资保障大数据平台。尽管相关政府部门、企业均拥有各类信息平台，但这些平台之间缺乏互联互通、信息共享，缺乏可用于应急物资指挥调度、供需信息、物流资源、交通运输及环境信息等实时呈现的全国统一大数据平台，缺乏数字化、智能化基础上的应急物资保障"国家大脑"，故难以对应急物流资源进行大范围、高效率配置。

（3）缺乏专业应急能力。海量应急物资接收、分发、配送是一项技术含量高的任务，需专业软硬件与人力支撑。无论是各省卫生健康委还是省、市红十字会，均缺乏大规模物资接收、仓储、分类、集散的应急经验，缺乏高效物流管理能力。对于疫区医疗机构的需求，也不完全掌握，应急物资分给谁、给多少，标准不清晰、过程难监督。专业能力不足很大程度上是因平时缺乏实战演练，缺乏专业化、系统性、常态化的培训。

（4）缺乏完善的应急法律法规。国内尚未形成完善的应急物资保障法律法规和政策体系，立法空白甚多。从应急物资采购、储备到运输、调拨、配送以及应急物资管理的组织设立等，均缺少相应法律法规基础。现存的一些法规通常以"试行""暂行""意见""通知"等存在，立法层次低，权威性不够。一些指导性政策过于原则而缺少可操作性。

（5）缺乏应急管理思维。经常用常态思维代替应急思维。例如，捐赠物资从接收到物流配送的全流程基本上是常规的流程，应急特征缺失。

9.2.3 完善应急物资保障体系的思路

应急物资保障能力亟待提升，应急物资保障体系有待完善。既要着力解决当前突出问题，也要着力解决长期存在的问题。短期，可通过提高资源配置效率、优化应急物资组织方式，提升应急物资保障能力。中长期，要紧紧围绕国家应急体系建设与应急物资保障需要，根据应急物资保障特点，结合制造强国、交通强国、健康中国、现代化产业体系、治理能力现代化等要求，系统性考虑突发公共事件所需应急物资的储备、生产、采购、运输、储存、装卸、搬运、包装、流通加工、分拨、快递、配送、回收以及信息处理等活动,以提升应急物资保障能力与推进应急物资保障现代化为主线,以补齐能力短板为突破方向,以先进技术与组织方式为支撑,以创新体制机制为保障,大力建设供需实时对接、干线支线末端有效衔接、水陆空协同、全国联动、军民融合、国际国内协调、安全高效的现代化应急物资保障体系。

1. 短期抓好以下四个关键点

(1) 加强信息收集整合,提高应急物资供需匹配度。有关部门加强对应急物资保障各类主体信息的获取整合(如工业和信息化部负责应急物资生产信息、交通运输部负责应急运输信息),并实时上报国务院联防联控机制,以便中央全面掌握应急物资需求、生产能力、库存储备、运力等信息,通过信息共享促进上下游协同运作。考虑到应急生产与物流成本的增加,制定合理的应急生产、物流等补偿标准。

(2) 提升应急物资分发专业化水平。根据防疫需求调整物资流向,防疫主战场(如医院)物资应保尽保,公共服务体系重点保障,群众全覆盖保基本。按照物资类别实施专业化作业,"专业的人干专业的事"。已有分配方案的捐赠物资可直接配送到急需地点,减少入库、卸货、清点、分配、再装车、出库等中间环节。

(3) 确保应急物流通道畅通。加强运输绿色通道建设,提高干线支线末端衔接效率,消除末端梗阻。充分利用社会化物流网络与物流园区,建立进入疫区应急物资中转服务站。对参与应急物资保障的车辆与人员颁发跨省通行证。对紧急医疗物资、紧缺生活必需品,优先保障运力,对相关车辆"不停车、不检查、不收费",优先通行。

(4) 在一定范围实施"无接触配送"。支持危险地区、疫情隔离区推广使用无人机、智能配送机器人、智能快递柜、无人超市等,实现"无接触配送"。

2. 中长期从优化体制机制、提升能力等方面完善应急物资保障体系

(1) 完善应急物资保障体制与法律法规。明确不同公共突发事件中应急

物资主管或牵头部门,建立由交通、铁路、民航、邮政、卫生、应急、发改、工信、商务、财政、金融、市场监管、农业农村、民政、公安、海关、军队、外交、红十字会等共同参与的应急物资保障联席会议制度。健全中央地方联动机制、供需对接机制、军民融合保障机制、社会力量动员及补偿机制、常态化演练及考核评估机制等。按照"第一时间、最快响应"要求,完善相关法规、政策、标准,使应急物资保障在体制机制、指挥流程、协同机制、职责分工上有法可依,使军、地、政、企在力量与资源融合上有操作标准。对应急物资储备、生产、采购、捐赠、运输、配送等组织协调、工作流程等法律法规进行修订,明确各利益相关主体的责、权、利。

（2）建立国家应急物资保障大数据平台。全面提升应急物资保障的网络化、数字化、智能化水平,构建基于政府、军队、社会、企业等多领域融合的国家应急物资大数据平台,使其涵盖应急物资生产储备、捐赠分配、交通运输、邮政快递、分发配送、应急需求等各方面信息。既有利于政府部门全面掌握情况,进行形势判断,也有利于应急物资保障体系各参与方的协同协作。

（3）加强应急物资储备体系建设。借鉴国外经验,推动应急物资储备专业化与社会化的有机结合,建成国家、地方、军队、企事业单位甚至家庭的一体化储备体系。合理安排应急物资储备规模及结构,建设网格化布局的应急物资储备中心库。中央及省、自治区、直辖市的地方财政在年度预算中,可设立应急储备专款。应急物资储备要充分发挥市场机制作用,及时了解医药企业、工业企业、商超、粮库等储存情况,提前协调好各种用品价格,避免价格上涨导致购货不足。做好应急人力资源储备,培训应急装备、设备使用和操作的人员。

（4）完善应急物流网络。充分发挥铁路、公路、航空、水路、邮政快递、仓储配送的比较优势,促进彼此有效衔接、互为补充,形成组合优势,构建立体、综合、现代的应急物流网络。加强国内应急物流网络与国际物流网络衔接。合理布局应急物流中心,提升组织能力与服务水平。

（5）补齐航空物流、医药物流、冷链物流等短板。从战略高度建设一支与交通强国、大规模应急物资保障相适应的规模化、现代化航空货运机队,布局好航空物流枢纽与货运机场体系,减少战略性国际通道的对外依赖程度。引导大型医药物流企业通过重组、兼并、合作的方式整合中小型医药企业,形成辐射合理区域范围的网络健全、手段先进、配送及时的医药物流服务能力。对医药物流中心建设做好规划,抓好医药物流中心建设的合理布局。健全冷链物流行业标准,提高冷链企业管理水平,加强冷链物流体系建设。

9.3　加快应急物流体系建设

在国内各类公共事件突发时,第一时间的应急物资保障尚难实现。要加快以"应急物资供给体系、应急物流基础性支撑体系、应急物流组织体系、应急物流运作体系和应急物流法律政策体系"为核心的应急物流体系建设。完善网络化立体化交通运输系统,重视应急物流信息系统建设,构建应急物流组织指挥机构,提升应急物流运作能力,加强应急物资储备体系建设,大力整合应急物流资源。应急物流体系建设要处理好时效性与经济性、先进性与适用性、专业性和社会性等关系。

9.3.1　应急物流体系存在的突出问题

在各类公共事件突发时,第一时间把合适数量、质量的应急物资以合理的方式送达目的地,是一项紧迫和关键的任务,这对于保障人民生命财产安全,快速恢复正常社会生活秩序,尽可能减少各类损失、最大限度降低经济社会乃至政治方面的不利影响有重大现实意义。在应对各类重大突发性公共事件实践中,中国已经具备了一定应急物资保障能力,但多数情形下第一时间的应急物资保障总体上还难以实现。究其原因,主要是由于应急物流体系建设严重滞后。

所谓应急物流,是指以追求时间效益最大化,灾害损失及不利影响最小化为目标,通过现代信息和管理技术整合采购、运输、储存、储备、装卸、搬运、包装、流通加工、分拨、配送、信息处理等各种功能活动,对各类突发性公共事件所需的应急物资实施从起始地向目的地高效率的计划、组织、实施和控制过程,具有突发性、不确定性、非常规性、事后选择性、不均衡性、紧迫性等特点。应急物流体系，就是围绕着应急物流目标，由相关人员、技术装备、应急物资、信息管理、软硬件基础设施、相关主体以及法律、法规、政策等因素共同构成的特殊物流系统。

应急物流体系的完善和发达程度，直接影响决定着应急物资的保障能力。国内应急物流体系建设严重滞后，突出表现为以下几点。

（1）基础设施建设相对滞后。骨干运输通道能力不足，铁路网络结构薄弱，民航支线机场数量缺乏，公路通达度与衔接度明显不足，内河航道等级偏低等。东、中、西三大地带交通设施依次弱化，部分区域运网稀疏。此外，应急物流信息网络不够完善，信息传递不及时，缺乏信息发布和共享平台。

（2）组织机制不健全。应急物流的组织协调人员大多是临时从各单位抽调，各类应急物资的采购、运输、储存、调拨、配送、回收等职能分散在不同部门、地区和企业，尚未形成中央有关部门之间、中央与地方之间以及中央、地方和有关企业之间联动的组织机制。应急物流组织更多表现为临时性，彼此间缺乏有效协调、沟通和整合，缺乏系统性和预见性，组织效率不高。由于缺乏协调和统一的指挥调度，在应急物资的流向、流量、流程方面，不同程度地存在杂乱无序的现象，很难做到供需匹配。

特别是，现行以行政命令为主要手段的应急物资供应组织机制，代价高昂。突发公共事件一旦发生，各级政府往往会组建应急领导小组，及时处理成为压倒一切的中心工作，以行政命令强制推动应急物资供应保障。这种模式以行政力为基础，统一组织指挥，对确保应急物资迅速到位发挥着重大作用。但由于缺乏系统化、规范化、制度化、法治化的应急物资保障机制，系统效率不高，社会代价过大，遗留问题不少。

（3）应急物流企业发展严重不足。专业化的应急物流企业是应急物流体系中的重要市场实施主体，而国内专门从事应急物流的企业（如应急物流基地、应急物流中心、应急配送中心、第三方应急物流企业等）还相当缺乏。

9.3.2 建设应急物流体系的思路

应急物流体系建设应根据应急物流的特点，系统考虑应急物资的采购、储备、运输、储存、装卸、搬运、包装、流通加工、分拨、配送、回收以及信息处理等一系列活动,高效组织和有效运行。与之相应,应急物流体系应当涵括法律法规政策、快速反应能力机制、组织协调、资源综合配套、装备和技术能力,从灾前的预防、预测、预案到及时救援抢险到灾后的救助恢复,从社会力量的动员到资源配套和利用等诸多内容。具体而言,应急物流体系至少应包括五大方面:应急物资供给体系、应急物流基础性支撑体系、应急物流组织体系、应急物流运作体系和应急法规政策体系等,如图 9-1 所示。

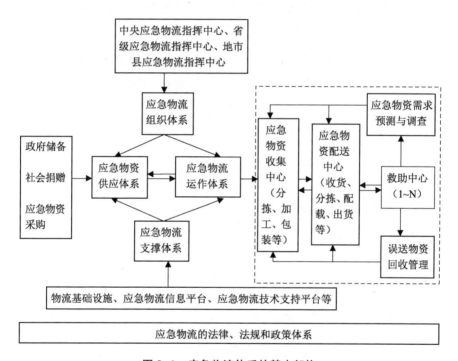

图 9-1　应急物流体系的基本架构

（1）应急物资供应体系。主要由政府储备的救灾物资、国内外及社会各界捐赠的应急物资、政府有关部门通过多种采购方式获得的应急物资等构成。

（2）应急物流运作体系。主要由应急物资需求与预测、应急物资收集、应急物资配送以及误送应急物资回收管理等构成。应急物资收集,主要根据对应急物资需求预测和实际情况调查,收集一定区域范围内的应急物资,并通过分类、分级、加工、包装等将应急物资送到配送环节。应急物资配送,主要将应急物资配送到各个救助点（受灾群众领取应急物资的场所）。误送应急物资回收，就是将无效的、多余的应急物资重新尽快收集返回至配送点或收集处。

（3）应急物流组织体系。主要由中央、省、地市县等若干层级应急物流指挥中心构成。应急物流组织体系的建立，目标是促进应急物流运作体系和应急物资供应体系有效协调，高效运转。

（4）应急物流基础性支撑体系。主要由公路、铁路、水运、航空、物资储备等基础设施，以及应急物流通信和信息平台、应急物流装备和技术支持平台等构成。

（5）应急物流法律法规政策体系。主要指国家针对应急物流制定的法律法规和各类政策，用以规范各相关利益主体的权利、职责和应尽的义务，做到有法可依。

以上五大体系是互联、互动、互补、互促的关系，共同服务于第一时间应急物资保障这一核心目标。

9.3.3 加快应急物流体系建设的政策建议

1. 完善网络化立体化交通运输系统

重点投资和建设交通运输薄弱环节，构建网络化交通运输线。交通运输线路与线路之间要纵向到底、横向到边，既有直达线路，又有迂回线路，保证应急交通运输线路全时畅通。建立公路、铁路、航空、水路多维立体的运输网络，确保一种方式中断时，其他方式能及时补充。

2. 重视应急物流信息系统建设

应急物流信息系统是支撑应急物流指挥组织的神经中枢，其建设在现阶段相对其他工作而言显得更加急迫。要实现应急物流的实时控制，应急物资精确投送，不同主体间的协同合作，必须全面提升应急物流信息水平。一是要加强应急物流信息平台的建设。这是由于全社会应急物资来源广泛，涉及层面多,活动环节多,各类信息都要依靠共用的应急物流信息平台传递。二是要使应急物流信息方式先进、稳定。由于应急物资的刚性需求,必须确保应急物流信息手段比常态下的信息传递方式更为先进、稳定和抗干扰。

3. 构建应急物流组织指挥机构

应急物流是一个系统性工程,要实现把正确数量的应急物资第一时间送达到目的地,必然需要一个高效、权威、统一的机构对各种分散的物流行动组织协调,以确保各项活动的协调一致和准确及时。建议根据中国政府机构设置和物流的运作流程,整合国家、军队、地方的相关机构,建立常设的专业应急物流指挥系统,专门负责应急物资的供应保障工作,协调应急物流的运行和实施。

由于应急物流指挥管理涉及国家的多个部门以及其他诸多社会成员,如果各自为政,不能协调配合,应急物流便无法实现既定目标。为此,应急物流指挥系统的设立和运作,必须由强有力的公共权力部门主导,即由政府来领导和组织实施。国外在这方面有值得借鉴的做法。譬如,美国联邦紧急事故处理署设有物流管理专门机构,平时主要负责救灾物资管理储备、预测各级各类救灾物资需求、规划救灾物资配送路线和救灾物流中心设置等工作。当灾害发生时,物流管理单位迅速转入联邦紧急反应状态,根据灾害需求接收和发送救灾物资。俄罗斯联邦政府设有紧急情况部,专门负责提供紧急情况下的技术和后勤保障。

4. 提升应急物流运作能力

应急物流目标的最终实现,取决于应急物流运作体系能否及时、准确地将相应物资输送到目的地,可以说物流运作体系是应急物流体系效率的关键性影响因素。应在科学论证的基础上,在全国建立适当数量的应急物流中心,形成高效的应急物流配送系统。

鉴于应急物流中心和配送中心具有相当的特殊性,大量专门建设将占用太多费用,因此原则上除部分地区根据需要新建一些专业应急物流中心或配送中心外,大部分地区可以利用社会资源,以市场化方式与具备条件的国内大型专业物流企业签订协议，明确其在遇到紧急情况下启动应急物流运作；同时要探索"军地物流一体化"的应急物流模式，对军地物流资源进行有效整合，以实现军地物流兼容部分高度统一、相互融合、协调发展。此外，政府应鼓励应急物流社会化和产业化。

5. 大力整合应急物流资源

应急物流资源分散在不同部门和地方，存在一定程度的部门和地方分割，组织化程度较低，应急物流资源配置的总体效率不高，亟须整合。政府有关部门应当运用系统观念，有意识地对应急物流资源或物流功能进行规划、配置、重新组合和取舍，综合利用分散的物流资源、协调与集成相关功能、重组与优化物流管理与运作实施、提升组织能力与服务水平，实现对应急物资的运输、仓储、包装、装卸搬运、流通加工、配送和物流信息等功能环节的有效集成或协调，合理布局应急物流中心，提升组织能力与服务水平，提高应急物流效率。

6. 完善应急物流法律法规和政策

一是要完善应急物资采购、储备、运输、组织机构设立及其职能等方面的法律法规，在法律上明确应急物流运作的各利益相关主体的责、权、利；二是要完善应急物流各环节标准、应急物流企业发展、应急物流社会化以及应急物流技术装备自主创新等政策措施；三是尽快出台合理的应急物流运作补偿政策。

9.3.4 需要处理好的几个关系

1. 时效性与经济性

应急物资保障最突出的特点就是"急"，即首先强调时效性。同时，应急物流具有明显的弱经济性。但是，应急物流的弱经济性并非不考虑经济效益问题。相反，处理好时效性与经济性的关系，对应急物资保障有至关重要的作用。如通过统筹安排，采用最经济的运输方式，选择最合理的运输线路，从而实现最小的运输成本和最短的运输时间,最大限度地减少浪费,高效率地完成应急物流任务。必须克服现行应急物流体系不计物流运作成本和代价高昂的缺陷。

2. 先进性与适用性

采用先进技术与设备是应急物流体系高效率运作的必要条件。以 2008 年 5 月 12 日汶川地震为例,如果离开了先进的交通运输设备与技术,要想在短时间内将如此庞大的救灾设备和物资运抵灾区绝无可能。因此,健全应急物流体系应尽量采用先进技术与设备。但也要看到,应对公共突发事件,大多是在环境恶劣、非常规作业条件下进行的,有时先进设备往往受到各种条件限制,有时甚至无法到达救灾现场。有时最先进的应急物流设备未必总是最适合的。比如内燃机车比电力机车技术落后,但它在 2008 年初的冰冻灾害中发挥了重大作用。故健全应急物流体系要在尽量保证先进性的同时,统筹考虑技术与设备的适用性。

3. 专用性与社会性

应急物流体系建设需要大量的专用性资产(如专业性人力资源、技术装备等)。应急物流面临的任务大多急难险重,需要专业人士负责,因此应急物流的人才队伍建设应注重平时培养,不能等到出现灾害时才临时找人。除了专业人员队伍建设外,应急物流的专用装备也是必不可少的。然而,目前应急装备尤其是应急物流装备尚无专门的生产和储备。如 2008 年初的冰冻灾害中,许多地方没有专业的破冰除雪设备,只好用非专用的机械清除路面,不仅延缓了破冰除雪的速度,还给公路路面造成了不必要的损害。显然,应急物流体系建设中专业应急物流装备必不可少。

同时,应急物流体系建设涉及方方面面,单纯依靠专业应急物流企业或其他单一专业部门和专业人员是难以完全胜任的。应急物流需要调动社会资源的广泛参与,在紧急情况下要动用军队、军用运输装备、军用运输专用线路及相关设施。只有广泛发挥应急物流的社会性资源价值,才可能最大限度保证应急物流的效率和效果,实现"第一时间"应急物资保障的目标。

第 10 章
推动地区产业高质量发展

10.1 推动河北产业结构优化

河北战略地位显要。明末清初地理学家顾祖禹在《读史方舆纪要》中曾谓河北"据上游之势以临驭六合者,非今日之北直乎?"。在新的历史时期,推进河北产业结构优化升级,关乎河北发展全局,也是京津冀一体化的重要战略任务。推进河北产业结构优化升级,要有全球视野和战略思维,紧扣国情、区情、省情,从国内外产业格局变动来谋划河北的产业定位,从市场需求、区域分工协作和产业规律来选择发展方向,从现有基础和优劣势来决定突破领域。

10.1.1 全球产业格局变动与河北产业现状

当前,世界经济格局发生重大调整,世界经济重心向亚洲转移。全球产业发展呈现出以下新特点:新科技和新产业面临新的重大突破,信息网络与实体产业加快融合,对各国产业和贸易格局带来深刻影响,多数国家踏上产业升级之路;全球化推动全球连接与全球流动,促进全球分工深化和全球价值链的形成,全球研发、全球采购、全球生产、全球销售和全球服务更加明显;

全球产业转移呈现新特点,部分高端制造环节回流发达国家,部分低端制造转移到更具初级要素成本优势的发展中国家;国际竞争激烈,贸易摩擦和壁垒增加;绿色、节能、环保、智能、高品质、个性化、安全正成为产业发展的新要求。

从国内产业发展看,中国成了世界第一制造大国和第一贸易大国,部分产业竞争力有较大提升。产业发展所需要的科技和人力资源具有较好基础。未来发展具有超大规模的市场优势。[①]

从国际区域发展趋势看,区域经济一体化、城市群建设、区域集团化、自贸区建设成为新的时代特征。

从国内地区发展和分工看,长三角地区、珠三角地区经济总量大,城市群发育相对完善,产业选择和升级各有侧重。如上海重点发展现代服务业和先进制造业,建设国际金融中心和国际航运中心。浙江、江苏、广东等各有其主导产业,制定了各自的产业升级方向。中西部着力发展区位优势型、传统优势型、环境优势型、资源优势型等特色优势产业,加快承接东部产业转移。东北地区着力发展装备制造业,夯实农业基础。京津冀是中国新的增长极,如北京大力发展高新技术和现代服务业,天津重视发展重化工、制造业、高新技术、航运和物流等。

从河北看,近些年经济平均增速较快,2022 年 GDP 居全国第 12 位,是经济大省、农业大省、工业大省和资源大省。粮食生产在全国举足轻重,是 13 个粮食主产省之一。形成了钢铁、石化和装备制造三大支柱产业,钢材、平板玻璃、青霉素、维生素 C 产量居全国第一,拥有一些知名品牌;煤、石油、铁以及石灰岩等资源在全国占有优势。

但是,河北产业发展的问题也很突出。农业大而不优,工业大而不强,高新技术产业发展缓慢,服务业严重滞后[②];产业创新能力弱,核心竞争力不强,同质化严重、低水平重复,特色化不足,缺乏质量效益;部分工业产能过剩严重;过度依赖劳动力、土地、资源等要素投入的规模扩张;资源环境代价过大,

---

① 根据 OECD 的研究,按购买力平价计算,2030 年中国 GDP 将占到全球 GDP 的 28%。
② 2013 年,河北省服务业占全省 GDP 比重低于全国平均水平近十个百分点。

环境改善面临很大挑战；水资源供应严重不足；人地矛盾日益突出；各类市场发育和发展不足；外向性、开放度不够高，海洋意识不够强；与发达省份相比，民营经济和中小企业发展不充分；企业发展环境不理想；产业与社会的包容性不高；缺乏发达的城市群，产业空间布局分散；产业联动不足，铁路、港口、航空、物流、供应链管理、市场营销、研发设计、金融保险等发展水平和能力有待提升。

10.1.2　河北产业结构优化升级的战略思路

1. 多维视角与战略目标

河北产业结构优化升级需从以下多个维度综合考虑。

（1）历史维度。产业结构优化升级不能脱离传统产业，不能脱离现有产业基础。

（2）地理维度。产业结构优化升级需考虑河北东部沿海，中部华北平原，西北部太行山、燕山山脉以及兼具湿地、河流、湖泊等山川大势。

（3）增长维度。产业结构优化升级要与保持宏观经济稳定、地区经济增长结合，处理好短期增长和长期竞争能力提升的关系。

（4）未来维度。产业结构优化升级要顺应未来发展趋势与潮流，把握未来，面向未来。

（5）联动维度。产业结构优化升级不是就工业谈工业、就农业谈农业、就服务业谈服务业，而需考虑工业与农业、工业与服务业、农业与服务业的联动，考虑结构优化升级与促进社会发展（如就业）的关系。

（6）新科技维度。产业结构优化升级需考虑新技术、新业态、新模式和新生产方式的充分利用，抓住新科技革命催生新产业的战略机遇。

（7）国际维度。产业结构优化升级要从全球价值链、区域价值链视角加以审视，在世界大环境下确定比较优势，密切关注世界产业结构和布局调整带来的机遇与挑战。

（8）空间维度。产业结构优化要与空间布局优化相结合，从区域经济一体化、城市群发展、空间结构调整和优化等角度考虑产业结构优化升级的空间布局。

基于以上维度,河北产业结构优化升级的战略目标是:产业发展质量和效益显著提高,创新能力和可持续发展能力显著增强,产业竞争力和在全球价值链中的地位显著提升,拥有一批具有国际竞争力的产业群,产业空间布局显著优化,产业的社会责任能力持续增强,绿色、特色、现代的地区产业体系得以形成,为地区经济持续发展、生态环境持续改善、地区财富和劳动者收入持续增加奠定坚实的基础。

2. 战略思路

河北产业结构优化升级宜采取以下战略思路。

(1)需求导向。河北产业发展要与国家、区域和自身的战略需求相吻合,产业结构与需求结构相匹配,产业发展与需求条件相适应,产业能力与需求质量相符合,使产业体系、结构、布局、品种、数量、品质、价格、服务等满足不同层次、不同维度的需求。针对不同的需求提供不同的产品、服务和解决方案,以持续提升的价值来适应、引导和创造需求。

(2)质量提升。改变数量型发展模式,着眼于提升产品品质、经济效益、可持续性和惠民程度,实现效益型增长、可持续增长和包容增长。

(3)多元驱动。构建由要素、投资和创新有机组合的多元驱动机制,既要充分发挥河北初级劳动力和自然资源较为丰富以及初级加工基础较好的比较优势,又要逐步实现从低科技含量向高科技含量、从低增加值向高增加值、从低生产率向高生产率的转变。

(4)环境倒逼。树立绿色、低碳、循环发展的理念,将生态和环境标准作为产业发展的引导性、约束性指标,坚持环境保护优化,奉行比较严格的生态环境红线。

(5)协同京津。河北与京津互补性强,相互融合、协同发展空间大。要突出自身比较优势,强化与京津分工协作。不仅成为京津农产品和能源资源的重要供给者,更应充分考虑京津发展战略和产业结构调整的方向,利用京津产业结构调整、产业链延伸和产业转移的机遇,做好产业承接与配套工作,成为京津发展的广阔"腹地"。

（6）面向世界。河北要把握全球化、国际贸易变化和新科技革命、新产业革命突破的时代特征，扩大国际合作，将发展深植于国内外的资源、生产、研发设计、创新、贸易、流通、金融、运输、物流、营销、信息和知识等体系。加强跨省跨国合作交流，以高度开放和对外连接的省内市场，集结全球资源和要素，兼收并蓄，多元融合。

10.1.3　河北产业结构优化升级的战略任务

1. 着力调整和优化工业结构

大力发展"高品质、高性能、高科技含量、高附加值""有品牌、有竞争力、有市场前景"的产品，把质量提升和附加值提高作为近期突破口。运用新科技手段，提高综合加工能力和精深加工能力。大力引进先进技术改造传统工业，走技术引进、消化、吸收的升级之路。推动生产方式、业务流程、组织结构和价值链升级。按照市场需求，通过战略性重组，推动形成若干有竞争力的大型企业集团。淘汰落后产能，加快发展接续产业。大力培育和发展海洋、生物、高端装备制造、新能源、下一代信息网络、新材料等新兴产业。

2. 促进规模优势转化为市场优势

充分利用河北作为工业大省的战略地位，加快市场体系和流通体系建设。建设大平台、促进大交流、发展大流通、建设大市场，实体市场与虚拟市场相结合、现场购物和网上订货相结合、传统市场与新兴网络市场相结合，形成互促、互补、共存的立体式商贸流通体系。作为钢铁第一大省，着力建设全国性钢铁大市场，加快建立全国性钢铁、铁矿石和煤炭交易市场，制定相关价格指数，逐步参与并影响大宗商品和原材料的价格形成机制。形成大工业和大市场良性互动格局，提高资源配置效率，化解产能过剩。市场建设是体系性和多层次的，既可以有形，也可以无形，加强电子商务交易平台建设。加强贸易、流通、物流、金融等体系建设。

3. 大力发展现代农业特色农业

充分发挥农业大省的比较优势,以高产、优质、高效、生态、安全为目标,积极培养专业合作社、家庭农场、农业龙头企业、种粮大户等新型农业生产经营主体,加快农业发展方式的转变,构建具有河北特色的现代农业体系。全面提升农业综合生产能力、深加工能力和农业信息化水平,完善农产品流通体系,保障粮食稳定增产、农业持续增效、农民持续增收。重视特色种植、特色养殖和特色农产品加工,推进绿色有机农产品供应基地建设,积极发展高端农业和循环农业。鼓励在生态功能区发展旱作农业、节水农业。运用现代农机装备,结合新兴农业发展模式,大力发展设施农业、观光农业、城郊型农业和水产养殖业,提升农业产业示范区(基地)水平,实现传统农业向现代农业转型。

4. 加快发展现代服务业

河北生产性服务业相对滞后,要加快交通运输网络完善和物流服务体系建设,大力发展第三方物流和供应链管理服务,加强研发外包、工业设计、金融、电子商务、信息、品牌、营销、售后服务、科技、创意、节能环保和安全等生产性服务业发展,支持产学研用创新体系建设。着眼繁荣市场、扩大消费和改善民生,大力发展商贸流通、旅游、文化、健康、养老、休闲度假等生活性服务业发展。加快生产性服务业专业化、市场化、社会化、信息化、网络化和国际化步伐。

5. 加快培育和发展绿色产业

大力发展节能环保产业、新能源产业、循环经济和低碳经济。以降低资源消耗、能耗、水耗、土地消耗和排放为抓手,大力推动绿色设计、清洁生产、再制造、绿色建材、绿色物流、废弃物回收再利用等资源节约、环境友好型产业发展,提高资源和能源的综合利用效率,更多使用清洁能源和可再生资源。根据发展需要,有序建设生态产业园区和循环型产业园区。

6. 推动产业联动

改变河北省内地区经济联系薄弱的状况，加强基础设施互联互通，物物相联、服务相联。加强省内农业、工业和服务业联动，推进产业链、产业间、企业间分工协作；通过信息网络技术的深入应用，积极探索制造业与服务业融合发展的新业态、新模式。加强产业联动的公共服务平台建设。

7. 加快发展民营经济和中小企业

河北民营经济落后于发达地区，下一步发展很大程度上取决于民营经济。要充分发挥民营企业在产业结构优化升级中的重要作用。加快制定产业负面清单，积极引导民营企业进入负面清单外的行业和领域。按照"规模中性"原则，结合河北省不同产业部门的发展特点，统筹考虑做大做强、结构调整、产业布局与中小企业发展的关系。在促进企业做大做强、优化产业布局和结构调整的同时，统筹考虑扶持小企业发展，促进小企业"专、精、特、配"。

8. 积极承接国内外产业转移

围绕国内外产业转移和河北产业结构优化升级需要，主动承接国内外产业转移和科技成果转化，加强河北本地产业配套能力建设。河北各地承接产业转移要有所区别。考虑到河北港口资源优势，加之曹妃甸和渤海新区有大面积盐碱滩涂地，产业承载空间很大，可重点吸引重化工、现代服务业、高新技术和海洋产业向沿海临港地区集聚和转移。

9. 深化与京津的分工合作

京津冀具有互补、梯度与差异关系，实现地区产业协同发展，将会释放巨大发展潜力。加快交通运输、物流、通信和通关一体化，加快京津冀快速客运通道、区域性综合交通运输枢纽、京津冀机场群和港口群、大型综合物流园区、公共物流信息平台和一站式通关建设。推进市场一体化，建设统一、开放、公平、公正、自由的区域市场，实现大市场和大流通。构建区域供应链合作关系，推进地区间产业互动，共建产业园区。

河北要充分利用京津高等院校、科研院所及科技产业园云集的优势,加强与京津在人才、教育、科研、技术、信息等方面的交流合作,争取京津对河北产业结构优化升级的支持。充分利用好北京作为世界城市所具有的巨大市场、创新和连接全球的能力,吸引和集聚国内外的人员流、商流、物流、资金流、信息流和技术流。长远看,河北与京津的互动需逐步从单边承接产品、技术和服务,转变为双边互利合作,实现河北与京津各次产业的全面融合。

10. 完善和优化产业空间布局

结合京津冀都市圈、核心城市、中小城市、沿海临港地区、平原地区、贫困落后山区、生态功能涵养区等不同定位,根据各地资源环境承载能力、产业基础和发展优势,统筹考虑产业布局,促进优势企业、关联企业和相关保障要素集约建设,形成若干主导产业明确、关联产业集聚、资源设施共享、污染治理集中、废物循环利用的产业集聚区。秉着"集约、紧凑、连接"的原则,充分发挥产业园区、高新区作为结构优化升级的重要载体作用。

10.1.4　推进河北产业结构优化升级的建议

1. 营造良好发展氛围

进一步简政放权,制定并公开政府行政权力清单和产业负面清单,清理和取消不合时宜的地方性政策、规章和文件,精简和整合涉及民间投资管理的行政审批事项。通过对市、县、镇不同层级干部的培训,改变一些干部"重权力、轻服务""重增长、轻发展""重眼前、轻长远"等观念,大力推行"服务型政府""以人为本""开放、创新""开拓、进取""包容、责任""诚信、合作""绿色、生态"的政绩观、社会观和价值观。

2. 实施全方位开放

要以全方位开放、全球化视野来推进河北产业结构优化升级。河北要向国内开放,向国际开放,省内各市县彼此开放;积极引进外资和国内其他地区资金、人才和技术，坚持直接投资与间接投资并重，实现产业接纳方式的多样化。依托河北具有沿海港口优势，不断提升河北港口融入全球物流体系、连接世界和通达国内广阔腹地的能力，打造向世界开放的战略通道，加快国际内陆港、国际物流、跨境电子商务、综合保税区、自由贸易园区等建设。要从战略高度利用好京津接轨国际市场。

3. 深化国有企业改革

以激发国有企业活力、提高效率、创新能力和竞争力为目标，着力消除河北省内现有国企国资管理的体制性弊端，完善企业法人治理结构。除国家政策明确必须保持国有独资的之外，其他国企均可推进股权多元化，发展混合所有制经济。支持省属国有企业与中央企业、市县国有企业合资合作，支持上市公司实施跨企业、跨地区、跨所有制的并购重组；加快清理低效无效资产，关闭破产长期停产、停业企业。积极探索混合所有制经济员工持股的多种形式，形成资本所有者和劳动者利益共同体。

4. 强化环境倒逼机制

加强环保制度建设和监管考核，强化京津冀大气污染联防联控合作机制。与京津一道，探索跨区域排污权交易制度，建立统一的排污权交易市场，推进排污权指标有偿分配，加强与京津的区域性环境监管协同。大力推进"源头削减、过程控制、末端治理"和"减量化、资源化、无害化"治污。建立健全京津对河北生态涵养区的补偿机制。

5. 制定好中长期发展战略规划

在充分调研和论证基础上，集思广益，制定河北产业中长期发展战略规划，对产业结构优化升级作出全面战略部署，明确近期、中期和远期战略目标和任务。规划要能反映解决当前问题、应对挑战的决心，更应体现发展潮流和趋势，做到"产业、空间、基础设施、土地、生态、环保"多规合一，以及与京津冀产业协同发展规划的有机衔接。

6. 进一步争取中央政策支持

利用好环首都经济圈、京津冀地区经济一体化等国家战略，用足国家和各部委对河北的支持政策，加强与京津及其他兄弟省市的政策联动发展，特别是争取将国家给予京津的政策也更多地赋予河北，比照执行东北老工业基地政策，将河北列为国家新型工业化基地和产业转型升级示范区。对河北基础设施项目建设、淘汰落后产能、过剩产能转移以及污染防治等，给予相应的政策支持。

10.2　推动辽宁装备制造业升级

辽宁是重要的东北老工业基地和东北振兴的主战场，是国家从"一五"时期就开始重点扶持建设的装备制造业科研生产基地，也是重要的军事装备科研生产基地。中央实施东北振兴战略特别是新一轮东北振兴战略以来，辽宁装备制造业有了长足发展，装备制造业成为重要的支柱产业，在全国工业中也具有举足轻重的地位。但近些年，辽宁装备制造业发展中存在的长期性问题和短期性问题交织，面临一些重大挑战。面对全球制造业格局的深刻调整、新一轮科技革命的到来，以及中国迈向制造强国的历史性要求，辽宁装备制造业该如何升级？这是摆在全国和辽宁人民面前的一个重大课题。

10.2.1　辽宁装备制造业面临的主要问题

1. 装备制造业质量水平总体不高

作为装备制造大省，辽宁装备制造业质量水平近年来虽有明显进步，但总体水平不高的问题仍然突出。特别是，随着全球制造业竞争格局的变化和中国经济发展进入新常态，这一问题变得更加凸显。加快提升质量水平，全面提升竞争力，实现"辽宁制造"向"辽宁质造"的转变十分紧迫。

2. 产业结构调整难度较大

辽宁省制造业以重化工业为主，且重化产业比重有扩大的趋势。传统高耗能行业占比较大，全省石油加工、炼焦及核燃料加工业、化学原料和化学制品制造业、非金属矿物制品业、黑色金属冶炼和压延加工业、有色金属冶炼和压延加工业、电力热力生产和供应业等六大高耗能行业增加值占比近50%。生产性服务业发展严重滞后，制造业服务化程度低，商贸流通、专业市场、电子商务等发展不足。装备制造类产品品类结构不均衡，高技术含量、高附加值和有市场竞争力的产品在质量和数量上均不能满足当前市场需求，机械基础件生产环节较为薄弱，重大技术装备成套供应能力较差，而低档次产品生产能力过剩。产业布局有待进一步优化。

3. 综合配套能力有待提升

辽宁装备制造业虽然拥有一批有实力的大型主机制造企业，但零部件、元器件产业薄弱，缺乏成套能力，服务业不发达，未形成以主机制造厂为核心、上中下游协同配套的强大产业链。许多企业之间缺乏协作，没有建立起广泛的信息分享、产业协作、经验交流、合作经营等模式。

4. 创新能力、核心竞争力、产业竞争力和可持续发展能力有待增强

辽宁装备制造业创新能力不强，突出体现在体制性约束较强，创新意识不强，研发资金投入不足，企业技术创新体系不完善，技术引进、消化、吸收、再创新能力不强等方面。其中，既有部分国有企业历史包袱过重、体制机制改革不到位导致非市场性限制因素过多的原因，也有政府公共服务职能缺失，资源要素配置不均衡的原因。辽宁装备制造业在全球价值链中处于中低端，原创能力不强，科研成果产业化能力较低，不具有系统解决能力，总体效益不高。

5. 要素支撑不足

近些年，辽宁省人才持续外流，加剧了高水平人才缺乏状况。企业经

营管理现代化水平不高,尤其缺乏精细化管理。受经济环境、产能过剩及创新能力等多重因素影响,金融机构和企业投资决策变得更为谨慎。此外,全省金融环境整体趋紧,债券发行等融资渠道不畅,为中小企业服务的金融产品少,融资渠道窄。

6. 企业历史遗留问题尚未完全解决

部分国有企业的厂办集体、企业办社会、历史遗留债务、离退休人员等问题亟待解决,财政负担比较重,社会保障压力较大。

此外,计划经济观念和官本位思想还比较严重,市场体系建设和市场机制建设相对滞后,品牌意识没有成为普遍意识,外向度低,开放度低,营商环境不理想(有一种说法为"投资不出山海关")、产业发展环境有待改善,政府职能转变和服务尚未完全到位等问题也比较突出。

10.2.2　辽宁装备制造业升级的思路与主攻方向

1. 辽宁装备制造业升级思路

新时期辽宁装备制造业升级,要有全球视野和战略思维,要紧扣国情、省情,从国内外产业格局变动来谋划辽宁的产业定位,从国家战略、市场需求、区域分工协作和产业规律来选择发展方向,从现有基础和优劣势来决定突破领域,加强装备制造业升级方案的总体设计,实施要素、投资、创新有机协调的多元驱动战略,遵循"新旧结合、远近结合、虚实结合、点线结合、内外结合、产城结合、产融结合、海陆结合、央地结合"的原则,以"历史、地理、增长、未来、联动、新技术、国际、空间"等多维视角,着力推进"质量发展、特色发展、集群发展、融合发展、智慧发展、创新发展、绿色发展"。积极进取,锐意改革,扩大开放,加快完善市场机制,形成良好营商环境,完善政策支持体系,形成中央助力、地区提升自身能力、市场迸发活力的良好格局。通过3—5年的扎实工作和不懈努力,探索出一条顺应时代潮流、立足辽宁实际的发展新路,把辽宁建设成为制造强省和世界先进制造基地、新一轮东北振兴的开路先锋和重要引擎。

2. 辽宁装备制造业升级主攻方向

辽宁省装备制造业升级可聚焦七大主攻方向，即"全面提升质量、全面夯实基础、全面加强配套""推进智能化、服务化、绿色化、全球化"。

（1）全面提升装备制造业质量水平。以提高装备制造发展质量和效益为中心，坚持"质量第一"的价值导向，将质量强省战略放在更加突出的位置，打造辽宁装备制造品牌，形成基于品质的辽宁特色。质量提升方面，应围绕重点产品、重点行业开展相关调查，组织质量对标和会商会诊，找准比较优势、行业通病和质量短板，研究制定解决方案。加强与美国、日本、德国等制造强国的国际优质产品的质量对标，支持企业瞄准先进标杆实施技术改造。开展重点工艺优化行动与质量提升的关键技术攻关，推动企业积极应用新技术、新工艺、新材料。加强可靠性设计、试验与验证技术开发应用，推广采用先进成型方法和加工方法、在线检测控制装置、智能化生产和物流系统及检测设备。

（2）全面夯实装备制造基础。立足辽宁省既有的科技资源和产业基础，坚持问题导向、产需结合、协同创新、重点突破的原则，围绕重大工程和重点装备急需，加强"六基"（核心基础零部件、先进基础工艺、关键基础材料、基础软件、基础研究和产业技术基础）建设。重点推进高端基础工艺的技术攻关和推广应用、关键基础材料的开发与应用、关键核心部件的研制与应用以及计量检测、质量测试、共性技术研发服务体系建设。坚持长远目标和阶段性突破相结合，组织一批工业强基项目，促进首次示范应用及推广应用，带动产业链整体提升。

（3）全面加强产业配套能力。围绕国内外产业转移和辽宁装备制造业升级需要，主动承接国内外产业转移和科技成果转化，增强辽宁本地产业配套能力，主动谋求与国内发达地区的产业对接。

全面推进关键零部件配套体系建设，培育稳定的配套关键零部件合作企业，推动总装产品与关键零部件协同研发，形成产品研发、市场开拓、售后服务等全寿命支持服务共同体，形成产业配套集群；全面开展关键零部件基础材料、基础工艺和基础技术的研究,提升关键零部件的研发、制造能力和水平。重点支持一批实力领先的专业化装备制造配套企业,逐步发展成为主营业务突出、竞争力强、成长性好的"小巨人"企业。

完善装备制造业的产业链,打造高效供应链体系,解决上下游企业不协调、大中小企业不配套、制造业与服务联动不足等问题,推动企业树立"需求导向、共赢共享、价值创造、联动发展"理念,构建上下游协同发展机制。实现装备制造业商流、物流、资金流、信息流"四流合一",推动上下游、大中小企业协同发展。充分发挥龙头企业在供应链体系中的主导作用,带动配套企业发展。完善大中小企业的共生模式,形成良好的产业生态环境。

(4)推进装备制造智能化。推动装备制造与信息网络技术深度融合,提高装备制造信息化的层次和水平。推进制造过程的智能化和企业信息化改造,推动建设数字化工厂与车间,提升自动化生产线、数字化车间生产过程智能化水平,推进柔性生产。鼓励发展智能装备和智能产品。发展智能制造,提高工业机器人、高档数控机床的加工精度和精度保持能力。加强数字化基础设施建设,结合数字化商业模式,提升智能服务水平。

(5)推进装备制造服务化。结合辽宁发展实际,在强化"制造"的基础上,不断增加服务要素在制造业投入和产出中的比重,从以加工组装为主向"制造 + 服务"转型,从单纯出售产品向出售"产品 + 服务"转变,延伸和提升企业价值链,推动建设贯穿装备制造产业链的研发设计服务体系。鼓励装备制造企业,通过客户体验中心、在线设计中心和大数据挖掘等方式,采集分析客户需求信息,增强定制设计和用户参与设计能力。加快零件标准化、部件模块化和产品个性化重组,推进生产制造关键环节组织调整和柔性化改造,形成对消费需求具有动态感知能力的设计、制造和服务新模式。支持开展大批量定制服务。优化装备制造供应链管理。鼓励制造业企业在信息技术、研发设计、能源管理、财务管理、人力资源管理等领域,广泛采用服务外包。鼓励制造业企业开展设施建设、检验检测、供应链管理、节能环保、专业维修等领域的总集成总承包。引导企业承揽设备成套、工程总承包(EPC)和交钥匙工程。鼓励制造业骨干企业通过互联网与产业链各环节紧密协同,促进生产制造、质量控制和运营管理系统全面互联,推行众包设计研发和网络化制造等新模式。

（6）推进装备制造绿色化。完善装备制造业的低碳、节能、环保和循环型生产体系，构建从研发、设计、采购、运输、存储、制造、包装、流通加工、配送、销售、废弃物回收利用全过程的循环经济体系，大力推进绿色增长战略。推行绿色制造和再制造，推广清洁高效生产工艺，降低产品制造能耗、物耗和水耗，提升终端产品能效、水效。

（7）推进装备制造全球化。提升辽宁优势装备制造企业全球资源配置能力。紧紧把握住全球化带来的重大战略机遇，使优势装备企业在更大范围、更广领域和更高层次上参与国际资源配置。从全球供应链的视角，审视自身发展的短板，战略性地整合全球的资源、资本、人才、渠道和创新能力。鼓励有条件的优势企业实施"走出去"战略，开展对外投资和合作，开展资源勘探、开发、技术合作或并购境外知名企业、研发机构、营销网络和品牌，构建世界性的资源供应保障、研发、生产和经营体系，打造自主知识产权的国际知名品牌，充分利用国内外两种资源和两个市场实现跨越发展。在深入分析"一带一路"沿线各国产业发展情况的基础上，结合辽宁自身比较优势，有针对性地开展与"一带一路"沿线国家的产能合作。

10.2.3　以更好的发展环境促进辽宁装备制造业升级

推动辽宁装备制造业升级需在文化建设、政府职能转变、市场建设、营商环境改善、创新激励、央地合力、扩大开放、物流服务等多方面加以保障。

1. 深化管理体制改革

深化辽宁行政管理体制改革，加快建设高效、廉洁、服务型政府。完善行政权力清单、收费清单和责任清单，制止和纠正乱收费、乱摊派、乱罚款、乱检查、乱评比的行为。深化行政审批制度改革，加大简政放权力度，应放尽放。创新项目管理体制，加强公共服务平台建设，简化行政审批程序，实行"一个窗口""一条龙"的全程化服务，进一步提高服务水平和行政效率。全面推进政务公开，大力建设阳光政府，强化政府问责，把权力真正关进制度的笼子里。

2. 打造友好营商环境

充分发挥市场在资源配置中的决定性作用,构建统一开放、竞争有序、包容友好的区域市场。消除不利于市场完善的各种障碍,废除妨碍统一市场和公平竞争的各种规定,消除地方保护、垄断和不正当竞争行为。形成公平公正、信息透明、优胜劣汰的营商环境,形成生产要素向优质产品、优秀品牌和优势企业集聚的机制。在制定负面清单基础上,各类市场主体可依法平等进入清单之外领域。培育要素市场,健全以市场为基础的要素价格形成机制,完善市场化导向的收入分配机制,增强要素活力,激活要素潜力,促进要素流动、集聚和优化配置。

3. 健全创新体系与激励

制定切实可行的装备制造业创新发展战略。落实国家创新政策,形成支持创新、鼓励创新、保护创新的环境。鼓励装备制造企业建立产业创新体系,推动制造业创新链与产业链协同。支持建设公共研发平台和中小企业创新服务平台。加大对制造业关键产品、技术和工艺等创新的支持,多渠道加大科技创新投入。提升知识产权应用水平,下大力气保护知识产权。推进技术资本化、人才股份化,高等院校、科研院所实施科技成果转化,鼓励企业对突出贡献的创新人才给予股权或期权奖励。加大政府对专利实施转化的奖励力度,对以优质发明专利投资入股或创办科技型企业的,按专利价值一定比例给予奖励。加大吸引各层次紧缺人才的力度。

4. 形成央地合力

全面落实国家已经明确的东北振兴的各类优惠政策。重大生产力布局、公共服务能力提升、国家重大项目等方面向辽宁有所倾斜。争取专项奖补资金、专项建设基金支持。争取中央对辽宁高端装备制造产业在 2025 年前按 15%税率计征企业所得税。争取中央对辽宁的社保专项补贴。辽宁省也可用部分国有股权(包括国有土地等)的出让收入和部分财政资金投入,解决厂办大集体、分离企业办社会、离退休人员社会化管理等历史遗留问题。加大对失业员工的帮扶和技能培训,扩大再就业渠道,对从事个体经营的国企下岗员工给予税收优惠。

5. 构筑开放新格局

加大开放步伐,以大开放和良好的营商环境来吸引集聚要素资源、倒逼相关领域改革、推动思想观念转变。以辽宁自由贸易试验区、沈大国家自主创新示范区建设为抓手,推进外向型经济发展和创新发展。营造宽松的外资投资环境,加大承接高水平国际产业转移的力度,积极引进发达国家先进制造技术、工艺和商业模式,借鉴成熟的质量控制和管理体系,与国际先进企业开展深层次合作。

6. 构建低成本高效率的物流服务体系

构建与兄弟省市互联互通、省内市县互达、城乡一体、对外连接世界主要国家的"强大、高效、低成本"的物流服务体系,支撑辽宁装备制造业的全球生产、采购与贸易。结合装备制造业改造提升、转型升级和由大变强的战略需要,加强与制造相配套的物流与供应链管理建设,实现物流业与装备制造业的互动发展。

10.3 推动海南高新技术产业发展

10.3.1 海南产业发展的优势与劣势、机遇与挑战

1. 优势

(1)区位十分重要。海南处在西太平洋国际海运主航道,是"南中国海和亚太的战略之锚"。海南扼守南海的门户,与越南、菲律宾、印尼、马来西亚、新加坡、泰国、巴布亚新几内亚、澳大利亚和文莱等国隔海相望,是中国连接

东盟和大洋洲的战略枢纽,是海上丝绸之路上的最关键的节点。中国 3/4 的外贸进出口、80%以上的石油原油进口和全球 1/3 以上的国际贸易货物均经过南海。面向未来,海南自由贸易岛将是中国撬动东盟、澳洲和南亚、非洲的战略支点,成为中国与海上丝绸之路沿线国家的货物、资金、信息和人才的重要集散地。

(2)拥有广阔海域,海洋资源得天独厚。海南陆地面积虽然只有 3.54 万平方千米,但是海南拥有 200 多万平方千米的海洋面积。按陆地面积来算,海南是中国面积最小的省份,但是如果按国土面积来算,海南就是中国面积最大的省份。在广阔的海洋国土面积上,蕴藏着丰富的资源,如海盐、鱼类、珊瑚等,而这些资源当中最重要的便是能源。专家估计,南海的油气资源堪比第二个中东。除了油气资源以外,南海还有世界上蕴藏量最丰富的可燃冰,已经勘探到至少达 800 亿吨石油当量,足够中国一百年的能源消费。

(3)旅游资源品质一流。海南是中国最受欢迎的热带滨海度假胜地,素有"天然氧吧""生态大花园""长寿岛"美誉。这里四季无冬,阳光充沛,空气清新,水质纯净,堪称人间天堂、南海明珠。海南岛生态环境在全国居一流水平,森林覆盖率为 56.7%,是人们公认的最佳居住地之一。

(4)热带生物资源丰富。海南气候资源独特,是中国唯一的热带省份。从陆地面积来讲,海南的热带面积占了全国的近一半(44%)。海南有三千多种热带植物资源,又引进了一千多种植物资源,随着生物科技的发展,海南的热带植物资源越来越成为一个生物宝库。

2. 劣势

(1)工业与高新技术产业的基础薄弱,服务业结构有待优化。海南工业不发达,是海南省的薄弱产业。物流、物料的成本历来是海南工业的软肋,加上自然环境因素、本地工业人口、工业技术等影响,工业在海南的占比一直很低。海南制造业无优势,不仅落后于全国经济的平均发展水平,更远落后于沿海发达城市。

高新技术产业基础薄弱。海南高新技术产业总体处于起步阶段,规模较小,市场份额不大。海南缺乏带动力强的骨干龙头高新技术企业,大多数高新技术企业呈小、弱特征，市场竞争力不强。

服务业主要以旅游、房地产为主。海南省是中国唯一一个把旅游经济列为支柱产业的省份。房地产占比过高，经济增长对房地产业仍有较大的依赖性。2017年，房地产开发投资额占据海南全省固定资产投资额的一半。

（2）经济外向度低。海南实际使用外资规模较小，引资质量不高、来源地单一。外向型经济基础薄弱，外资和外贸结构单一。开放深度和广度与自贸试验区建设目标差距大。外资来源地单一。外贸结构较为单一。

国际旅游岛的国际地位尚未确立。旅游的国际化程度比较低。境外游客、外资企业和境外从业人员比重偏低偏小。

（3）各类要素严重缺乏，基础设施瓶颈制约明显。海南与国内其他自贸区相比，在人才储备、科技创新等方面还很薄弱，土地资源、生产资源和市场主体、人才、技术、资本等要素短缺。

与其他省市相比，海南人才创新能力不足、活力不强、产学研结合不紧密、科研成果转化率低等问题都比较突出。人才和产业之间难以形成良性互动格局。随着自贸区、自贸港建设的加快推进，人才不足已经成为海南发展的最大短板和瓶颈制约。

海南不仅传统基础设施建设缺口较大，发展新兴战略产业、培育新动能所需的新型基础设施建设的缺口也很大。

（4）软硬环境不理想，岛内市场规模小。特殊的地理条件使海南与内陆地区缺乏互联互通的运输通道，现有机场设施常年超负荷运行，运输成本过高，无论国内市场还是国际市场的需求都非常有限。原材料和消费市场"两头在外"的岛屿型经济特征明显，企业物流成本较高，运输费用高于全国平均水平。海南的营商环境也有待进一步改善。

3. 机遇

（1）政策机遇

习近平总书记高度重视海南发展。2018年4月13日，习近平总书记出席庆祝海南建省办经济特区30周年大会并发表重要讲话，中央出台《关于支持海南全面深化改革开放的指导意见》，赋予海南全面深化改革开放、全岛建设自由贸易试验区和中国特色自由贸易港的重大使命。习近平总书记在出席首届中国国际进口博览会、庆祝改革开放 40 年大会、中央经济工作会议和发表 2019 年新年贺词等重要场合,都对海南自由贸易试验区和中国特色自由贸易港建设提出要求。一系列重大政策利好将为海南新一轮产业大发展带来难得的历史机遇,有利于海南利用政策优势,孕育形成新增长动力,促进海南产业结构调整与产业升级加快步伐。

(2) 开放机遇

在"一带一路"建设、海南全岛建设自由贸易试验区和中国特色自由贸易港等大背景下,海南站在了中国改革开放的最前沿。"一带一路"建设加快实施,为海南经济在更广范围、更深层次上参与国际竞争合作拓展了新空间。海南将会迎来重大投资机会,在全球范围内承接产业转移,密切与中国周边国家、地区如东盟、日韩、俄罗斯等经贸往来,加强集聚各类要素,推动建设综合流通枢纽、物流枢纽、交通枢纽和全球航运体系重要节点。

(3) 新科技革命的机遇

全球新一轮科技革命与产业变革正在发生,全球新技术供给活跃,为发展中国家和新兴国家提供了难得机遇。信息网络技术在研发、设计、生产、流通、消费、金融等方面得以深度应用与广泛渗透。新能源、新材料、高端装备、生物技术正在成为新的增长点。全球进入由新技术、新产业、新业态、新模式主导的新时代,推动传统企业边界、产业组织结构深刻变化。同时,新产业革命所需的大量新技术尚处于早期,科技知识大多处于公共的并停留在实验室阶段,处于这个阶段的新技术革命几乎会将所有国家"拉回到同一起跑线上"。某些新兴或发展中国家甚至能比某些发达国家更适应新技术经济范式的要求。如果海南能以自贸港建设为契机,加速构建高新技术体系,就有可能实现跨越式发展。

(4) 后发机遇

中国区域经济发展格局正处于重大调整时期,海南作为后发地区,有充分吸收国内沿海发达地区改革开放成功经验的条件,也具有绿色发展的先天性条件。如果海南能够充分反思过去发展模式、有效借鉴先行地区经验,发挥自身比较优势,加之中央政策支持,完全可以走出一条具有中国特色的海南发展道路。

4. 挑战

（1）地区间激烈竞争的挑战

从海南周边看，香港、新加坡等自贸港拥有良好的基础设施、丰富的国际化高端人才、先进的管理经验、成熟的国际通行的惯例、优惠的税收政策等。从国内看，各地经济也处于新一轮的竞争，各地竞相采取各种政策、措施吸引人才、资金、企业，加大招商引资力度。海南如果不能做到制度先进、政策更加优惠，很难在国际自贸体系中脱颖而出。

（2）结构调整的挑战

海南经济正在大大降低对房地产的依赖，但传统产业升级、新兴产业培育都需要一个过程。海南产业结构的重大调整，无疑会带来经济增速下行的压力。如何处理好短期与长远发展的关系，平衡好增长与结构优化是一个重大的挑战。

（3）认识局限的挑战

海南建省开发时间短，工业化进程滞后，海南人对产业定位、发展模式、发展路径等一直在探索之中，存在不少争论。海南同时缺乏工业文明积淀，一定程度上影响到海南现代工业体系的发展。

10.3.2 打造陆海统筹高新技术产业体系的思路

海南建特区已有30多年，各类支持性政策并不少，但经济发展不理想。需深入分析海南以往产业发展的原因，反思过去的发展战略与发展模式，认真汲取海南"大起大落"的历史教训，务实、前瞻地提出海南产业发展新思路。

具体的发展思路是：根据国家对海南的定位与重大战略布局，立足海南实际与产业基础，遵循"创新发展、协调发展、绿色发展、开放发展、共享发展"五大发展理念，以需求为导向、市场为核心，充分发挥海南在旅游、海洋、油气、航天、热带农业等领域的独特优势，充分发挥中国特色自由贸易港的政策优势、充分发挥海南具有实现跨越追赶的后发优势，牢牢把握新一轮科技革命与产业变革的战略机遇,主动融入全球分工体系,中高水平承接国内外产业转移,统筹当前与未来、现实与可能、岛内与岛外、国内与国际,坚持目标引领、全球站位、有所为有所不为,着力打造重点产业链条与产业集聚区,促进海南从产业类型相对单一向多元丰富、陆海统筹、开放性强、绿色生态、面向未来的现代化产业体系转变,形成海南持续发展的强大产业动能,推动海南经济高质量发展。

到 2030 年,海南省形成新型工业集聚发展、链式发展、创新发展,高新技术产业全面跨越、主导地位基本确立,海洋经济国内领先的格局。海南在全球分工体系中的地位有较大提升。

到 2035 年,形成多元化、科技化、绿色化、国际化、服务化的具有海南特色、充满活力的现代产业体系。高新技术产业跻身先进行列,形成有重要影响力的高新技术产业集群,海南成为高端制造强省和海洋经济强省。

10.3.3 海南发展高新技术产业的选择重点

1. 制造业

根据海南资源条件、产业基础、未来市场需求与潜力,制造业可以重点发展以下领域。

(1) 智能制造。积极发展智能制造装备,重点发展新型智能终端、增材制造、服务机器人、智能制造装备用传感器等。前瞻性布局智能可穿戴设备,突破性发展智能车载终端。

(2) 医药制造。重点发展生物医药、中医药、黎药、南药、医疗器械等产业。加快南药、黎药和海洋生物医药创新研发和特色品种二次开发。将生物医药产业发展成为增长速度快、质量效益好、带动效应强的重要支柱产业。

(3) 智能网联与新能源汽车制造。坚持自主研发和引进吸收并举,加快布局智能网联汽车、旅游专用新能源汽车等产品。加快整车产品升级换代,着力培育自主品牌,积极参与国内外市场竞争。以关键零部件产品为支撑,向技术含量及附加值较高的汽车零部件制造延伸,完善汽车产业链条,形成规模合理、结构优化、技术先进、竞争力强的产业集群。大力发展新能源汽车,加速充电设施、维修网络、实验检测中心建设,形成覆盖全岛的新能源汽车基础设施,推动新能源汽车快速发展。

(4) 航空航天研发与制造。依托文昌航天科技城、国家航天超算中心、航天交易博览中心、航天金融中心等建设规划,以海南航空打造超大型企业集团为契机,把握航天重大科技创新基地的重大需求,推进海南现代航空航天产业链全领域发展。搭建航天科技开发开放平台,推动商用航天发展和航天国际合作。

(5) 旅游制造。挖掘"国际旅游岛 + "的巨大潜力,将其触角延伸到第二产业,大力发展旅游装备制造业,重点是高附加值、高带动性的旅游运输装备、旅游专用设施设备、旅游纪念品等制造业,如游艇、轻型水上飞机、房车、越野和户外运动装备、潜水设备、高尔夫用具等旅游装备制造等。

(6) 电子信息制造。重点发展电子元器件、网络与信息安全硬件、软件、物联网设备等。

(7) 绿色食品加工制造。依托海南特色农、林、渔等资源,加快发展以绿色、生态、健康、时尚为特点的特色食品、果汁饮料、海(水)产品深加工和动植物提取物等产业。

(8) 农业机械制造。重点发展符合海南农业作业需要的先进机械设施设备。

2. 海洋经济

海洋经济重点发展以下领域。

(1) 海洋油气勘探开发与加工。加强油气勘探开发力度,提高油气加工存储能力。推进能源勘探、生产、加工、交易、储备、输送及配套码头建设,形成大型石油储备中转基地。

围绕石油、天然气,发展石油化工、天然气化工、精细化工、化工新材料,打造化工产业链条。重点发展石油、芳烃、尿素、甲醇等化学原料产业、精细化工产业、新材料产业、高端化学制品产业和能源交易产业。

以油气产业优化、化工新能源、化工新材料、传统化工产业升级作为主要方向,以原料路线多元化、产品品种多样化、产品结构高端化、产业布局集约化、节能环保生态化作为主要发展路径,在"不牺牲环境、不破坏资源、不搞低水平重复建设"的原则下,走"专精特新"的道路,配套发展高端精细化工、油品和化工品储备及工业服务业,形成结构合理、功能完善、绿色环保的油气产业集群,将洋浦和东方逐步打造成现代化的国家级石化产业基地。

(2)临港工业。主要包括:海洋油气资源勘探、开发、加工、储运等方面的装备;海水淡化装备;海岛工程装备;海洋船舶等。面向深远海资源开发,开展关键共性技术和工程设备的自主设计与制造。科学规划原盐生产布局,加快盐田改造。重点发展海洋精细化工,加强系列产品开发和精深加工。推进"水—电—热—盐田生物—盐—盐化"一体化,形成一批重点海洋化学品和盐化工产业基地。

整合港口资源,推进园区产业关联,促进临港产业集群化、规模化、园区化,大规模提升临港工业发展水平。

(3)海洋新兴产业。推进海洋药物与生物制品、海水利用、海洋可再生能源产业、海洋新材料等海洋新兴产业发展。推进深海矿业、深海装备制造、深海生物资源利用产业化。

(4)海洋渔业及产品加工。全面推进渔业结构优化和转型升级,加强渔港基础设施建设,大力发展深水网箱养殖,发展海洋牧场、休闲渔业、远洋渔业、热带水产种苗及水产品精深加工。

推进以海洋牧场建设为主要形式的区域性综合开发,建设以人工鱼礁为载体,增殖放流、底播增殖为手段的海洋牧场示范区,实现海洋渔业可持续发展。

发展远洋渔业,完善加工、流通、补给等配套环节,延长产业链,提高远洋渔业设施装备水平,建造海外渔业综合服务基地,鼓励远洋渔业企业通过兼并重组做大做强。

(5)海运产业。着眼于打造海运强省目标,大力建设具有较强服务功能和辐射能力的国际航运枢纽,不断提高全球航运资源配置能力。大力引进国内外航运企业在自贸试验区设立区域总部或营运中心,促进航运要素集聚。打造现代国际航运服务平台。培育壮大外轮供应企业,丰富外轮供应品种,为进入自贸试验区的船舶提供生活用品、备品备件、物料、工程服务和代理服务等。

（6）海洋科技产业。推进深海技术国家实验室、深海技术创新研究院等国家级重大科技平台搭建，筹备深海科技创新中心和深海科技产业园建设，以及实现深远海技术在智能渔场中的应用。引进国际深远海领域科研机构、高校等前沿科技资源，打造国际一流的深海科技创新平台。

10.3.4 海南高新技术产业空间布局

1. 近期产业空间布局

高端制造主要依托海口、澄迈、文昌一体化发展区和三亚、陵水、乐东、保亭一体化发展区。重点依托海口国家高新技术产业开发区、乐城国际医疗旅游先行区、美兰空港产业园、老城经济开发区等。

临港工业以洋浦港、海口港、八所港、金牌港为依托，以洋浦经济开发区、老城开发区、海口高新区、东方工业园区、临高金牌开发区等重点园区为载体。油气化工严格限定在洋浦经济开发区、东方工业园区内。

深海科技主要以三亚深海科技城、海南省深海科技实验室、中船重工深海服务保障基地、中船工业南海深远海科研试验及综合保障基地为依托。

航天科技以文昌航天发射场为依托，建设海南文昌国际航天城。

2. 远期产业空间布局

按照"多规合一""用地集约、布局合理、结构优化""企业集群、产业成链""一线放开、二线高效管住、底线坚决守住"的思路，实施"高新技术产业、新型工业进产业园区，有保税需求的国际投资贸易、产业进特殊监管区，现代服务业因类施策（根据不同服务业的类型与特点确定）"的产业空间布局，推动重点产业向产业园区集聚，产业园区配套相关政策，发挥产业园区集聚带动与辐射作用，培育新兴产业、促进转型升级，形成地区经济增长极。

根据产业发展规划、资源和区位条件，结合现状建设和发展远景，产业园区可划为文化旅游产业园区、高新技术及信息产业园区、工业园区、临空产业园区、物流产业园区和健康教育园区等产业园区。

根据海南产业发展状况及未来趋势、各市县现有园区发展基础以及未来园区建设需求,在全岛布局由"国家级产业园区、省级产业园区、市县级产业园区+特殊监管区"构成的海南省产业园区体系。打造一批主业突出、特色鲜明、配套完善、具有影响力的产业园区与特殊监管区。引导各园区的配套联动、优势互补,形成有规模、有特色的产业集聚地。

10.4　构建良好的地区产业生态

10.4.1　产业生态的内涵与意义

产业生态,是指企业在特定时间特定空间集聚,与环境有机结合的一种经济现象。

良好的产业生态有如下特征:一定的区域内合理的产业分工与协作,高效地整合利用市场资源要素,有效向社会提供一流的商品和服务,产业体系具有开放性、动态性、多维性、网络性。产业布局合理,主次分明,组织形式多样,市场主体活跃,要素自由流动,创新活动积极,财富效应良好。

良好的产业生态是构建新发展格局的关键和支撑。新发展格局的核心是国民经济循环畅通,关键在于供给对需求变化具有很好的适应性、灵活性。实践表明,高质量的供给往往来自良好的产业生态。如深圳之所以成为高质量发展的典范,其原因在于深圳通过改革开放和不断创新,优化营商环境,孕育了华为、腾讯、中兴、比亚迪、大疆等一大批具有创新和创造能力的企业,形成了高新技术产业、物流业、金融业、文化产业等具有很强竞争力的产业生态体系。因此,培育良好的产业生态,不但能够以创新驱动、高质量供给引领和创造新需求,而且能够抓住国际产业存量布局调整和新产业革命下新兴产业发展的机遇,推进国内产业链、供应链、创新链的本土化,支撑国内国际双循环相互促进。

良好的产业生态是提升区域竞争力的重要途径。实践和研究表明,当前国家或地区的竞争力最终体现为产业竞争力,而产业竞争又往往表现为供应链或集群之间的竞争。

10.4.2 地区产业生态发展的成效与问题

近些年,中国块状经济、开发区经济、园区经济、自贸园区经济、枢纽经济、通道经济、平台经济等有了较大发展,逐步形成了一些有黏性、有韧性、有特色的产业生态。

1. 开发区发展成效显著

截至 2021 年底,217 家国家级经开区遍布 31 个省、自治区、直辖市,是助推产业结构升级,推动地方经济发展的重要"增长极"。2020 年,217 家国家级经开区的地区生产总值占国内生产总值的 11%。进出口总额占全国进出口总额比重为 21.7%;实际使用外资和外商投资企业再投资金额占全国利用外资比重为 23.1%。其中,长三角地区国家级经济技术开发区数量占全国比重近 1/3,地区生产总值、工业增加值、财税收入产值占所在区域产值均 40% 以上。

开发区是龙头企业发展的重要平台,建设了良好的产业创新生态,具有高产业链韧性集聚的特点。各级各类开发区或产业园区形成了以电子信息、汽车、装备制造、化工、纺织、食品等为主导的产业体系,新能源、新材料、生物医药、节能环保等新兴产业集群不断壮大。截至 2020 年末,217 家国家级经开区拥有高新技术企业 4.1 万家,拥有省级及以上研发机构 8 600 家。随着规模的稳步提升,各类企业围绕龙头企业形成较强的产业链集聚区,产业链"链主企业"和"专精特新"中小企业更容易落户国家级开发区,产生深度合作,实现深层次补链、固链、延链。

2. 产业集群发展规模位居世界前列

中国产业集群已覆盖纺织、服装、皮革、五金制品、机械、交通运输、冶金、电子信息、生物、新材料、先进制造等行业，产业集群的产出已占东部沿海省市工业增加值的 50% 以上。中西部地区特色产业集群也成长快速，带动了地区比较优势产业的发展。产业集群成为中国短时间内跻身世界工业大国的重要推动力量。

3. 自贸区经济、平台经济正在成为产业生态载体

迄今，中国一共设立了 21 个自贸试验区，以不到千分之四的国土面积，贡献进出口占全国 17.3%，吸收外资占全国 18.5%。自贸试验区经过多次扩容，形成了东中西协调、陆海统筹的全方位、高水平对外开放新格局。

中国平台经济发展位居世界前列，规模与水平仅次于美国。平台数目众多，主体多元，模式多样。在电子商务、社交媒体、金融支付等领域产生了很有影响力的平台。平台经济涉及经济社会方方面面。吃喝玩乐、衣食住行、生产生活、流通消费、科学、教育、文化、卫生、健康、养老、金融、保险、地产、能源、工业、农业、创业、创意、社会治理等都有平台经济的影子。平台经济走向普惠化、大众化、多样化的同时，也日趋生态化、国际化、资本化。平台经济不断迭代升级。线上平台与线下实体经济的融合正在加速。新基建推动着工业互联网平台、大数据平台、应急管理平台、政府治理平台等发展。推动着从消费互联网平台向产业互联网平台扩展。平台深刻地改变着产业结构与产业发展方式，带动着上下游企业发展。平台经济各地发展各具特色。东部地区平台发展活跃，以北京、上海、深圳、杭州为代表。中西部地区平台经济进入快速发展阶段。

但要看到，离高质量的产业生态还有较大差距。主要表现为：不平衡不充分问题，结构性问题、资源配置效率问题、综合协同问题长期存在。不同产业发展不一，产业间联系效应、协同效应有待加强。不少开发区的产业集群发展总体水平还不高，部分产业集群集聚度较低，创新能力弱、信息化水平低、品牌建设不够、公共服务滞后、基础设施不配套，亟待转型升级。作为产业生态底层架构的供应链发展粗放，供应链上的断点、弱点、痛点、堵点、盲点问题明显，供应链整体效应不强，国际供应链发展滞后，供应链韧性亟待提升。

10.4.3　加快做大做强做优产业生态

面对百年变局、新发展格局和中华民族伟大复兴战略全局，加快构建良性循环、吐故纳新，更有吸引力、竞争力、韧性的产业生态，是一项战略性、基础性、复杂系统工程。坚持问题导向、目标导向，秉持系统观念和战略思维，综合施策，久久为功。需要多重因素共同作用，形成发展的合力。需遵循产业发展规律、创新发展规律，固本培元、扬长补短。巩固提升优势产业领先地位，弥补发展中的弱项，加强"卡脖子"技术攻关。坚持整体效能、系统思维，整体提升，重点突破。重视创新，营造环境，形成网络，促进市场主体之间的互动发展。

1. 不忘初心，精准产业生态的定位，分类施策

明确产业生态是在特定区域围绕特定产业的生态，是有限空间的有限行为。

明确产业生态在国家、区域、产业发展战略中的定位、属性、地位、功能、使命。

产业生态构建要分层分类考虑，如国家级综合性开发区如何构建产业生态，地方性专业性开发区如何构建产业生态。不同类型的产业应考虑如何构建各自的产业生态。

2. 脚踏实地，立足资源禀赋和产业基础，因势利导，找准发展方向

明确区域比较优势，合理选择主导产业。根据地区资源禀赋、地理环境和历史文化传统选择符合条件的产业进行重点扶持。

（1）"选好第一粒种子"。没人能准确预测第一粒种子何时落地，但好的种子有可能长出一片森林。"第一粒种子"落地可能有偶然性，但偶然事件之后的累积过程则具有必然性，这个因果累积的过程就是促进产业联系、建构和发展外部经济、提高集体效率的过程，包括在信任和合作基础上建立并发展产、供、销企业之间的联系，上、下游企业之间的联系，以及产、学、研之间的联系。

（2）把已有支柱产业打造得更富竞争力、韧性。避免产业、产品结构过于单一的状况。

（3）围绕市场新增长点，构建新的产业生态。围绕战略需要，打造战略性产业生态，布局产业新赛道。

（4）围绕区域核心功能奠定产业生态依托的底座。如以增强开放功能打造自贸园区产业生态，以增强枢纽功能发展枢纽经济，以增强数字化连接交互匹配功能发展平台经济等。

3. 登高望远，科学谋划产业生态发展规划

产业生态涉及利益与行动主体众多，产业生态构建需要发挥政府与市场的双重力量。既不能夸大政府作用和人的主观意志，也不能守株待兔、"无为而治"，而是要深入了解产业生态系统形成与演化的自组织机制及其发生的条件，并加以利用，做到"适为而治"。

市场力量与政府力量有机结合是中国地区发展、产业发展成功的主要经验。各地在推进产业生态发展时一定要坚持以市场为核心，以需求为导向，但地方政府应积极承担核心行动主体责任，组织区内外相关利益主体，发起集体行动，共同推进区域产业生态发展。一是制定区域产业生态发展规划，提升引领水平，以生态系统理念优化产业布局和结构。明确发展目标、结构与布局、质量水平、发展方式与路径等。二是着力塑造能够增进区域产业发展吸引力与黏性的若干系统，如区域创新系统、产业共享、产业集群与产业生态系统，不断改善区域内企业成长环境，提升区域产业国际竞争力。

加强规划的实施落地。以项目为载体和抓手，优化产业布局，抓具体项目，抓好项目储备，建好项目库。建立重点项目专班机制，确保重大项目尽快从"规划图"到"实景图"。统筹各类项目，以点带面形成链。统筹抓好创新研发、产业发展、基础设施、民生保障等各类项目，既要推动节能降耗，严控"两高一危"项目，又要着眼未来，大力发展"高、精、特、新"项目。要聚焦主导产业培育一批产业链完整、带动能力强的龙头企业，推动形成"大项目—大企业—大产业—产业链"的良性循环。在招商引资中，围绕新兴产业链、战略支

柱产业链、新基建项目,开展市场化招商、专业化招商、点对点招商、产业链招商,突出结果导向,让项目在当地顺畅落地落实生效,形成生产力,催生新动能。

4. 抓住重点,提升产业集群水平

(1) 构筑高度专业化分工的产业集群内产业合作体系,形成从研发设计、加工制造、营销服务、品牌打造到物流配套、金融支撑、信息咨询、教育培训等各环节的完善的产业链。

(2) 构筑企业之间以及其与政府、科研机构、中介组织共同合作的产业集群开放式创新体系,发挥人力资源丰富且成本仍相对较低、消费市场大、地域空间广、经济将保持较快增长等综合优势,在集群内集聚更多更好的国内外资金、人才、技术,推进技术创新、制度创新、组织创新,使产品不断向高端环节攀升。

(3) 构筑具有共同价值观念的产业集群社会关系体系,加强集群内质量监管、社会诚信体系建设、知识产权保护,营造公平的竞争环境,强化文化和制度建设,建立品牌和新产品的保护机制,推进资源节约环境友好型建设。

(4) 构筑不同地区间的产业集群协调发展体系,打破行政壁垒,引导资源在沿海和中西部地区优化配置,形成互动双赢、分工协作、优势互补、共同发展的合理产业梯度格局,促进沿海和中西部地区产业集群良性衔接。

(5) 构筑以知识、数据、技术、人才、专业诀窍为主要支撑的产业集群生产要素体系,充分调动政府、企业、行业协会和个人的积极性,加大教育、科技、人才的投资,逐步摆脱对初级要素的过度依赖,大力发展高级生产要素和专业化生产要素,促进生产要素的持续升级。

(6) 构筑高水平的产业集群配套服务体系,提高配套企业研发、管理和服务水平,推动龙头企业、关键企业整合一批为之配套的上下游企业,更好地发挥其关联带动和集聚效应,支持龙头企业、关键企业做大做强,尽快培育出若干个具有国际竞争力的大企业集团。

5. 抓住关键,增强地区供应链协同效能

优化地区规划布局,深化地区分工与协作,加强市场一体化机制建设,充

分发挥地区比较优势。避免重复投资、重复建设,形成供应链空间合理分布、地区协同、城乡互动、东中西联动的格局。推动国内产业合理转移,增强地区产业集聚能力,打造产业生态体系。在发达地区布局世界级的产业集群与中国的"硅谷"。中西部地区布局重点特色高技术产业、资源型产业、劳动密集型产业等。培育特色鲜明、专业化程度高、配套完善、大中小企业分工协作、优势明显的产业集群。不断提升区域供应链一体化运作能力,培育区域综合竞争力,把关键供应链就地化落到实处,尽量做到本地配套,增强产业植根性。

6. 激发活力,发挥不同类型企业、机构的优势

发挥龙头企业的资源整合、要素集聚、供应链构建方面的带动作用。发挥中小企业专、精、特、新,产业配套的重要支撑作用。努力提高龙头企业的区域配套率,建立最终产品与零部件厂商的战略联盟,通过企业之间的集聚效应降低综合成本,增强竞争优势。

积极鼓励关联性大、带动性强的大企业、大集团发挥其产业龙头作用,打造"链主企业"。发挥本土全能冠军、本土跨国企业供应链主导能力,增强全球资金网络、物流网络、创新网络对接能力,提升要素聚合能力。

培育"隐形冠军企业",提高产业链供应链韧性。引导和支持中小企业进入龙头企业的供应网络。

7. 创新驱动,完善区域创新网络

支持高校和科研院所开展基础性、原理性研究,加强引进技术的消化、吸收和再创新,积极支持自主创新突出的企业,以技术创新优势来提升位势与绩效。

加快构建产学研用深度融合的技术创新体系,着力打造从基础研究、应用研究、技术研发到产业化的系统高效创新全链条。加强国家实验室、国家重点实验室、技术研发中心、工程中心、中试实验平台、产业技术研究院、科技转化平台等建设。推动创新链条融入全球创新网络。

引导金融机构加大对创新支持力度,强化产业链、供应链、创新链、资金链、服务链、数据链等要素协同,建立"科技、产业、金融"融合和大中小企业融

通的创新生态。

以产业链部署创新链，坚持需求导向（市场需求、战略需求等，如关键核心技术攻关需求）、问题导向（质量、效率、"卡脖子"技术）、目标导向（如锻长板），分类（不同行业）分层（不同环节）设计。聚焦重点产业、关键产业、核心产业、特色产业，统筹优势科技力量，推动科技创新资源向产业创新集聚。加强产业基础能力建设，加快关键核心技术攻关，攻克"卡脖子""撒手锏"技术。

以创新链布局产业链，加快开发新产品、新技术、新模式，培育新市场，拓展应用新场景。加快科技成果转化、产业化、商业化步伐。加强前沿技术和未来产业布局，深入挖掘新兴细分市场成长的机会。

产业链创新链深度融合要与区域空间战略相耦合。推动区域协同发展，发挥区域产业分工和创新协同效能。

8. 数字转型，打造开放共享共生的平台生态

平台应着力推动线上线下资源的有机结合，把生产商、流通商、服务商、消费者等各个环节逐步整合到平台。可以通过对各环节数据的深度挖掘与分析，最大化地为各类主体创造价值，构建共利、共赢、共享的生态体系。

明确平台经济的发展方向，界定好不同类型平台在国家发展、行业发展、地区发展中的地位、定位与作用，支持平台经济创新发展，提升国际竞争力。同时，加强对平台经济领域的垄断监管。

9. 厚植土壤，营造良好营商环境

"地薄者大物不产，水浅者大鱼不游，树秃者大禽不栖，林疏者大兽不居。"厚植产业发展、企业发展、要素集聚的"土壤"。优化资源与基础设施环境、政府环境、市场环境、技术环境、人才环境、生活与人文环境。

资源环境来自自然禀赋，难以更改，但政府可推动基础设施环境的进一步改善，以利于其招商引资、发展经济。

政府环境方面，形成政策优势，营造更多更好的政府为企业服务的氛围。例如，提高办事效率，进一步加快通关及服务等。

市场环境方面，加强中介服务机构的建设，如多层次资本市场、金融机构

与法律会计等专业中介机构的建设，以及行业协会的建设与作用发挥。

技术环境方面，政府要加大对技术创新的支持力度，尤其是政府应牵头建立技术服务中心、生产力促进中心等平台性机构等。

人才环境方面，注意多层次各级人才的匹配问题。人才分几种，有企业家、海外归国人员、本土培养的人才（大学本科以上）、熟练技工等。在一个良好的产业生态中，这几方面的人才数量与结构要合理；同时，良好的产业生态应该营造一种吸引人才、促进人才健康成长与发展的环境。在进一步营造良好环境吸引海内外领军人才、高端人才的同时，要注重高等职业教育、订单式职业教育的发展，积极创造良好环境培养、吸引技工类人才。

生活与人文环境方面，人文环境短期难以改变，主要重点是加强生活环境的改善，加强生活设施建设和社会治安管理，控制生活成本，为落地、发展的企业的员工营造一个良好的居住环境。

10. 开放包容，融入更大的经济体系

在深化开放合作中进一步构建多元、灵活、弹性的产业链供应链。加强高水平开放的政策和制度协调，积极参与后疫情时代全球产业链供应链重构，加快构建以国内大循环为主体、国内国际双循环相互促进的新发展格局。一方面，依托超大规模市场空间优势和产业转型升级的内在需求，进一步吸引产业链供应链高端环节向中国转移，促进延链、补链、强链。另一方面，支持优势企业在全球范围内整合资源，在打造开放多元、灵活弹性的供应链过程中，提高中国产业链供应链韧性和竞争力。

下篇

政策篇

　　党的十八以来至今,中国的发展战略作出了重大调整,国内外经贸形势发生了很大变化。中国已经成为世界工业大国,从高速增长阶段转向高质量发展阶段,产业强国成为新发展阶段的战略目标。面对新使命、新形势、新挑战、新任务,中国的产业政策一方面围绕强国目标与促进高质量发展,明确发展重点,做大做优做强;另一方面进一步扩大对外开放、促进贸易投资自由化、维护世界多边自贸规则、促进中国与世界各国互利共赢。

中国 2010 年超过美国成为世界第一制造大国，并连续保持至今。2016 年，中国制造业规模达到 3.7 万亿美元，是美国的 1.67 倍。世界 500 余种主要工业品中，中国有 220 余项产品产量居全球第一，成为名副其实的"世界工厂"，中国产品遍布世界 220 多个国家和地区。

中国形成了完整的工业体系，拥有联合国产业分类规定的 41 个大类、207 个中类、666 个小类。完善的工业体系大大提高了产品从开发到市场的速度和效率，有利于保持产业链和供应链的稳定性，有利于生产质优价廉的产品，有利于提升中国制造国际竞争力。

第 11 章
中国产业政策的演变与经验

　　产业政策是一国政府出于某种目的(如经济增长、结构优化、竞争力提升、创新、资源配置效率改进、供应链安全、可持续发展等)而对产业、企业、要素、产品等实施的干预(如引导、鼓励、支持、协调、促进或限制等行为)。经过改革开放40余年的发展,中国取得了巨大的产业发展成就,这不仅得益于市场化改革与更加开放的国内市场,也得益于正确的产业发展战略与因势而变的产业政策。

　　本章回顾了改革开放40余年产业政策变化情况,根据改革开放进程、经济发展阶段、国际环境变化与重大事件等因素,将产业政策变化划分为改革开放初期(1978—1991年)、市场经济体制初步确立时期(1992—2001年)、中国加入WTO至党的"十八大"前(2001—2012年)以及党的"十八大"以来(2012—2022年)四个阶段,分析不同阶段产业政策的重点,评估产业政策的效果,以及中国产业政策实践对发展中国家的意义。

11.1　改革开放以来产业政策的演变

11.1.1　改革开放初期(1978—1991年)的产业政策

　　1978年党的十一届三中全会召开,标志着中国进入改革开放时代。1978

年至 1991 年，是国民经济的体制转轨时期，产业政策着重纠正产业结构重大比例关系的失调，促进短线产业加快发展，抑制长线产业发展，使各方面失调的比例调整过来。该时期，市场经济体制尚未完全建立起来，政府在推动产业结构调整和产业发展方面发挥着很大作用，产业政策的措施更多以政府投资、银行信贷、税收和一定的计划等直接干预手段为主，间接干预手段为辅。

1. 1978—1985 年间的产业政策：解决农业与工业、轻工业与重工业、原料动力工业与其他工业发展严重不均衡问题

改革之初，中国的国民经济比例严重失调。农业和工业、轻工业和重工业、原料动力工业和其他工业的比例严重失调，造成国民经济总体运行和发展难以持续，迫切需要对产业结构作重大调整。

1979 年 4 月中央工作会议提出了 12 条调整比例关系的原则和措施，"要集中主要精力把农业搞上去，调整好农业和工业的关系；加快轻纺工业的发展，使轻、重工业的比例协调起来，使商品供应同国内购买力和对外出口的增长相适应；在重工业中要突出加强煤、电、油、运和建筑材料工业的生产建设，以保证其他工业和整个国民经济的发展；按照国民经济发展的需要和燃料动力、原材料供应的可能，认真调整工业企业；坚决缩短基本建设战线，使建设规模同钢材、水泥、木材、设备和资金的供应可能相适应；引进要循序渐进，前后衔接，步子不能太急；多引进一些国外先进技术，最可靠、最主要的途径，就是要扩大出口"等。

1979 年 6 月政府工作报告提出搞好国民经济的"调整、改革、整顿、提高"八字方针，要求针对经济比例严重失调的状况，自觉调整比例关系，使农轻重和工业各部门能够比较协调地向前发展，使积累和消费之间保持合理的比例。

1980 年 2 月，中央决定对轻纺工业实行"六个优先"：优先安排原材料、燃料、电力的供应，优先安排挖潜、革新、改造的技术措施，优先安排基本建设，优先安排银行贷款，优先安排外汇和技术引进，优先安排交通运输。

1982 年 9 月中共十二大报告指出，"要保证国民经济以一定的速度向前发展，必须加强能源开发，大力节约能源消耗，同时大力加强交通运输和邮电通讯的建设"，"在今后二十年内，一定要牢牢抓住农业、能源和交通、教育和

科学这几个根本环节,把它们作为经济发展的战略重点"。"实行对外开放,按照平等互利的原则扩大对外经济技术交流,是坚定不移的战略方针。要促进国内产品进入国际市场,大力扩展对外贸易。要尽可能地多利用一些可以利用的外国资金进行建设。"

1983 年 6 月国务院政府工作报告提出,"今后五年,首先要保证农业、轻工业和重工业生产相互协调向前发展","必须引导重工业更好地为农业、轻工业和技术改造服务,坚持在能源和原材料供应、运输条件、投资和贷款分配、外汇使用等方面优先保证轻工业需要的方针","必须大力加强能源、交通方面的重点建设,积极推进现有企业的技术改造"。

1984 年 5 月国务院政府工作报告提出,"在能源、交通建设的安排上,要坚持大中小相结合,长期和短期兼顾的方针",考虑到国家财力有限,"鼓励地方和群众把相当一部分财力、物力用于中小型能源、交通和通信项目的建设"。

1985 年 3 月国务院政府工作报告指出,国民经济在实现农业、轻工业和重工业的协调发展方面取得了明显成效,但同时存在"能源、交通、原材料供应仍然紧张,产业结构和产品结构还不够合理"等一些不可忽视的问题。

这个时期,中国虽然没有明确提出产业政策概念,但通过计划手段实施着产业政策的功能。

2. 1986—1991 年间的产业政策:支持基础产业发展、控制加工业过快增长

随着中国经济迅速发展和经济体制改革不断深入,以及对外开放日益扩大,加之产业发展中出现的新问题,对产业政策的研究变得迫切。此时"东亚奇迹"及东亚模式在全球范围内引发关注,也引起了中国经济部门与经济工作者的关注,政府主导市场经济发展的东亚模式逐渐得到国内各方的认同。以产业政策来主导产业发展、产业结构调整乃至经济发展的模式,既能引进市场机制,又能保留政府对经济活动的干预。这种模式与当时"有计划的商品经济""国家调节市场,市场引导企业"的总体改革思路吻合。从 1986 年起,国务院发展研究中心会同有关单位共同开展了产业政策的系统研究,试图从发展与改革、计划与市场、竞争与干预、宏观与微观相结合等维度,从国家发

展的战略高度来研究产业政策，认为国家产业政策是以发展为目标，改革作保证，综合运用价格、财政、税收、信贷等一系列经济杠杆，协调计划与市场、宏观与微观、国家与地方、近期与远期等相互关系的政策。国务院发展研究中心关于产业政策的成果得到当时中央领导认可，产业政策模式成为推动计划经济向市场经济渐进式转变的重要方式。

1986年4月"七五"计划第一次在国家层面提到"产业政策"，提出产业结构调整的方向和原则："在继续保持农业全面增长，促进轻工业和重工业稳定发展的前提下，着重改善它们各自的内部结构；加快能源、原材料工业的发展，同时适当控制一般加工工业生产的增长，使两者的比例关系逐步趋向协调；把交通运输和通信的发展放到优先地位；大力发展建筑业；加快为生产和生活服务的第三产业的发展；积极运用新技术改造传统产业、传统产品，有重点地开发知识密集和技术密集型产品，努力开拓新的生产领域，有计划地促进若干新兴产业的形成和发展。"

1987年3月，国务院政府工作报告提出"三保三压"方针："保计划内建设，压计划外建设；保生产性建设，压非生产性建设；保重点建设，压非重点建设。"

1987年10月中共十三大报告提出，"保持社会总需求和总供给基本平衡，合理调整和改造产业结构"，"我国的经济建设，肩负着既要着重推进传统产业革命，又要迎头赶上世界新技术革命的双重任务"。"进一步扩大对外开放的广度和深度，不断发展对外经济技术交流与合作。""出口创汇能力的大小，在很大程度上决定着我国对外开放的程度和范围，影响着国内经济建设的规模和进程。必须根据国际市场的需要和我国的优势，积极发展具有竞争力、见效快、效益高的出口产业和产品，大力提高出口商品的质量，合理安排出口商品结构，多方位地开拓国际市场，以争取出口贸易较快地持续增长。"

1988年3月国务院政府工作报告指出，"基础工业的建设，首先要加快以电力为中心的能源建设。要充分发挥中央、地方和企业各方面办电的积极性"，"必须加快交通运输和邮电通信事业的发展。积极发展综合运输，把铁路、公路、水路、航空和管道等运输设施有机结合起来，适当分工，合理分流，努力提高运输的综合效率"，"要大力振兴机械和电子工业，推进横向联合和专业化协作,为整个国民经济的技术改造和扩大出口提供更多的先进技术装备","轻纺工业要努力提高产品档次,增加花色品种,满足人民消费需要,并争取更多地进入国际市场","要重视中长期产业政策的制定"。

1989 年 3 月《国务院关于当前产业政策要点的决定》颁布。提出"必须从当前的实际情况出发,合理制定产业政策,在压缩和控制社会总需求的同时,下功夫调整和改造产业结构,以防止出现经济滞胀现象,在优化结构的基础上提高国民经济的素质和效益"。"当前和今后一个时期制定产业政策、调整产业结构的基本方向和任务是:集中力量发展农业、能源、交通和原材料等基础产业,加强能够增加有效供给的产业,增强经济发展的后劲;同时控制一般加工工业的发展,使它们同基础产业的发展相协调。"

1989 年 3 月国务院政府工作报告明确:"当前调整结构的基本方向和任务,是集中力量发展农业、能源、交通和原材料等基础产业,加强能够增加有效供给的产业和产品,增加经济发展的后劲;同时控制加工工业的发展规模和速度,使它们同基础产业的发展相协调。"

1990 年 3 月国务院政府工作报告指出:"努力开发新产品、新品种,增产品牌优质产品和市场紧缺产品,尤其要增产适应农村需要的日用消费品。积极增加出口产品和能够替代进口产品的生产。各部门、各地区都要根据国家的产业政策和市场需求,列出限制生产、淘汰生产和保证生产的产品目录,并从资金、能源、原材料供应和运力方面,实行有保有压,区别对待的措施。"

1991 年 3 月中央《关于国民经济和社会发展十年规划和第八年五年计划纲要的报告》指出,"大力调整产业结构,促进产业结构的合理化并逐步走向现代化","要把产业结构调整放在今后十年经济建设的突出位置"。

这一阶段产业政策实践表明,从 20 世纪 80 年中期开始,中国政府从优先支持轻工业发展转向大力支持基础产业发展,对加工工业过快增长予以控制。也是在这个阶段,中国开始从理论上系统研究产业政策,全面推行产业政策,产业政策广泛存在于许多领域中,成为中国经济管理与经济调控的重要工具。

11.1.2 市场经济体制初步确立时期(1992—2001年)的产业政策

1992年以邓小平视察南方重要谈话和党的十四大为标志,改革开放步伐明显加快,建立和完善社会主义市场经济体制成为改革的重要任务和明确目标。经过20世纪80年代产业结构的调整以及各次产业不同程度的发展,20世纪90年代产业政策目标及主要任务与改革初期有很大不同。

这一阶段的产业政策继续强调产业结构调整,重视产业结构升级,同时着力推动各次产业的发展,高度重视基础产业、支柱产业和高新技术产业的发展,重视产业发展中增长模式转换问题。这一时期,市场经济体制逐步建立,产业政策运用大量直接干预的方式逐步减少,导向性的间接干预方式不断增加,综合运用经济、法律、行政等多种手段。

1. 1992—1997年间的产业政策：重视基础产业、支持高新技术产业发展、加快发展第三产业、加快发展支柱产业

1992年3月国务院政府工作报告指出:"对那些生产能力过剩、产成品积压、技术落后、长期亏损的企业,逐步实行关停并转。""固定资产投资,主要用于能源、交通、通信、原材料和农业、水利等基础产业,支持高新技术产业的发展,加快居民住宅的建设。积极开发中、西部地区的丰富资源,促进这些地区的经济发展。基本建设和技术改造都要抓住重点,集中投资,形成规模经济。加工工业主要通过技术改造来求得发展。对于目前已经出现的盲目争投资、上项目的现象,必须通过严格执行国家产业政策,加强项目的科学论证和管理,控制信贷规模,切实加以制止。"

1992年6月《中共中央 国务院关于加快发展第三产业的决定》提出:"九十年代,要在发展第一、第二产业的同时加快发展第三产业,促进国民经济每隔几年上一个新台阶。为此,第三产业增长速度要高于第一、第二产业,第三产业增加值占国民生产总值的比重和就业人数占社会劳动者总人数的比重,力争达到或接近发展中国家的平均水平。"

1992 年 10 月中共十四大报告提出，"调整和优化产业结构，高度重视农业，加快发展基础工业、基础设施和第三产业"；"进一步扩大对外开放，更多更好地利用国外资金、资源、技术和管理经验"。

1993 年 3 月国务院政府工作报告指出，"加强农业的基础地位"，"加快基础设施和基础工业建设"。特别强调，"随着经济增长速度加快，基础设施尤其是交通运输已经成为国民经济发展的主要制约因素。要加快铁路建设，加强对现有铁路的挖潜和改造；重点建设一批港口，改造一批老港口，增加吞吐能力；加快高等级公路建设，发展内河航运，增加远洋和沿海运输能力"，"加强能源建设，实行开发与节约并重的方针"，"基础设施和基础工业建设需要大量资金，要通过改革形成新的投资机制，多渠道筹集"，"积极发展第三产业，要使第三产业增长高于国民生产总值增长速度""发挥多种经济成分的作用，依靠社会力量兴办第三产业"。

1994 年 3 月国务院政府工作报告提出："根据国内外市场的需求，主动调整产品结构，努力生产适销对路产品，不断开发新产品，增强市场适应能力和竞争能力。各级政府都要重视商业工作，疏通城乡市场，进一步搞活流通，做到货畅其流。""企业技术改造要紧紧围绕优化产品结构，提高产品质量，减少消耗，降低成本来进行。基础产业要通过技术改造提高生产能力，加工工业要依靠技术改造求发展。要重视和支持老工业基地改造，使其继续发挥在国民经济中的重要作用。"

1994 年 3 月，国务院颁布了《九十年代国家产业政策纲要》。九十年代国家产业政策要解决的重要课题是："不断强化农业的基础地位，全面发展农村经济；大力加强基础产业，努力缓解基础设施和基础工业严重滞后的局面；加快发展支柱产业，带动国民经济的全面振兴；合理调整对外经济贸易结构，增强我国产业的国际竞争能力；加快高新技术产业发展的步伐，支持新兴产业的发展和新产品的开发；继续大力发展第三产业。同时，要优化产业组织结构，提高产业技术水平，使产业布局更加合理。"

1995 年 3 月国务院政府工作报告提出，"加大投资结构的调整力度，提高农业、交通、通信和能源等基础产业和基础设施以及技术改造的投资比重"，"要通过调整产业结构和产品结构，加强管理，促进技术进步，提高企业效益，要大力发展高科技产业，用先进技术改造传统产业"。

1996 年 3 月，"九五"计划提出，"积极推进经济增长方式转变，把提高经济效益作为经济工作的中心"，"继续加强基础设施和基础工业，集中力量有计划地建设一批重点骨干工程，避免盲目发展和重复建设"，"振兴支柱产业和调整提高轻纺工业"，"积极发展第三产业"。

1997 年 3 月国务院政府工作报告提出，"投资规模继续向农业和水利建设倾斜，向国家重点扶持的基础设施、基础工业和支柱产业倾斜，向中西部地区倾斜"，"建成一批对调整结构具有显著作用的国家重点工程。开工一批对优化产业结构、改善地区布局有重要意义的工程"，"要加快普通住宅建设，这不仅是城镇广大居民的迫切要求，还可以带动相关产业发展，培育新的经济增长点"，"切实贯彻转变经济增长方式的方针，严格控制一般加工工业项目，克服'大而全'、'小而全'和盲目重复建设"，"要制定结构调整和技术改造规划，引导企业以市场需求为导向，积极调整产品结构，努力提高产品质量，开发新产品，发展名优品牌，增强市场竞争能力。重视发展服务、旅游和信息产业"。

1997 年 9 月党的十五大报告提出，"实施科教兴国战略和可持续发展战略"。"要从国家长远发展需要出发，制订中长期科学发展规划，统观全局，突出重点，有所为、有所不为，加强基础性研究和高技术研究，加快实现高技术产业化。""努力提高对外开放水平。对外开放是一项长期的基本国策。要以更加积极的姿态走向世界，完善全方位、多层次、宽领域的对外开放格局，发展开放型经济，增强国际竞争力，促进经济结构优化和国民经济素质提高。"

2. 1998—2001 年间的产业政策：促进重点行业改革，推动经济结构战略性重组

1997 年亚洲金融危机爆发以及国内经济暴露出的内需不足，加之前期产业结构和产业发展中存在的问题，使得 1998 年以来的产业政策除继续着力结构调整之外，在刺激内需方面发挥着更大作用。

1998 年 3 月国务院政府工作报告提出，"推进重点行业和重点企业改革和发展。在一些重要行业的关键领域，鼓励组建大型企业集团，增强在国内外市场的竞争能力"。提出"大力推广先进适用技术"，"促进科技成果尤其是信息技术成果的商品化","加快高技术产业化步伐,用高新技术改造传统产业,注重解决产业结构调整和可持续发展所面临的关键技术问题,办好国家高新技术产业开发区"。

1999 年 3 月国务院政府工作报告提出:"除少数属于提高技术水平、产品升级又有市场的项目之外,各级政府要停止审批工业建设项目,银行也要停止向这类建设项目贷款。要继续压缩纺织、煤炭、冶金、石化、建材、机电、轻工等行业过剩的生产能力;要按照打破垄断、鼓励竞争的原则,通过联合、兼并、改组,形成技术水平高、有竞争能力的企业集团。""抓紧制定和实施适应新形势的产业技术政策。集中力量攻克一批关键性技术。加强工程化研究,促进科技成果的产业化。支持科技型中小企业的发展。"

2000 年 3 月国务院政府工作报告要求,"大力推进经济结构的战略性调整"。"要围绕优化结构、提高质量和效益、增强国际竞争力,着重抓好四个环节。一是遵循市场经济规律,综合运用多种手段,限制没有市场销路的产品生产。二是采取有力措施加快企业技术改造,并向老工业基地倾斜。三是积极发展新兴产业和高技术产业,特别是发展信息、生物工程、新能源、新材料和环保等产业。同时,注意发展劳动密集型产业。四是继续推进行业改组,促进重点行业提高规模效益,优化布局。努力提高重大装备工艺和基础材料工业的生产技术水平。"

2001 年 3 月"十五"计划提出,"今后五年要着力调整产业结构、地区结构和城乡结构,特别要把产业结构调整作为关键。要巩固和加强农业基础地位,加快工业改组改造和结构优化升级,大力发展服务业,加快国民经济和社会信息化,继续加强基础设施建设","大力推进产业结构优化升级","用高新技术和先进适用技术改造提升传统产业","综合运用经济、法律和必要的行政手段,继续依法关闭产品质量低劣、浪费资源、污染严重、不具备安全生产条件的厂矿,淘汰落后和压缩过剩生产能力,并严禁转移重建。积极疏通和逐步规范企业退出市场的通道","发展高新技术产业,以信息化带动工业化","加强水利、交通、能源等基础设施建设,高度重视资源战略问题","加快发展服务业"等。

11.1.3 加入 WTO 以来至党的"十八大"前(2001—2012 年) 的产业政策

1. 2001—2008 年的产业政策：走新型工业化道路，转变经济增长 方式

2001 年中国加入世界贸易组织，是中国开始全面融入世界经济体系，深度参与经济全球化的里程碑，标志着中国改革开放进入历史新阶段。这一阶段产业政策主要表现为两个方面：一是践行自由贸易理念，履行入世承诺，不断扩大开放领域，按照 WTO 要求修订国内有关政策。中国企业在国内市场面临越来越多来自国外企业或产品的竞争，越来越多的企业参与国际市场的竞争。二是在中国全面融入世界经济和更大程度开放的背景下，推动产业结构的调整、优化和升级，提升产业竞争力。按照走新型工业化道路和转变经济增长方式的要求，既重视产业结构合理化，又加快推进产业结构优化和升级，引导和推动产业内在素质的改善，通过鼓励自主创新推动国内产业在全球产业链中的地位提升和国际竞争力的提高。节能、环保等因素成为产业结构调整的重要目标。这一时期，市场经济体制已经初步建立，产业政策更注重市场机制和利益导向机制的作用，更加注重对市场主体行为的引导，措施上综合运用经济、法律、环保、必要的行政手段等。

2002 年 3 月国务院政府工作报告指出："加快产业结构优化升级。一要采用高新技术和先进适用技术，改造和提升传统产业。二要加快发展信息、生物、新材料等高新技术产业。三要积极发展第三产业特别是现代服务业。"

2002 年 11 月党的十六大报告提出："走新型工业化道路，大力实施科教兴国战略和可持续发展战略。""实现工业化仍然是我国现代化进程中艰巨的历史性任务。信息化是我国加快实现工业化和现代化的必然选择。坚持以信息化带动工业化，以工业化促进信息化，走出一条科技含量高、经济效益好、资源消耗低、环境污染少、人力资源优势得到充分发挥的新型工业化路子。""推进产业结构优化升级，形成以高新技术产业为先导、基础产业和制造

业为支撑、服务业全面发展的产业格局。""坚持'引进来'和'走出去'相结合，全面提高对外开放水平。进一步吸引外商直接投资，提高利用外资的质量和水平。逐步推进服务领域开放。"

2003 年 3 月国务院政府工作报告强调："按照走新型工业化道路的要求，加快产业结构调整。积极发展对经济增长有重大带动作用的高新技术产业。广泛采用先进适用技术改造传统产业，努力振兴装备制造业。搞好钢铁、汽车、建材等行业发展的规划和调整，防止盲目发展和无序竞争。进一步淘汰落后生产能力。积极发展现代服务业和旅游业。高度重视发展社区服务业。"

2004 年 3 月国务院政府工作报告指出："在经济加快发展的过程中，又出现一些新的矛盾，特别是投资规模偏大，部分行业和地区盲目投资、低水平重复建设比较严重，能源、交通和部分原材料供求关系紧张。""完善产业政策和行业规划，健全行业信息发布制度，正确引导社会投资方向。抓紧制定和完善行业准入标准，严格市场准入。依法加强用地管理。对不符合国家产业政策和行业准入标准的建设项目，一律不得批准用地。强化信贷审核和监管。严肃税制，坚决禁止和纠正擅自出台税收优惠政策的行为。"

2005 年 3 月国务院政府工作报告指出："加快推进经济结构调整和增长方式转变。推进产业结构优化升级。坚持走新型工业化道路。依靠科技进步，围绕提高自主创新能力，推动结构调整。加快开发对经济增长有重大带动作用的高新技术，以及能够推动传统产业升级的共性技术、关键技术和配套技术。大力发展高新技术产业，积极推进国民经济和社会信息化。加快用高新技术和先进适用技术改造传统产业。"

2005 年 10 月"十一五"规划建议指出，"推进产业结构优化升级"，"以自主创新提升产业技术水平，加快发展先进制造业，促进服务业加快发展，加强基础产业基础设施建设"。

2005 年 12 月国务院发布《促进产业结构调整暂行规定》，明确产业结构调整的目标是：推进产业结构优化升级，促进一、二、三产业健康协调发展，逐步形成农业为基础、高新技术产业为先导、基础产业和制造业为支撑、服务业全面发展的产业格局，坚持节约发展、清洁发展、安全发展，实现可持续发展。

2006 年 3 月国务院政府工作报告提出："着力提升产业层次和技术水平。

要加快发展先进制造业、高新技术产业和现代服务业，继续加强交通、能源、水利等基础产业和基础设施建设，推进国民经济和社会信息化。""推进部分产能过剩行业调整。要综合运用经济、法律和必要的行政手段，充分发挥市场的作用。主要措施是：认真贯彻国家产业政策，严格市场准入标准，控制新增产能；推动企业并购、重组、联合，支持优势企业做强做大，提高产业集中度；依法关闭那些破坏资源、污染环境和不符合安全生产条件的企业，淘汰落后生产能力。"

2007 年 3 月国务院政府工作报告提出："加快推进产业结构升级和自主创新。坚持走新型工业化道路，着力优化产业结构。重点是大力发展服务业，提升工业层次和水平，继续推进国民经济和社会信息化。要从改革体制、加大投入、完善政策等方面，鼓励和支持服务业加快发展，尤其要发展物流、金融、信息、咨询、旅游、社区服务等现代服务业。要加快发展高新技术产业，振兴装备制造业，积极发展可再生能源，有序发展替代能源，广泛应用先进技术改造提升传统产业。加快产能过剩行业调整。在优化产业结构中，注重运用经济、法律手段，加强产业规划和政策的引导。"

2007 年 10 月党的十七大报告要求："要大力推进经济结构战略性调整，更加注重提高自主创新能力、提高节能环保水平、提高经济整体素质和国际竞争力。""加大对自主创新投入，着力突破制约经济社会发展的关键技术。""坚持走中国特色的新型工业化道路。""发展现代产业体系，大力推进信息化与工业化融合，促进工业由大变强，振兴装备制造业，淘汰落后生产能力；提升高新技术产业，发展信息、生物、新材料、航空航天、海洋等产业；发展现代服务业，提高服务业比重和水平；加强基础产业基础设施建设，加快发展现代能源产业和综合运输体系。确保产品质量和安全。鼓励发展具有国际竞争力的大企业集团。""拓展对外开放广度和深度，提高开放型经济水平。扩大开放领域，优化开放结构，提高开放质量，完善内外联动、互利共赢、安全高效的开放型经济体系，形成经济全球化条件下参与国际经济合作和竞争新优势。"

2008 年 3 月国务院政府工作报告提出，"坚持把推进自主创新作为转变发展方式的中心环节"，"坚持走中国特色新型工业化道路，推进信息化与工业化融合。着力发展高新技术产业,大力振兴装备制造业,改造和提升传统产业,加快发展服务业特别是现代服务业","充分发挥国家高新技术开发区的集聚、引领和辐射作用。围绕大型清洁高效发电装备、高档数控机床和基础制造装备等关键领域,推进重大装备、关键零部件及元器件自主研发和国产化"。

2. 2008—2012 年的产业政策:实施重点产业振兴、培育与发展战略性新兴产业

2008 年爆发的全球金融危机使中国面临的国际国内形势发生重大变化,经济发展遭遇重大困难和挑战。一方面,国际市场需求萎缩,全球通货紧缩明显,贸易保护主义抬头,外部经济环境严峻,不确定因素显著增多。另一方面,国内经济增速明显下滑,长期制约中国经济健康发展的体制性、结构性矛盾依然存在,一些行业产能过剩,第三产业发展滞后,自主创新能力不强,能源资源消耗多,环境污染重,城乡、区域发展差距仍在扩大。这种形势下,使得实体经济发展重要性凸显。保增长、扩内需、调结构成为产业政策的重要目标。中国政府认识到,从保增长的角度,传统支柱产业是国民经济的主体。从调结构的角度,新兴产业是引领未来的主导力量,是摆脱危机、把握新一轮科技革命机遇的关键举措。产业政策需要从传统产业振兴与关乎全局的新兴产业统筹推进。

2008 年 12 月中央经济工作会议指出:"必须坚持把保增长、扩内需、调结构有机结合起来。要以增强发展协调性和可持续性、提高自主创新能力为目标,通过扩大最终消费需求,带动中间需求,有效吸收和消化国内生产能力,形成发展新优势。""要以提高自主创新能力和增强三次产业协调性为重点,优化产业结构。着力突破制约产业转型升级的重要关键技术,精心培育一批战略性产业,加快企业兼并重组、支持重点企业技术改造,加快发展生产性服务业和生活性服务业,加强铁路、水利等基础设施建设。要全面加强节能、节水、节地、节材和资源综合利用工作,突出抓好节能减排、生态环境保护重点工程建设。"

2009 年 3 月国务院政府工作报告提出,"要围绕保增长、促升级,重点抓

好产业结构调整"，"认真实施汽车、钢铁、造船、石化、轻工、纺织、有色金属、装备制造、电子信息、现代物流等重点产业调整和振兴规划。着力解决这些行业发展中存在的突出矛盾和问题，推进结构调整和优化升级"，"加快发展现代服务业。促进金融保险、现代物流、信息咨询、软件和创意产业发展，拓展新兴服务领域，提升传统服务业"，"大力推进科技创新"，"选择一些带动力强、影响面大、见效快的项目抓紧开展工作，争取尽快突破一批核心技术和关键共性技术，带动产业转型和技术升级，支撑产业振兴和经济长远发展"。

2010年3月国务院政府工作报告提出，"要大力推动经济进入创新驱动、内生增长的发展轨道"，"继续推进重点产业调整振兴。加大技术改造力度。促进企业兼并重组。全面提升产品质量"，"大力培育战略性新兴产业"，"要大力发展新能源、新材料、节能环保、生物医药、信息网络和高端制造产业，积极推进新能源汽车、'三网'融合取得实质性进展，加快物联网的研发应用"，"加快发展服务业。进一步提高服务业发展水平和在国民经济中的比重。大力发展金融、物流、信息、研发、工业设计、商务、节能环保服务等面向生产的服务业，促进服务业与现代制造业有机融合"。

2011年3月国务院政府工作报告提出："加快构建现代产业体系，推动产业转型升级。改造提升制造业。加快培育发展战略性新兴产业。大力发展服务业。加强现代能源产业和综合运输体系建设。坚持陆海统筹，推进海洋经济发展。"

2011年3月"十二五"规划纲要指出："坚持走中国特色新型工业化道路，适应市场需求变化，根据科技进步新趋势，发挥我国产业在全球经济中的比较优势，发展结构优化、技术先进、清洁安全、附加值高、吸纳就业能力强的现代产业体系。"一是"改造提升制造业。优化结构、改善品种质量、增强产业配套能力、淘汰落后产能，发展先进装备制造业，调整优化原材料工业，改造提升消费品工业，促进制造业由大变强"。二是"培育发展战略性新兴产业。以重大技术突破和重大发展需求为基础，促进新兴科技与新兴产业深度融合，在继续做强做大高技术产业基础上，把战略性新兴产业培育发展成为先导性、支柱性产业"。三是"推动能源生产和利用方式变革。坚持节约优先、立足国内、多元发展、保护环境，加强国际互利合作，调整优化能源结构，构建安全、稳定、经济、清洁的现代能源产业体系"。四是"构建综合交通运输体系。按照适度超前原则,统筹各种运输方式发展,基本建成国家快速铁路网和高速公路网,初步形成网络设施配套衔接、技术装备先进适用、运输服务安全高效的综合交通运输体系"。五是"全面提高信息化水平。加快建设宽带、融合、安全、泛在的下一代国家信息基础设施,推动信息化和工业化深度融合,推进经济社会各领域信息化"。六是"推进海洋经济发展。坚持陆海统筹,制定和实施海洋发展战略,提高海洋开发、控制、综合管理能力"。"营造环境推动服务业大发展。把推动服务业大发展作为产业结构优化升级的战略重点,营造有利于服务业发展的政策和体制环境,拓展新领域,发展新业态,培育新热点,推进服务业规模化、品牌化、网络化经营,不断提高服务业比重和水平"。

2012 年 3 月国务院政府工作报告提出:"促进产业结构优化升级。推动战略性新兴产业健康发展。建立促进新能源利用的机制,加强统筹规划、项目配套、政策引导,扩大国内需求,防止太阳能、风电设备制造能力的盲目扩张。发展新一代信息技术,加强网络基础设施建设,推动三网融合取得实质性进展。大力发展高端装备制造、节能环保、生物医药、新能源汽车、新材料等产业。扩大技改专项资金规模,促进传统产业改造升级。以汽车、钢铁、造船、水泥等行业为重点,控制增量,优化存量,推动企业兼并重组,提高产业集中度和规模效益。落实并完善促进小型微型企业发展的政策,进一步减轻企业负担,激发科技型小型微型企业发展活力。实施有利于服务业发展的财税、金融政策,支持社会资本进入服务业,促进服务业发展提速、比重提高、水平提升。"

11.1.4　党的"十八大"以来(2012—2022 年)的产业政策

党的十八以来至今,中国的发展战略作出了重大调整,国内外经贸形势发生了很大变化。中国已经成为世界工业大国,从高速增长阶段转向高质量发展阶段,产业强国成为新发展阶段的战略目标。面对新使命、新形势、新挑战、新任务,中国的产业政策一方面围绕强国目标与促进高质量发展,明确发展重点,做大做优做强;另一方面进一步扩大对外开放、促进贸易投资自由化、维护世界多边自贸规则、促进中国与世界各国互利共赢。

2012年11月党的十八大报告提出，"着力构建现代产业发展新体系，着力培育开放型经济发展新优势，使经济发展更多依靠内需特别是消费需求拉动，更多依靠现代服务业和战略性新兴产业带动，更多依靠科技进步、劳动者素质提高、管理创新驱动，更多依靠节约资源和循环经济推动"，"实施创新驱动发展战略"，"实施国家科技重大专项，突破重大技术瓶颈。加快新技术新产品新工艺研发应用，加强技术集成和商业模式创新"，"推进经济结构战略性调整"，"牢牢把握发展实体经济这一坚实基础，实行更加有利于实体经济发展的政策措施，强化需求导向，推动战略性新兴产业、先进制造业健康发展，加快传统产业转型升级，推动服务业特别是现代服务业发展壮大，合理布局建设基础设施和基础产业"，"建设下一代信息基础设施，发展现代信息技术产业体系，健全信息安全保障体系，推进信息网络技术广泛运用"，"全面提高开放型经济水平。适应经济全球化新形势，必须实行更加积极主动的开放战略，完善互利共赢、多元平衡、安全高效的开放型经济体系"。

2013年3月国务院政府工作报告提出："必须加快改造提升传统产业，大力发展高新技术产业，提高产品质量和市场竞争力。以扩大国内市场应用、重要关键技术攻关为重点，推动战略性新兴产业健康发展。积极推动信息化和工业化融合，加快建设新一代信息基础设施，促进信息网络技术广泛应用。坚持生产性服务业和生活性服务业并重，现代服务业和传统服务业并举，进一步发展壮大服务业。""要坚持节约资源和保护环境的基本国策，着力推进绿色发展、循环发展、低碳发展。大力推进能源资源节约和循环利用，重点抓好工业、交通、建筑、公共机构等领域节能，控制能源消费总量，降低能耗、物耗和二氧化碳排放强度。"

2014年3月国务院政府工作报告提出，"创新是经济结构调整优化的原动力。要把创新摆在国家发展全局的核心位置，促进科技与经济社会发展紧密结合，推动我国产业向全球价值链高端跃升"。"优先发展生产性服务业，推进服务业综合改革试点和示范建设，促进文化创意和设计服务与相关产业融合发展，加快发展保险、商务、科技等服务业。促进信息化与工业化深度融合，推动企业加快技术改造、提升精准管理水平，完善设备加速折旧等政策，增强传统产业竞争力。设立新兴产业创业创新平台,在新一代移动通信、集成电路、大数据、先进制造、新能源、新材料等方面赶超先进,引领未来产业发展。对产能严重过剩行业,强化环保、能耗、技术等标准,清理各种优惠政策,消化一批存量,严控新上增量。"

2015 年 3 月国务院政府工作报告提出:"推动产业结构迈向中高端。实施'中国制造 2025',坚持创新驱动、智能转型、强化基础、绿色发展,加快从制造大国转向制造强国。坚持有保有压,化解过剩产能,支持企业兼并重组,在市场竞争中优胜劣汰。促进工业化和信息化深度融合,开发利用网络化、数字化、智能化等技术,着力在一些关键领域抢占先机、取得突破。实施高端装备、信息网络、集成电路、新能源、新材料、生物医药、航空发动机、燃气轮机等重大项目,把一批新兴产业培育成主导产业。制定'互联网+'行动计划,推动移动互联网、云计算、大数据、物联网等与现代制造业结合,促进电子商务、工业互联网和互联网金融健康发展,引导互联网企业拓展国际市场。"

2015 年 10 月,"十三五"规划纲要建议,构建产业新体系。加快建设制造强国,实施《中国制造 2025》。引导制造业朝着分工细化、协作紧密方向发展,促进信息技术向市场、设计、生产等环节渗透,推动生产方式向柔性、智能、精细转变。"支持战略性新兴产业发展,发挥产业政策导向和促进竞争功能,更好地发挥国家产业投资引导基金作用,培育一批战略性产业。""开展加快发展现代服务业行动,放宽市场准入,促进服务业优质高效发展。推动生产性服务业向专业化和价值链高端延伸、生活性服务业向精细和高品质转变,推动制造业由生产型向生产服务型转变。大力发展旅游业。"

2016 年 3 月国务院政府工作报告提出,"突出抓好供给侧结构性改革","使供给和需求协同促进经济发展,提高全要素生产率,不断解放和发展社会生产力"。"要推动新技术、新产业、新业态加快成长,以体制机制创新促进分享经济发展,建设共享平台,做大高技术产业、现代服务业等新兴产业集群,打造动力强劲的新引擎。运用信息网络等现代技术,推动生产、管理和营销模式变革,重塑产业链、供应链、价值链,改造提升传统动能,使之焕发新的生机与活力。""着力实施创新驱动发展战略,促进科技与经济深度融合,提高实体经济的整体素质和竞争力。""重点抓好钢铁、煤炭等困难行业去产能,坚持市场倒逼、企业主体、地方组织、中央支持,运用经济、法律、技术、环保、质量、安全等手段,严格控制新增产能,坚决淘汰落后产能,有序退出过剩产能。采取兼并重组、债务重组或破产清算等措施,积极稳妥处置'僵尸企业'。""深入推进'中国制造+互联网',建设若干国家级制造业创新平台,实施一批智能制造示范项目,启动工业强基、绿色制造、高端装备等重大工程。"

2017 年 3 月国务院政府工作报告提出:"必须把改善供给侧结构作为主攻方向,通过简政减税、放宽准入、鼓励创新,持续激发微观主体活力,减少无效低效供给、扩大有效供给,更好适应和引导需求。"

2017 年 10 月党的十九大报告指出:"中国特色社会主义进入新时代,中国社会主要矛盾已经转化为人民日益增长的美好生活需要和不平衡不充分的发展之间的矛盾。""中国经济已由高速增长阶段转向高质量发展阶段,正处在转变发展方式、优化经济结构、转换增长动力的攻关期,建设现代化经济体系是跨越关口的迫切要求和我国发展的战略目标。必须坚持质量第一、效益优先,以供给侧结构性改革为主线,推动经济发展质量变革、效率变革、动力变革,提高全要素生产率,着力加快建设实体经济、科技创新、现代金融、人力资源协同发展的产业体系。""加快建设制造强国,加快发展先进制造业,推动互联网、大数据、人工智能和实体经济深度融合,在中高端消费、创新引领、绿色低碳、共享经济、现代供应链、人力资本服务等领域培育新增长点、形成新动能。支持传统产业优化升级,加快发展现代服务业,瞄准国际标准提高水平。促进我国产业迈向全球价值链中高端,培育若干世界级先进制造业集群。""推动形成全面开放新格局。中国开放的大门不会关闭,只会越开越大。要以'一带一路'建设为重点,坚持引进来和走出去并重,遵循共商共建共享原则,加强创新能力开放合作,形成陆海内外联动、东西双向互济的开放格局。拓展对外贸易,培育贸易新业态新模式,推进贸易强国建设。实行高水平的贸易和投资自由化便利化政策,全面实行准入前国民待遇加负面清单管理制度,大幅度放宽市场准入,扩大服务业对外开放,保护外商投资合法权益。凡是在我国境内注册的企业,都要一视同仁、平等对待。优化区域开放布局,加大西部开放力度。赋予自由贸易试验区更大改革自主权,探索建设自由贸易港。创新对外投资方式,促进国际产能合作,形成面向全球的贸易、投融资、生产、服务网络,加快培育国际经济合作和竞争新优势。"

2018 年 3 月政府工作报告提出,"大力推动高质量发展"。"深入推进供给侧结构性改革。坚持把发展经济着力点放在实体经济上,继续抓好'三去一降一补',大力简政减税减费,不断优化营商环境,进一步激发市场主体活力,提升经济发展质量。""加快建设创新型国家。把握世界新一轮科技革命和产业变革大势,深入实施创新驱动发展战略,不断增强经济创新力和竞争力。"

2018 年 12 月中央经济工作会议指出:"我国发展仍处于并将长期处于重要战略机遇期。世界面临百年未有之大变局,变局中危和机同生并存,这给中华民族伟大复兴带来重大机遇。要善于化危为机、转危为安,紧扣重要战略机遇新内涵,加快经济结构优化升级,提升科技创新能力,深化改革开放,加快绿色发展,参与全球经济治理体系变革,变压力为加快推动经济高质量发展的动力。""我国经济运行主要矛盾仍然是供给侧结构性的,必须坚持以供给侧结构性改革为主线不动摇,更多采取改革的办法,更多运用市场化、法治化手段,在'巩固、增强、提升、畅通'八个字上下功夫。"

2019 年 3 月国务院政府工作报告提出:"要继续坚持以供给侧结构性改革为主线,在'巩固、增强、提升、畅通'八个字上下功夫。更多采取改革的办法,更多运用市场化、法治化手段,巩固'三去一降一补'成果,增强微观主体活力,提升产业链水平,畅通国民经济循环,推动经济高质量发展。""推动传统产业改造提升。围绕推动制造业高质量发展,强化工业基础和技术创新能力,促进先进制造业和现代服务业融合发展,加快建设制造强国。打造工业互联网平台,拓展'智能 +',为制造业转型升级赋能。""促进新兴产业加快发展。深化大数据、人工智能等研发应用,培育新一代信息技术、高端装备、生物医药、新能源汽车、新材料等新兴产业集群,壮大数字经济。""提升科技支撑能力。加大基础研究和应用基础研究支持力度,强化原始创新,加强关键核心技术攻关。健全以企业为主体的产学研一体化创新机制。"

2019 年 6 月 28 日,中国领导人在二十国集团领导人峰会上关于世界经济形势和贸易问题的发言指出,中国将"进一步开放市场,主动扩大进口,持续改善营商环境,全面取消外资准入负面清单之外的限制"。2019 年 6 月中国政府发布的《外商投资准入特别管理措施（负面清单）》（2019 年版）只规定了 40 个方面禁止外商投资。从入世至今，外资进入中国市场的门槛越来越低，限制条件越来越少，投资领域越来越广。

2019 年 12 月中央经济工作会议指出："要坚持巩固、增强、提升、畅通的方针，以创新驱动和改革开放为两个轮子，全面提高经济整体竞争力，加快现代化经济体系建设。要狠抓农业生产保障供给，加快农业供给侧结构性改革，带动农民增收和乡村振兴。要深化科技体制改革，加快科技成果转化应用，加快提升企业技术创新能力，发挥国有企业在技术创新中的积极作用，健全鼓励支持基础研究、原始创新的体制机制，完善科技人才发现、培养、激励机制。要支持战略性产业发展，支持加大设备更新和技改投入，推进传统制造业优化升级。要落实减税降费政策，降低企业用电、用气、物流等成本，有序推进'僵尸企业'处置。要健全体制机制，打造一批有国际竞争力的先进制造业集群，提升产业基础能力和产业链现代化水平。要大力发展数字经济。要更多依靠市场机制和现代科技创新推动服务业发展，推动生产性服务业向专业化和价值链高端延伸，推动生活性服务业向高品质和多样化升级。要重视解决好'一老一小'问题，加快建设养老服务体系，支持社会力量发展普惠托育服务，推动旅游业高质量发展，推进体育健身产业市场化发展。要着眼国家长远发展，加强战略性、网络型基础设施建设，推进川藏铁路等重大项目建设，稳步推进通信网络建设，加快自然灾害防治重大工程实施，加强市政管网、城市停车场、冷链物流等建设，加快农村公路、信息、水利等设施建设。

2020 年 5 月国务院政府工作报告指出："新冠肺炎疫情，是新中国成立以来我国遭遇的传播速度最快、感染范围最广、防控难度最大的公共卫生事件。"2020 年一季度经济出现负增长，生产生活秩序受到冲击。受全球疫情冲击，世界经济严重衰退，产业链供应链循环受阻，国际贸易投资萎缩，大宗商品市场动荡。国内消费、投资、出口下滑，就业压力显著加大，企业特别是中小微企业困难凸显，金融等领域风险有所积聚，基层财政收支矛盾加剧。当前和今后一个时期，我国发展面临风险挑战前所未有，但我们有独特政治和制度优势、雄厚经济基础、巨大市场潜力，亿万人民勤劳智慧。政府工作报告提出："紧扣全面建成小康社会目标任务，统筹推进疫情防控和经济社会发展工作,在疫情防控常态化前提下,坚持稳中求进工作总基调,坚持新发展理念,坚持以供给侧结构性改革为主线,坚持以改革开放为动力推动高质量发展,坚决打好三大攻坚战,加大'六稳'工作力度,保居民就业、保基本民生、保市场主体、保粮食能源安全、保产业链供应链稳定、保基层运转,坚定实施扩大内需战略,维护经济发展和社会稳定大局,确保完成决战决胜脱贫攻坚目标任务。""推动制造业升级和新兴产业发展。大幅增加制造业中长期贷款。发展工业互联网,推进智能制造。电商网购、在线服务等新业态在抗疫中发挥了重要作用,要继续出台支持政策,全面推进'互联网 + ',打造数字经济新优势。""提高科技创新支撑能力。稳定支持基础研究和应用基础研究,引导企业增加研发投入。加快建设国家实验室,重组国家重点实验室体系,发展社会研发机构。深化国际科技合作。加强知识产权保护。实行重点项目攻关'揭榜挂帅',谁能干就让谁干。"

2020 年 12 月中央经济工作会议提出:"坚持系统观念,巩固拓展疫情防控和经济社会发展成果,更好统筹发展和安全,扎实做好'六稳'工作、全面落实'六保'任务,科学精准实施宏观政策,努力保持经济运行在合理区间,坚持扩大内需战略,强化科技战略支撑,扩大高水平对外开放,确保'十四五'开好局,以优异成绩庆祝建党 100 周年。"加快构建以国内大循环为主体、国内国际双循环相互促进的新发展格局,要紧紧抓住供给侧结构性改革这条主线,注重需求侧管理,打通堵点,补齐短板,贯通生产、分配、流通、消费各环节,形成需求牵引供给、供给创造需求的更高水平动态平衡,提升国民经济体系整体效能。会议强调:"强化国家战略科技力量。要充分发挥国家作为重大科技创新组织者的作用,坚持战略性需求导向,确定科技创新方向和重点,着力解决制约国家发展和安全的重大难题。要发挥新型举国体制优势,发挥好重要院所高校国家队作用,推动科研力量优化配置和资源共享。要抓紧制定实施基础研究十年行动方案,重点布局一批基础学科研究中心,支持有条件的地方建设国际和区域科技创新中心。要发挥企业在科技创新中的主体作用,支持领军企业组建创新联合体,带动中小企业创新活动。要加强国际科技交流合作。要加快国内人才培养,使更多青年优秀人才脱颖而出。要完善激励机制和科技评价机制,落实好攻关任务'揭榜挂帅'等机制。要规范科技伦理,树立良好学风和作风，引导科研人员专心致志、扎实进取。""增强产业链供应链自主可控能力。产业链供应链安全稳定是构建新发展格局的基础。要统筹推进补齐短板和锻造长板，针对产业薄弱环节，实施好关键核心技术攻关工程，尽快解决一批'卡脖子'问题，在产业优势领域精耕细作，搞出更多独门绝技。要实施好产业基础再造工程，打牢基础零部件、基础工艺、关键基础材料等基础。要加强顶层设计、应用牵引、整机带动，强化共性技术供给，深入实施质量提升行动。""强化反垄断和防止资本无序扩张。反垄断、反不正当竞争，是完善社会主义市场经济体制、推动高质量发展的内在要求。国家支持平台企业创新发展、增强国际竞争力，支持公有制经济和非公有制经济共同发展，同时要依法规范发展，健全数字规则。要完善平台企业垄断认定、数据收集使用管理、消费者权益保护等方面的法律规范。要加强规制，提升监管能力，坚决反对垄断和不正当竞争行为。金融创新必须在审慎监管的前提下进行。"

2021年3月国务院政府工作报告提出，把服务实体经济放到更加突出的位置，处理好恢复经济与防范风险的关系。在促进"六保、六稳"的同时，"提升科技创新能力。强化国家战略科技力量，推进国家实验室建设，完善科技项目和创新基地布局。实施好关键核心技术攻关工程，深入谋划推进'科技创新2030—重大项目'，改革科技重大专项实施方式，推广'揭榜挂帅'等机制。支持有条件的地方建设国际和区域科技创新中心，增强国家自主创新示范区等带动作用"。"优化和稳定产业链供应链。继续完成'三去一降一补'重要任务。对先进制造业企业按月全额退还增值税增量留抵税额，提高制造业贷款比重，扩大制造业设备更新和技术改造投资。增强产业链供应链自主可控能力，实施好产业基础再造工程，发挥大企业引领支撑和中小微企业协作配套作用。发展工业互联网，促进产业链和创新链融合，搭建更多共性技术研发平台，提升中小微企业创新能力和专业化水平。加大5G网络和千兆光网建设力度，丰富应用场景。加强网络安全、数据安全和个人信息保护。统筹新兴产业布局。加强质量基础设施建设，深入实施质量提升行动，完善标准体系，促进产业链上下游标准有效衔接，弘扬工匠精神，以精工细作提升中国制造品质"。

2021 年 3 月《中华人民共和国国民经济和社会发展第十四个五年规划和 2035 年远景目标纲要》发布,该规划是我国开启全面建设社会主义现代化国家新征程的宏伟蓝图,是全国各族人民共同的行动纲领。提出:"制定科技强国行动纲要,健全社会主义市场经济条件下新型举国体制,打好关键核心技术攻坚战,提高创新链整体效能。""整合优化科技资源配置,加强原创性引领性科技攻关,持之以恒加强基础研究,建设重大科技创新平台。""提升企业技术创新能力。完善技术创新市场导向机制,强化企业创新主体地位,促进各类创新要素向企业集聚,形成以企业为主体、市场为导向、产学研用深度融合的技术创新体系。""激励企业加大研发投入,支持产业共性基础技术研发,完善企业创新服务体系。""加快发展现代产业体系,巩固壮大实体经济根基。坚持把发展经济着力点放在实体经济上,加快推进制造强国、质量强国建设,促进先进制造业和现代服务业深度融合,强化基础设施支撑引领作用,构建实体经济、科技创新、现代金融、人力资源协同发展的现代产业体系。""坚持自主可控、安全高效,推进产业基础高级化、产业链现代化,保持制造业比重基本稳定,增强制造业竞争优势,推动制造业高质量发展。""发展壮大战略性新兴产业。着眼于抢占未来产业发展先机,培育先导性和支柱性产业,推动战略性新兴产业融合化、集群化、生态化发展,战略性新兴产业增加值占 GDP 比重超过 17%。""促进服务业繁荣发展。聚焦产业转型升级和居民消费升级需要,扩大服务业有效供给,提高服务效率和服务品质,构建优质高效、结构优化、竞争力强的服务产业新体系。""建设现代化基础设施体系。统筹推进传统基础设施和新型基础设施建设,打造系统完备、高效实用、智能绿色、安全可靠的现代化基础设施体系。"

2021 年 12 月中央经济工作会议指出:"在充分肯定成绩的同时,必须看到我国经济发展面临需求收缩、供给冲击、预期转弱三重压力。世纪疫情冲击下,百年变局加速演进,外部环境更趋复杂严峻和不确定。""要深化供给侧结构性改革,重在畅通国内大循环,重在突破供给约束堵点,重在打通生产、分配、流通、消费各环节。要提升制造业核心竞争力,启动一批产业基础再造工程项目,激发涌现一大批'专精特新'企业。加快形成内外联通、安全高效的物流网络。加快数字化改造,促进传统产业升级。要坚持房子是用来住的、不是用来炒的定位,加强预期引导,探索新的发展模式,坚持租购并举,加快发展长租房市场,推进保障性住房建设,支持商品房市场更好满足购房者的合理住房需求,因城施策促进房地产业良性循环和健康发展。""要正确认识和把握碳达峰碳中和。实现碳达峰碳中和是推动高质量发展的内在要求,要坚定不移推进,但不可能毕其功于一役。要坚持全国统筹、节约优先、双轮驱动、内外畅通、防范风险的原则。传统能源逐步退出要建立在新能源安全可靠的替代基础上。要立足以煤为主的基本国情,抓好煤炭清洁高效利用,增加新能源消纳能力,推动煤炭和新能源优化组合。要狠抓绿色低碳技术攻关。要科学考核,新增可再生能源和原料用能不纳入能源消费总量控制,创造条件尽早实现能耗'双控'向碳排放总量和强度'双控'转变,加快形成减污降碳的激励约束机制,防止简单层层分解。要确保能源供应,大企业特别是国有企业要带头保供稳价。要深入推动能源革命,加快建设能源强国。"

2022 年 3 月国务院政府工作报告指出,我国经济尚处在突发疫情等严重冲击后的恢复发展过程中,国内外形势又出现很多新变化,保持经济平稳运行难度加大。提出:"深入实施创新驱动发展战略,巩固壮大实体经济根基。推进科技创新,促进产业优化升级,突破供给约束堵点,依靠创新提高发展质量。""提升科技创新能力。实施基础研究十年规划,加强长期稳定支持,提高基础研究经费占全社会研发经费比重。""加大企业创新激励力度。强化企业创新主体地位,持续推进关键核心技术攻关,深化产学研用结合,促进科技成果转移转化。""增强制造业核心竞争力。促进工业经济平稳运行,加强原材料、关键零部件等供给保障,实施龙头企业保链稳链工程,维护产业链供应链安全稳定。""引导金融机构增加制造业中长期贷款。启动一批产业基础再造工程项目,促进传统产业升级,大力推进智能制造,加快发展先进制造业集群,实施国家战略性新兴产业集群工程。着力培育'专精特新'企业,在资金、人才、孵化平台搭建等方面给予大力支持。推进质量强国建设,推动产业向中高端迈进。""促进数字经济发展。加强数字中国建设整体布局。建设数字信息基础设施,逐步构建全国一体化大数据中心体系,推进 5G 规模化应用,促进产业数字化转型,发展智慧城市、数字乡村。加快发展工业互联网,培育壮大集成电路、人工智能等数字产业,提升关键软硬件技术创新和供给能力。

完善数字经济治理,培育数据要素市场,释放数据要素潜力,提高应用能力,更好赋能经济发展、丰富人民生活。"

2022 年 10 月党的二十大提出:"从现在起,中国共产党的中心任务就是团结带领全国各族人民全面建成社会主义现代化强国、实现第二个百年奋斗目标,以中国式现代化全面推进中华民族伟大复兴。""全面建成社会主义现代化强国,总的战略安排是分两步走:从二〇二〇年到二〇三五年基本实现社会主义现代化;从二〇三五年到本世纪中叶把我国建成富强民主文明和谐美丽的社会主义现代化强国。到二〇三五年,我国发展的总体目标是:经济实力、科技实力、综合国力大幅跃升,人均国内生产总值迈上新的大台阶,达到中等发达国家水平;实现高水平科技自立自强,进入创新型国家前列;建成现代化经济体系,形成新发展格局,基本实现新型工业化、信息化、城镇化、农业现代化;基本实现国家治理体系和治理能力现代化,全过程人民民主制度更加健全,基本建成法治国家、法治政府、法治社会;建成教育强国、科技强国、人才强国、文化强国、体育强国、健康中国,国家文化软实力显著增强;人民生活更加幸福美好,居民人均可支配收入再上新台阶,中等收入群体比重明显提高,基本公共服务实现均等化,农村基本具备现代生活条件,社会保持长期稳定,人的全面发展、全体人民共同富裕取得更为明显的实质性进展;广泛形成绿色生产生活方式,碳排放达峰后稳中有降,生态环境根本好转,美丽中国目标基本实现;国家安全体系和能力全面加强,基本实现国防和军队现代化。在基本实现现代化的基础上,我们要继续奋斗,到本世纪中叶,把我国建设成为综合国力和国际影响力领先的社会主义现代化强国。""建设现代化产业体系。坚持把发展经济的着力点放在实体经济上,推进新型工业化,加快建设制造强国、质量强国、航天强国、交通强国、网络强国、数字中国。实施产业基础再造工程和重大技术装备攻关工程,支持专精特新企业发展,推动制造业高端化、智能化、绿色化发展。巩固优势产业领先地位,在关系安全发展的领域加快补齐短板,提升战略性资源供应保障能力。推动战略性新兴产业融合集群发展,构建新一代信息技术、人工智能、生物技术、新能源、新材料、高端装备、绿色环保等一批新的增长引擎。构建优质高效的服务业新体系,推动现代服务业同先进制造业、现代农业深度融合。加快发展物联网，建设高效顺畅的流通体系，降低物流成本。加快发展数字经济，促进数字经济和实体经济深度融合，打造具有国际竞争力的数字产业集群。优化基础设施布局、结构、功能和系统集成，构建现代化基础设施体系。""完善科技创新体系。坚持创新在我国现代化建设全局中的核心地位。完善党中央对科技工作统一领导的体制，健全新型举国体制，强化国家战略科技力量，优化配置创新资源，优化国家科研机构、高水平研究型大学、科技领军企业定位和布局，形成国家实验室体系，统筹推进国际科技创新中心、区域科技创新中心建设，加强科技基础能力建设，强化科技战略咨询，提升国家创新体系整体效能。深化科技体制改革，深化科技评价改革，加大多元化科技投入，加强知识产权法治保障，形成支持全面创新的基础制度。培育创新文化，弘扬科学家精神，涵养优良学风，营造创新氛围。扩大国际科技交流合作，加强国际化科研环境建设，形成具有全球竞争力的开放创新生态。""加快实施创新驱动发展战略。坚持面向世界科技前沿、面向经济主战场、面向国家重大需求、面向人民生命健康，加快实现高水平科技自立自强。以国家战略需求为导向，集聚力量进行原创性引领性科技攻关，坚决打赢关键核心技术攻坚战。加快实施一批具有战略性全局性前瞻性的国家重大科技项目，增强自主创新能力。加强基础研究，突出原创，鼓励自由探索。提升科技投入效能，深化财政科技经费分配使用机制改革，激发创新活力。加强企业主导的产学研深度融合，强化目标导向，提高科技成果转化和产业化水平。强化企业科技创新主体地位，发挥科技型骨干企业引领支撑作用，营造有利于科技型中小微企业成长的良好环境，推动创新链产业链资金链人才链深度融合。""加快发展方式绿色转型。推动经济社会发展绿色化、低碳化是实现高质量发展的关键环节。加快推动产业结构、能源结构、交通运输结构等调整优化。实施全面节约战略，推进各类资源节约集约利用，加快构建废弃物循环利用体系。完善支持绿色发展的财税、金融、投资、价格政策和标准体系，发展绿色低碳产业，健全资源环境要素市场化配置体系，加快节能降碳先进技术研发和推广应用，倡导绿色消费，推动形成绿色低碳的生产方式和生活方式。"根据国际形势变化，提出"确保粮食、能源资源、重要产业链供应链安全"，"完善重点领域安全保障体系和重要专项协调指挥体系,强化经济、重大基础设施、金融、网络、数据、生物、资源、核、太空、海洋等安全保障体系建设"。

2022 年 12 月中央经济工作会议指出:"当前我国经济恢复的基础尚不牢固,需求收缩、供给冲击、预期转弱三重压力仍然较大,外部环境动荡不安,给我国经济带来的影响加深。""坚持发展是党执政兴国的第一要务,发展必须是高质量发展,完整、准确、全面贯彻新发展理念;坚持稳中求进工作总基调,坚持实事求是、尊重规律、系统观念、底线思维,把实践作为检验各项政策和工作成效的标准;坚持和完善社会主义基本经济制度,坚持社会主义市场经济改革方向,坚持'两个毫不动摇';坚持推进高水平对外开放,稳步扩大规则、规制、管理、标准等制度型开放;坚持推动经济发展在法治轨道上运行,依法保护产权和知识产权,恪守契约精神,营造市场化、法治化、国际化一流营商环境。""产业政策要发展和安全并举。优化产业政策实施方式,狠抓传统产业改造升级和战略性新兴产业培育壮大,着力补强产业链薄弱环节,在落实碳达峰碳中和目标任务过程中锻造新的产业竞争优势。推动'科技—产业—金融'良性循环。""科技政策要聚焦自立自强。要有力统筹教育、科技、人才工作。布局实施一批国家重大科技项目,完善新型举国体制,发挥好政府在关键核心技术攻关中的组织作用,突出企业科技创新主体地位。提高人才自主培养质量和能力,加快引进高端人才。""加快建设现代化产业体系。围绕制造业重点产业链,找准关键核心技术和零部件薄弱环节,集中优质资源合力攻关,保证产业体系自主可控和安全可靠,确保国民经济循环畅通。加强重要能源、矿产资源国内勘探开发和增储上产,加快规划建设新型能源体系,提升国家战略物资储备保障能力。实施新一轮千亿斤粮食产能提升行动。提升传统产业在全球产业分工中的地位和竞争力,加快新能源、人工智能、生物制造、绿色低碳、量子计算等前沿技术研发和应用推广。要大力发展数字经济,提升常态化监管水平,支持平台企业在引领发展、创造就业、国际竞争中大显身手。抓住全球产业结构和布局调整过程中孕育的新机遇,勇于开辟新领域、制胜新赛道。"

11.2 中国产业政策对发展中国家的借鉴意义

中国过去 40 年的发展成就表明，从战略层面看，产业政策的目标基本达到。

1. 中国已经成为具有全球影响力的工业大国

中国工业规模位居世界前列，形成了完整的工业体系，部分工业有较强竞争力。

中国 2010 年超过美国成为世界第一制造大国，并连续保持至今。2016 年，中国制造业规模达到 3.7 万亿美元，是美国的 1.67 倍。世界 500 余种主要工业品中，中国有 220 余项产品产量居全球第一，成为名副其实的"世界工厂"，中国产品遍布世界 220 多个国家和地区。

中国形成了完整的工业体系，拥有联合国产业分类规定的 41 个大类、207 个中类、666 个小类。完善的工业体系大大提高了产品从开发到市场的速度和效率，有利于保持产业链和供应链的稳定性，有利于生产质优价廉的产品，有利于提升中国制造国际竞争力。中国不仅在轻工、纺织等传统工业部门拥有较强的竞争力，在部分重大装备、消费类及高新技术类产品上也达到或接近发达国家水平[①]，产生了一批具有较强质量竞争力、品牌影响力和引领行业发展的领先型制造企业；产生了一批以神舟十号载人飞船、"蛟龙"号载人潜水器、歼-15 战斗机、北斗卫星导航系统、超级计算机、高铁装备、高压输变电装备、百万千瓦级超临界火电机组、万米深海石油钻探装备为代表的先进重大装备。2019 年 7 月 22 日《财富》发布 2019 年世界 500 强排行榜，中国入围 129 家公司(含港澳台)全球第一，首次超过美国(121 家)。

---

① 《质量发展纲要(2011—2020 年)》，2012 年 2 月 6 日。

2. 中国工业升级取得重大进展

中国进入传统工业改造提升攻坚与开启工业强国建设的历史新阶段。

虽然整体上中国工业仍然是"大而不强"，但过去几十年形成的完整工业体系，主要工业部门积累的技术创新能力，规模庞大的中高端技术和管理人才，总量可观、结构不断提升的国内消费需求，都为中国工业部门的结构高级化创造了基本的条件。

实际上，中国工业已经从全球价值链的低端装配环节向中高技术产品比例不断提升的主要出口国转变。在诸多新技术、新产业领域，中国取得了令人瞩目的进展，为新一轮工业革命打下了基础。互联网、移动互联网、大数据、物联网、云计算、人工智能、机器人等数字技术发展尤其显著，使得中国在全球数字经济中的地位日益提高。这一切从根本上源于不断增强的创新能力。2009 年中国超过日本成为世界第二大研发投入国，2017 年全社会 R&D 支出达到 1.76 万亿元，占 GDP 的比重为 2.15%。2015 年超过美国成为最大的专利申请国，目前发明专利申请量和授权量均保持第一，有效发明专利保有量居世界第三。拥有数量最多的科学和工程专业本科生。中国已经开启了全面迈向工业强国的新征程。

3. 产业政策强有力地推动了中国的经济增长与现代化进程

中国产业结构的优化、工业与服务业的发展，强有力地推动了中国经济的增长、工业化、城市化与现代化进程，为中国成为世界最大的新兴经济体、全球第二大经济体奠定了坚实的产业基础。

但从战术层面看，中国的产业政策还存在体系不健全、不当政府干预、部门利益、政策寻租、未能有效协调地方间的分工等突出问题，资源配置效率低下、重复建设严重等一直未能有效解决。产业政策在促进结构优化与升级方面发挥的作用还不尽如人意。产业政策与相关政策缺乏协调，部分领域的开放力度不够等，这些问题需要通过深化改革开放予以解决。

对于发展中国家而言，其当前面临的发展任务、困难、机遇、挑战，在中国过去实践中都曾遇到过。中国产业政策实践及其经验，值得发展中国家参考。其中，以下几点几值得特别关注。

（1）一国的发展需要市场力量与政府力量的有机结合，需要在不完美的市场和不完美的政府之间找到平衡，产业政策正是实现这种结合和平衡的重要工具。中国的市场化改革经历了放权让利、有计划商品经济、社会主义市场经济体制、"在更大程度上发挥市场在资源配置中的基础性作用"到"使市场在资源配置中起决定性作用"的转变过程。与之相应，产业政策的作用边界随着市场作用边界的扩张进行着相应调整。许多发展中国家肩负"体制转轨＋经济追赶"双重使命，产业政策将具有多重属性与多重目标，不仅用以弥补市场机制的不足，也是实现国家战略、推动经济增长、形成特定产业的竞争优势、促进产业结构合理化、保障产业安全、增加就业的手段。

（2）产业政策要"立足国情，因势而变"，不能简单照搬照抄。国情不同，经济社会结构不同、形势不同、任务不同，产业政策就要适时调整。产业政策要紧密结合经济发展阶段与工业化进程，根据不同时期的主要任务作出相应的调整，特别是重大结构调整，产业政策能够发挥"推进器""刹车阀"等作用。如20世纪80年代初中国重视轻重工业比例调整、发展基础产业，20世纪90年代发展支柱工业，21世纪初期走新型工业化道路，金融危机以来出台十大产业振兴和发展战略性新兴产业，2015年出台《中国制造2025》以及构建现代产业新体系等。

（3）产业政策应遵循"围绕国家发展战略，弥补市场缺陷，强化功能性政策，优化选择性政策，兼顾政策协调性，实现共赢国际化"等原则。产业政策要以国家战略目标为指引。产业政策要弥补市场失灵，对冲市场机制运行的负面效应。培育与完善市场功能，实现与市场力量的有机结合。营造产业发展的良好环境，激励创新创业，提升产业发展的要素与公共服务支撑，规范市场主体行为等。减少政府对特定产业的直接干预，将产业政策的作用严格限定在确实需要重点发展或解决问题的产业或领域。对不同政策统筹兼顾，促进产业政策与宏观政策、开放政策、区域政策、社会政策、生态环境政策等协调。将国内产业升级与全球产业格局调整结合起来。把握国际产业发展的趋势，在全球范围内配置资源，促进国际产业分工与合作。根据本国产业在全球价值链中的地位确立升级战略与对策。

（4）产业政策要体现精准化、体系化、开放性、公平性和动态性特点。精准化，即着眼于推动结构优化、创新、竞争力提升、可持续发展等。体系化，即要避免政策碎片化。政策设计既要充分考虑体制、结构、布局等重大战略问题，也要统筹科学发现、技术研发、技术转移、产业化、国际化等价值链条，调动企业、高校、科研机构、金融机构、地方政府等各类主体积极性。要加强产业政策与相关政策的衔接，形成政策合力，以有效推进企业间、产业间、地区间分工深化，避免重复建设、恶性竞争。公平性，即营造公平竞争的市场环境，更加强化功能性产业政策，加强对产业运行中市场失灵的弥补，以促进市场机制更加有效地发挥作用。政府转向更多以"非限制即许可"的负面清单方式来指导产业发展。开放性，即政策制定不能仅考虑国内产业自身的周期性，而需要从全球产业格局变动、国内产业在全球发展中的相对阶段和地位来制定。动态性，即政策的实施要有时限，与经济发展规划与产业自身发展周期相吻合。太短，政策实施难有成效；太长，因形势和条件变化造成政策滞后。要做好政策的评估工作。通过政策评估，为未来政策的动态调整提供依据。

第 12 章
新时期中国产业政策方向

产业政策是政府出于某种目的(如经济增长、结构优化、竞争力的提升、资源配置效率的改进以及可持续发展等)而对产业、企业、要素等实施的干预(如引导、鼓励、支持、协调、促进或限制等行为)。在新的历史时期,中国面临的发展形势、国际环境、战略目标、主要任务与以往已有很大不同,产业政策该作怎样的调整,以实现"市场在资源配置中起决定性作用和更好发挥政府作用",推动高质量发展,迈向产业强国,建设现代化经济体系,推动与世界各国共赢发展,是值得研究的重大课题。

12.1 产业政策属性与各国实践

一国的发展需要市场力量与政府力量的有机结合,需要在不完美的市场和不完美的政府之间找到平衡,产业政策正是实现这种结合和平衡的重要工具。产业政策具有多重属性,它不仅用以消除市场失灵,也是实现国家战略、形成竞争优势、保障产业安全的手段。

实践中,各国根据国情制定相应的产业政策是一种普遍做法。即使是最发达的市场经济国家,产业政策也从未退出历史舞台。美、欧等通过法律、科技、财政、税收、贸易、反垄断等多种形式体现产业政策。如为了顺应新科技和产业革命发展趋势,加速制造业升级步伐,美国在 2009 年就推出了"重振制造业政策框架",2010 年推出"美国制造业促进法案",2011 年推出"先进制造业伙伴计划",2012 年"先进制造业国家战略计划"与"国家制造业创新网络"。欧盟推出了"欧盟 2020 战略",德国推出了"工业 4.0"战略,英国推出"英国制造 2050",法国推出"新工业法国计划"。特朗普政府实施"美国优先"的贸易政策,就是为了推动美国制造业发展,增强美国产业的国际竞争力。

追赶型经济体通过学习先行发达国家的经验,利用产业政策实现重点产业的追赶、保护幼稚产业、助推产业升级。转型经济体因市场体系和市场机制正在构建和完善,政府通过产业政策来弥补市场机制的不足。

无论是 17 世纪以后英国的崛起,还是后来成功复制英国工业革命的国家,比如法国、德国、美国、日本以及二战后崛起的新加坡、韩国,都与政府采纳了正确的产业政策密不可分。联合国贸易和发展会议发布的《世界投资报告 2018》指出,为应对新工业革命的机遇与挑战,在过去十年中,发达国家和发展中国家至少有 101 个经济体(占全球 GDP 的 90% 以上)出台了正式的产业发展战略。

但要看到,因经济体制、政府管理、社会结构、发展战略、发展阶段、产业重点等差异,各国产业政策的目标、范围、着力点、政策工具、绩效有很大不同。总体上,凡能根据形势变化适时调整产业政策的国家,发展绩效总体良好;反之,发展绩效则不太理想。

12.2　新形势对中国产业政策提出新要求

1. 从国际看,全球化水平和全球技术供给已经有了质的跃升

(1) 全球化深入发展,其广度和深度不可同日而语。交通、通信、互联网、电子商务、社会网络等快速发展,让世界更像地球村。当前的全球化从要素流动的内容、范围以及参与主体,已经与以往大不相同。生产、流通、贸易全球化纵深发展,各国间彼此相互依赖;全球分工体系发生重大变化,全球价值链、供应链、产业链已经形成;全球连接和全球流动不可阻挡;跨国企业和小

微企业都能参与全球分工和协作。特别是，2008 年金融危机以来，创新全球化成为突出亮点。人才、技术、资本等创新资源要素在全球内加速流动和布局。由于各国间连接和依赖增强，相互影响加深，中国、美国、欧盟这样大的经济体，其政策溢出效应显著，对全球产业格局变动带来更大影响。但也要看到，全球化也带来各国发展的不平衡，全球经济重心东移趋势更加明显。国际合作更加紧密的同时，国际贸易摩擦也更容易发生。2020 年新冠疫情全球蔓延进一步加剧了全球格局的调整，中国在全球经济版图中的地位进一步提升。这就要求中国制定产业政策时，要考虑到外溢效应及相关国家的反应。

（2）新一轮科技革命与产业变革正在发生，全球新技术供给活跃，为发展中国家和新兴国家提供了难得机遇。信息通信技术在研发、设计、生产、流通、消费、金融深度应用与广泛渗透。新能源、新材料、高端装备、生物技术、节能环保正在成为新的增长点。所有这些推动全球进入由新技术、新产业、新业态、新模式主导的新时代，推动传统企业边界、产业组织结构的深刻变化。特别是，新产业革命所需的大量新技术尚处于早期，科技知识大多处于公共的并停留在实验室阶段，知识的意会性程度很低，处于这个阶段的新技术革命几乎会将所有国家"拉回到同一起跑线上"。某些新兴或发展中国家甚至能比率先崛起的国家更适应新技术经济范式的要求。如果新兴经济体或发展中国家能以更快的速度构筑新技术体系，就能实现跨越式发展，实现追赶目标。

2. 从国内看，中国发展阶段、市场化水平、开放度已经有了很大提高

中国发展水平已有很大不同。2010 年中国成为全球第一制造大国和世界第一大汽车市场，2013 年成为全球第一货物贸易大国、全球最大的消费电子市场和全球最大物流市场，2014 年吸引外资位列世界第一，2015 年，对外投资额超过吸引外资数量。2019 年，中国世界五百强的企业数超过美国。数据背后反映的是，中国在全球经济中的地位显著提升，也表明中国与全球经济密切的联系。

中国产业结构处于全面调整和升级的阶段，正在跨越中等收入阶段，这个阶段不同于 20 世纪 80 年代、90 年代工业化初期、生产力水平低下、产业规

模小的阶段,也不同于 21 世纪头十年工业化中期、重化工业主导、产业规模急剧扩张的时期。从中国的技术进步特征看,目前大致处于追赶阶段末期,甚至进入"技术边界共享前阶段"。这一阶段的特征是企业难以通过模仿和吸收以获得新技术,而必须致力于自主研发。与之对应,经济中的主导产业也从原先的重化工业和集成装配工业向创新密集型部门转变。

中国已经形成了以市场为基础的经济系统,形成了比较完备的产业部门,搭建了数以百计的特色产业集群,掌握了当今国际主流的成熟技术,培养了规模庞大的中高端人才,形成了总量可观、结构不断提升的市场需求。发展到今天,应该说上述产业结构高级化发展所需各种条件已经基本具备。

中国的市场化水平和开放度已有很大不同。在由计划经济体制转向市场经济体制的过程中,市场配置资源的基础性作用逐步得以发挥,初步建立起了统一开放、竞争有序的商品和要素市场体系。多数行业竞争充分,价格机制、竞争机制、供求机制在产业发展中发挥着核心作用。特别是,党的十八届三中全会提出,要发挥市场在资源配置中的决定性作用和更好发挥政府作用,无疑将加快完善中国的市场经济体制步伐。

中国形成了沿海、沿江、沿边、内陆地区全方位的开放格局。2001 年加入世贸组织后,加快推进贸易体制改革,积极营造公平、透明的贸易和投资环境,市场的开放程度迅速提高。近几年,中国与多国签署了双边自由贸易协定,对外资实施准入前国民待遇与负面清单管理,实施更高标准的自由贸易园区战略,在东、中、西批准了一批自由贸易试验区。2020 年 5 月,海南建设中国特色自由贸易港总体方案颁布,标志着中国将在海南实施全球最高水平的开放,实现投资贸易自由化与各类要素自由流动。可以预见不久的将来,中国将会形成一个开放范围更广、开放程度更深、开放层次更高的对外经济新体制。

3. 中国面临的产业问题和对产业的要求已经有了很大不同

早期,中国产业发展主要是解决短缺问题。前几年,中国产业发展突出问题主要表现为,钢铁、煤炭等部分重化工业和部分新兴产业产能过剩、工业和房地产等行业固定资产投资持续下行、行业利润下滑、工业出口持续大幅下降、行业和企业分化严重等。新冠疫情后,旅游、餐饮、航空、文化、会展等服务业受到很大冲击，部分工业受较大影响，国际物流与供应链脆弱性暴露，许多中小企业生存困难。中长期看，多年以来中国产业发展存在的一些深层次问题一直未能得到解决。

（1）结构有待优化。农业基础薄弱，现代农业发展不足；工业科技含量不高，高新技术产业发展不快；服务体系不完整，服务业供给不足；交通、物流、原材料等仍是瓶颈产业；竞争性行业集中度偏低，垄断产业竞争不足；产业布局"结构趋同—产能过剩—恶性竞争—资源浪费"问题突出。

（2）创新能力和核心竞争力弱。创新能力提升缓慢，关键、核心技术储备不足，尖端技术、核心零部件制造与美、欧、日差距较大。制造业贸易增值程度很低，劳动生产率远低于美、欧、日等发达国家；服务业缺少大企业集团和知名品牌，服务贸易逆差高；软实力严重缺乏，企业治理结构不完善，管理水平有待提高，知识产权、标准意识淡薄。

（3）发展不协调。农业、工业、服务业联动不足，同一产业内、上下游产业、大中小企业之间缺乏协调，虚拟经济对实体经济的支撑不够，中小和民营企业受市场垄断和大型企业挤压。

（4）不可持续。产业发展的能源资源消耗强度大，如钢铁、炼油、乙烯、合成氨、电石等单位产品能耗较国际先进水平高出 10%—20%；矿产资源对外依存度不断提高，原油、铁矿石、铝土矿、铜矿等重要能源资源进口依存度超过 50%；随着能源资源刚性需求持续上升，生态环境约束进一步加剧。

（5）发展环境欠佳。政务、商务、法律、舆论、信用等环境并不理想，流通、物流、资金、信息和交易等成本较高，企业用工费用不断攀升，使得产业发展的传统比较优势大为削弱。

（6）包容性不足。食品药品、工业交通安全事故时有发生；产业、企业和员工和谐度不高，一些企业未严格执行《劳动合同法》；城乡二元结构使农民工难以成为市民；部分传统产业吸纳就业能力下降；老龄化加深使产业正失去富有活力的劳动力大军。

4. 中国产业发展面临的挑战已经有了很大不同

（1）贸易摩擦和壁垒。面对中国的快速发展，以美国为首的某些国家心态发生了很大变化,不再将中国的发展看成是机遇,而是当作威胁。近年来,中国与一些国家的双边经贸关系变得复杂,不确定因素增多。一些国家正在努力推进新的贸易平台建设,如 CPTPP、TTIP 等,中国连续 18 年成为遭受全球反倾销调查最多的 WTO 成员,中国的市场经济地位也遇到各种压力。一些发达国家构筑技术壁垒,严格控制高端技术、设备向中国出口。

(2) 激烈的国际市场竞争。美国大力扶持制造业出口,通过加强贸易保护,限制国外产品对美国产品的竞争,并加强对中国高科技产业的技术封锁;德国将增加出口竞争力为其国家优先战略;英国将鼓励出口当作实现经济更加平衡发展的途径,通过进军主要新兴市场,实现英国制造业国际化;法国通过扩大出口信贷、放松出口管制、推动对外投资等措施增加其工业品竞争力;日本将扩大新兴市场出口作为制造业振兴的战略重点。

(3) 发达国家和发展中国家的双重挤压。发达国家已在一些战略性产业取得重大突破,占据了国际竞争制高点。同时,跨国公司主导全球供应链,掌控全球价值链高端。东南亚、南亚等国依靠廉价劳动力、土地、环境等优势,承接了大量劳动密集型产业。如果没有新的突破,中国有可能陷入高端技不如人、低端又被转移的"三明治陷阱"。

(4) 其他一些全球性挑战。全球资源和人才争夺、气候变化、能源和粮食安全、水危机、流行性疾病、环境保护、宏观经济和金融稳定、恐怖主义和地区冲突等对中国产业持续发展均有不同程度影响。

5. 中国产业未来发展目标有很大不同

中国产业规模已经做大,中国产业发展的中长期战略目标是要实现"强、新、智、绿、联、特"。

(1)"强":全面掌握关键领域的核心技术,自主生产关键核心零部件;拥有大批世界水平的跨国企业、自主知识产权的关键产品和国际知名品牌,产品附加值高;具有国际规则和标准制定话语权,对全球供应链拥有较强控制力。

(2)"新":持续拥有新产品、新技术、新产业、新业态、新模式、新工艺、新流程、新组织。

（3）"绿"：主要产业单位增加值能耗、水耗、资源综合利用率和废气减排达到世界先进水平，产品质量和生产流通安全有保障，产品符合消费者审美情趣。

（4）"智"：产业发展更多基于科技、知识、信息和创新，数字化、网络化、信息化和高技术化程度高。

（5）"联"：一、二、三产业联动；东、中、西地区产业联动；工业化与信息化联动；产业与社会、地区良性互动；产业与文化融合发展；产学研用紧密衔接；产业链、产业间、企业间分工协作；基础设施互联互通，物物相联、服务相联。

（6）"特"：中小企业专业化、精细化和特色化，区域性和本地化产业特色鲜明。

总起来看，背景、阶段、问题和目标的变化，相应要求产业政策适时作出调整。

12.3 新时期中国产业政策调整的思路[①]

1. 基本思路

新时期中国产业政策应以建设产业强国为目标，以改善营商环境为核心，结合对特定产业、领域、对象的结构性安排，消除产业发展中的制约因素，增强产业创新能力、国际竞争力和可持续发展能力，促进资源配置效率和社会福利水平的提升。

产业政策调整应遵循"围绕国家发展战略，弥补市场缺陷，强化功能性政策，优化选择性政策，兼顾政策协调性，实现共赢国际化"等原则，如图 12-1 所示。

围绕国家发展战略。产业政策要以建设现代化经济体系、推动产业由大变强、实现高质量发展等战略目标为指引。

---

① 本节与宋爽合作完成。

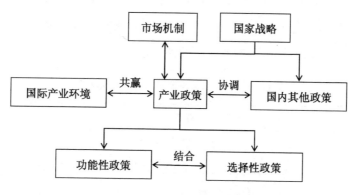

图 12-1　中国产业政策制定的原则

资料来源：作者自绘

弥补市场缺陷。产业政策要弥补市场失灵，对冲市场机制运行的负面效应。培育与完善市场功能，实现与市场力量的有机结合。

强化功能性产业政策。营造产业发展的良好环境，激励创新创业，提升产业发展的要素与公共服务支撑，规范市场主体行为等。

优化选择性产业政策。减少政府对特定产业的直接干预，将产业政策的作用严格限定在确实需要重点发展或解决问题的产业或领域。

兼顾相关政策协调。对不同政策统筹兼顾，促进产业政策与宏观政策、开放政策、区域政策、社会政策、生态环境政策等协调。

致力国际共赢发展。将国内产业升级与全球产业格局调整结合起来。把握国际产业发展的趋势，在全球范围内配置资源，促进国际产业分工与合作。根据中国产业在全球价值链中的地位确立升级战略与对策。

2. 基本框架

根据前述思路和原则，新时期产业政策框架体系至少应包括三大方面。

（1）产业政策的核心内容。主要从战略、制度、要素（如技术、劳动力、资本、土地）等维度设计功能性政策和选择性政策。

（2）产业政策与相关政策协调。重点考虑产业政策与宏观经济、对外开放、区域发展、社会发展、生态环境等相关政策的协调。

（3）产业政策的国际协调。立足于提升中国产业在全球价值链中的地位，主动参与国际分工，广泛开展国际合作，积极参与全球治理。

表 12-1 是新时期中国产业政策的基本框架。

表 12-1 新时期中国产业政策的基本框架

产业政策的核心内容		
围绕国家发展战略		
以现代化经济体系、产业强国、高质量发展等战略目标为指引，明晰产业政策的方向与重点		
政策领域	功能性政策	选择性政策
制度	保障公平与促进竞争的法律、产业监管体制、完善市场竞争机制等	产业准入、颁布特定行业的法规等
技术	实施知识产权保护、建设公共技术服务中心、制定技术标准等	发展下一代技术、绿色技术、高新产品公共采购等
劳动力	实施全国性职业技术教育、企业培训、规范劳动力市场等	培育领军人才、重点产业所需高端人才、提升低端劳动力技能等
资本	构建多层次资本市场、改善企业融资环境，降低全社会的企业税费负担等	鼓励向新兴产业投资、实施财政专项产业发展资金、战略投资基金、特定税收优惠、贴息等
土地	加强土地规划、规范土地市场等	保障重点行业土地供给、推动产业集群等
兼顾相关政策协调		
产业政策与宏观政策的协调		
产业政策与社会政策的协调		
产业政策与开放政策的协调		
产业政策与区域政策的协调		
产业政策与生态环境政策的协调		
产业政策与改革（如国企改革、政府职能转变等）的协调		
致力国际共赢发展		
准确把握国内产业的国际地位		
加强产业的国际分工协作		
积极参与产业的国际治理		

12.4　新时期中国产业政策调整的方向

1. 明晰产业政策重点，完善实施、评估和调整机制

今后及未来较长一段时期中国产业政策应聚焦于：①未来必争的战略产业，如国防工业、尖端制造、下一代信息网络、纳米、生物技术等；②国际竞争力弱的领域，如幼稚产业和需要实现进口替代的产业（数字机床、高端医疗器械、创新药、航空物流、国际快递、国际供应链以及产业标准、国际品牌等）；③传统支柱产业转型升级，如钢铁、煤炭、有色金属、船舶等；④基础产业中的国计民生领域，如战略性资源、重大基础设施等；⑤产业发展的薄弱环节，如"六基"（核心基础零部件、先进基础工艺、关键基础材料、基础软件、基础研究和产业技术基础）；⑥市场失灵领域，如节能环保、安全、应急、公共研发平台、共性技术平台、公共工程中心、公共检测平台、公共信息平台等；⑦衰退产业转移和退出；⑧产业融合、合作、协同、集聚；⑨创新中某些关键环节，如成果转化、新技术扩散等；⑩基于国土开发目标的产业；⑪中小微企业；⑫推动要素升级与优化配置等。同时，随着形势变化，做好产业政策的评估与动态调整工作，清理不合时宜的产业政策，制定出更合时宜和未来需要的政策。

引导各方资源向重点领域集聚的过程应侧重反映创新绩效、附加价值、核心竞争力、可持续发展等，综合运用"负面清单、准许清单、政府权力清单和企业信用清单"和"行业能效限额标准、产业污染物排放标准、产品（服务）质量标准"等。

2. 从全球产业格局变动考虑相关产业政策设计

从全球产业格局变动来判断中国产业自身的发展阶段及需要实施的策略，如图 12-2 所示的 4×4 网格，每个格子代表中国相关产业相对于全球产业发展的成熟度，并依此设计有针对性的产业政策。

区域 1 的产业属于在中国和全球均处于刚刚兴起或成长的早期阶段。这

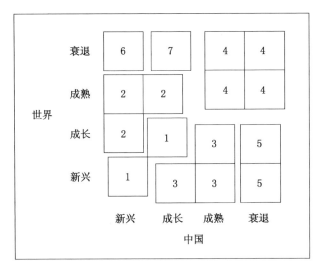

图 12-2　国内产业相对于国际的阶段性划分

资料来源：本图参考了英国学者 Livesey 的研究成果

类产业适合在刚出现时就给予支持，具体应根据国内的市场规模和能力（如生产的规模和成本、研发实力等）来进行决策。如果要素条件比较理想，就应当努力发展并推动其进入区域 3。

区域 2 的产业属于国际上已经有所发展而国内刚刚兴起。这类产业是迄今大多数发展中国家产业政策比较关注的，中国要充分利用后发优势，积极吸引跨国公司投资或国际技术，努力实现能力追赶。

区域 3 的产业是中国在全球具有领先地位的产业。这类产业通常不需要明确的支持，但政府可以通过重点发展一个主导领域，以保持行业整体的领先。

区域 4 的产业在国内外均处于成熟或衰退阶段。产业政策的重点应在于提升劳动生产率和竞争力，为衰退的行业提供转型支持，或采取保护政策以维持产业、保障就业等，或支持行业重组整合。

区域 5 的产业在国内已经衰退，但国际上却处于刚刚兴起或成长阶段。通常情况是，允许这类产业合理转移。

区域 6 的产业在国内只有少量稳定的生产商，但全球已经处于衰退。对于中国而言，这类产业具有比较优势，采取积极的产业政策是可行的，但考虑到这类产业国际市场处于衰退,政策的过度支持未必合适。

区域 7 的产业与区域 6 类似,在国内处于成长期而全球已经处于衰退,因具有比较优势故可采取赶超政策。但是,要高度关注该产业的全球性趋势,及时调整政策方向和力度。

3. 产业政策要推动市场机制的建设与完善

各次产业发展、产业间的联系、分工与合作以及新产业、新企业的成长,均应当发挥市场机制的基础性作用,充分发挥企业作为市场主体的能动性和活力,充分实现生产要素的自由、高效流动。

(1)产业政策要推动形成全国统一开放、竞争有序的市场体系,消除地区壁垒、部门壁垒。清理和废止一切有碍统一开放、公平竞争的部门、地区规章,促进生产要素在部门间、地区间自由流动,最大限度提升经济运行效率。

(2)产业政策要保障各类市场主体公平竞争。不同所有制、不同规模的企业一视同仁,消除规模歧视和所有制歧视。

(3)产业政策要推动形成基于供需、反映市场稀缺程度、资源环境代价、外部性内部化的价格形成机制和竞争机制,最大限度消除市场的信息不对称,形成不同产业、产品和服务合理的比价关系。

(4)深化垄断行业、公用事业改革,对能够放开的行业,及时放开。消除部门、地方、垄断利益集团的不当影响。鼓励有条件、具备资质的民营企业、中小企业进入基础设施、公用事业和新兴产业,给予其足够的市场机会。

4. 构建体系完整、规则合理、符合产业发展特点、前瞻性的监管体系

构建前瞻、现代、高效、权威的监管体系,既是市场经济发展的内在要求,也是政府转变职能的具体表现。当负面清单制度全面实施后,政府重要的责任之一是健全监管体系,加强事中、事后监管,"放得开,管得住"。要合理划分中央各部门、中央与地方之间的监管职责。对于已存在的冗余机构应及时整合,避免监管的交叉重复和责任推诿。推动监管透明化,改变和消除监管机构与利益主体利益输送、利益捆绑的情况。

考虑到不同产业的发展特点差异较大,不同领域的具体情况有所不同,

不同产业的监管内容也应有所区别与侧重。对于新产业、新技术、新业态、新模式,要创新思维与监管方式,以"包容、审慎"的原则促进其发展,同时要抓紧研究制定数字经济领域的垄断与限制竞争的监管规则。

5. 加强产业政策与相关政策的协调

加强产业政策与宏观政策的协调。宏观政策应符合产业中长期发展需要,为产业发展创造良好的宏观环境。合理确定企业宏观税负水平,着力形成有利于产业转型升级、创新、竞争力提升、国际化和可持续发展的税收结构。

加强产业政策与开放政策的协调。积极参与全球和区域治理,提高在国际经济与贸易规则制定中的话语权。推进中国与重要区域和贸易伙伴经贸一体化,加快推进自贸区建设,推动贸易便利化,减少进入与投资限制。重视双边战略对话、政策协调机制建设,推动双边产业与贸易合作共赢。

加强产业政策与区域政策的协调。产业政策要考虑区域发展战略、城市群发展、区域发展基础和潜力、地区经济差异、城乡一体化,明确不同地区的产业定位,充分发挥各地区比较优势,形成地区间的专业化分工,避免地区间过度重复建设。区域战略、规划与政策要考虑产业集聚、产业配套、产业链、供应链和价值链等现代产业发展特点,主动融入全国、全球生产流通消费网络,引导和促进有本地特色和竞争力的产业集聚发展、开放发展、链式发展。

加强产业政策与社会政策、生态环境政策的协调。社会政策、生态环境政策要考虑产业发展阶段、产业战略目标以及发展实际。产业政策要考虑社会接受度、生态环境承载力。根据经济、社会、生态统筹发展的要求,建立产业政策与社会政策、生态环境政策的有效协调机制。

12.5 健全产业强国政策体系

中国已出台了诸多推动产业发展的政策,为产业强国建设奠定了良好的政策基础,但也要看到,政策仍有很大改进空间。作为一项艰巨、复杂、长期的系统工程,产业强国建设需要有完善的政策体系来促进与保障。本节从财政、税收、金融、科技、创新、标准、知识产权、品牌、产业组织、中小企业、工商、区域、土地、贸易、国际合作、环境、人力资源、安全、体制机制改革等多个方面,提出产业强国建设的一种政策组合。

12.5.1　形成有利于产业强国建设的财政政策

(1) 形成优化的推进产业升级和由大变强的财政支出结构,建立健全财政专项资金制度。围绕产业发展中的重点任务、重大工程、重点方向,结合薄弱环节和关键瓶颈制约,集中资金,促进重大关键技术突破和产业化,引导产业链协同创新和区域集聚发展,鼓励创新资源密集区域率先突破。

(2) 中央、地方财政与社会资金一道,共同设立或增资现有创业投资基金等,支持具备原始创新、集成创新或消化吸收再创新属性,且处于初创期、早中期的企业发展。

(3) 积极探索技术改造、技术创新、尖端前沿技术开发和关键基础设施建设等领域投资的 PPP 模式,推动政府投资与民间资本有效协同。

(4) 选择技术路径清晰、发展方向明确的新兴产业或前沿技术,支持地方政府加强资源统筹配置,引导上、中、下游相关产业自主跟进,推动创新要素向区域特色产业集聚,培育一批具有国际竞争力的产业集群。支持重点关键技术示范推广和产业化示范。

(5) 充分发挥财政资金的放大和杠杆效应,吸引社会资本积极参与和鼓励地方加大投入,支持种子期、初创成长型企业、先进制造业加快发展。

12.5.2　形成有利于产业强国建设的税收政策

(1) 完善税收征收办法,推进产业国际竞争力提升。对从事关键领域、关键环节的企业实施所得税优惠政策。

(2) 全面落实研发费用加计扣除、技术转让所得税优惠等政策,促进企业加快技术创新,鼓励企业加大研发力度。

(3) 允许抵扣外购的专利权和非专利技术等无形资产和技术设备的固定

资产进项税金,对企业的研究开发费、技术转让费,可按产品实际摊销数额,从产品销售收入中据实扣除,不计增值税;对技术含量高的产业的增值税在确定比例下即征即退,以促进企业加大研究开发投入。

(4)简化程序,切实降低办税成本。清费立税,减轻企业负担。

(5)积极参与引导国际税收话语权,创造有利于中国企业走出去的国际税收环境。

12.5.3 形成有利于产业强国建设的金融政策

(1)增强金融服务能力,降低服务成本,提高服务效率,形成多元化融资渠道,突破融资难、融资贵瓶颈,加大银行、证券、保险、基金等对产业强国建设的支持力度,提高金融服务的针对性、有效性和可获得性。

(2)引导金融机构加大中长期贷款投入,加大对重大工程的支持力度,推动金融业全方位服务产业强国建设。建立支持创新的金融平台,充分用好各种创投基金支持企业创新发展,通过市场化方式设立各类中央企业科技创新投资基金,促进科技成果转化和新兴产业培育。

(3)鼓励商业银行加大对中小微企业金融服务力度,建立完善中小微企业融资担保体系。加快构建中小微企业征信体系,积极发展面向中小微企业的融资租赁、知识产权质押贷款、信用保险保单质押贷款等。

(4)政策性和开放性金融机构可在业务范围内,通过银团贷款、出口信贷、项目融资等方式,加大对优势企业的金融支持力度。商业银行按照风险可控和可持续发展原则,为高端产业开拓国际市场提供支持。支持企业以境外资产、股权和矿产等权益为抵押获得贷款。

(5)支持企业在各层次资本市场进行股权融资。探索为企业创新活动提供股权和债权相结合的融资方式。深入推进首台(套)重大技术装备保险补偿机制试点工作,研究将新材料、关键零部件纳入首批次应用保险保费补偿机制实施范围。

(6)推进金融服务精细化。创新金融产品和服务形式,开发适合产业发展阶段、发展特点的信贷业务品种。开发增强产业链、供应链、生态体系能力的信贷服务品种。根据企业类型、规模、财务状况和产业特点,降低信贷财务门槛,改进和完善风险评价体系,合理确定贷款利率、期限和还款方式。鼓励保险资产管理机构为先进制造业、现代服务业等提供资金支持,加快债权投资计划、股权投资计划、股债结合等资产管理产品创新。

(7) 加大出口信用保险对自主品牌、自主知识产权、重点产业的支持力度,扩大中长期出口信用保险覆盖面,对大型成套设备出口融资实现应保尽保。扩大首台(套)重大技术装备保险保费补偿政策覆盖面。对重大海外项目和并购货款引入保险机制。研究更多避险产品,帮助制造企业规避汇率风险,减少汇兑损失。

(8) 完善中小企业债券融资集合发行、专利融资、风险投资等多种金融模式。对短期小额贷款,在有效控制风险的前提下简化审批手续,缩短贷款经办时间,提高贷款发放效率,确保符合条件的中小微企业获得方便、快捷的信贷服务。

(9) 深入研究创新领域的金融交易风险,有针对性地开发完善信用评价体系,健全完善风险分担体系,做到对风险早检测、早发现、早处置。充分发挥金融机构风险管理的专业优势,帮助创新企业科学管理风险,激发社会科技创新。

(10) 加强金融机构与金融市场协调联动、政策性金融与商业性金融配合以及多种融资渠道有机对接,充分发挥风险投资、天使投资以及各种符合科技创新特征新金融模式的作用,实现对企业质量提升、网络化、数字化、智能化、绿色化以及创新全生命周期的服务。

(11) 完善企业贷款风险补偿机制。完善中小微科技型创新企业的授信、担保制度,提高中小微科技型企业中长期贷款的规模和比重。

(12) 金融机构与相关中央政府部门及地方政府密切协作,建立财政、税收、金融支持等长效机制,增加政策的协同性,防止碎片化,切实提高金融的支持能力。

(13) 深化金融体制改革,完善金融服务体系,使金融全方位服务于实体经济和创新领域,形成金融业与实体经济良性互动的发展格局。

12.5.4 形成有利于产业强国建设的科技与创新政策

（1）支持优势企业整合产业链创新资源，对受制于国外的关键技术、关联性基础性公益性强的技术，加强产学研联合攻关、技术储备、专利池集聚等，推动企业与高等学校、科研院所等构建技术创新联盟，提高协同创新能力，带动全产业链发展。

（2）围绕重点领域，针对行业或技术领域特点，依托产业链优势单位联合相关科研机构、企业及投资者，建立涵盖全产业链的开放性技术创新平台，加强重大共性关键技术研发及产业化。

（3）强化科技研发平台建设，加强应用基础研究，完善研发体系，突破企业技术瓶颈，提升自主创新能力。构建行业协同创新平台，推进产业创新联盟建设，建立和完善开放高效的技术创新体系，突破产业发展短板，提升集成创新能力。

（4）推动企业技术、营销和商业模式创新。促进创新要素、资源向创新企业集聚。贯通创新链条，消除基础研究、应用研究和产业创新各个环节之间的障碍。鼓励企业优化投资结构，加强对知识资产的投资。

（5）完善科技型中小企业公共服务体系，建立公共性服务机构，满足科技型中小企业的基本需求。建立公私合作和商业性的服务机构，满足科技型中小企业的拓展性需求。构建跨区甚至全国范围服务的数据平台与运算中心，建立国家、省、市三级综合性科技服务机构，帮助中小企业与科技服务类企业对接与合作。鼓励有条件的科研机构和高校院所向中小企业开放，共享有价值的公共科技资源。

（6）深化科技计划（专项、基金等）管理改革，支持重点领域科技研发和示范应用，促进技术创新、转型升级和结构布局调整。

（7）坚持以全球视野谋划和推动创新，最大限度用好全球创新资源，全面提升中国在全球创新格局中的位势，力争成为多个重要领域的引领者和重要规则制定的参与者。

12.5.5 形成有利于产业强国建设的标准政策

（1）统筹标准化重大改革与战略，研究标准化重大政策，对跨部门跨领域、存在重大争议的标准制定和实施进行协调。整合标准化资源，建立适应产业强国建设的标准体系，推动建立跨界融合标准化技术组织。按照急用先行、成熟先上、重点突破的原则，面向重点行业和细分领域制定行业应用规范和实施指南。

（2）支持组建重点领域标准推进联盟，鼓励制定团体标准，协同推进标准研制。发挥企业在标准制定中的重要作用，积极吸引企业尤其是龙头制造企业参加，以应用为导向制定标准，提高标准质量和公信力。

（3）引导企业在实践中不断探索和完善技术标准，条件成熟时鼓励采用共同标准。积极参与国际标准制定，推动有知识产权的创新技术转化为标准。主动参与相关国际标准制定工作，使更多的国内标准成为国际标准，提高在国际标准竞争中的话语权。支持骨干企业主导或实质参与国际标准制定。

12.5.6 形成有利于产业强国建设的知识产权政策

（1）深入实施国家知识产权战略，围绕重点领域和关键环节，形成一批产业关键核心共性技术知识产权。推进知识产权协同运用，支持骨干企业、高校、科研院所协同创新、联合研发，形成一批产业化导向的专利组合，强化创新成果转化运用。

（2）加强互联网、大数据、新计算、物联网、机器人、人工智能、纳米、生物等领域的知识产权保护规则研究及其知识产权保护力度。

（3）构建有全球竞争力的中国知识产权创造与应用体系。建立重点优势产业专利申请的集中审查制度，建立健全涉及产业安全的专利审查工作机制。探索建立经营业绩、知识产权和创新并重的国有企业考评模式。

（4）完善创新成果收益分配制度，提高骨干团队、主要发明人收益比重，保障职务发明人的合法权益。完善国有科研院所知识产权处置和收益分配制度。

（5）深化知识产权重点领域改革，促进知识产权创造运用，优化知识产权公共服务，促进新技术、新产业、新业态快速发展。发挥知识产权在推动创新收益分配方面的关键作用。

（6）加强重点产业知识产权海外布局和风险防控。围绕重点领域，建立专利导航产业发展工作机制，推动中国企业深度融入全球产业链、价值链、供应链和创新链。

（7）提升知识产权国际化水平。完善海外知识产权风险预警体系，提升海外知识产权风险防控能力。推动构建公平公正、开放透明的知识产权法治环境和市场环境。推动构建全球知识产权运营服务体系和知识产权运营公共服务平台。

12.5.7 形成有利于产业强国建设的品牌政策

（1）实施"企业为主体，市场主导，政府推动，行业促进和社会参与"的品牌战略。鼓励企业以做强做优为目标，以市场为导向，建立健全品牌战略、品牌识别、品牌传播、品牌危机、品牌资产、品牌应用等一系列品牌管理制度和管理流程。

（2）推动企业将品牌制度和流程渗透到设计、研发、采购、生产、营销、售后服务等生产经营的各个环节，形成协同效应。支持制造企业建立品牌价值评价体系、品牌管理体系，鼓励企业收购海外知名制造品牌。

（3）鼓励商业模式创新，充分利用新兴技术，把企业的发展方式与数字技术深度结合起来，积极构建全球供应链建设与数字化管理体系，打造高效产供销平台，以高品质的产品和优质的服务来提升国际影响力。

（4）在国际市场上大力宣传中国品牌，提高国际市场对中国品牌的识别度和认可度。积极举办和参加国际会展，宣传自主品牌。发挥品牌集群效应。

（5）支持行业协会积极参与国际交流，引进前沿质量标准、培训体系和设计方法，搭建国内企业与国际先进领域接触的桥梁，推进国内国际接轨，提高不同层级产品的国际知名度。

（6）支持优势企业瞄准国际标杆企业，创新产品设计，优化工艺流程，加强上下游企业合作，推出一系列质量好、附加值高的精品，促进产业升级，打造世界一流知名品牌。

（7）推动建立全球共认的品牌评价体系，增强中国在品牌评价中的国际话语权。支持优势企业全方位收购国际知名品牌、区域知名制造品牌和东道国知名制造品牌。

12.5.8　形成有利于产业强国建设的产业组织政策

（1）鼓励企业依托资本市场，通过注资、业务重组、吸收合并等方式，利用普通股、优先股、定向发行可转换债券等，推进专业化整合，增强持续发展能力。

（2）鼓励企业围绕发展战略，以获取关键技术、核心资源、知名品牌、市场渠道等为重点，积极开展并购重组，提高产业集中度，推动质量品牌提升。支持企业之间通过资产重组、股权合作、资产置换、战略联盟、联合开发等方式，将资源向优势企业和主业企业集聚。鼓励企业共同出资组建股份制专业化平台，加大新技术、新产品、新市场联合开发力度，提升资源配置效率。推动大中小企业、制造企业与服务企业、制造企业与研发设计企业等构建有效合作的产业生态体系。

（3）推动优势企业围绕布局和优化全球资源配置目标，积极开展国际优质研发、制造、物流、营销、系统服务等资源的并购重组，形成具有全球重要影响力和竞争力的跨国企业集团。推动优势企业通过联合、并购、重组等方式加强全球价值链、全球供应链、全球产业链、全球创新链的构建，打造可持续的全球产业生态体系。统筹国内外竞争，减少国际市场上的无序竞争和同质化经营，集中资源形成合力。规范企业海外并购秩序，加强竞争合作，推动互利共赢。积极指导企业制定境外并购风险应对预案，防范债务风险。

（4）建立健全重组评估机制，加强并购后企业的联动与整合，推进管理、业务、技术、市场、文化和人力资源等方面的协同与融合，确保实现并购预期目标。充分发挥各企业在并购重组中的专业化优势和比较优势,尊重市场规律,加强沟通协调,防止无序竞争。

12.5.9 形成有利于产业强国建设的中小企业政策

(1) 充分发挥中小企业的重要主体作用,支持中小企业采用新技术、新工艺、新设备、新材料、新商业模式进行改造和提升。支持中小企业研发创新,开发先进适用的技术、工艺和设备,研制适销对路的新产品,提高产品质量。加强产学研联合。

(2) 鼓励大型企业通过专业分工、服务外包、订单生产等方式,加强与中小企业的协作配套,积极向中小企业提供技术、人才、设备、资金支持。围绕重点领域,大力培育一大批主营业务突出、竞争力强的"专精特新"中小企业群体。支持优势中小企业聚焦细分市场、技术或服务,努力成为全球细分市场的单项冠军。

(3) 完善中小企业服务体系。积极培育服务中小企业的专业性、综合性机构,开展信息、培训、技术、创业、质量检验、企业管理等服务。

12.5.10 形成有利于产业强国建设的工商政策

(1) 深入实施商标品牌战略。创新推进优势企业和优质商品的商标品牌发展,加强产业和区域商标品牌建设。

(2) 紧紧围绕国家品牌战略目标,拓展商标申请渠道,简化手续优化流程,建立健全便捷高效的商标审查协作机制,推进商标注册便利化。

(3) 全面推进企业商标品牌意识,发挥企业品牌建设的主体作用。大力发展优势企业、优质产品的商标品牌,鼓励优势企业、优质产品通过商标提升品牌形象和商业信誉。

(4) 加强线上线下商品的质量与交易主体行为信用的监管。健全事中、事后监管体系,形成宽松便捷的准入环境、公平竞争的市场环境、安全放心的消费环境。

（5）健全商事制度，使中国成为全球制造业发展与创新的最佳营商目的地。

12.5.11　形成有利于产业强国建设的区域政策

（1）明确各地区产业发展定位，紧密依靠本地发展基础，聚焦重点，合理确定可行的任务和主攻方向。优化产业集聚区布局，发挥自贸区、高新区、经开区、新型工业化产业示范基地在集聚集群发展中的引领作用。

（2）重点在京津冀、长三角、大湾区、中部、成渝等地区建设世界级产业群。支持中西部地区充分利用现有产业基础，有序承接产业转移。积极推动以产业链为纽带、创新要素集聚的产业集群建设，完善产业链协作配套体系。推进区域间创新资源、设计能力、制造能力和服务能力的集成和对接，推进产业链、供应链、创新链、价值链的协同优化，实现区域优势资源互补和资源优化配置。全面深化地区间合作，形成一大批区域优势产业集群。

（3）强化地区之间加强信息交换、产业联系和深化地区分工与合作。支持以产业链为纽带，优化布局相关产业生产、研发、供应、上下游产品服务项目及公共服务项目。

12.5.12　形成有利于产业强国建设的土地政策

（1）根据产业强国建设进程，充分发挥土地利用总体规划、用地计划的整体管控作用，合理界定和动态调整用地对象，合理安排建设用地规模、布局、结构和时序，稳定对重点领域、重点工程用地供给。

（2）优先安排重大工程、重点领域发展用地。合理确定各地区重点支持对象。以"先存量、后增量"的原则，对发展快、用地集约且需求大的地区，优先安排用地供应。

（3）属于质量重大提升的项目，按工业用途落实用地。属于研发设计、勘察、检验检测、新技术推广的项目，按科教用途落实用地；属于下一代信息网络产业（通信设施除外）、新型信息技术服务、电子商务服务等经营服务项目，按商服用途落实用地。新业态项目土地用途不明确的，经县级以上城乡规划部门会同国土资源等相关部门论证，在现有国家城市用地分类的基础上明确支持的用地标准。

12.5.13　形成有利于产业强国建设的贸易政策

（1）完善产品出口增值税出口退税政策，鼓励扩大出口。加快退税进度。退税按月度结算或季度结算，以加快出口企业的资金周转，提高企业的资金效率。

（2）推进贸易投资便利化。通过认定优势企业、海关高信用企业等途径，建立绿色通道，提高审批办证、年证审查、检验检疫效率和通关便利化水平。

（3）支持企业融入国际创新网络，深度参与全球创新资源配置，开展跨领域、跨行业协同创新。支持优势企业全面提升在全球价值链中的地位，推动优势企业增强全球供应链的影响力。

12.5.14　形成有利于产业强国建设的国际合作政策

（1）鼓励企业积极开拓海外市场，加强技术合作，提供系统集成、产品供应、运营维护等全面服务。支持优势企业"走出去"，特别是增加对"一带一路"沿线国家的出口和共建产业园。推动形成全球国际经济合作园区网络体系。

（2）搭建全方位、多层次国际科技合作平台，对接全球创新网络。鼓励地方、园区、企业创新合作方式，推动国际交流合作。鼓励企业采取科技合作、技术转移、技术并购、资源共同开发与利用、参与国际标准制定、在国外设立研发中心等多种方式，扩大在全球的影响力和话语权。

（3）以优势企业为核心，通过市场化运作方式，搭建优势产业上下游携手走出去平台、高效产能国际合作平台、商产融结合平台和跨国并购平台，增强企业联合参与国际市场竞争的能力。

（4）充分利用政府、行业组织、企业等多渠道、多层次地开展科学、研发、技术、标准、知识产权、检测认证等方面的国际交流与合作,不断拓展合作领域。

(5) 充分发挥各类国际合作基金的作用,鼓励以市场化方式发起设立相关基金,组合引入非国有资本、优秀管理人才、先进管理机制和增值服务能力,提高企业国际化经营水平。

12.5.15 形成有利于产业强国建设的环境政策

(1) 强化环境硬约束推动落后和过剩产能淘汰。建立重污染产能退出和落后产能化解机制,对长期超标排放的企业、无治理能力且无治理意愿的企业、达标无望的企业,依法予以关闭淘汰。修订完善环境保护综合名录,推动淘汰高污染、高环境风险的工艺、设备与产品。

(2) 促进绿色生产、流通与服务。从设计、原料、生产、采购、物流、回收等全流程强化产品全生命周期绿色管理。支持企业推行绿色设计,开发绿色产品,完善绿色包装标准体系,推动包装减量化、无害化和材料回收利用。建设绿色工厂,发展绿色产业园区,打造绿色供应链,开展绿色评价和绿色制造工艺推广行动,全面推进绿色产业体系建设。

(3) 建立覆盖产品全生命周期、全价值链的绿色管理体系。开展能效、水效、环保领跑者引领行动。强化绿色发展的法规、标准约束,严格监管,营造良好市场环境。

(4) 进一步优化节能、环保、安全、土地使用和职业安全卫生方面的准入标准,严格环评、土地和安全生产许可审批。以企业环境信用信息的归集共享为基础,以环境信用信息的公示为方法,以部门协同监管、联合惩戒为手段,以提高企业环保自律、诚信意识为目的,建立环保激励与约束并举的长效机制。

(5) 完善环境标准和技术政策体系。研究制定环境基准,修订土壤环境质量标准,完善挥发性有机物排放标准体系,严格执行最高等级的污染物排放标准。

(6) 深化资源体制改革,通过理顺资源价格体系,建立以市场化为导向、能够反映市场供求关系、资源稀缺程度、环境损害成本的资源价格形成机制，建立健全用能权、用水权、排污权、碳排放权初始分配制度，创新有偿使用、预算管理、投融资机制，培育和发展交易市场。

12.5.16 形成有利于产业强国建设的人力资源政策

（1）实施人力资源强国战略。以高层次专业技术人才和高技能人才为重点，突出"高、精、尖、缺"导向，努力造就规模宏大、结构合理、素质优良、富有创新精神的高素质人才队伍。加强大专院校相关专业学科建设，加大职业培训教育力度，加快培养行业急需的高层次技术研发、管理、操作、维修等各类人才。合理确定各层次各类型职业教育培养目标，创新技术技能人才培养模式。在大中型企业开展产教融合试点，推动行业企业与学校共建人才培养基地、技术创新基地、科技服务基地。深入开展国家高技能人才振兴计划，造就一大批具有高超技艺、精湛技能和工匠精神的高技能人才，全面提升产业工人队伍的整体素质。

（2）主动适应质量提升和数字化、网络化、智能化、绿色化需要，对标国际一流学校相关学科建设，借鉴吸收国际先进经验，优化国内高校学科设置和人才培养模式，统筹利用国内国际教育资源，优化人才供给结构。优先保证新一代信息技术产业、高档数控机床和机器人、人工智能、航空航天装备、海洋工程装备及高技术船舶、先进轨道交通装备、节能与新能源汽车、电力装备、农机装备、新材料、生物医药及高性能医疗器械产业相关专业的布局与人才需要。

（3）完善人力资源激励制度，坚持以人为本，尊重创新创造的价值，持续优化人才结构，激发各类人才的积极性和创造性，加快汇聚一支规模宏大、结构合理、素质优良的创新型人才队伍。

（4）实施全球化人才战略，构建全球化人才配置机制，以"包容、开放"的环境在全球范围内吸引优秀专业人才，聚天下英才来推进中国制造强国建设。

12.5.17　形成有利于产业强国建设的安全政策

（1）加大网络经济、数字经济、生物经济涉及的国家安全、社会安全、公共安全、企业机密、个人隐私和知识产权的保护力度。深化网络安全防护体系和态势感知能力建设，增强网络空间安全防护和安全事件识别能力。开展安全监测和预警通报工作，加强大数据环境下防攻击、防泄露、防窃取的监测、预警、控制和应急处置能力建设。

（2）健全大数据安全保障体系，加强关键信息基础设施安全防护。采用安全可信产品和服务，全面提升基础设施关键设备安全可靠水平。加强大数据环境下的网络安全问题研究和基于大数据的网络安全技术研究，落实信息安全等级保护、风险评估等网络安全制度。

（3）健全大数据安全评估体系。做好大数据平台及服务商的可靠性及安全性评测、应用安全评测、监测预警和风险评估。明确数据采集、传输、存储、使用、开放等各环节保障网络安全的范围边界、责任主体和具体要求，切实加强对涉及国家利益、公共安全、商业秘密、个人隐私、军工科研生产等信息的保护。

（4）对主业处于关系国家安全、国民经济命脉的重要行业和关键领域、主要承担重大专项任务的国有制造企业，要保持国有资本控股地位。

（5）妥善处理创新发展与保障安全的关系，在保护创新的前提下实现安全监管，完善安全保密管理规范措施。

12.6　形成有利于产业强国建设的高标准市场体系

经过改革开放 40 多年的发展，中国在统一开放竞争有序的市场体系建设方面取得了重要进展，形成了多元化的市场竞争主体和多样化的市场竞争方式，市场竞争秩序不断规范，成为具有完全市场经济地位的国家。但同时要看到，中国市场体系建设还处于初级阶段，与中国转向高质量发展阶段、从全面建成小康社会之后迈向现代化强国、构建新发展格局所需要的"体系完整、结构成化、功能强大、统一开放、竞争有序、公平公正、高效运行、充满活力、富有韧性、规模持续拓展"的高标准市场体系还有相当大的差距。从战略全局深刻认识高标准市场体系的理论内涵与建设的重大意义，找到建设高标准市场体系的可行路径，推动产业强国建设，无疑是一项重大的战略性研究课题。

12.6.1　深刻把握高标准市场体系的内涵

高标准市场体系的内涵是十分丰富的，也是动态变化的，需要从系统、多维的角度加以认识。

（1）高标准的市场基础制度。高标准制度是市场体系有效运行的基础。严格的产权保护，是激发各类市场主体活力的原始动力。实施全国统一的市场准入负面清单制度，破除各种市场准入隐形壁垒，是形成全国统一市场，发挥全国超大市场规模优势的前提条件。公平竞争是有效的市场运行机制，能够促进市场主体充分竞争、优胜劣汰，实现资源优化配置。

（2）高标准的要素市场化配置。建设要素市场体系，推动经营性土地要素市场化配置，推动劳动力要素有序流动，促进资本市场健康发展，培育与发展知识、技术和数据要素市场，各类生产要素得以高效流动与有效配置。

（3）高标准的市场环境和质量。产品和服务质量安全可靠，消费者自由选择、放心消费。消费者权益得到保护，不存在各种"坑蒙拐骗"现象，消费者权益受侵害后的维权难度和维权成本很低，各类市场主体的获得感强。

（4）高标准的市场基础设施。具有体系完整、功能强大、结构优化、集约高效、经济适用、智能绿色、安全可靠、城乡一体、国内国际统筹发展的人员流、商流、物流、资金流、信息流基础设施。

（5）高标准的市场开放。国内外开放领域持续扩大，开放深度持续拓展。服务业市场准入扩大，外商投资准入负面清单短化简化。对标国际竞争规则，实现市场交易规则、交易方式、标准体系的国内外融通。

（6）高标准的市场结构。市场主体多元、有活力，大中小企业和谐共生，上游中游下游产业链协同发展，产业生态具有很强的韧性。消费者与客户成熟、对产品与服务的质量要求高。

（7）高标准的现代市场监管机制。形成权威高效、规则合理、审慎包容、动态优化、前瞻性强的现代市场监管体系，维护市场安全和稳定运行。

12.6.2　建设高标准市场体系具有重要现实意义

高标准市场体系既是改革开放发展到一定阶段的必要结果，也是开启社会主义事业新征程的必然要求。这是因为，改革开放尤其是党的十八大以来，中国市场体系建设取得长足进展，市场规模持续扩大、市场结构持续优化、市场功能持续增强、市场发展环境持续改善，国内市场的对外吸引力明显增强。但同时也要看到，建设高标准市场体系仍存在不少问题，离市场强国还有不小差距。

1. 建设高标准市场体系存在的问题

（1）市场体系基础制度不健全。市场准入、竞争、退出、监管等关键环节，市场主体所需的基础性制度保障不到位，产权制度需进一步完善、市场准入需更加公开透明、市场竞争需进一步公平有序。

（2）要素市场发展相对滞后。要素市场化配置程度总体不高，要素流动存在体制机制障碍。土地、劳动力、资本、技术、数据等要素市场发育不足，市场决定要素配置范围有限，新型要素快速发展但相关市场规则建设滞后。城乡统一的建设用地市场尚未形成，土地再利用和退出机制不畅；企业家、职业经理人等中高级劳动力市场不完善；上市公司退出机制不畅，转板机制不健全；技术和专利市场发育不足等。

（3）市场环境还不够完善。行业壁垒、区域封锁、标准不一致等阻碍公平竞争市场格局形成。垄断和不正当竞争行为时有发生，公平竞争审查制度缺乏刚性约束，竞争政策基础地位尚未全面确立。市场基础设施存在较大的区域差距，新型基础设施建设投入缺口较大、覆盖率偏低。

（4）市场结构有待优化、市场功能有待增强。传统市场转型升级不足，新兴市场还不够规范与成熟，吸引全球要素与资源集聚的能力有待进一步加强，以市场为纽带、贯通生产、流通、消费、分配的一体化机制尚未完成形成。

（5）市场监管还不适应经济社会发展需要。监管体系的部门和区域协同不够，创新不足，在监管中引入大数据、信用、社会共治等的步伐偏慢，市场信用体系仍不健全。

2. 建设高标准市场体系的意义

上述问题的存在，严重影响到市场机制作用的充分发挥，成为诸多改革攻坚的交汇点。在新的发展阶段，必须着力解决上述问题，通过建设高标准市场体系，形成构建新发展格局的现实动力，推动供给侧结构性改革和优化需求侧管理。

（1）建设高标准市场体系是践行新发展理念的战略需要。高标准市场体系建设以新发展理念为引领，构建市场机制有效、微观主体有活力、宏观调控有度的经济体制，使创新成为引领发展的第一动力，协调成为持续健康发展的内生特点，开放成为双循环相互促进的必由之路，共享成为经济高质量发展的根本目的。

（2）建设高标准市场体系是顺应新发展阶段的现实需要。实现更高质量、更有效率、更加公平、更可持续、更为安全的发展，需要有更加完善的市场运行机制与制度框架。要在实现结构转换与优化的同时，致力于实现新旧动能转换与优化；要将市场体系建设融入社会主义市场经济体制建设之中。

（3）建设高标准市场体系有利于加快形成新发展格局的制度基础。高标准市场体系，是基于市场的价格形成机制，以及支撑市场机制有效运行的市场主体、市场规则、市场秩序、市场环境、市场基础设施、市场结构等的有机统一，是由市场经济活动的各个环节、各个层面相互关系和内在联系构成的一个有机整体，它是国内大循环的载体，国内国际双循环相互促进的新发展格局的制度与规则基础。建设高标准市场体系，破除妨碍生产要素市场化配置和商品服务流通的体制机制障碍，畅通市场循环，疏通政策堵点，打通流通大动脉，推进市场提质增效，就可以充分发挥大国经济规模效应与集聚效应，贯通生产、分配、流通、消费各环节，促进国内供需有效对接，畅通内部大循环，提供强大国内市场和供给能力，支撑并带动外循环。

（4）建设高标准市场体系为经济高质量发展提供内生动能。推动高质量发展，实现质量、结构、规模、速度、效益、安全相统一的发展，需要依靠高水平社会主义经济体制和高标准市场体系的建设，加快质量、效率和动力变革，把有限资源配置到更高效领域，更高水平上实现供需动态平衡和社会生产力水平的整体跃升。高标准市场体系既是衡量高质量发展的重要特征之一，又是实现高质量发展的重要动力源。

（5）建设高标准市场体系是构建高水平社会主义市场经济体制的关键举措。高标准市场体系是对现代市场体系的延续和升级，更加强调制度的完备性、更加强调公平竞争、更加强调政府维护市场秩序的重要性。建设高标准市场体系是进一步理顺政府与市场关系的具体行动，是加快完善社会主义市场经济体制的内在要求。

12.6.3　系统推进高标准市场体系建设

建设高标准市场可以从以下七大方面入手。

（1）基础制度方面。完善产权保护制度，健全市场准入负面清单制度，全面落实"全国一张清单"管理模式。消除地区壁垒、部门壁垒、产业壁垒。清理和废止一切有碍统一开放、公平竞争的部门、地区规章。国有企业、民营企业、外资企业、大型企业、中小微企业一视同仁。深化垄断行业、公用事业和军工领域改革，对能够放开的行业，及时放开。加快建设高效规范、公平竞争、充分开放的全国统一大市场，全面推动市场由大到强转变。

（2）要素方面。深入推进要素市场化改革，促进要素有序流动，合理要素价格形成机制，健全要素市场运行机制。建立健全城乡统一的建设用地市场，深化产业用地市场化配置改革，盘活存量建设用地，完善土地管理体制；深化户籍制度改革，畅通劳动力和人才社会性流动渠道，完善技术技能评价制度，加大人才引进力度；完善股票市场基础制度，加快发展债券市场，增加有效金融服务供给；健全职务科技成果产权制度，完善科技创新资源配置方式，培育发展技术转移机构和技术经理人，促进技术要素与资本要素融合发展，支持国际科技创新合作；推进政府数据开放共享，提升社会数据资源价值,加强数据资源整合和安全保护。完善主要由市场决定要素价格机制,加强要素价格管理和监督,健全生产要素由市场评价贡献、按贡献决定报酬的机制。健全要素市场化交易平台,完善要素交易规则和服务,提升要素交易质量与水平。

(3)环境质量方面。强化标准引领,形成"底线标准、消费者满意标准、战略性标准、国家安全标准、未来标准"相统一的产业标准体系。形成以质量为导向的资源配置方式,构建质量与价格的科学联动、反应机制。推动企业精心设计、精益生产、精细服务。健全企业质量管理体系,提高全面质量管理水平。推动企业社会责任制度、诚信体系建设,完善产品召回制度。

(4)开放方面。有序扩大服务业市场开放,完善外商投资准入前国民待遇加负面清单管理制度。依托国内大市场优势,促进国际合作,实现互利共赢。推动贸易和投资便利化。将中国经济深植于世界体系,从世界汲取能量。以高度开放和对外连接的超大规模国内市场,吸引各方资源和要素。构建多元化国际市场,稳定扩大传统市场,积极开拓新兴市场,努力发展潜力市场。形成"中国与世界共同成长,中国与世界良好互动、中国发展更好惠及世界"的国内国际双循环相互促进的新发展格局。

(5)基础设施方面。统筹传统与新型基础设施发展。推动基础设施迭代升级,推动基础设施互联互通与综合协同。提高基础设施的供给质量和效率。优化基础设施空间布局、功能配置、规模结构,创新规划、设计、建设、运营、维护、更新等各环节发展模式。增强基础设施服务国家重大战略、满足人民日益增长的美好生活需要的支撑保障能力。形成高效联通的商流、物流、资金流、信息流通道与枢纽。建设智能大市场,引导数字化平台健康发展。

(6)市场结构方面。进一步培育与壮大新兴市场、优化升级市场,推动各类市场互联互通。推动混合所有制改革,优化国有经济布局,充分释放国有经济活力,做优做强做大国有企业。大力支持民营经济与中小企业发展,提升其竞争力、创新能力和可持续发展能力。发挥大企业在供应链中的主导作用,构建大中小企业共生共享的产业生态体系。形成质量引导的消费和需求模式,培育高质量要求的消费群体。

(7)监管方面。健全监管体系,放宽事前,加强事中、事后监管,"放得开,管得住"。合理划分中央各部门、中央与地方之间的监管职责。对于已存在的冗余机构应及时整合，避免监管的交叉重复和责任推诿。推动监管透明化，改变和消除监管机构与利益主体利益输送、利益捆绑的情况。对于新产业、新技术、新业态、新模式，要创新思维与监管方式，以"包容、审慎"的原则促进其发展，抓紧研究制定数字经济领域的垄断与限制竞争的监管规则。

后 记

笔者从 2004 年 5 月进入国务院发展研究中心至今，从事了产业经济、社会政策、发展战略等领域的研究，探索产业、社会、国家、国际发展等相关问题。随着研究的不断深入，眼界和思路渐渐开阔，知识体系也逐步形成了从点到链及面的架构。从单一领域到多领域研究，从运用经济理论到融入国学思想，再到系统思考发展理论、战略与政策体系，笔者愈发觉得产业成长与个人进步、国家发展的本质无异，皆不离自强不息、厚德载物之至理，而万事万物莫不受无处不在、无时不在的"道"之支配与作用。

道不虚行，行要笃行。做研究既要打开思路，不拘泥于经典理论与经验，又要融会贯通、推陈出新，以至诚之心提出至真问题、精研有效答案。做实业亦如是，务必志存高远、真抓实干，力求止于至善。

古人云："为天地立心，为生民立命，为往圣继绝学，为万世开太平。"政策研究同样要有此襟怀和志气，其责任正是为国家谋划战略，为地区建言献策，为产业指明方向，为企业解决问题，为人民谋求幸福。在大变革的时代，更应有此格局，肩负更大重任。时代变革正在重塑世界与中国，而中国也应通过自身变革去塑造世界与时代。

看人类历史，每个时代只有极其少数的国家能够成为强国。观天下大势，世界格局正发生着二战以来最深刻的重大变化。中国从大国迈向强国，需经历质变与飞跃，走中国式现代化道路。中国已具备坚实的物质、精神、市场、制度等基础，只有牢牢掌握战略主动权，把强国的命运掌握在自己手里，保持定力、耐力、毅力，顺应时势，精进不懈，全面释放发展活力，高效配置资源,产业强国的目标才能实现,这也是时之所向,势之所趋。

　　本书集笔者近年来部分研究成果,绝大多数已公开发表,文字和数据基本保留原样,仅对少许之处略作修改。希望借此留下研究的足迹,以己之微火,启迪通向未来的道路。

　　中国经济的强大,关键在产业。期待更多有识之士关注产业、研究产业、发展产业,共筑支撑中华民族伟大复兴的产业砥柱。

魏际刚

2023 年 3 月于北京